个人所得税实务操作大全

蒋力峥　何献华　主编

广西科学技术出版社

图书在版编目（CIP）数据

个人所得税实务操作大全 / 蒋力峥，何献华主编.
—南宁：广西科学技术出版社，2019.11（2021.4 重印）
ISBN 978-7-5551-1201-3

Ⅰ.①个… Ⅱ.①蒋… ②何… Ⅲ.①个人所得税—基本知识—中国 Ⅳ.①F812.424

中国版本图书馆 CIP 数据核字（2019）第 222905 号

个人所得税实务操作大全

GEREN SUODESHUI SHIWU CAOZUO DAQUAN

蒋力峥　何献华　主编

策划/组稿：李　姝　　责任校对：袁　虹
责任编辑：黎　坚　　责任印制：韦文印
装帧设计：苏　畅

出 版 人：卢培钊　　出版发行：广西科学技术出版社
社　　址：广西南宁市东葛路 66 号　　邮政编码：530023
网　　址：http://www.gxkjs.com

经　　销：全国各地新华书店
印　　刷：唐山富达印务有限公司
地　　址：唐山市芦台经济开发区农业总公司三社区　　邮政编码：301505
开　　本：787 mm×1092 mm　1/16
字　　数：550 千字　　印　　张：30.75
版　　次：2019 年 11 月第 1 版　　印　　次：2021 年 4 月第 2 次印刷
书　　号：ISBN 978-7-5551-1201-3
定　　价：98.80 元

序1

在税收体系中，个人所得税是一个年轻的税种，始于1799年的英国，至今仅220年的历史，但它却很快成为世界各国普遍接受并开征的税种，在一些国家被确立为主体税种。我国正式颁布实施的第一部《中华人民共和国个人所得税法》是在1980年9月。随着我国经济的高速发展和人民群众的收入及消费水平、结构的变化，39年来我国对这部法律先后进行过7次修正。前6次修正的主要内容局限于个人所得中工资、薪金的费用减除标准以及利息所得的征免及其税率的变动。

2018年8月31日，第十三届全国人民代表大会常务委员会第五次会议对个人所得税法进行了第七次修正，这次修正的目的十分明确，就是为了进一步便民、惠民、利民，使工薪阶层的生活成本得到一定程度的降低，更好地体现公平税负的原则。修正的内容主要包括将个人经常发生的主要所得项目纳入综合征税的范围，完善个人所得税费用扣除模式，优化调整个人所得税税率结构，推进个人所得税配套改革，实行分类制与综合制相结合的个人所得税混合征管制度。

这次个人所得税法的修正及颁发实施，引起全社会广大纳税人的普遍关注。由广西瑞林税务师事务所有限责任公司总经理蒋力峥和广西华政瑞源税务师事务所有限公司总经理何献华共同组织编写的《个人所得税实务操作大全》，对2018年8月31日修正的《中华人民共和国个人所得税法》进行了全面的介绍及解读，并提出了一系列详实的实务操作方法。《个人所得税实务操作大全》一书的出版，为广大纳税人、税务工作者、涉税服务工作者、企业财务人员提供了及时、便捷的知税、计税、纳税的信息。该书是一本较好地学习个人所得税法及相关知识的工具书。

国家税务总局稽查局原局长

中国注册税务师协会原副会长兼秘书长

刘长明

2019 年 3 月

序2

美国本杰明·富兰克林曾说过："在这个世界上，只有死亡和纳税是不可避免的。"所谓不可避免，是指人人都要面对的，谁也无法逃避。也就是说，我们所有人都必须面临这两个至关重要的问题。纳税是公民的义务，相伴一生，概莫能外。

税收随着国家的产生而产生，正如恩格斯在《家庭、私有制和国家的起源》一书中指出，自从有了国家，捐税就开始了。税收是凭借国家权力向公民强制征收的，构成财政收入的主要来源，并以财政支出的形式提供各种各样的公共服务，用于满足全体人民的共同需要。征税过程是公众把本属于个人的部分权力，让渡给公共权力的过程。有人说纳税是公民无条件的或者无偿的支出，笔者不以为然。公众之所以愿意并必须把个人部分权力让渡给公共权力，是因为公众可以也必须从政府提供的各种公共服务中获得相应的回报。

税收种类多种多样，其中与个人利益密切相关的莫过于个人所得税。随着新个人所得税法的实施，大家普遍关注："我应该纳多少税?""我到底能省多少税?""个人所得税优惠政策具体有哪些?""新个人所得税法下，哪些人需要汇算清缴?""如何正确进行个人所得税的纳税申报?"……你想了解的可能远远不止这些。笔者今天向你推荐的这本书，融入了两位作者多年来在个人所得税工作方面的理解和认识，对个人所得税政策内容进行了详细的梳理和归纳，能够帮助你快速定位问题并找到答案所在，同时结合丰富的实务案例，帮助你正确理解和进行纳税计算。这本书简单、实用，既专业，又符合大众口味，无论你是企业的财税人员、税务经理，还是从事涉税中介服务的税务师、注册会计师、律师，甚至是财经类相关专业的师生，或是一个毫无专业背景的普通公民，如果你对个人所得税业务有所疑惑，或是想要对政策有所了解，在这里都可以找到答案。笔者相信，这是一本你期待已久的关于个人所得税政策解析及实务操作的书籍，拥有了她，你的工作和生活就多了一位良师益友。

前言

2018年8月31日，第十三届全国人民代表大会常务委员会第五次会议通过《全国人民代表大会常务委员会关于修改〈中华人民共和国个人所得税法〉的决定》（第七次修正），自2019年1月1日起施行。此次修正的内容较多，变化非常大，最大的亮点是建立了综合与分类相结合的税制模式，在提高起征点的同时，规定了子女教育、继续教育、大病医疗、住房贷款利息、住房租金及赡养老人等相关支出的6项专项附加扣除，涉及广大的自然人纳税人。

为了宣传我国的个人所得税法，帮助广大自然人纳税人了解我国个人所得税法和个人所得税税收征收管理制度以及切实享受税收红利，广西瑞林税务师事务所有限责任公司总经理蒋力峥与广西华政瑞源税务师事务所有限公司总经理何献华共同编写了这本《个人所得税实务操作大全》。

这是一本全面介绍我国个人所得税征管、交纳等实务操作的全书，主要包括个人所得税概述，综合所得，经营所得，利息、股息、红利所得，财产租赁所得，财产转让所得，偶然所得，个人股权激励所得等方面的内容，同时对某些具体政策、操作等内容附有案例分析，便于广大读者对个人所得税政策的理解。

本书主要从纳税人及实务操作的角度出发，以第七次修正的个人所得税法规定的9项所得为主线，按顺序编排章节，同时将个人所得税法中的特殊所得、征收管理、纳税申报表等相关内容单列章节。本书在编排上层次分明、内容清晰，读者可以从目录中直接找到想了解的个人所得税知识点。本书既可以满足广大自然人纳税人对个人所得税法律法规的学习，也可以成为单位内设机构财务部等部门的相关人员查阅资料的工具书。

本书分为 13 章及附录。第一章个人所得税概述，第二章综合所得，第三章经营所得，第四章利息、股息、红利所得，第五章财产租赁所得，第六章财产转让所得，第七章偶然所得，第八章个人股权激励所得的个人所得税政策，第九章境外所得个人所得税的抵免政策，第十章非居民个人应税所得的个人所得税政策，第十一章税收优惠，第十二章征收管理，第十三章纳税申报表相关表单。附录收录了 306 份个人所得税税收法规政策文件名称及文件号，供读者更好地查阅。

本书立项至完稿历时 8 个月，在此过程中，广西瑞林税务师事务所有限责任公司、广西华政瑞源税务师事务所有限公司的专家们多次给予了宝贵的意见和建议，在此深表感谢！

由于水平和某些客观条件所限，书中难免存在不足之处，恳请读者谅解并批评指正。有任何相关问题，可通过本书专用邮箱（2580406635@qq. com）和我们联系。

目录

第一章　个人所得税概述

个人所得税（personal income tax）是调整征税机关与自然人（居民个人、非居民个人）之间在个人所得税的征纳与管理过程中所发生的社会关系的法律规范的总称。个人所得税是目前世界上大多数国家普遍征收的一个税种，是国家财政收入的重要来源，并且具有缩小贫富差距，实现社会公平的功能，也是调节个人收入分配、实现社会公平的有效手段。2000 年，据经济合作与发展组织的资料显示，发达国家个人所得税占国家税收收入总额的平均比重达到 29%，若把社会保险税考虑进来，这个比重则高达 51%。

本章主要介绍个人所得税简要发展历程，纳税义务人和扣缴义务人，征税范围，税率，应纳税所得额的计算，应纳税额的计算，在特殊情况下税务机关有权进行纳税调整，个人将其所得对公益慈善事业的捐赠等。

第一节　个人所得税简要发展历程

一、西方国家个人所得税的发展情况

英国是世界上最早开征个人所得税的国家。1799 年，英国正式颁布实施、开征个人所得税，主要向高收入者征收，目的是为了筹集与拿破仑作战时的军费。英国的个人所得税在立法过程中力求体现量能征税的原则，即按照纳税人的经济负担能力决定相应的税款征收。由于英国的个人所得税充分体现了按照个人实际经济负担能力征税的现代化征税原则，体现了征税的公平性、公正性，很快被世界其他国家学习。

1913 年 5 月，美国第十六次宪法修正案确定了国会有权对任何来源的所得课征税收。1913 年，美国国会通过个人所得税法，确定了个人所得税在美国的地位。美

国现行的所得税制始于 1913 年。在综合税制课税模式方面，美国是一个典型的代表。其将个人所有的收入汇总后扣除必要费用和免征额，按照统一的超额累进税率征收个人所得税。相关资料显示，美国个人所得税采用 6 级超额累进税率结构，税率分别为 10%、15%、25%、28%、33%和 35%。美国个人所得税税法规定的免征额是按年收入计算的。资料显示，1913 年美国的个人所得税法规定了一个在当时来说很高的免征额，每年4 000美元，这是考虑到一个家庭有 5 个孩子，并且要供其中一个孩子上大学的情况下需要的生活费来确定的。随着时间的推移，由于美国最低法定年薪都有上万美元，因此几乎每个有收入的人都涉及交纳个人所得税，但个人所得税免征额并不固定。不仅如此，为了保证中低收入家庭和个人的生活不会因为纳税过多而下降，美国个人所得税法还规定了各种免税收入和退税制度等。个人所得中规定的免税收入包括联邦政府及地方政府债券利息，职工取得的社会保障支付收入，雇主支付给雇员的养老及健康、福利和人寿保险返回收入，特定的奖学金，无偿捐赠等，而有孩子的家庭可享受退税等优惠政策。

1808 年，德国借鉴英国开征个人所得税的经验，创设了德国的个人所得税制度，后因统治阶级的反对而停止，直到 1891 年才恢复个人所得税。由于此次恢复个人所得税影响深远，因此 1891 年被认为是德国个人所得税的开创年。与美国不同，德国个人所得税采用分类综合所得税制，与中国第七次修正后的个人所得税制类似。

在西方发达国家中，法国最迟开征个人所得税。1848 年，法国出现了许多开征个人所得税的建议和草案。1914—1917 年，法国通过 3 部法律，且分 3 步建立了现代化的个人所得税。法国个人所得税纳税人分为居民纳税人和非居民纳税人，除税收协定另有规定外，居民纳税人应就其来源于全球范围的所得交纳个人所得税，非居民纳税人仅就其来源于法国境内的所得交纳个人所得税。法国的居民个人是指满足以下条件之一的个人（不考虑其国籍）：①家庭住所或者个人的习惯住所在法国；②在法国进行了交易、经营业务或提供专业服务（不包括兼职）；③在法国拥有主要经济利益（在法国进行了主要的投资，拥有办公室或管理场所或其大部分的收入来源于法国）。法国个人所得税以家庭为单位交纳，只在特殊情况下才采用夫妻单独申报。家庭所得由夫妻双方和未满 18 周岁的未婚子女（如果子女为学生，则为 25 岁）的所得构成。在所得税中，民事伴侣（签订合约共同生活的两个异性或同性成年自然人）被视为夫妻联合申报交纳所得税。

二、我国个人所得税的发展历程与展望

自 1949 年 10 月 1 日中华人民共和国成立至 1978 年实行改革开放，新中国个人

所得税的发展经历了一段曲折的过程。在 1949 年 11 月 24 日召开的首届全国税务会议上，中央人民政府副主席朱德，中央人民政府委员、政务院副总理兼财政经济委员会主任陈云，政务院财政经济委员会副主任兼财政部部长薄一波分别在会上作了报告，明确提出了对个人所得（包括薪资所得、利息所得等）征税的方案。1950 年 1 月，中央人民政府政务院发布《关于统一全国税政的决定》，同时制定并公布了《全国税政实施要则》和《全国各级税务机关暂行组织规程》等，明确规定了新中国的税收政策、税收制度和税务机构建立的原则。作为新中国税制建设的纲领性文件——《全国税政实施要则》，规定了全国共设置 14 种税收。在这些税收中，涉及对个人所得征税的有工商业税、存款利息所得税和薪给报酬所得税。

1978 年 12 月，中国共产党第十一届中央委员会第三次全体会议在北京举行，我国进入了改革开放和社会主义现代化建设的新时期，我国的税制建设进入了一个新的发展阶段。在这一时期的税制改革中，开征个人所得税是作为对外开放的一项重要措施先行出台的。1980 年 8 月 30 日至 9 月 10 日，在北京举行的第五届全国人民代表大会第三次会议通过了 4 部法律，其中《中华人民共和国个人所得税法》于 1980 年 9 月 10 日公布施行。这是新中国成立以后制定的第一部个人所得税法，也是中国改革开放之后制定的第一批税法之一。该法律规定，在中华人民共和国境内居住满一年的个人，从中国境内和境外取得的所得，都按照本法的规定交纳个人所得税。不在中华人民共和国境内居住或者居住不满一年的个人，只就从中国境内取得的所得，交纳个人所得税。应纳税所得包括工资、薪金所得，劳务报酬所得，特许权使用费所得，利息、股息、红利所得，财产租赁所得，经中华人民共和国财政部确定征税的其他所得（其中，除利息、股息、红利所得和经中华人民共和国财政部确定征税的其他所得不得减除费用，按照每次收入额计税外，其他 4 项所得均可以减除一定费用之后计税）。工资、薪金所得适用超额累进税率，税率为 5%～45%；其他 5 项所得适用比例税率，税率为 20%。免纳个人所得税共有 9 项，即科学、技术、文化成果奖金，在中华人民共和国的国家银行和信用合作社储蓄存款的利息，福利费、抚恤金、救济金，保险赔款，军队干部和战士的转业费、复员费，干部、职工的退职费、退休费，各国政府驻华使馆、领事馆的外交官员薪金所得，中国政府参加的国际公约、签订的协议中规定免税的所得，经中华人民共和国财政部批准免税的所得。

为了更好地促进个体经济迅速发展，1986 年 1 月，国务院颁布了《中华人民共和国城乡个体工商业户所得税暂行条例》，自 1986 年 1 月 1 日起施行。该条例规定，凡从事工业、商业、服务业、建筑安装业、交通运输业以及其他行业，经工商行政管理部门批准开业的城乡个体工商业户，都是城乡个体工商业户所得税的纳税义务人（以下简称纳税人）。征税对象为纳税人的生产、经营所得和其他所得。纳税人每一纳税年度的收入总额，减除成本、费用、工资、损失以及国家允许在所得税前列支的税金后的余额，为应纳税所得额。按照10级超额累进所得税税率，税率从7%～60%，且扣除相应的速算扣除数，计算应纳税额。纳税人全年应纳税所得额超过50 000元的，按超过部分的应纳所得税额，加征10%～40%的所得税。对于孤老、残疾人员和烈属从事个体生产经营的，某些社会急需、劳动强度大而收入又低于一定标准的纳税人，可以定期减征、免征所得税。

为了调节公民个人之间的收入状况，有利于促进经济体制改革的顺利进行，防止社会成员之间差距悬殊，1986年9月25日，国务院发布了《中华人民共和国个人收入调节税暂行条例》，自1987年1月1日起施行。该条例规定，在中华人民共和国境内有住所，取得个人收入的中国公民，都是个人收入调节税的纳税义务人（以下简称纳税人）。应当缴纳个人收入调节税包括工资、薪金收入，承包、转包收入，劳务报酬收入，财产租赁收入，专利权的转让、专利实施许可和非专利技术的提供、转让取得的收入，投稿、翻译取得的收入，利息、股息、红利收入，经财政部确定征税的其他收入。个人收入调节税，根据收入来源，分别按照超倍累进税率和比例税率计算征收。工资、薪金收入，承包、转包收入，劳务报酬收入，财产租赁收入合并为综合收入，按照地区计税基数核算，按月计征。纳税人月综合收入额超过地区计税基数的，就其超基数的3倍以上的部分，按照超倍累进税率计算个人收入调节税，税率从20%～60%。专利权的转让、专利实施许可和非专利技术的提供、转让取得的收入，投稿、翻译取得的收入在减除一定费用以后，就其余额按比例税率20%计算应纳税额；利息、股息、红利收入，就每次收入额按比例税率20%计算应纳税额。免税收入共9项，即省级人民政府、国务院部委以上单位颁发的科学、技术、文化成果等奖金，国库券利息、国家发行的金融债券利息，在国家银行、信用合作社、邮政储蓄存款利息，按照国家统一规定发给的补贴、津贴，福利费、抚恤金、救济金，保险赔款，军队干部和战士的转业费、复员费，按照国家统一规定发给干部、职工的安家费、退职费、退休金、离休工资、离休干部生活补助费，经财政部批准免税的其他收入。

1992年，邓小平同志南方谈话时提出，要建立社会主义市场经济体制。中国共产党第十四次全国人民代表大会正式确定我国经济体制改革是建立社会主义市场经济体制的方向以后，1993年11月14日，中国共产党第十四届中央委员会第三次全体会议通过了《中共中央关于建立社会主义市场经济体制若干问题的决定》。该决定提出，积极推进财税体制改革，按照统一税法、公平税负、简化税制和合理分权的原则，改革和完善税收制度，统一企业所得税和个人所得税，规范税率，扩大税基。为了发展社会主义市场经济的需要，我国于1994年实行了个人所得税制度的全面改革，将原来按照纳税人的类型分别设立的个人所得税、个人收入调节税和城乡个体工商业户所得税合并为统一的个人所得税，并从纳税人、征税所得、税率、减税免税所得、费用扣除、税收征管等方面加以统一和完善，形成了改革开放以后第一部比较完善、统一的，适应社会主义市场经济发展需要的，符合我国国情的个人所得税制度。1993年10月31日，第八届全国人民代表大会常务委员会第四次会议审议了国务院关于《中华人民共和国个人所得税法修正案（草案）》的议案，并将修正以后的个人所得税法重新公布，自1994年1月1日起施行，这是对个人所得税法的第一次修正。1994年1月28日，国务院发布了《中华人民共和国个人所得税法实施条例》。

《国家税务总局关于印发〈国家税务总局关于认真执行个人所得税法的通告〉的通知》（国税发〔1994〕112号）规定："凡在中国境内有住所的个人、个体工商户，在中国境内有所得的境外人员，均为个人所得税的纳税义务人（以下简称'纳税人'）。凡向个人支付应纳税所得的单位和个人，均为个人所得税的扣缴义务人（以下简称'扣缴人'）。"

1993年颁布的《中华人民共和国个人所得税法》规定，应纳个人所得税包括工资、薪金所得，个体工商户的生产、经营所得，对企事业单位的承包经营、承租经营所得，劳务报酬所得，稿酬所得，特许权使用费所得，利息、股息、红利所得，财产租赁所得，财产转让所得，偶然所得，经国务院财政部门确定征税的其他所得。工资、薪金所得，适用9级超额累进税率，税率为5%～45%。个体工商户的生产、经营所得和对企事业单位的承包经营、承租经营所得，适用5%～35%的超额累进税率。稿酬所得，适用比例税率，税率为20%，并按应纳税额减征30%。劳务报酬所得，适用比例税率，税率为20%。对劳务报酬所得一次收入畸高的，可以实行加成征收。特许权使用费所得，利息、股息、红利所得，财产租赁所得，财产转让所得，偶然所得和其他所得，适用比例税率，税率为20%。应纳税所得额的计算方面，工资、薪金所得，个体工商户的生产、经营所得，对企事业单位承包经营、承租经营所得，劳务报酬所得，稿酬所得，特许权使用费所得，财产租赁所得，财产转让所得，均可以按税法规定减除费用后计算应纳税所得额；利息、股息、红利所得，偶然所得和其他所得，均以每次收入额为应纳税所得额，不能减除费用。对在中国境内无住所而在中国境内取得工资、薪金所得的纳税义务人和在中国境内有住所而在中国境外取得工资、薪金所得的纳税义务人，附加减除费用标准为3 200元，基本减除费用为4 000元。免税所得共10项，即省级人民政府、国务院部委和中国人民解放军军以上单位，以及外国组织，国际组织颁发的科学、教育、技术、文化、卫生、体育、环境保护等方面的奖金；储蓄存款利息，国债和国家发行的金融债券利息；按照国家统一规定发给的补贴、津贴；福利费、抚恤金、救济金；保险赔款；军人的转业费、复员费；按照国家统一规定发给干部、职工的安家费、退职费、退休工资、离休工资、离休生活补助费；依照我国有关法律规定应予免税的各国驻华使馆、领事馆的外交代表，领事官员和其他人员的所得；中国政府参加国际公约、签订的协议中规定免税的所得；经国务院财政部门批准免税的所得。经批准可以减征个人所得税的所得共3项，即残疾、孤老人员和烈属的所得，因严重自然灾害造成重大损失的所得，其他经国务院财政部门批准减税的所得。

1999年8月30日，第九届全国人民代表大会常务委员会第十一次会议通过《关于修改〈中华人民共和国个人所得税法〉的决定》，对《中华人民共和国个人所得税法》做第二次修正。修正内容如下：删去第四条第二项中的“储蓄存款利息”；增加一条，作为第十二条：“对储蓄存款利息所得征收个人所得税的开征时间和征收办法由国务院规定。”该文件自1999年8月30日起生效。

2005年10月27日，第十届全国人民代表大会常务委员会第十八次会议通过《关于修改〈中华人民共和国个人所得税法〉的决定》，对《中华人民共和国个人所得税法》做第三次修正，第六条第一款第一项修改为“工资、薪金所得，以每月收入额减除费用一千六百元后的余额，为应纳税所得额。”同时，对“个人所得税税率表一”的附注作相应修改。第八条修改为：“个人所得税，以所得人为纳税义务人，以支付所得的单位或者个人为扣缴义务人。个人所得超过国务院规定数额的，在两处以上取得工资、薪金所得或者没有扣缴义务人的，以及具有国务院规定的其他情形的，纳税义务人应当按照国家规定办理纳税申报。扣缴义务人应当按照国家规定办理全员全额扣缴申报。”该文件自2006年1月1日起施行。

2007年6月29日，第十届全国人民代表大会常务委员会第二十八次会议通过《关于修改〈中华人民共和国个人所得税法〉的决定》，对《中华人民共和国个人所得税法》做第四次修正，将第十二条修改为：“对储蓄存款利息所得开征、减征、停征个人所得税及其具体办法，由国务院规定。”该文件自2007年6月29日起施行。

2007年12月29日，第十届全国人民代表大会常务委员会第三十一次会议通过《关于修改〈中华人民共和国个人所得税法〉的决定》，对《中华人民共和国个人所得税法》做第五次修正，将第六条第一款第一项修改为：“工资、薪金所得，以每月收入额减除费用二千元后的余额，为应纳税所得额。”同时，对“个人所得税税率表一”的附注做相应修改。该文件自2008年3月1日起施行。

2011年6月30日，第十一届全国人民代表大会常务委员会第二十一次会议通过《关于修改〈中华人民共和国个人所得税法〉的决定》，对《中华人民共和国个人所得税法》做第六次修正，将第三条第一项修改为：“工资、薪金所得，适用超额累进税率，税率为百分之三至百分之四十五（税率表附后）。”第六条第一项修改为：“工资、薪金所得，以每月收入额减除费用三千五百元后的余额，为应纳税所得额。”第九条中的“七日内”修改为“十五日内”。第六次修正的《中华人民共和国个人所得税法》，自2011年9月1日起施行。第六次修正后的个人所得税税率表一（工资、薪金所得适用），见表1-1。第六次修正后的个人所得税税率表二（个体工商户的生产、经营所得和对企事业单位的承包经营、承租经营所得适用），见表1-2。

表1-1　个人所得税税率表一（工资、薪金所得适用）

级数	全月应纳税所得额	税率
1	不超过1 500元的	3%
2	超过1 500元至4 500元的部分	10%
3	超过4 500元至9 000元的部分	20%
4	超过9 000元至35 000元的部分	25%
5	超过35 000元至55 000元的部分	30%
6	超过55 000元至80 000元的部分	35%
7	超过80 000元的部分	45%

注：本表所称全月应纳税所得额是指依照本法第六条的规定，以每月收入额减除费用三千五百元以及附加减除费用后的余额。

表 1-2 个人所得税税率表二（个体工商户的生产、经营所得和对企事业单位的承包经营、承租经营所得适用）

级数	全年应纳税所得额	税率
1	不超过 15 000 元的	5%
2	超过 15 000 元至 30 000 元的部分	10%
3	超过 30 000 元至 60 000 元的部分	20%
4	超过 60 000 元至 100 000 元的部分	30%
5	超过 100 000 元的部分	35%

注：本表所称全年应纳税所得额是指依照本法第六条的规定，以每一纳税年度的收入总额减除成本、费用以及损失后的余额。

2018 年 8 月 31 日，第十三届全国人民代表大会常务委员会第五次会议通过《关于修改〈中华人民共和国个人所得税法〉的决定》。这是对我国个人所得税法的第七次修正（以下简称新个人所得税法）。此次新个人所得税法最大的亮点是建立了综合与分类相结合的税制模式，这在中国税制改革历史上具有里程碑式的重大意义。在提高起征点的同时，新个人所得税法规定了子女教育、继续教育、大病医疗、住房贷款利息、住房租金及赡养老人等与人民群众生活密切相关支出的 6 项专项附加扣除，这是新个人所得税法一个重要亮点。基本减除费用标准从每月3 500元提高至每月5 000元。5 000元的基本减除费用标准是统筹考虑了城镇居民人均基本消费支出，每个就业者平均负担的人数，居民消费价格指数等因素后确定的。根据国家统计局抽样调查数据测算，2017 年我国城镇就业者人均负担的消费支出每月约为3 900元，按照近 3 年城镇居民消费支出年均增长率推算，2018 年人均负担的消费支出每月约为4 200元。基本减除费用标准确定每月为5 000元，不仅覆盖了人均消费支出，而且体现了一定的前瞻性。除基本减除费用标准外，还新增了多项专项附加扣除，扩大低档税率级距。仅以起征点提高到每月5 000元这一项因素来测算，修正后的个人所得税纳税人占城镇就业人员的比例由 44%降至 15%。劳务报酬、稿酬、特许权使用费等 3 类收入在扣除 20%的费用后的余额为收入额。稿酬所得的收入额减按 70%计算，相当于打五六折。月收入在20 000元以下的纳税人税负可降低 50%以上。

2018 年 8 月 31 日，在新个人所得税法通过后，全国人大常委会办公厅举行新闻发布会，国家税务总局相关负责人表示，为最大限度方便纳税人简化操作，国家税务总局将抓紧研究制定配套操作办法，初步有以下几点考虑：一是申报就能扣除。纳税人只要结合自己的实际情况申报就能享受扣除。申报时尽量减少资料报送、简化办税流程。二是预缴就能享受。个人还可以将专项附加扣除信息提供给单位，每个月发放工资、代扣个人所得税时，单位就可以根据个人的实际情况进行扣除。三是未扣可以退税。如果个人没有将自己的相关信息提供给单位，预扣预缴环节没有享受到或者没有享受到位的，可以到第二年办理汇算清缴的时候申请退税。

修正后的个人所得税法自 2019 年 1 月 1 日起施行，为了让纳税人尽早享受减税红利，2018 年 10 月 1 日起，先将起征点提高到每月5 000元，并按新的税率表计算纳税。

财政部税政司相关负责人表示，从改革的趋势来讲，下一步综合与分类相结合的个人所得税税制改革还要进一步推进，税制经过完善以后，无论是综合所得的范围，还是扣除的项目，以及其他的税收要素，都会进行相应调整，当然这有待于征管条件的改善，各方面的配套条件也应该与之相匹配。

关于《中华人民共和国个人所得税法修正案（草案）》的说明

——2018 年 6 月 19 日在第十三届全国人民代表大会常务委员会第三次会议上

财政部部长　刘昆

全国人民代表大会常务委员会：

我受国务院委托，现对《中华人民共和国个人所得税法修正案（草案）》作说明。

个人所得税是目前我国仅次于增值税、企业所得税的第三大税种，在筹集财政收入、调节收入分配方面发挥着重要作用。党中央、国务院高度重视推进个人所得税改革工作。习近平总书记指出，财政是国家治理的基础和重要支柱，科学的财税体制是优化资源配置、维护市场统一、促进社会公平、实现国家长治久安的制度保障，要深化税收制度改革，逐步建立综合与分类相结合的个人所得税制。李克强总理在 2018 年政府工作报告中提出，改革个人所得税，提高个人所得税起征点，增加子女教育、大病医疗等专项费用扣除，合理减负，鼓励人民群众通过劳动增加收入、迈向富裕。

为贯彻落实党中央、国务院决策部署，财政部、税务总局会同有关部门抓紧研究起草了《中华人民共和国个人所得税法修正案（草案送审稿）》。草案已经国务院同意。现说明如下：

一、修改的总体思路

这次修改个人所得税法，旨在落实党中央、国务院关于个人所得税改革的决策部署，依法保障个人所得税改革顺利实施。修改工作坚持突出重点，对现行个人所得税法不适应改革需要的内容进行修改，补充、完善保障改革实施所需内容。对其他内容，原则上不作修改。

二、修改的主要内容

（一）完善有关纳税人的规定。

现行个人所得税法规定了两类纳税人：一是在中国境内有住所，或者无住所而在境内居住满一年的个人，从中国境内和境外取得的所得，缴纳个人所得税；二是在中国境内无住所又不居住，或者无住所而在境内居住不满一年的个人，从中国境内取得的所得，缴纳个人所得税。从国际惯例看，一般将个人所得税纳税人分为居民个人和非居民个人两类，两类纳税人在纳税义务和征税方式上均有所区别。现行个人所得税法规定的两类纳税人实质上是居民个人和非居民个人，但没有明确作出概念上的分类。为适应个人所得税改革对两类纳税人在征税方式等方面的不同要求，便于税法和有关税收协定的贯彻执行，草案借鉴国际惯例，明确引入了居民个人和非居民个人的概念，并将在中国境内居住的时间这一判定居民个人和非居民个人的标准，由现行的是否满 1 年调整为是否满 183 天，以更好地行使税收管辖权，维护国家税收权益。（第一条）

（二）对部分劳动性所得实行综合征税。

现行个人所得税法采用分类征税方式，将应税所得分为 11 类，实行不同征税办法。按照“逐步建立综合与分类相结合的个人所得税制”的要求，结合当前征管能力和配套条件等实际情况，草案将工资、薪金所得，劳务报酬所得，稿酬所得，特许权使用费所得等 4 项劳动性所得（以下称综合所得）纳入综合征税范围，适用统一的超额累进税率，居民个人按年合并计算个人所得税，非居民个人按月或者按次分项计算个人所得税。同时，适当简并应税所得分类，将“个体工商户的生产、经营所得”调整为“经营所得”，不再保留“对企事业单位的承包经营、承租经营所得”，该项所得根据具体情况，分别并入综合所得或者经营所得。对经营所得，利息、股息、红利所得，财产租赁所得，财产转让所得，偶然所得以及其他所得，仍采用分类征税方式，按照规定分别计算个人所得税。（第二条）

（三）优化调整税率结构。

一是综合所得税率。以现行工资、薪金所得税率（3％至 45％的 7 级超额累进税率）为基础，将按月计算应纳税所得额调整为按年计算，并优化调整部分税率的级距。具体是：扩大 3％、10％、20％三档低税率的级距，3％税率的级距扩大一倍，现行税率为 10％的部分所得的税率降为 3％；大幅扩大 10％税率的级距，现行税率为 20％的所得，以及现行税率为 25％的部分所得的税率降为 10％；现行税率为 25%的部分所得的税率降为 20%；相应缩小 25%税率的级距，30%、35%、45%这三档较高税率的级距保持不变。（第三条、第十六条）

二是经营所得税率。以现行个体工商户的生产、经营所得和对企事业单位的承包经营、承租经营所得税率为基础，保持 5%至 35%的 5 级税率不变，适当调整各档税率的级距，其中最高档税率级距下限从 10 万元提高至 50 万元。（第三条、第十七条）

（四）提高综合所得基本减除费用标准。

按照现行个人所得税法，工资、薪金所得的基本减除费用标准为3 500元/月，劳务报酬所得、稿酬所得、特许权使用费所得，每次收入不超过4 000元的，减除费用 800 元；4 000元以上的，减除 20%的费用。草案将上述综合所得的基本减除费用标准提高到5 000元/月（6 万元/年）。这一标准综合考虑了人民群众消费支出水平增长等各方面因素，并体现了一定前瞻性。按此标准并结合税率结构调整测算，取得工资、薪金等综合所得的纳税人，总体上税负都有不同程度下降，特别是中等以下收入群体税负下降明显，有利于增加居民收入、增强消费能力。该标准对于在中国境内无住所而在中国境内取得工资、薪金所得的纳税人和在中国境内有住所而在中国境外取得工资、薪金所得的纳税人统一适用，不再保留专门的附加减除费用（1 300元/月）。（第五条）

（五）设立专项附加扣除。

草案在提高综合所得基本减除费用标准，明确现行的个人基本养老保险、基本医疗保险、失业保险、住房公积金等专项扣除项目以及依法确定的其他扣除项目继续执行的同时，增加规定子女教育支出、继续教育支出、大病医疗支出、住房贷款利息和住房租金等与人民群众生活密切相关的专项附加扣除。专项附加扣除考虑了个人负担的差异性，更符合个人所得税基本原理，有利于税制公平。（第五条）

（六）增加反避税条款。

目前，个人运用各种手段逃避个人所得税的现象时有发生。为了堵塞税收漏洞，维护国家税收权益，草案参照企业所得税法有关反避税规定，针对个人不按独立交易原则转让财产、在境外避税地避税、实施不合理商业安排获取不当税收利益等避税行为，赋予税务机关按合理方法进行纳税调整的权力。规定税务机关作出纳税调整，需要补征税款的，应当补征税款，并依法加收利息。（第六条）

此外，为保障个人所得税改革的顺利实施，草案还明确了非居民个人征税办法，并进一步健全了与个人所得税改革相适应的税收征管制度。

《中华人民共和国个人所得税法修正案（草案）》和以上说明是否妥当，请审议。

全国人民代表大会宪法和法律委员会关于《中华人民共和国个人所得税法修正案（草案）》审议结果的报告

全国人民代表大会常务委员会：

常委会第三次会议对个人所得税法修正案草案进行了初次审议。会后，法制工作委员会将草案印发各省、自治区、直辖市、中央有关部门和部分高等院校、研究机构征求意见，在中国人大网全文公布草案征求社会公众意见。法制工作委员会还到北京进行调研，听取意见；并就草案的有关问题与有关部门交换意见，共同研究。宪法和法律委员会于7月26日召开会议，根据常委会组成人员的审议意见和各方面意见，对草案进行了逐条审议。财政经济委员会、预算工作委员会、司法部、财政部、国家税务总局的有关负责同志列席了会议。8月20日，宪法和法律委员会召开会议，再次进行审议。宪法和法律委员会认为，为落实党中央“逐步建立综合与分类相结合的个人所得税制”的改革要求和相关决策部署，更好地发挥个人所得税调节收入分配的作用，对个人所得税法进行修改是必要的，草案内容总体可行。同时，提出以下主要修改意见：

一、有的常委委员和有关方面提出，按照税收法定的要求，应纳税所得的范围、减免税均属于个人所得税的税制基本要素，个人所得税法中关于“其他所得范围”“其他减免税情形”由国务院财政部门确定或者批准的规定，不符合立法法的有关规定，建议将相关事项尽量在法律中明确，确实无法在法律中明确的，也应由国务院作出规定。宪法和法律委员会经研究，建议对相关内容作以下修改：一是，考虑到目前个人所得税法中列明的所得范围已经比较全面，可不必再由国务院或其有关部门确定“其他所得”，删除了现行个人所得税法第二条最后一项“经国务院财政部门确定征税的其他所得”的规定。二是，将现行个人所得税法第四条第十项、第五条第三项“经国务院财政部门批准免税的所得”“其他经国务院财政部门批准减税的”分别修改为“国务院规定的其他免税所得”“国务院可以规定其他减税情形”；同时分别增加规定，国务院关于免税、减税的规定，应当报全国人大常委会备案。

二、有的常委委员和专家提出，稿酬所得需要长期的智力投入，在税负上应给予一定的优惠；有的建议，对于劳务报酬所得、稿酬所得、特许权使用费所得，应在减除必要的费用后计算收入额，以体现量能课税、净所得征税的原则。宪法和法律委员会经研究，建议采纳这一意见，将第五条第二款修改为：劳务报酬所得、稿酬所得、特许权使用费所得以收入减除百分之二十的费用后的余额为收入额，其中，稿酬所得的收入额减按百分之七十计算。

三、草案第五条对专项附加扣除作了规定，居民个人的子女教育、继续教育、大病医疗、住房贷款利息和住房租金等支出，可以在税前予以扣除。有些常委会组成人员和有关方面提出，为了弘扬尊老孝老的传统美德，充分考虑我国人口老龄化日渐加快，工薪阶层独生子女家庭居多、赡养老人负担较重等实际情况，建议对于赡养老人支出，也予以税前扣除。宪法和法律委员会经研究，建议采纳这一意见。

四、有的意见提出，个人所得税法中的一些规定过于原则，如公益慈善事业捐赠扣除标准，专项附加扣除的具体范围、标准等，均要求国务院或者国务院部门予以细化，法律的权威性和可操作性不强，建议研究修改。宪法和法律委员会经研究，建议结合当前的实际做法，对相关规定作以下补充和修改：一是，在法律中直接对公益慈善事业捐赠扣除予以明确，即：个人将其所得对公益慈善事业进行捐赠，捐赠额未超过应纳税所得额百分之三十的部分，可以从其应纳税所得额中扣除；国务院规定对公益慈善事业捐赠实行全额税前扣除的，从其规定。二是，将草案关于专项附加扣除的具体范围、标准和实施步骤“由国务院财政、税务主管部门商有关部门确定”的规定修改为“由国务院确定，并报全国人民代表大会常务委员会备案”。

五、有的常委会组成人员和有关方面提出，为便于纳税人了解相关信息，准确进行年度汇总申报，扣缴义务人在办理扣缴申报后，应当向纳税人提供相关扣缴信息。宪法和法律委员会经研究，建议增加规定，扣缴义务人应当“向纳税人提供其个人所得和已扣缴税款等信息”。

需要说明的是，在常委会审议和征求意见过程中，还有一些意见建议进一步提高基本减除费用标准，适当降低综合所得最高边际税率。上述问题，国务院有关部门在草案起草阶段进行过认真研究测算，相关规定兼顾了当前居民基本生活消费支出变化、税收调节收入分配的实际需要等情况。这次改革，通过提高基本减除费用标准，增加专项附加扣除，优化调整税率结构、扩大低档税率的级距等方式，减轻了广大纳税人的税收负担，使个人所得税税负水平更趋合理，实现了从分类税制向综合与分类相结合的个人所得税制的重大转变，个人所得税制改革迈出了关键一步。宪法和法律委员会经同国务院有关部门研究，建议对上述问题的有关规定不作修改；同时，建议国务院方面结合征管及配套条件的完善，进一步深化相关改革，逐步扩大综合征税范围，完善费用扣除，优化税率结构，并根据改革进程对上述问题予以统筹考虑，抓紧总结改革实践经验，积极回应广大人民群众的关切，及时提出对相关制度进行修改完善的建议。

此外，还对草案作了一些文字修改。

宪法和法律委员会已按照上述意见提出了全国人民代表大会常务委员会关于修改《中华人民共和国个人所得税法》的决定（草案），建议提请本次常委会会议审议通过。

修改决定草案和以上报告是否妥当，请审议。

全国人民代表大会宪法和法律委员会

2018 年 8 月 27 日

全国人民代表大会宪法和法律委员会关于《全国人民代表大会常务委员会关于修改〈中华人民共和国个人所得税法〉的决定（草案）》修改意见的报告

全国人民代表大会常务委员会：

常委会第五次会议于 8 月 29 日上午对修改个人所得税法的决定（草案）进行了分组审议，普遍认为，这次修改个人所得税法，通过提高减除费用标准，增加专项附加扣除，优化税率结构，切实减轻了广大纳税人的税收负担，是贯彻落实党的十九大精神的实际行动，是顺应民心民意和经济社会发展新形势的务实举措，草案已经比较成熟，建议进一步修改后，提请本次会议通过。同时，有些常委会组成人员和列席会议的同志还提出了一些修改意见。宪法和法律委员会于 8 月 29 日下午召开会议，逐条研究了常委会组成人员的审议意见，对草案进行了审议。全国人大财政经济委员会、预算工作委员会、司法部、财政部、国家税务总局的有关负责同志列席了会议。宪法和法律委员会认为，草案是可行的。同时提出以下修改意见：

一、有的意见提出，为保证税款征收，金融监督管理部门除协助税务机关确认纳税人的银行账户信息外，还应当协助确认其他金融账户信息，建议补充完善相应规定。宪法和法律委员会经研究，建议将草案第十一条中的“银行账户信息”修改为“金融账户信息”。

二、有的常委委员提出，草案第十条关于纳税人取得经营所得于“次年三月三十一日前”办理汇算清缴，以及扣缴义务人未扣缴税款，纳税人应在“次年六月三十日前”缴纳税款的规定不够精确，建议将有关期限的表述修改为“取得所得的次年三月三十一日前”、“取得所得的次年六月三十日前”。宪法和法律委员会经研究，建议采纳这一意见。

此外，根据常委会组成人员的审议意见，还对草案作了个别文字修改。

在审议中，常委会组成人员对进一步明确专项附加扣除的范围、标准，细化有关减免税和征管规定，改革征管方式等问题，还提出了一些很好的意见、建议。宪法和法律委员会对这些意见建议进行了认真研究，考虑到这次修改个人所得税法是按照党中央的决策部署所进行的个人所得税改革的第一步，可随着改革的不断深入，对相关问题进行统筹研究解决，建议对草案的相关内容不作调整。宪法和法律委员会建议国务院方面认真研究常委会组成人员的审议意见，坚持公平、便民的原则，抓紧制定完善相关配套制度，确保相关制度与法律同步实施，让党中央的改革决策部署落到实处，让广大人民群众切实享受到改革红利；相关部门要做好新的个人所得税法的宣传和政策解读，动员广大人民群众理解改革、拥护改革、支持改革。同时，建议国务院有关部门按照党的十九大报告提出的“深化税收制度改革”的要求，继续深入推进个人所得税改革，及时总结改革经验，适时提出对相关制度进行完善的建议。

修改决定草案建议表决稿已按上述意见作了修改，宪法和法律委员会建议本次常委会会议审议通过。

修改决定草案建议表决稿和以上报告是否妥当，请审议。

全国人民代表大会宪法和法律委员会

2018 年 8 月 31 日

第二节　纳税义务人和扣缴义务人

个人所得税以所得人为纳税义务人，以支付所得的单位或者个人为扣缴义务人。扣缴义务人包括财政部门（或机关事务管理、人事等部门）、行政机关、事业单位、社会团体等。

扣缴义务人向个人支付应税款项时，应当依照个人所得税法规定预扣或者代扣税款，按时缴库，并专项记载备查。

支付，包括现金支付、汇拨支付、转账支付和以有价证券、实物以及其他形式的支付。

纳税义务人有中国公民身份号码的，以中国公民身份号码为纳税人识别号；纳税义务人没有中国公民身份号码的，由税务机关赋予其纳税人识别号。扣缴义务人扣缴税款时，纳税义务人应当向扣缴义务人提供纳税人识别号。

一、居民个人

在中国境内有住所，或者无住所而一个纳税年度内在中国境内居住累计满 183 天的个人，为居民个人。居民个人从中国境内和境外取得的所得，依照《中华人民共和国个人所得税法》规定，交纳个人所得税。

在中国境内有住所，是指因户籍、家庭、经济利益关系而在中国境内习惯性居住。

二、非居民个人

在中国境内无住所又不居住，或者无住所而一个纳税年度内在中国境内居住累计不满 183 天的个人，为非居民个人。非居民个人从中国境内取得的所得，依照《中华人民共和国个人所得税法》规定，交纳个人所得税。

《中华人民共和国个人所得税法实施条例》规定：

“第四条　在中国境内无住所的个人，在中国境内居住累计满 183 天的年度连续不满六年的，经向主管税务机关备案，其来源于中国境外且由境外单位或者个人支付的所得，免予缴纳个人所得税；在中国境内居住累计满 183 天的任一年度中有一次离境超过 30 天的，其在中国境内居住累计满 183 天的年度的连续年限重新起算。

第五条　在中国境内无住所的个人，在一个纳税年度内在中国境内居住累计不超过90天的，其来源于中国境内的所得，由境外雇主支付并且不由该雇主在中国境内的机构、场所负担的部分，免予缴纳个人所得税。”

三、纳税年度

纳税年度，自公历1月1日起至12月31日止。

四、所得来源地的确定

《中华人民共和国个人所得税法实施条例》规定：

“从中国境内和境外取得的所得，分别是指来源于中国境内的所得和来源于中国境外的所得。”

“除国务院财政、税务主管部门另有规定外，下列所得，不论支付地点是否在中国境内，均为来源于中国境内的所得：

（一）因任职、受雇、履约等在中国境内提供劳务取得的所得；

（二）将财产出租给承租人在中国境内使用而取得的所得；

（三）许可各种特许权在中国境内使用而取得的所得；

（四）转让中国境内的不动产等财产或者在中国境内转让其他财产取得的所得；

（五）从中国境内企业、事业单位、其他组织以及居民个人取得的利息、股息、红利所得。”

第三节　征税范围

应当交纳个人所得税的个人所得包括工资、薪金所得，劳务报酬所得，稿酬所得，特许权使用费所得，经营所得，利息、股息、红利所得，财产租赁所得，财产转让所得，偶然所得。

居民个人取得工资、薪金所得，劳务报酬所得，稿酬所得，特许权使用费所得，称为综合所得，按纳税年度合并计算个人所得税。

非居民个人取得工资、薪金所得，劳务报酬所得，稿酬所得，特许权使用费所得，按月或者按次分项计算个人所得税。

纳税人（包括居民个人和非居民个人）取得经营所得，利息、股息、红利所得，财产租赁所得，财产转让所得，偶然所得，依照《中华人民共和国个人所得税法》规定，分别计算个人所得税。

《中华人民共和国个人所得税法实施条例》规定：

“（一）工资、薪金所得，是指个人因任职或者受雇取得的工资、薪金、奖金、年终加薪、劳动分红、津贴、补贴以及与任职或者受雇有关的其他所得。

（二）劳务报酬所得，是指个人从事劳务取得的所得，包括从事设计、装潢、安装、制图、化验、测试、医疗、法律、会计、咨询、讲学、翻译、审稿、书画、雕刻、影视、录音、录像、演出、表演、广告、展览、技术服务、介绍服务、经纪服务、代办服务以及其他劳务取得的所得。

（三）稿酬所得，是指个人因其作品以图书、报刊等形式出版、发表而取得的所得。

（四）特许权使用费所得，是指个人提供专利权、商标权、著作权、非专利技术以及其他特许权的使用权取得的所得；提供著作权的使用权取得的所得，不包括稿酬所得。

（五）经营所得，是指：

1. 个体工商户从事生产、经营活动取得的所得，个人独资企业投资人、合伙企业的个人合伙人来源于境内注册的个人独资企业、合伙企业生产、经营的所得；

2. 个人依法从事办学、医疗、咨询以及其他有偿服务活动取得的所得；

3. 个人对企业、事业单位承包经营、承租经营以及转包、转租取得的所得；

4. 个人从事其他生产、经营活动取得的所得。

（六）利息、股息、红利所得，是指个人拥有债权、股权等而取得的利息、股息、红利所得。

（七）财产租赁所得，是指个人出租不动产、机器设备、车船以及其他财产取得的所得。

（八）财产转让所得，是指个人转让有价证券、股权、合伙企业中的财产份额、不动产、机器设备、车船以及其他财产取得的所得。

（九）偶然所得，是指个人得奖、中奖、中彩以及其他偶然性质的所得。

个人取得的所得，难以界定应纳税所得项目的，由国务院税务主管部门确定。”

第四节　税率

2018 年 8 月 31 日，《中华人民共和国个人所得税法》对个人所得税的税率做出如下规定。

一、综合所得

适用3%～45%的超额累进税率。个人所得税税率表一（综合所得适用），见表1-3。

二、经营所得

适用5%～35%的超额累进税率。个人所得税税率表二（经营所得适用），见表1-4。

三、比例税率

利息、股息、红利所得，财产租赁所得，财产转让所得和偶然所得，适用比例税率，税率为20%。

表1-3　个人所得税税率表一（综合所得适用）

级数	全年应纳税所得额	税率
1	不超过36 000元的	3%
2	超过36 000元至144 000元的部分	10%
3	超过144 000元至300 000元的部分	20%
4	超过300 000元至420 000元的部分	25%
5	超过420 000元至660 000元的部分	30%
6	超过660 000元至960 000元的部分	35%
7	超过960 000元的部分	45%

注：

1. 本表所称全年应纳税所得额是指依照个人所得税法第六条的规定，居民个人取得综合所得以每一纳税年度收入额减除费用60 000元以及专项扣除、专项附加扣除和依法确定的其他扣除后的余额。

2. 非居民个人取得工资、薪金所得，劳务报酬所得，稿酬所得和特许权使用费所得，依照本表按月换算后计算应纳税额。

表1-4　个人所得税税率表二（经营所得适用）

级数	全年应纳税所得额	税率
1	不超过30 000元的	5%
2	超过30 000元至90 000元的部分	10%
3	超过90 000元至300 000元的部分	20%
4	超过300 000元至500 000元的部分	30%
5	超过500 000元的部分	35%

注：本表所称全年应纳税所得额是指依照个人所得税法第六条的规定，以每一纳税年度的收入总额减除成本、费用以及损失后的余额。

第五节　应纳税所得额的计算

一、居民个人的综合所得

居民个人的综合所得，以每一纳税年度的收入额减除费用60 000元以及专项扣除、专项附加扣除和依法确定的其他扣除后的余额，为应纳税所得额。

劳务报酬所得、稿酬所得、特许权使用费所得以收入减除20%的费用后的余额为收入额。稿酬所得的收入额减按70%计算。

居民个人的综合所得应纳税所得额的计算公式：

应纳税所得额＝每一纳税年度的收入额－60 000元－专项扣除－专项附加扣除－依法确定的其他扣除

每一纳税年度的收入额＝每一纳税年度的工资、薪金收入＋每一纳税年度的劳务报酬收入×（1－20%）＋每一纳税年度的特许权使用费收入×（1－20%）＋每一纳税年度的稿酬收入×（1－20%）×70%

专项扣除，包括居民个人按照国家规定的范围和标准缴纳的基本养老保险、基本医疗保险、失业保险等社会保险费和住房公积金等。

专项附加扣除，包括子女教育、继续教育、大病医疗、住房贷款利息或者住房租金、赡养老人等支出。

依法确定的其他扣除，包括个人缴付符合国家规定的企业年金、职业年金，个人购买符合国家规定的商业健康保险、税收递延型商业养老保险的支出，以及国务院规定可以扣除的其他项目。

专项扣除、专项附加扣除和依法确定的其他扣除，以居民个人一个纳税年度的应纳税所得额为限额；一个纳税年度扣除不完的，不结转以后年度扣除。

【案例分析 1-1】

甲公司位于广西南宁市，该公司高级管理人员李某（居民个人）2019 年度取得的综合所得：（1）甲公司应发李某工资、薪金合计300 000元；（2）乙公司邀请李某为其中层员工授课 5 次，共支付李某60 000元；（3）丙公司邀请李某为其撰写相关管理方面的书籍，当年出版，支付李某著作权费50 000元；（4）李某转让一个专利技术给丁公司，取得特许权使用费收入20 000元。2019 年度李某综合所得的应纳税所得额及应纳税额为多少元?

2019年度李某综合所得的应纳税所得额及应纳税额计算，见表1-5（均不考虑增值税及其他税费）。

表1-5　2019年度李某综合所得的应纳税所得额及应纳税额计算表

单位：元

2019年度的收入额	甲公司应发工资、薪金	基本工资	60 000	
		岗位津贴	210 000	
		通讯补贴	6 000	
		交通补贴	24 000	
		小计	300 000	
	乙公司	劳务报酬所得	60 000	
		劳务报酬所得的收入额	48 000	60 000×（1－20%）
	丙公司	稿酬所得	50 000	
		稿酬所得的收入额	40 000	50 000×（1－20%）
		稿酬所得的收入额减按70%	28 000	50 000×（1－20%）×70%
	丁公司	特许权使用费所得	20 000	
		特许权使用费所得的收入额	16 000	20 000×（1－20%）
	2019年度的收入额合计		392 000	300 000＋48 000＋28 000＋16 000
基本减除费用			60 000	
专项扣除	甲公司扣缴的基本养老保险、基本医疗保险、失业保险和住房公积金		24 000	
专项附加扣除	子女教育		12 000	
	继续教育		4 800	
	大病医疗		—	
	住房贷款利息		12 000	
	住房租金		—	
	赡养老人		24 000	
	小计		52 800	
依法确定的其他扣除	通讯补贴		2 880	240×12
	交通补贴		23 400	1 950×12
	小计		26 280	
应纳税所得额			228 920	392 000－60 000－24 000－52 800－26 280

注：劳务报酬所得、稿酬所得、特许权使用费所得、专项附加扣除、依法确定的其他扣除等的具体规定详见第二章。

二、非居民个人的工资、薪金所得，劳务报酬所得，稿酬所得，特许权使用费所得

非居民个人的工资、薪金所得，以每月收入额减除费用5 000元后的余额为应纳税所得额；劳务报酬所得、稿酬所得、特许权使用费所得，以每次收入额为应纳税所得额。

劳务报酬所得、稿酬所得、特许权使用费所得，属于一次性收入的，以取得该项收入为一次；属于同一项目连续性收入的，以一个月内取得的收入为一次。

劳务报酬所得、稿酬所得、特许权使用费所得以收入减除 20%的费用后的余额为收入额。稿酬所得的收入额减按 70%计算。

计算公式：

非居民个人的每月工资、薪金收入的应纳税所得额＝每月收入额－5 000元

非居民个人的劳务报酬收入的应纳税所得额＝每次收入额×（1－20%）

非居民个人的特许权使用费收入的应纳税所得额＝每次收入额×（1－20%）

非居民个人的稿酬收入的应纳税所得额＝每次收入额×（1－20%）×70%

【案例分析 1－2】

美国籍自然人迈克 2019 年 1 月起任中国境内某外商投资企业的董事，迈克在中国境内无住所，2019 年度其出入境登记资料显示在境内居住累计 92 天（2019 年 6 月、7 月、8 月），某外商投资企业分别支付迈克 3 个月的工资、薪金为20 000元、22 000元、24 000元，其 3 个月工资、薪金应纳税所得额分别为多少元？

由以上资料分析，迈克为非居民个人；

6 月工资、薪金应纳税所得额＝20 000元－5 000元＝15 000元；

7 月工资、薪金应纳税所得额＝22 000元－5 000元＝17 000元；

8 月工资、薪金应纳税所得额＝24 000元－5 000元＝19 000元。

三、经营所得

经营所得，以每一纳税年度的收入总额减除成本、费用以及损失后的余额，为应纳税所得额。

计算公式：

应纳税所得额＝每一纳税年度的收入总额－每一纳税年度的成本、费用及损失

【案例分析 1－3】

某个体工商户财务资料完整，其建账建制实行查账征收各项税费。2019 年该个体工商户收入总额500 000元（不含增值税），营业成本300 000元，各项费用100 000元，无损失，其成本、费用均符合《个体工商户个人所得税计税办法》等相关税收规定。

2019 年该个体工商户应纳税所得额：

500 000元－300 000元－100 000元＝100 000元。

四、财产租赁所得

财产租赁所得，每次收入不超过4 000元的，减除费用 800 元；每次收入在4 000元以上的，减除 20％的费用，其余额为应纳税所得额。财产租赁所得，以一个月内取得的收入为一次。

计算公式：

每次收入不超过4 000元：

应纳税所得额＝每次收入－800 元

每次收入在4 000元以上：

应纳税所得额＝每次收入×（1－20％）

【案例分析 1－4】

中国居民张某将自有的一台设备出租给甲公司，租赁期为两年，自 2019 年 1 月 1 日至 2020 年 12 月 31 日。

若每月租金为3 000元（不含增值税），张某每月财产租赁所得个人所得税应纳税所得额：

3 000元－800 元＝2 200元。

若每月租金为5 000元（不含增值税），张某每月财产租赁所得个人所得税应纳税所得额：

5 000元×（1－20％）＝4 000元。

若每月租金为4 000元（不含增值税），张某每月财产租赁所得个人所得税应纳税所得额：

4 000元－800 元＝3 200元；

或4 000元×（1－20％）＝3 200元。

五、财产转让所得

财产转让所得，以转让财产的收入额减除财产原值和合理费用后的余额，为应纳税所得额。财产转让所得，按照一次转让财产的收入额减除财产原值和合理费用后的余额计算纳税。转让财产的收入额为不含增值税的收入额。

计算公式：

应纳税所得额＝转让财产的收入额－财产原值－合理费用

【案例分析 1－5】

中国居民王某于 2019 年 6 月将自有的一台设备转让给乙公司，该设备原值为600 000元，转让收入为800 000元（不含增值税），转让过程中王某支付的相关费用为50 000元，其收入支出均符合个人所得税相关规定。

王某此次财产转让所得的应纳税所得额：

800 000元－600 000元－50 000元＝150 000元。

六、利息、股息、红利所得和偶然所得

利息、股息、红利所得和偶然所得，以每次收入额为应纳税所得额。

利息、股息、红利所得，以支付利息、股息、红利时取得的收入为一次。

偶然所得，以每次取得该项收入为一次，即应纳税所得额等于每次收入额。

七、个人所得的形式

个人所得的形式，包括现金、实物、有价证券和其他形式的经济利益。所得为实物的，应当按照取得的凭证上所注明的价格计算应纳税所得额，无凭证的实物或者凭证上所注明的价格明显偏低的，参照市场价格核定应纳税所得额。所得为有价证券的，根据票面价格和市场价格核定应纳税所得额。所得为其他形式的经济利益的，参照市场价格核定应纳税所得额。

八、个人发生非货币性资产交换

个人发生非货币性资产交换，以及将财产用于捐赠、偿债、赞助、投资等用途

的，应当视同转让财产并交纳个人所得税，但国务院财政、税务主管部门另有规定的除外。

九、两个或者两个以上的个人共同取得同一项目收入

两个或两个以上的个人共同取得同一项目收入的，应当对每个人取得的收入分别按照个人所得税法的规定计算纳税。

十、在校学生参与勤工俭学活动取得的所得

在校学生因参与勤工俭学活动（包括参与学校组织的勤工俭学活动）而取得属于个人所得税法规定的应税所得项目的所得，应依法交纳个人所得税。

第六节　应纳税额的计算

一、应纳税额计算的一般公式

1. 居民个人的综合所得。

应纳税额＝应纳税所得额×适用税率－速算扣除数

2. 非居民个人的工资、薪金所得，劳务报酬所得，稿酬所得，特许权使用费所得。

应纳税额＝应纳税所得额×适用税率－速算扣除数

3. 经营所得。

应纳税额＝应纳税所得额×适用税率－速算扣除数

4. 财产租赁所得。

应纳税额＝应纳税所得额×20％

享受优惠税率的按优惠税率。

5. 财产转让所得。

应纳税额＝应纳税所得额×20％

6. 利息、股息、红利所得和偶然所得。

应纳税额＝应纳税所得额×20％

二、居民个人从境内和境外取得所得的应纳税额计算

居民个人从中国境内和境外取得的综合所得、经营所得，应当分别合并计算应

纳税额；从中国境内和境外取得的其他所得，应当分别单独计算应纳税额。

三、居民个人从中国境外取得的所得应纳税额的抵免

居民个人从中国境外取得的所得，可以从其应纳税额中抵免已在境外交纳的个人所得税税额，但抵免额不得超过该纳税人境外所得依照《中华人民共和国个人所得税法》规定计算的应纳税额。

已在境外交纳的个人所得税税额，是指居民个人来源于中国境外的所得，依照该所得来源国家（地区）的法律应当交纳并且实际已经交纳的所得税税额。

纳税人境外所得依照《中华人民共和国个人所得税法》规定计算的应纳税额，是居民个人抵免已在境外交纳的综合所得、经营所得以及其他所得的所得税税额的限额（以下简称抵免限额）。除国务院财政、税务主管部门另有规定外，来源于中国境外一个国家（地区）的综合所得抵免限额、经营所得抵免限额以及其他所得抵免限额之和，为来源于该国家（地区）所得的抵免限额。

居民个人在中国境外一个国家（地区）实际已经交纳的个人所得税税额，低于依照上述规定计算出的来源于该国家（地区）所得的抵免限额的，应当在中国交纳差额部分的税款；超过来源于该国家（地区）所得的抵免限额的，其超过部分不得在本纳税年度的应纳税额中抵免，但是可以在以后纳税年度来源于该国家（地区）所得的抵免限额的余额中补扣。补扣期限最长不得超过5年。

居民个人申请抵免已在境外交纳的个人所得税税额，应当提供境外税务机关出具的税款所属年度的有关纳税凭证。

第七节　在特殊情况下税务机关有权进行纳税调整

2018年8月31日，《中华人民共和国个人所得税法》规定：

“有下列情形之一的，税务机关有权按照合理方法进行纳税调整：

（一）个人与其关联方之间的业务往来不符合独立交易原则而减少本人或者其关联方应纳税额，且无正当理由；

（二）居民个人控制的，或者居民个人和居民企业共同控制的设立在实际税负明显偏低的国家（地区）的企业，无合理经营需要，对应当归属于居民个人的利润不作分配或者减少分配；

（三）个人实施其他不具有合理商业目的的安排而获取不当税收利益。

税务机关依照前款规定做出纳税调整，需要补征税款的，应当补征税款，并依法加收利息。”

上述规定的利息，应当按照税款所属纳税申报期最后一日中国人民银行公布的与补税期间同期的人民币贷款基准利率计算，自税款纳税申报期满次日起至补缴税款期限届满之日止按日加收。纳税人在补缴税款期限届满前补缴税款的，利息加收至补缴税款之日。

第八节　个人将其所得对公益慈善事业的捐赠

2018 年 8 月 31 日，《中华人民共和国个人所得税法》规定：“个人将其所得对教育、扶贫、济困等公益慈善事业进行捐赠，捐赠额未超过纳税人申报的应纳税所得额百分之三十的部分，可以从其应纳税所得额中扣除；国务院规定对公益慈善事业捐赠实行全额税前扣除的，从其规定。”

个人将其所得对教育、扶贫、济困等公益慈善事业进行捐赠，是指个人将其所得通过中国境内的公益性社会组织、国家机关向教育、扶贫、济困等公益慈善事业的捐赠。应纳税所得额，是指计算扣除捐赠额之前的应纳税所得额。

一、按限额税前扣除的捐赠

（一）通过中国金融教育发展基金会等 10 家单位的公益救济性捐赠

自 2006 年 1 月 1 日起，对个人等社会力量通过中国金融教育发展基金会、中国国际民间组织合作促进会、中国社会工作协会孤残儿童救助基金管理委员会、中国发展研究基金会、陈嘉庚科学奖基金会、中国友好和平发展基金会、中华文学基金会、中华农业科教基金会、中国少年儿童文化艺术基金会和中国公安英烈基金会用于公益救济性捐赠，个人在申报应纳税所得额 30％以内的部分，准予在计算交纳个人所得税税前扣除。

（二）向科技型中小企业技术创新基金的捐赠

自 2007 年 1 月 1 日起，对个人等社会力量通过公益性的社会团体和国家机关向科技部科技型中小企业技术创新基金管理中心用于科技型中小企业技术创新基金的捐赠，个人在申报个人所得税应纳税所得额 30％以内的部分，准予在计算交纳所得税税前扣除。

科技部科技型中小企业技术创新基金管理中心对纳税人向科技型中小企业技术

创新基金的捐赠，实行封闭式财务管理，全部捐赠资产专项用于科技型中小企业技术创新基金事业，并制定相应的管理办法，管好、用好捐赠资产。

科技型中小企业技术创新基金，是指1999年5月经国务院批准设立，由科技部主管的科技型中小企业技术创新基金。科技部科技型中小企业技术创新基金管理中心是指1999年经相关部门批准成立的，专门负责科技部科技型中小企业技术创新基金管理工作的非营利事业法人。

（三）通过中国青少年社会教育基金会等16家单位的公益救济性捐赠

自2007年1月1日起，对个人等社会力量通过中国青少年社会教育基金会、中国职工发展基金会、中国西部人才开发基金会、中远慈善基金会、张学良基金会、周培源基金会、中国孔子基金会、中华思源工程扶贫基金会、中国交响乐发展基金会、中国肝炎防治基金会、中国电影基金会、中华环保联合会、中国社会工作协会、中国麻风防治协会、中国扶贫开发协会和中国国际战略研究基金会等16家单位用于公益救济性的捐赠，个人在申报应纳税所得额30%以内的部分，准予在计算交纳个人所得税税前扣除。

（四）个人将住房作为公共租赁住房的捐赠

《财政部　国家税务总局关于公共租赁住房税收优惠政策的通知》（财政〔2015〕139号）规定：

“个人捐赠住房作为公共租赁住房，符合税收法律法规规定的，对其公益性捐赠支出未超过其申报的应纳税所得额30%的部分，准予从其应纳税所得额中扣除。”

“本通知执行期限为2016年1月1日至2018年12月31日。”

《财政部　税务总局关于公共租赁住房税收优惠政策的公告》（财政部　税务总局公告2019年第61号）规定：

“个人捐赠住房作为公租房，符合税收法律法规规定的，对其公益性捐赠支出未超过其申报的应纳税所得额30%的部分，准予从其应纳税所得额中扣除。”

“享受上述税收优惠政策的公租房是指纳入省、自治区、直辖市、计划单列市人民政府及新疆生产建设兵团批准的公租房发展规划和年度计划，或者市、县人民政府批准建设（筹集），并按照《关于加快发展公共租赁住房的指导意见》（建保〔2010〕87号）和市、县人民政府制定的具体管理办法进行管理的公租房。”

“本公告执行期限为2019年1月1日至2020年12月31日。”

（五）通过光华科技基金会的公益救济性捐赠

光华科技基金会是经中国人民银行批准成立，并在民政部注册登记的非营利的社会团体。根据《中华人民共和国个人所得税法》的有关规定，纳税人将其应纳税所得通过光华科技基金会向教育、民政部门以及遭受自然灾害地区、贫困地区的公益、救济性捐赠，个人在应纳税所得额30%以内的部分，准予在税前扣除。

（六）向中国人口福利基金会的公益救济性捐赠

中国人口福利基金会是经中国人民银行批准成立，并在民政部登记注册的社会团体，主要从事兴办资助有利于解决人口问题的社会公益项目。根据《中华人民共和国个人所得税法》的有关规定，纳税人向中国人口福利基金会的公益、救济性捐赠，个人在申报应纳税所得额30%以内的部分，准予在税前扣除。

（七）向用于法律援助事业的中国法律援助基金会的捐赠

中国法律援助基金会是经中国人民银行批准成立，在民政部登记注册的全国性非营利社团组织，根据其章程，接受捐赠的款项直接用于法律援助事业。按照《中华人民共和国个人所得税法》的规定，纳税人向中国法律援助基金会的捐赠，并用于法律援助事业的，可按税收法律、法规规定的比例在所得税前扣除。

（八）向中华环境保护基金会的捐赠

中华环境保护基金会是经中国人民银行批准成立，并在民政部注册登记的公益性社会团体。根据《中华人民共和国个人所得税法》的有关规定，对纳税人向中华环境保护基金会的捐赠，可纳入公益救济性捐赠范围，纳税人捐赠额不超过应纳税所得额30%的部分，允许在税前扣除。

（九）通过阎宝航教育基金会的公益救济性捐赠

阎宝航教育基金会是在上海市民政局登记注册的非营利性的社会团体。根据《中华人民共和国个人所得税法》的有关规定，纳税人通过阎宝航教育基金会的公益救济性捐赠，个人在申报应纳税所得额30%以内部分，准予在税前扣除。

（十）向民政部紧急救援促进中心的捐赠

民政部紧急救援促进中心是经中央编办批准成立的社会公益性事业单位，其宗旨是协助政府及有关部门，为处于危难之际、急需救助的单位和个人提供帮助。根据《中华人民共和国个人所得税法》及其实施条例的有关规定，对纳税人向民政部紧急救援促进中心的捐赠，捐赠额在申报的个人所得税应纳税所得额30%以内的部分，准予税前扣除。

（十一）通过香江社会救助基金会的捐赠

香江社会救助基金会是按照国务院《基金会管理条例》规定设立、经民政部批准成立的非营利性法人，其宗旨是发扬人道主义精神，扶贫济困，发展社会公益事业。根据《中华人民共和国个人所得税法》及其实施条例的规定，对纳税人通过香江社会救助基金会的公益、救济性捐赠，在未超过申报的个人所得税应纳税所得额30%的部分，准予在交纳个人所得税前据实扣除。

（十二）通过中国经济改革研究基金会的捐赠

中国经济改革研究基金会是按照国务院《基金会管理条例》规定设立，经民政部批准成立的非营利性法人，其宗旨是围绕中国经济改革与发展的需要，团结、组织有志为中国经济改革事业做出贡献的专家、学者、研究人员、政府官员与实业界人士，资助其开展有关理论研究、方案设计、项目咨询、信息传播、人才培训，以及国内外交流等活动。根据《中华人民共和国个人所得税法》及其实施条例的规定，对纳税人通过中国经济改革研究基金会的公益、救济性捐赠，在未超过申报的个人所得税应纳税所得额 30%的部分，准予在个人所得税前据实扣除。

（十三）通过中国初级卫生保健基金会的公益救济性捐赠

中国初级卫生保健基金会是以资助和发展我国贫困地区初级卫生保健事业为宗旨、具有独立法人资格的非营利性社会团体。鉴于其所从事的事业具有社会公益性，根据《中华人民共和国个人所得税法》的有关规定，对纳税人通过中国初级卫生保健基金会的捐赠，个人不超过应纳税所得额 30%的部分，允许在个人所得税前扣除。

【案例分析 1-6】

广西南宁市居民李某 2019 年取得工资、薪金所得，劳务报酬，稿酬所得，特许权使用费所得，综合所得收入额合计392 000元，扣除基本减除费用、专项扣除、专项附加扣除、依法确定的其他扣除后，综合所得应纳税所得额为228 920元（具体数据计算见“案例分析 1-1”）。在 2019 年 2 月李某将其当月的工资、薪金的10 000元向中华环境保护基金会捐赠。另外，2019 年 10 月国庆节期间，李某参加某大型商场的抽奖活动，抽中一等奖，取得奖金20 000元，立即将8 000元向民政部紧急救援促进中心捐赠。以上捐赠均取得规定的捐赠专用票据。不考虑其他事项，李某 2019 年应纳个人所得税是多少元?

综合所得捐赠扣除限额＝228 920 元×30%＝68 676元，实际捐赠10 000元，未超过限额，则可以在应纳税所得额全部扣除。

扣除捐赠后综合所得应纳税所得额为218 920元（228 920元－10 000元）。

综合所得应纳税额，见表 1-6。

表1-6　综合所得应纳税额

单位：元

项目	计税基础	税率	应纳税额
全年应纳税所得额	36 000	3%	1 080
全年应纳税所得额	108 000	10%	10 800
全年应纳税所得额	74 920	20%	14 984
合计	218 920		26 864

注：参照个人所得税税率表一（综合所得适用）。

中奖所得为偶然所得项目。

偶然所得捐赠扣除限额＝20 000元×30%＝6 000元，实际捐赠8 000元，超过扣除限额2 000元，超过部分不能在应纳税所得额扣除。

扣除捐赠后偶然所得应纳税所得额为14 000元（20 000元－6 000元）。

偶然所得应纳税额＝14 000元×20%＝2 800元。

李某实际所得＝20 000元－8 000元－2 800元＝9 200元。

综上所述，李某2019年应纳个人所得税＝26 864元＋2 800元＝29 664元。

二、按全额税前扣除的捐赠

（一）对公益性青少年活动场所（包括新建）的捐赠

对企事业单位、社会团体和个人等社会力量，通过非营利性的社会团体和国家机关对公益性青少年活动场所（包括新建）的捐赠，在交纳企业所得税和个人所得税前准予全额扣除。

公益性青少年活动场所，是指专门为青少年学生提供科技、文化、德育、爱国主义教育、体育活动的青少年宫、青少年活动中心等校外活动的公益性场所。

（二）向红十字事业的捐赠

自2000年1月1日起，企事业单位、社会团体和个人等社会力量，通过非营利性的社会团体和国家机关（包括中国红十字会）向红十字事业的捐赠，在计算交纳企业所得税和个人所得税时准予全额扣除。

（三）向福利性、非营利性的老年服务机构的捐赠

自2000年10月1日起，对企事业单位、社会团体和个人等社会力量，通过非营利性的社会团体和政府部门向福利性、非营利性的老年服务机构的捐赠，在交纳

企业所得税和个人所得税前准予全额扣除。

老年服务机构，是指专门为老年人提供生活照料、文化、护理、健身等多方面服务的福利性、非营利性的机构，主要包括老年社会福利院、敬老院（养老院）、老年服务中心、老年公寓（含老年护理院、康复中心、托老所）等。

（四）向教育事业的捐赠

1. 自2001年7月1日起，企事业单位、社会团体和个人等社会力量通过非营利的社会团体和国家机关向农村义务教育的捐赠，准予在交纳企业所得税和个人所得税前的所得额中全额扣除。

农村义务教育的范围，是指政府和社会力量举办的农村乡镇（不含县和县级市政府所在地的镇）、村的小学和初中以及属于这一阶段的特殊教育学校。纳税人对农村义务教育与高中在一起的学校的捐赠，也享受所得税前扣除政策。

2. 自2004年1月1日起，纳税人通过中国境内非营利的社会团体、国家机关向教育事业的捐赠，准予在企业所得税和个人所得税前全额扣除。

（五）通过中国老龄事业发展基金会等8家单位的公益救济性捐赠

自2006年1月1日起，对企事业单位、社会团体和个人等社会力量，通过中国老龄事业发展基金会、中国华文教育基金会、中国绿化基金会、中国妇女发展基金会、中国关心下一代健康体育基金会、中国生物多样性保护基金会、中国儿童少年基金会和中国光彩事业基金会用于公益救济性捐赠，准予在交纳企业所得税和个人所得税前全额扣除。

（六）通过中国医药卫生事业发展基金会的公益救济性捐赠

自2006年1月1日起，对企事业单位、社会团体和个人等社会力量，通过中国医药卫生事业发展基金会用于公益救济性捐赠，准予在交纳企业所得税和个人所得税前全额扣除。

（七）通过中国教育发展基金会的公益救济性捐赠

自2006年1月1日起，对企事业单位、社会团体和个人等社会力量，通过中国教育发展基金会用于公益救济性捐赠，准予在交纳企业所得税和个人所得税前全额扣除。

（八）个人将其所得向地震灾区的捐赠

个人将其所得向地震灾区的捐赠，按照个人所得税法的有关规定从应纳税所得中扣除。自2014年8月3日起至2016年12月31日，对企业、个人通过公益性社会团体、县级以上人民政府及其部门向受灾地区的捐赠，允许在当年企业所得税前和当年个人所得税前全额扣除。

（九）个人向2008年“5·12”地震灾区的捐赠

1. 个人通过扣缴单位统一向灾区的捐赠，由扣缴单位凭政府机关或非营利组织开具的汇总捐赠凭据、扣缴单位记载的个人捐赠明细表等，由扣缴单位在代扣代缴税款时，依法据实扣除。

2. 个人直接通过政府机关、非营利组织向灾区的捐赠，采取扣缴方式纳税的，捐赠人应及时向扣缴单位出示政府机关、非营利组织开具的捐赠凭据，由扣缴单位在代扣代缴税款时，依法据实扣除；个人自行申报纳税的，税务机关凭政府机关、非营利组织开具的接受捐赠凭据，依法据实扣除。

（十）党员以“特殊党费”的形式向2008年“5·12”地震灾区的捐赠

2008年“5·12”四川汶川特大地震发生后，广大党员响应党组织的号召，以“特殊党费”的形式积极向灾区捐款。党员个人通过党组织交纳的抗震救灾“特殊党费”，属于对公益、救济事业的捐赠。党员个人的该项捐赠额，可以按照个人所得税法及其实施条例的规定，依法在交纳个人所得税前扣除。

（十一）个人的所得用于对非关联的科研机构和高等学校研究开发经费的资助

自1999年10月1日起，个人（包括个体工商户）的所得（不含偶然所得、经国务院财政部门确定征税的其他所得）用于对非关联的科研机构和高等学校研究开发新产品、新技术、新工艺所发生的研究开发经费的资助，可以全额在下月（工资、薪金所得）或下次（按次计征的所得）或当年（按年计征的所得）计征个人所得税时，从应纳税所得额中扣除，不足抵扣的，不得结转抵扣。

（十二）向北京2022年冬奥会、冬残奥会、测试赛的捐赠

个人捐赠北京2022年冬奥会、冬残奥会、测试赛的资金和物资支出可在计算个人应纳税所得额时予以全额扣除。

（十三）向武汉军运会的捐赠

为支持举办2019年武汉第七届世界军人运动会（以下简称武汉军运会），自2018年11月5日起，对企事业单位、社会团体和其他组织以及个人通过公益性社会团体或者县级以上人民政府及其部门捐赠武汉军运会的资金、物资支出，在计算企业和个人应纳税所得额时按现行税收法律法规的有关规定予以税前扣除。

【案例分析 1 - 7】

广西南宁市居民李某 2019 年取得工资、薪金所得，劳务报酬、稿酬所得，特许权使用费所得，综合所得收入额合计392 000元，扣除基本减除费用、专项扣除、专项附加扣除、依法确定的其他扣除后，综合所得额为228 920元（具体数据计算见“案例分析 1 - 1”）。若在 2019 年 2 月李某将其当月工资、薪金的10 000元通过中国红十字会向红十字事业捐赠。另外，2019 年 10 月国庆节期间，李某参加某大型商场的抽奖活动，抽中一等奖，取得奖金20 000元，将8 000元通过民政部门向农村义务教育捐赠。李某 2019 年应纳个人所得税是多少元?

以上捐赠均可以全额在应纳税所得额扣除。

扣除捐赠后综合所得应纳税所得额为218 920元（228 920 元－10 000 元）。

综合所得应纳税额，见表 1 - 7。

表 1 - 7　综合所得应纳税额

单位：元

项目	计税基础	税率	应纳税额
全年应纳税所得额	36 000	3%	1 080
全年应纳税所得额	108 000	10%	10 800
全年应纳税所得额	74 920	20%	14 984
合计	218 920		26 864

注：参照个人所得税税率表一（综合所得适用）。

中奖所得为偶然所得项目。

扣除捐赠后偶然所得应纳税所得额为12 000元（20 000 元－8 000 元）。

偶然所得应纳税额＝12 000 元×20%＝2 400元。

李某实际所得＝20 000 元－8 000 元－2 400 元＝9 600元。

综上所述，李某 2019 年应纳个人所得税＝26 864 元＋2 400 元＝29 264元。

三、公益性捐赠税前扣除的相关政策规定

1. 个人所得税税前扣除政策规定。

《财政部　国家税务总局　民政部关于公益性捐赠税前扣除有关问题的通知》（财税〔2008〕160 号）规定：“个人通过社会团体、国家机关向公益事业的捐赠支出，按照现行税收法律、行政法规及相关政策规定准予在所得税税前扣除。”

《财政部　国家税务总局　民政部关于公益性捐赠税前扣除有关问题的补充通

知》（财税〔2010〕45 号）规定：

“企业或个人通过获得公益性捐赠税前扣除资格的公益性社会团体或县级以上人民政府及其组成部门和直属机构，用于公益事业的捐赠支出，可以按规定进行所得税税前扣除。”

“对获得公益性捐赠税前扣除资格的公益性社会团体，由财政部、国家税务总局和民政部以及省、自治区、直辖市、计划单列市财政、税务和民政部门每年分别联合公布名单。名单应当包括当年继续获得公益性捐赠税前扣除资格和新获得公益性捐赠税前扣除资格的公益性社会团体。

企业或个人在名单所属年度内向名单内的公益性社会团体进行的公益性捐赠支出，可按规定进行税前扣除。”

“对于通过公益性社会团体发生的公益性捐赠支出，企业或个人应提供省级以上（含省级）财政部门印制并加盖接受捐赠单位印章的公益性捐赠票据，或加盖接受捐赠单位印章的《非税收入一般缴款书》收据联，方可按规定进行税前扣除。

对于通过公益性社会团体发生的公益性捐赠支出，主管税务机关应对照财政、税务、民政部门联合公布的名单予以办理，即接受捐赠的公益性社会团体位于名单内的，企业或个人在名单所属年度向名单内的公益性社会团体进行的公益性捐赠支出可按规定进行税前扣除；接受捐赠的公益性社会团体不在名单内，或虽在名单内但企业或个人发生的公益性捐赠支出不属于名单所属年度的，不得扣除。”

2.《财政部　国家税务总局　民政部关于公益性捐赠税前扣除有关问题的通知》（财税〔2008〕160 号）规定：

“本通知第一条所称的公益性社会团体和第二条所称的社会团体均指依据国务院发布的《基金会管理条例》和《社会团体登记管理条例》的规定，经民政部门依法登记、符合以下条件的基金会、慈善组织等公益性社会团体：

（一）符合《中华人民共和国企业所得税法实施条例》第五十二条第（一）项到第（八）项规定的条件；

（二）申请前 3 年内未受到行政处罚；

（三）基金会在民政部门依法登记 3 年以上（含 3 年）的，应当在申请前连续 2 年年度检查合格，或最近 1 年年度检查合格且社会组织评估等级在 3A 以上（含 3A），登记 3 年以下 1 年以上（含 1 年）的，应当在申请前 1 年年度检查合格或社会组织评估等级在 3A 以上（含 3A），登记 1 年以下的基金会具备本款第（一）项、第（二）项规定的条件；

（四）公益性社会团体（不含基金会）在民政部门依法登记 3 年以上，净资产不低于登记的活动资金数额，申请前连续 2 年年度检查合格，或最近 1 年年度检查合格且社会组织评估等级在 3A 以上（含 3A），申请前连续 3 年每年用于公益活动的支出不低于上年总收入的 70%（含 70%），同时需达到当年总支出的 50%以上（含 50%）。

前款所称年度检查合格是指民政部门对基金会、公益性社会团体（不含基金会）进行年度检查，作出年度检查合格的结论；社会组织评估等级在 3A 以上（含 3A）是指社会组织在民政部门主导的社会组织评估中被评为 3A、4A、5A 级别，且评估结果在有效期内。”

注：

①《中华人民共和国企业所得税法实施条例》第五十二条规定：

“本条例第五十一条所称公益性社会组织，是指同时符合下列条件的慈善组织以及其他社会组织：

（一）依法登记，具有法人资格；

（二）以发展公益事业为宗旨，且不以营利为目的；

（三）全部资产及其增值为该法人所有；

（四）收益和营运结余主要用于符合该法人设立目的的事业；

（五）终止后的剩余财产不归属任何个人或者营利组织；

（六）不经营与其设立目的无关的业务；

（七）有健全的财务会计制度；

（八）捐赠者不以任何形式参与法人财产的分配；

（九）国务院财政、税务主管部门会同国务院民政部门等登记管理部门规定的其他条件。”

②行政处罚，是指税务机关和登记管理机关给予的行政处罚（警告或单次 1 万元以下罚款除外）。

3. 国家机关，指县级（含县级，下同）以上人民政府及其组成部门和直属机构。县级以上人民政府及其组成部门和直属机构的公益性捐赠税前扣除资格不需要认定。

4.《财政部　国家税务总局　民政部关于公益性捐赠税前扣除资格确认审批有关调整事项的通知》（财税〔2015〕141 号）规定：

“财政、税务、民政等部门结合社会组织登记注册、公益活动情况联合确认公益性捐赠税前扣除资格，并以公告形式发布名单。”

“公益性社会团体捐赠税前扣除资格确认程序按以下规定执行：

（一）对在民政部登记设立的社会组织，由民政部在登记注册环节会同财政部、国家税务总局对其公益性进行联合确认，对符合公益性社会团体条件的社会组织，财政部、国家税务总局、民政部联合发布公告，明确其公益性捐赠税前扣除资格。

（二）对在民政部登记注册且已经运行的社会组织，由财政部、国家税务总局和民政部结合社会组织公益活动情况和年度检查、评估等情况，对符合公益性社会团体条件的社会组织联合发布公告，明确其公益性捐赠税前扣除资格。

（三）在省级和省级以下民政部门登记注册的社会组织，由省级相关部门参照本条第一项、第二项执行。”

5.《财政部　国家税务总局　民政部关于公益性捐赠税前扣除有关问题的通知》（财税〔2008〕160号）规定：

“八、公益性社会团体和县级以上人民政府及其组成部门和直属机构在接受捐赠时，应按照行政管理级次分别使用由财政部或省、自治区、直辖市财政部门印制的公益性捐赠票据，并加盖本单位的印章；对个人索取捐赠票据的，应予以开具。

新设立的基金会在申请获得捐赠税前扣除资格后，原始基金的捐赠人可凭捐赠票据依法享受税前扣除。

九、公益性社会团体和县级以上人民政府及其组成部门和直属机构在接受捐赠时，捐赠资产的价值，按以下原则确认：

（一）接受捐赠的货币性资产，应当按照实际收到的金额计算；

（二）接受捐赠的非货币性资产，应当以其公允价值计算。捐赠方在向公益性社会团体和县级以上人民政府及其组成部门和直属机构捐赠时，应当提供注明捐赠非货币性资产公允价值的证明，如果不能提供上述证明，公益性社会团体和县级以上人民政府及其组成部门和直属机构不得向其开具公益性捐赠票据。

十、存在以下情形之一的公益性社会团体，应取消公益性捐赠税前扣除资格：

（一）年度检查不合格或最近一次社会组织评估等级低于3A的；

（二）在申请公益性捐赠税前扣除资格时有弄虚作假行为的；

（三）存在偷税行为或为他人偷税提供便利的；

（四）存在违反该组织章程的活动，或者接受的捐赠款项用于组织章程规定用途之外的支出等情况的；

（五）受到行政处罚的。

被取消公益性捐赠税前扣除资格的公益性社会团体，存在本条第一款第（一）

项情形的，1年内不得重新申请公益性捐赠税前扣除资格，存在第（二）项、第（三）项、第（四）项、第（五）项情形的，3年内不得重新申请公益性捐赠税前扣除资格。

对本条第一款第（三）项、第（四）项情形，应对其接受捐赠收入和其他各项收入依法补征企业所得税。”

行政处罚，是指税务机关和登记管理机关给予的行政处罚（警告或单次1万元以下罚款除外）。

对已经获得公益性捐赠税前扣除资格的公益性社会团体，其年度检查连续两年基本合格视同为本点规定的年度检查不合格，应取消公益性捐赠税前扣除资格。

获得公益性捐赠税前扣除资格的公益性社会团体，发现其不再符合上述第2点规定的条件之一，或存在本点规定情形之一的，应自发现之日起15日内向主管税务机关报告，主管税务机关可暂时明确其获得资格的次年内企业或个人向该公益性社会团体的公益性捐赠支出，不得税前扣除。同时，提请审核确认其公益性捐赠税前扣除资格的财政、税务、民政部门明确其获得资格的次年不具有公益性捐赠税前扣除资格。

税务机关在日常管理过程中，发现公益性社会团体不再符合上述第2点规定条件之一，或存在本点规定情形之一的，也按上述规定处理。

6. 在2008年12月31日之前［即从2008年1月1日起执行的（《财政部　国家税务总局　民政部关于公益性捐赠税前扣除有关问题的通知》财税〔2008〕160号）下发之前］已经获得公益性捐赠税前扣除资格的公益性社会团体，必须按规定的条件和程序重新提出申请，通过认定后才能获得公益性捐赠税前扣除资格。

民政部门负责对公益性社会团体资格进行初步审查，财政、税务部门会同民政部门对公益性捐赠税前扣除资格联合进行审核确认。

第二章　综合所得

居民个人取得的工资、薪金所得，劳务报酬所得，稿酬所得，特许权使用费所得，称为综合所得，按纳税年度合并计算个人所得税。

居民个人的综合所得，以每一纳税年度的收入额减除费用60 000元以及专项扣除、专项附加扣除和依法确定的其他扣除后的余额，为应纳税所得额。

劳务报酬所得、稿酬所得、特许权使用费所得以收入减除 20%的费用后的余额为收入额。稿酬所得的收入额减按 70%计算。

居民个人的综合所得应纳税所得额的计算公式：

应纳税所得额＝每一纳税年度的收入额－60 000元－专项扣除－专项附加扣除－依法确定的其他扣除

每一纳税年度的收入额＝每一纳税年度的工资、薪金收入＋每一纳税年度的劳务报酬收入×（1－20%）＋每一纳税年度的特许权使用费收入×（1－20%）＋每一纳税年度的稿酬收入×（1－20%）×70%

专项扣除，包括居民个人按照国家规定的范围和标准交纳的基本养老保险、基本医疗保险、失业保险等社会保险费和住房公积金等。

专项附加扣除，包括子女教育、继续教育、大病医疗、住房贷款利息或者住房租金、赡养老人等支出，具体范围、标准和实施步骤由国务院确定，并报全国人民代表大会常务委员会备案。

依法确定的其他扣除，包括个人缴付符合国家规定的企业年金、职业年金，个人购买符合国家规定的商业健康保险、税收递延型商业养老保险的支出，以及国务院规定可以扣除的其他项目。

专项扣除、专项附加扣除和依法确定的其他扣除，以居民个人一个纳税年度的应纳税所得额为限额。一个纳税年度扣除不完的，不结转以后年度扣除。

第一节　工资、薪金所得

一、一般规定

工资、薪金所得，是指个人因任职或者受雇取得的工资、薪金、奖金、年终加薪、劳动分红、津贴、补贴以及与任职或者受雇有关的其他所得。工资、薪金所得是属于非独立个人劳务活动，即在机关、团体、学校、部队、企事业单位及其他组织中任职、受雇而得到的报酬。

《财政部　国家税务总局关于住房公积金、医疗保险金、养老保险金征收个人所得税问题的通知》（财税字〔1997〕144 号）规定："企业以现金形式发给个人的住房补贴、医疗补助费，应全额计入领取人的当期工资、薪金收入计征个人所得税。但对外籍个人以实报实销形式取得的住房补贴，仍按照《财政部、国家税务总局关于个人所得税若干政策问题的通知》（财税字〔1994〕20 号）的规定，暂免征收个人所得税。"

个人在公司（包括关联公司）任职、受雇，同时兼任董事、监事的，应将董事费、监事费与个人工资收入合并，统一按工资、薪金所得项目计算交纳个人所得税。

《国家税务总局关于离退休人员取得单位发放离退休工资以外奖金补贴征收个人所得税的批复》（国税函〔2008〕723 号）规定："离退休人员除按规定领取离退休工资或养老金外，另从原任职单位取得的各类补贴、奖金、实物，不属于《中华人民共和国个人所得税法》第四条规定可以免税的退休工资、离休工资、离休生活补助费。根据《中华人民共和国个人所得税法》及其实施条例的有关规定，离退休人员从原任职单位取得的各类补贴、奖金、实物，应在减除费用扣除标准后，按'工资、薪金所得'应税项目缴纳个人所得税。"

航空公司空勤人员的飞行小时费和伙食费收入，应全额计入工资、薪金所得计算交纳个人所得税。

二、对营销业绩突出的企业雇员通过免收差旅费、旅游费实行的营销业绩奖励

《财政部　国家税务总局关于企业以免费旅游方式提供对营销人员个人奖励有关个人所得税政策的通知》（财税〔2014〕11 号）的规定："对商品营销活动中，企业

和单位对营销业绩突出人员以培训班、研讨会、工作考察等名义组织旅游活动，通过免收差旅费、旅游费对个人实行的营销业绩奖励（包括实物、有价证券等），应根据所发生费用全额计入营销人员应税所得，依法征收个人所得税，并由提供上述费用的企业和单位代扣代缴。其中，对企业雇员享受的此类奖励，应与当期的工资薪金合并，按照‘工资、薪金所得’项目征收个人所得税。”

三、单位按低于购置或建造成本价格出售住房给职工的个人所得税处理

自2007年2月8日起，《财政部　国家税务总局关于单位低价向职工售房有关个人所得税问题的通知》（财税〔2007〕13号）规定：“根据住房制度改革政策的有关规定，国家机关、企事业单位及其他组织（以下简称单位）在住房制度改革期间，按照所在地县级以上人民政府规定的房改成本价格向职工出售公有住房，职工因支付的房改成本价格低于房屋建造成本价格或市场价格而取得的差价收益，免征个人所得税。”该文件还规定：“根据《中华人民共和国个人所得税法》及其实施条例的有关规定，单位按低于购置或建造成本价格出售住房给职工，职工因此而少支出的差价部分，属于个人所得税应税所得，应按照‘工资、薪金所得’项目缴纳个人所得税。前款所称差价部分，是指职工实际支付的购房价款低于该房屋的购置或建造成本价格的差额。”

《财政部　税务总局关于个人所得税法修改后有关优惠政策衔接问题的通知》（财税〔2018〕164号）规定：

“单位按低于购置或建造成本价格出售住房给职工，职工因此而少支出的差价部分，符合《财政部　国家税务总局关于单位低价向职工售房有关个人所得税问题的通知》（财税〔2007〕13号）第二条规定的，不并入当年综合所得，以差价收入除以12个月得到的数额，按照月度税率表确定适用税率和速算扣除数，单独计算纳税。计算公式为：

应纳税额＝职工实际支付的购房价款低于该房屋的购置或建造成本价格的差额×适用税率－速算扣除数”

按月换算后的综合所得税税率表，见表2-1。

表 2－1　按月换算后的综合所得税税率表

级数	全月应纳税所得额	税率	速算扣除数
1	不超过3 000元的	3%	0
2	超过3 000元至12 000元的部分	10%	210
3	超过12 000元至25 000元的部分	20%	1 410
4	超过25 000元至35 000元的部分	25%	2 660
5	超过 35 000 元至 55 000 元的部分	30%	4 410
6	超过 55 000 元至 80 000 元的部分	35%	7 160
7	超过 80 000 元的部分	45%	15 160

【案例分析 2－1】

张某为甲公司高级管理人员，甲公司为了稳住人才，于 2019 年 11 月将外购一套住房低价转让给张某，同时约定张某必须在甲公司服务 5 年，否则张某退还此收益。该住房为 2019 年 3 月购买，并办妥了房产证，购买价为2 000 000元（不考虑增值税及其他税费），2019 年 11 月按1 200 000元（不考虑增值税及其他税费）转让给张某，于 2019 年 12 月将房产证转至张某名下。张某应纳个人所得税多少元?

计算方法如下：

差价收入＝2 000 000 元－1 200 000 元＝800 000元；

差价平均至每个月的收入＝800 000元÷12 个月≈66 666.67元；

适用税率为 35%，速算扣除数为7 160；

张某应纳个人所得税＝800 000 元×35%－7 160＝272 840元。

在实务当中，由于甲公司销售外购住房涉及交纳增值税、土地增值税等税费，且属于二手房交易，涉及办理房产证手续等相对复杂的问题。因此，甲公司更愿意将该福利作为一次性奖金直接支付给张某，由张某选择单独计税或并入当年综合所得计算纳税。

四、科技人员取得职务科技成果转化现金奖励的个人所得税处理

《财政部　税务总局　科技部关于科技人员取得职务科技成果转化现金奖励有关个人所得税政策的通知》（财税〔2018〕58 号）规定：

“为进一步支持国家大众创业、万众创新战略的实施，促进科技成果转化，现将

科技人员取得职务科技成果转化现金奖励有关个人所得税政策通知如下：

一、依法批准设立的非营利性研究开发机构和高等学校（以下简称非营利性科研机构和高校）根据《中华人民共和国促进科技成果转化法》规定，从职务科技成果转化收入中给予科技人员的现金奖励，可减按50％计入科技人员当月‘工资、薪金所得’，依法缴纳个人所得税。

二、非营利性科研机构和高校包括国家设立的科研机构和高校、民办非营利性科研机构和高校。

三、国家设立的科研机构和高校是指利用财政性资金设立的、取得《事业单位法人证书》的科研机构和公办高校，包括中央和地方所属科研机构和高校。

四、民办非营利性科研机构和高校，是指同时满足以下条件的科研机构和高校：

（一）根据《民办非企业单位登记管理暂行条例》在民政部门登记，并取得《民办非企业单位登记证书》。

（二）对于民办非营利性科研机构，其《民办非企业单位登记证书》记载的业务范围应属于‘科学研究与技术开发、成果转让、科技咨询与服务、科技成果评估’范围。对业务范围存在争议的，由税务机关转请县级（含）以上科技行政主管部门确认。

对于民办非营利性高校，应取得教育主管部门颁发的《民办学校办学许可证》，《民办学校办学许可证》记载学校类型为‘高等学校’。

（三）经认定取得企业所得税非营利组织免税资格。

五、科技人员享受本通知规定税收优惠政策，须同时符合以下条件：

（一）科技人员是指非营利性科研机构和高校中对完成或转化职务科技成果作出重要贡献的人员。非营利性科研机构和高校应按规定公示有关科技人员名单及相关信息（国防专利转化除外），具体公示办法由科技部会同财政部、税务总局制定。

（二）科技成果是指专利技术（含国防专利）、计算机软件著作权、集成电路布图设计专有权、植物新品种权、生物医药新品种，以及科技部、财政部、税务总局确定的其他技术成果。

（三）科技成果转化是指非营利性科研机构和高校向他人转让科技成果或者许可他人使用科技成果。现金奖励是指非营利性科研机构和高校在取得科技成果转化收入三年（36个月）内奖励给科技人员的现金。”

《国家税务总局关于科技人员取得职务科技成果转化现金奖励有关个人所得税征管问题的公告》（国家税务总局公告2018年第30号）规定：“‘三年（36个月）内’，

是指自非营利性科研机构和高校实际取得科技成果转化收入之日起 36 个月内。非营利性科研机构和高校分次取得科技成果转化收入的，以每次实际取得日期为准。”

《财政部　税务总局　科技部关于科技人员取得职务科技成果转化现金奖励有关个人所得税政策的通知》（财税〔2018〕58 号）规定：

“（四）非营利性科研机构和高校转化科技成果，应当签订技术合同，并根据《技术合同认定登记管理办法》，在技术合同登记机构进行审核登记，并取得技术合同认定登记证明。

非营利性科研机构和高校应健全科技成果转化的资金核算，不得将正常工资、奖金等收入列入科技人员职务科技成果转化现金奖励享受税收优惠。

六、非营利性科研机构和高校向科技人员发放现金奖励时，应按个人所得税法规定代扣代缴个人所得税，并按规定向税务机关履行备案手续。”

《国家税务总局关于科技人员取得职务科技成果转化现金奖励有关个人所得税征管问题的公告》（国家税务总局公告 2018 年第 30 号）规定：“非营利性科研机构和高校向科技人员发放现金奖励，在填报《扣缴个人所得税报告表》时，应将当期现金奖励收入金额与当月工资、薪金合并，全额计入‘收入额’列，同时将现金奖励的 50%填至《扣缴个人所得税报告表》‘免税所得’列，并在备注栏注明‘科技人员现金奖励免税部分’字样，据此以‘收入额’减除‘免税所得’以及相关扣除后的余额计算缴纳个人所得税。”（注：2019 年 1 月 1 日起，《中华人民共和国个人所得税法》实施后，扣缴个人所得税报告表有变化）

该公告自 2018 年 7 月 1 日起施行。公告施行前非营利性科研机构和高校取得的科技成果转化收入，自施行后 36 个月内给科技人员发放现金奖励，符合公告的其他条件的，适用该公告。

科技人员取得职务科技成果转化现金奖励个人所得税备案表，见表 2 - 2。

表 2-2　科技人员取得职务科技成果转化现金奖励个人所得税备案表

备案编号（主管税务机关填写）：　　　　　　　　　　　　　　　　　　　　单位：人民币元（列至角分）

<table>
<tr><td colspan="8">扣缴义务人基本情况</td></tr>
<tr><td>扣缴义务人名称</td><td></td><td>扣缴义务人
纳税人识别号</td><td></td><td>扣缴义务人类型</td><td colspan="3">□国家设立的科研机构　□国家设立的高校
□民办非营利性科研机构　□民办非营利性高校
□其他________</td></tr>
<tr><td colspan="8">科技成果基本情况</td></tr>
<tr><td>科技成果名称</td><td></td><td>科技成果类型</td><td></td><td>发证部门</td><td></td><td>科技成果证书编号</td><td></td></tr>
<tr><td colspan="8">科技成果转化及现金奖励公示情况</td></tr>
<tr><td>转化方式</td><td>□转让　□许可使用</td><td>技术合同登记机构</td><td></td><td>技术合同编号</td><td></td><td>技术合同项目名称</td><td></td></tr>
<tr><td>取得转化收入金额</td><td></td><td>取得转化收入时间</td><td></td><td>公示结果文件文号</td><td></td><td>公示结果文件名称</td><td></td></tr>
<tr><td colspan="8">科技人员取得现金奖励基本情况</td></tr>
<tr><td>序号</td><td>姓名</td><td>身份证照类型</td><td colspan="2">身份证照号码</td><td colspan="2">现金奖励金额</td><td>现金奖励取得时间</td></tr>
<tr><td></td><td></td><td></td><td colspan="2"></td><td colspan="2"></td><td></td></tr>
<tr><td></td><td></td><td></td><td colspan="2"></td><td colspan="2"></td><td></td></tr>
<tr><td></td><td></td><td></td><td colspan="2"></td><td colspan="2"></td><td></td></tr>
<tr><td></td><td></td><td></td><td colspan="2"></td><td colspan="2"></td><td></td></tr>
<tr><td></td><td></td><td></td><td colspan="2"></td><td colspan="2"></td><td></td></tr>
<tr><td></td><td></td><td></td><td colspan="2"></td><td colspan="2"></td><td></td></tr>
<tr><td colspan="8">谨声明：此表是根据《中华人民共和国个人所得税法》及相关法律法规规定填写的，是真实的、完整的、可靠的。</td></tr>
<tr><td colspan="4">单位签章：

经办人：

填报日期：　　年　　月　　日</td><td colspan="4">主管税务机关印章：

受理人：

受理日期：　　年　　月　　日</td></tr>
</table>

国家税务总局监制

填报说明

一、适用范围

本表适用于科技人员取得职务科技成果转化现金奖励（以下简称“现金奖励”），扣缴义务人向主管税务机关办理相关个人所得税备案时填报。

二、报送期限

扣缴义务人应于向科技人员实际发放现金奖励之日的次月15日内报送。

三、表内各栏

（一）扣缴义务人基本情况

1. 扣缴义务人名称：填写发放现金奖励的单位名称全称。

2. 扣缴义务人纳税人识别号：填写扣缴义务人的纳税人识别号或统一社会信用代码。

3. 扣缴义务人类型：根据实际登记类型进行勾选，选择其他类型的，应在横线中写明符合规定的具体类型。

（二）科技成果基本情况

1. 科技成果名称：填写科技成果的标准名称。

2. 科技成果类型：填写专利技术（含国防专利）、计算机软件著作权、集成电路布图设计专有权、植物新品种权、生物医药新品种或科技部、财政部、国家税务总局确定的其他科技成果。

3. 发证部门：填写颁发科技成果证书的部门全称。

4. 科技成果证书编号：填写科技成果证书上的编号。

（三）科技成果转化及现金奖励公示情况

1. 转化方式：根据实际转化方式进行勾选。

2. 技术合同登记机构：填写技术合同登记机构全称。

3. 技术合同编号：填写技术合同编号。

4. 技术合同项目名称：填写技术合同项目名称。

5. 取得转化收入金额：填写扣缴义务人本次发放现金奖励对应的职务科技成果转化收入金额。

6. 取得转化收入时间：填写扣缴义务人发放现金奖励所对应的职务科技成果转化收入的实际取得时间。

7. 公示结果文件文号：填写列明科技人员取得现金奖励公示结果的文件文号。

8. 公示结果文件名称：填写列明科技人员取得现金奖励公示结果的文件名称。

（四）科技人员取得现金奖励基本情况

1. 姓名：填写取得现金奖励科技人员的姓名。中国境内无住所个人，其姓名应当用中、外文同时填写。

2. 身份证照类型：填写能识别取得现金奖励科技人员的唯一身份的身份证、军官证、士兵证、护照、港澳居民来往内地通行证、台湾居民来往大陆通行证等有效证照名称。

3. 身份证照号码：填写能识别取得现金奖励科技人员的唯一身份的号码。

4. 现金奖励金额：填写科技人员实际取得的现金奖励金额。

5. 现金奖励取得时间：填写科技人员实际取得的现金奖励的时间。

四、本表一式二份。主管税务机关受理后，由扣缴义务人和主管税务机关分别留存。

五、2018 年第四季度减除费用的特殊规定

根据第十三届全国人大常委会第五次会议审议通过的《全国人民代表大会常务委员会关于修改〈中华人民共和国个人所得税法〉的决定》，为了尽早释放改革红利，财政部、国家税务总局于 2018 年 9 月 7 日下发了《财政部　税务总局关于 2018 年第四季度个人所得税减除费用和税率适用问题的通知》（财税〔2018〕98 号），明确个体工商户业主、个人独资企业和合伙企业自然人投资者、企事业单位承包承租经营者的 2018 年第四季度及 2018 年全年生产经营所得的计税方法。

《财政部　税务总局关于 2018 年第四季度个人所得税减除费用和税率适用问题的通知》（财税〔2018〕98 号）规定："对纳税人在 2018 年 10 月 1 日（含）后实际取得的工资、薪金所得，减除费用统一按照5 000元/月执行，并按照本通知所附个人所得税税率表一计算应纳税额。对纳税人在 2018 年 9 月 30 日（含）前实际取得的工资、薪金所得，减除费用按照税法修改前规定执行。"个人所得税税率表一（工资、薪金所得适用），见表 2－3。

表 2－3　个人所得税税率表一（工资、薪金所得适用）

级数	全月应纳税所得额	税率	速算扣除数
1	不超过 3 000 元的	3%	0
2	超过 3 000 元至 12 000 元的部分	10%	210
3	超过 12 000 元至 25 000 元的部分	20%	1 410
4	超过 25 000 元至 35 000 元的部分	25%	2 660
5	超过 35 000 元至 55 000 元的部分	30%	4 410
6	超过 55 000 元至 80 000 元的部分	35%	7 160
7	超过 80 000 元的部分	45%	15 160

【案例分析 2－2】

南宁市甲公司 2018 年 9 月支付其高级管理人员刘某 9 月基本工资5 050元，9 月岗位津贴10 000元，另支付 9 月中秋节补贴 200 元，9 月国庆节补贴 800 元；10 月支付刘某基本工资5 050元，10 月岗位津贴10 000元。甲公司均代扣、代缴刘某的"三险"（即养老保险、医疗保险、失业保险）每月 500 元，无住房公积金。

刘某 2018 年 9 月、10 月应纳个人所得税多少元？应纳个人所得税计算，见表 2－4。

表 2-4　应纳个人所得税计算表

项目	2018 年 9 月应纳个人所得税计算	2018 年 10 月应纳个人所得税计算
基本工资	5 050 元	5 050 元
岗位津贴	10 000 元	10 000 元
中秋节补贴	200 元	
国庆节补贴	800 元	
收入合计	16 050 元	15 050 元
减除费用	3 500 元	5 000 元
“三险一金”	500 元	500 元
扣除金额合计	4 000 元	5 500 元
应纳税所得额	12 050 元	9 550 元
适用税率	25%	10%
速算扣除数	1 005	210
应纳个人所得税	2 007.5 元	745 元
个人所得税合计	2 752.5 元	
实得工资	13 542.5 元	13 805 元
实得工资合计	27 347.5 元	

刘某 2018 年 9 月、10 月应纳个人所得税分别为2 007.5元、745 元。

若甲公司在 9 月支付刘某基本工资、岗位津贴、中秋节补贴时，合理安排将 9 月的岗位津贴4 950元作为 10 月的岗位津贴，并于 10 月支付，即 9 月支付刘某基本工资5 050元，岗位津贴5 050元，中秋节补贴 200 元，国庆节补贴 800 元，10 月支付刘某基本工资5 050元，岗位津贴14 950元。甲公司均代扣、代缴刘某的“三险”（即养老保险、医疗保险、失业保险）每月 500 元，无住房公积金。

刘某 2018 年 9 月、10 月应纳个人所得税多少元？应纳个人所得税计算，见表 2-5。

表 2-5　应纳个人所得税计算表

项目	2018 年 9 月应纳个人所得税计算	2018 年 10 月应纳个人所得税计算
基本工资	5 050 元	5 050 元
岗位津贴	5 050 元	14 950 元
中秋节补贴	200 元	
国庆节补贴	800 元	

续表

项目	2018 年 9 月应纳个人所得税计算	2018 年 10 月应纳个人所得税计算
收入合计	11 100 元	20 000 元
减除费用	3 500 元	5 000 元
“三险一金”	500 元	500 元
扣除金额合计	4 000 元	5 500 元
应纳税所得额	7 100 元	14 500 元
适用税率	20%	20%
速算扣除数	555	1 410
应纳个人所得税	865 元	1 490 元
个人所得税合计	2 355 元	
实得工资	9 735 元	18 010 元
实得工资合计	27 745 元	

甲公司合理安排收入发放后，刘某 2018 年 9 月、10 月应纳个人所得税分别为 865 元、1 490元。刘某应纳个人所得税合计可少 397.5 元（2 752.5 元－2 355 元＝397.5 元），刘某实得工资合计可多 397.5 元（27 745 元－27 347.5 元＝397.5 元）。

六、解除劳动关系、提前退休、内部退养的一次性补偿收入个人所得税处理

1. 个人与用人单位解除劳动关系取得一次性补偿收入（包括用人单位发放的经济补偿金、生活补助费和其他补助费），在当地上年职工平均工资 3 倍数额以内的部分，免征个人所得税；超过 3 倍数额的部分，不并入当年综合所得，单独适用综合所得税税率表，计算纳税。

个人领取一次性补偿收入时按照国家和地方政府规定的比例实际交纳的医疗保险、养老保险费、失业保险费、住房公积金（以下简称“三险一金”），可以在计征其一次性补偿收入的个人所得税时予以扣除。个人在取得一次性经济补偿金时未实际交纳的“三险一金”以及以后实际交纳的“三险一金”，不得在计算一次性经济补偿金应纳的个人所得税时扣除。

【案例分析 2-3】

甲市李某于 2019 年 6 月 1 日与其任职公司解除劳动关系，2019 年 6 月 9 日取得任职公司一次性补偿收入200 000元（包括用人单位发放的经济补偿金100 000元，生活补助费60 000元和其他补助费40 000元）。甲市上年职工平均工资为60 000元，李某领取一次性补偿收入时，其任职公司按照地方政府规定的比例代扣、代缴了李某应交纳的住房公积金、医疗保险费、养老保险费、失业保险费合计5 000元。李某取得的一次性补偿收入应交纳个人所得税是多少元？李某实际取得一次性补偿收入是多少元？

甲市上年职工平均工资 3 倍为180 000元（60 000元×3）；

超过 3 倍数额且扣除"三险一金"后的部分为15 000元（200 000元－180 000元－5 000元），参照个人所得税税率表，适用税率 3%。个人所得税税率表一（综合所得适用），见表 2-6。

表 2-6　个人所得税税率表一（综合所得适用）

级数	全年应纳税所得额	税率
1	不超过 36 000 元的	3%
2	超过 36 000 元至 144 000 元的部分	10%
3	超过 144 000 元至 300 000 元的部分	20%
4	超过 300 000 元至 420 000 元的部分	25%
5	超过 420 000 元至 660 000 元的部分	30%
6	超过 660 000 元至 960 000 元的部分	35%
7	超过 960 000 元的部分	45%

李某应纳个人所得税为 450 元（15 000元×3%）；

任职公司应代扣、代缴个人所得税和"三险一金"为5 450元；

李某实际取得一次性补偿收入为194 550元（200 000元－5 450元）。

2. 机关、企事业单位对未达到法定退休年龄，正式办理提前退休手续的个人，按照统一标准向提前退休工作人员支付一次性补贴，不属于免税的离退休工资收入。个人办理提前退休手续而取得的一次性补贴收入，应按照办理提前退休手续至法定离退休年龄之间实际年度数分摊，确定适用税率和速算扣除数，单独适用综合所得税税率表，计算纳税。

计算公式：

应纳税额＝〔（一次性补贴收入÷办理提前退休手续至法定退休年龄的实际年度

数－费用扣除标准）×适用税率－速算扣除数〕×办理提前退休手续至法定退休年龄的实际年度数

【案例分析 2－4】

甲市王某于 2019 年 7 月 1 日与其任职公司办理提前退休手续，2019 年 7 月 20 日取得任职公司支付的一次性补贴480 000元，王某法定退休时间为 2023 年 6 月 30 日。王某取得其任职公司支付的一次性补贴应交纳个人所得税是多少元？王某实际取得一次性补贴是多少元？

王某应纳个人所得税为13 920元｛〔（480 000元÷4－60 000元）×10%－2 520〕×4｝；

王某实际取得一次性补贴为466 080元（480 000元－13 920元）。

3. 个人办理内部退养手续而取得的一次性补贴收入，按照《国家税务总局关于个人所得税有关政策问题的通知》（国税发〔1999〕58 号）规定计算纳税。

七、退休人员再任职取得收入的个人所得税处理

退休人员再任职取得的收入，在减除按个人所得税法规定的费用扣除标准后，按“工资、薪金所得”应税项目计算交纳个人所得税。

《国家税务总局关于离退休人员再任职界定问题的批复》（国税函〔2006〕526 号）规定：

“《国家税务总局关于个人兼职和退休人员再任职取得收入如何计算征收个人所得税问题的批复》（国税函〔2005〕382 号）所称的‘退休人员再任职’，应同时符合下列条件：

一、受雇人员与用人单位签订一年以上（含一年）劳动合同（协议），存在长期或连续的雇用与被雇用关系；

二、受雇人员因事假、病假、休假等原因不能正常出勤时，仍享受固定或基本工资收入；

三、受雇人员与单位其他正式职工享受同等福利、社保、培训及其他待遇；

四、受雇人员的职务晋升、职称评定等工作由用人单位负责组织。”

《国家税务总局关于个人所得税有关问题的公告》（国家税务总局公告 2011 年第 27 号）对以上批复的第三条做出规定：“第三条中，单位是否为离退休人员缴纳社会保险费，不再作为离退休人员再任职的界定条件。”

八、影视演职人员取得收入的个人所得税处理

根据《中华人民共和国个人所得税法》的规定，凡与单位存在工资、人事方面关系的人员，其为本单位工作所取得的报酬，属于“工资、薪金所得”应税项目征税范围；而其因某一特定事项临时为外单位工作所取得的报酬，不属于税法中所说的“受雇”，应是“劳务报酬所得”应税项目征税范围。因此，对电影制片厂导演、演职人员参加本单位的影视拍摄所取得的报酬，应按“工资、薪金所得”应税项目计算交纳个人所得税。

九、建筑安装业跨省异地工程作业人员的个人所得税处理

《国家税务总局关于建筑安装业跨省异地工程作业人员个人所得税征收管理问题的公告》（国家税务总局公告2015年第52号）规定：

“一、总承包企业、分承包企业派驻跨省异地工程项目的管理人员、技术人员和其他工作人员在异地工作期间的工资、薪金所得个人所得税，由总承包企业、分承包企业依法代扣代缴并向工程作业所在地税务机关申报缴纳。

总承包企业和分承包企业通过劳务派遣公司聘用劳务人员跨省异地工作期间的工资、薪金所得个人所得税，由劳务派遣公司依法代扣代缴并向工程作业所在地税务机关申报缴纳。

二、跨省异地施工单位应就其所支付的工程作业人员工资、薪金所得，向工程作业所在地税务机关办理全员全额扣缴明细申报。凡实行全员全额扣缴明细申报的，工程作业所在地税务机关不得核定征收个人所得税。

三、总承包企业、分承包企业和劳务派遣公司机构所在地税务机关需要掌握异地工程作业人员工资、薪金所得个人所得税缴纳情况的，工程作业所在地税务机关应及时提供。总承包企业、分承包企业和劳务派遣公司机构所在地税务机关不得对异地工程作业人员已纳税工资、薪金所得重复征税。两地税务机关应加强沟通协调，切实维护纳税人权益。

四、建筑安装业省内异地施工作业人员个人所得税征收管理参照本公告执行。

五、本公告自2015年9月1日起施行。”

十、个人取得公务交通、通讯补贴收入的个人所得税处理

《国家税务总局关于个人所得税有关政策问题的通知》（国税发〔1999〕58号）

规定："个人因公务用车和通讯制度改革而取得的公务用车、通讯补贴收入，扣除一定标准的公务费用后，按照'工资、薪金'所得项目计征个人所得税。按月发放的，并入当月'工资、薪金'所得计征个人所得税；不按月发放的，分解到所属月份并与该月份'工资、薪金'所得合并后计征个人所得税。公务费用的扣除标准，由省级地方税务局根据纳税人公务交通、通讯费用的实际发生情况调查测算，报经省级人民政府批准后确定，并报国家税务总局备案。"

（一）广西公务交通补贴的个人所得税处理

《国家税务总局关于个人因公务用车制度改革取得补贴收入征收个人所得税问题的通知》（国税函〔2006〕245 号）规定："近年来，部分单位因公务用车制度改革，对用车人给予各种形式的补偿：直接以现金形式发放，在限额内据实报销用车支出，单位反租职工个人的车辆支付车辆租赁费（'私车公用'），单位向用车人支付车辆使用过程中的有关费用等。""因公务用车制度改革而以现金、报销等形式向职工个人支付的收入，均应视为个人取得公务用车补贴收入，按照'工资、薪金所得'项目计征个人所得税。"

《国家税务总局　广西壮族自治区税务局关于公务交通补贴个人所得税有关问题的公告》（国家税务总局　广西壮族自治区税务局公告 2018 年第 12 号）规定：

"一、个人取得的公务交通补贴收入，扣除一定标准的费用后，按照《国家税务总局关于个人所得税有关政策问题的通知》（国税发〔1999〕58 号）第二条规定计征个人所得税。

二、我区公务人员按公务交通补贴规定取得的公务用车制度改革补贴收入，即：厅级每人每月1 950元，处级每人每月1 200元，科级每人每月 750 元，科员及以下每人每月 650 元的标准，允许在计算个人所得税税前全额扣除，超出规定标准部分按照'工资、薪金'所得项目计征个人所得税。

今后，若自治区党委、自治区人民政府调整公务交通补贴标准的，按调整后的标准扣除。

三、我区各级各类事业单位所有原符合公务用车配备相关规定的岗位和人员，按照《自治区本级事业单位公务用车制度改革实施方案》的规定取得的公务用车制度改革补贴收入，无论是以现金形式，还是以报销方式取得的公务交通补贴收入，参照公务人员的标准允许在计算个人所得税税前全额扣除，超出规定标准部分按照'工资、薪金'所得项目计征个人所得税。

四、对企业职工公务用车费用扣除标准划分为高级管理人员和其他人员两档处理，具体为：

（一）高级管理人员每人每月1 950元；

（二）其他人员每人每月1 200元。

企业在制定公务用车制度改革方案中，应明确本企业高级管理人员和其他人员的范围。

五、本公告第四条所称‘高级管理人员’，是指根据《中华人民共和国公司法》或其他法律法规的相关规定，在本级企业或社会组织中担任高管职务的人员。具体包括：公司的经理、副经理、财务负责人，上市公司董事会秘书和公司章程规定的其他人员。

本公告第四条所称‘其他人员’，是指除高级管理人员外的所有人。

六、本公告适用于进行公务用车制度改革的单位及所制定的公务用车制度改革方案确定的人员。

七、各单位应将公务用车制度改革方案作为留存备查资料，以备税务机关审查。

八、本公告自 2018 年 9 月 1 日起施行。”

（二）广西公务通讯补贴的个人所得税处理

《国家税务总局　广西壮族自治区税务局关于公务通讯补贴个人所得税有关问题的公告》（国家税务总局　广西壮族自治区税务局公告 2018 年第 13 号）规定：

“一、个人取得的通讯补贴收入，扣除一定标准的费用后，按照《国家税务总局关于个人所得税有关政策问题的通知》（国税发〔1999〕58 号）第二条规定计征个人所得税。

二、对公务人员按规定标准取得的公务通讯补贴收入，即：厅级每人每月 240 元，处级每人每月 180 元，科级每人每月 130 元，科员及以下每人每月 80 元的标准，允许在计算个人所得税税前全额扣除，超出规定标准部分按照‘工资、薪金’所得项目计征个人所得税。

今后，若自治区党委、自治区人民政府调整公务通讯补贴标准的，按调整后的标准扣除。

三、对我区企业职工取得的通讯补贴收入，无论是以现金形式，还是以报销方式取得的通讯补贴收入，在计征个人所得税时，准予在每人每月不超过 240 元的标准内据实税前扣除，超出规定标准部分按照‘工资、薪金’所得项目计征个人所得税。

四、本公告自 2018 年 9 月 1 日起施行。”

十一、报刊、出版等单位的职员在本单位的刊物上发表作品、出版图书取得所得的个人所得税处理

《国家税务总局关于个人所得税若干业务问题的批复》（国税函〔2002〕146号）规定：

“（一）任职、受雇于报刊、杂志等单位的记者、编辑等专业人员，因在本单位的报刊、杂志上发表作品取得的所得，属于因任职、受雇而取得的所得，应与其当月工资收入合并，按‘工资、薪金所得’项目征收个人所得税。

除上述专业人员以外，其他人员在本单位的报刊、杂志上发表作品取得的所得，应按‘稿酬所得’项目征收个人所得税。

（二）出版社的专业作者撰写、编写或翻译的作品，由本社以图书形式出版而取得的稿费收入，应按‘稿酬所得’项目计算缴纳个人所得税。”

十二、企业为员工支付各项免税之外的保险金

依据《中华人民共和国个人所得税法》及有关规定，对企业为员工支付各项免税之外的保险金，应在企业向保险公司缴付时（即该保险落到被保险人的保险账户）并入员工当期的工资收入，按“工资、薪金所得”项目计算交纳个人所得税。

单位为职工个人购买商业性补充养老保险等，在办理投保手续时应作为个人所得税的“工资、薪金所得”项目，按税法规定交纳个人所得税。因各种原因退保，个人未取得实际收入的，已交纳的个人所得税应予以退回。

十三、取得全年一次性奖金、中央企业负责人年度绩效薪金延期兑现收入和任期奖励的个人所得税处理

1.《财政部　税务总局关于个人所得税法修改后有关优惠政策衔接问题的通知》（财税〔2018〕164号）规定：

“（一）居民个人取得全年一次性奖金，符合《国家税务总局关于调整个人取得全年一次性奖金等计算征收个人所得税方法问题的通知》（国税发〔2005〕9号）规定的，在2021年12月31日前，不并入当年综合所得，以全年一次性奖金收入除以12个月得到的数额，按照本通知所附按月换算后的综合所得税率表（以下简称月度税率表），确定适用税率和速算扣除数，单独计算纳税。计算公式为：

应纳税额＝全年一次性奖金收入×适用税率－速算扣除数

居民个人取得全年一次性奖金，也可以选择并入当年综合所得计算纳税。

自2022年1月1日起，居民个人取得全年一次性奖金，应并入当年综合所得计算缴纳个人所得税。”

按月换算后的综合所得税率表，见表2-7。

表2-7　按月换算后的综合所得税率表

级数	全月应纳税所得额	税率	速算扣除数
1	不超过3 000元的	3%	0
2	超过3 000元至12 000元的部分	10%	210
3	超过12 000元至25 000元的部分	20%	1 410
4	超过25 000元至35 000元的部分	25%	2 660
5	超过35 000元至55 000元的部分	30%	4 410
6	超过55 000元至80 000元的部分	35%	7 160
7	超过80 000元的部分	45%	15 160

注：居民个人取得全年一次性奖金，选择并入当年综合所得计算个人所得税划算，还是不并入当年综合所得计算个人所得税划算？参见本章的案例分析2-6。

《国家税务总局关于调整个人取得全年一次性奖金等计算征收个人所得税方法问题的通知》（国税发〔2005〕9号）规定：

“一、全年一次性奖金是指行政机关、企事业单位等扣缴义务人根据其全年经济效益和对雇员全年工作业绩的综合考核情况，向雇员发放的一次性奖金。

上述一次性奖金也包括年终加薪、实行年薪制和绩效工资办法的单位根据考核情况兑现的年薪和绩效工资。”

“三、在一个纳税年度内，对每一个纳税人，该计税办法只允许采用一次。

四、实行年薪制和绩效工资的单位，个人取得年终兑现的年薪和绩效工资按本通知第二条、第三条执行。

五、雇员取得除全年一次性奖金以外的其它各种名目奖金，如半年奖、季度奖、加班奖、先进奖、考勤奖等，一律与当月工资、薪金收入合并，按税法规定缴纳个人所得税。”

2.《财政部　税务总局关于个人所得税法修改后有关优惠政策衔接问题的通知》（财税〔2018〕164号）规定：“（二）中央企业负责人取得年度绩效薪金延期兑现收入和任期奖励，符合《国家税务总局关于中央企业负责人年度绩效薪金延期兑现收入和任期奖励征收个人所得税问题的通知》（国税发〔2007〕118号）规定的，在2021年12月31日前，参照本通知第一条第（一）项执行；2022年1月1日之后的政策另行明确。”

【案例分析 2－5】

广西某制糖公司于 2019 年 2 月 3 日支付其高级管理人员陈某 2018 年度一次性年终奖50 000元，陈某选择不并入当年综合所得，将其单独计算交纳个人所得税。陈某取得的年终奖应纳个人所得税是多少元？

计算方式如下：

50 000元÷12≈4 166.67元，适用税率为 10%，速算扣除数为 210；

应纳个人所得税＝全年一次性奖金收入×适用税率－速算扣除数，即50 000元×10%－210 元＝4 790元。

陈某取得的年终奖应纳个人所得税为4 790元。

十四、企业年金和职业年金的个人所得税处理

财政部税政司、人力资源社会保障部养老保险司、国家税务总局所得税司有关负责人就企业年金、职业年金个人所得税问题答记者问时提出，完善养老保险制度，提高全民养老保障水平，加快推进多层次养老保险体系建设，是养老保险制度改革的重要目标。我国从 20 世纪 80 年代开始对企业职工基本养老保险制度实施改革，1991 年明确了建立基本养老保险、补充养老保险和个人储蓄性养老保险相结合的多层次养老保险体系的目标。经过 20 多年的发展，我国养老保险覆盖面逐步扩大，保障水平逐步提高，但多层次养老保险体系发展很不平衡，基本养老保险覆盖到大部分城镇就业人群，而补充养老保险和个人储蓄性养老保险发展比较缓慢。为进一步推动养老保险体系建设，2013 年国务院批准发布了《关于深化收入分配制度改革的若干意见》，提出“完善基本养老保险制度。发展企业年金和职业年金，发挥商业保险补充性作用”；党的十八届三中全会通过的《中共中央关于全面深化改革若干重大问题的决定》也明确提出“加快发展企业年金、职业年金、商业保险，构建多层次社会保障体系”。为贯彻落实党中央、国务院决策部署，进一步支持我国养老保险事业的发展，建立多层次养老保险体系，财政部、人力资源社会保障部、国家税务总局三部门研究出台了促进企业年金和职业年金发展的个人所得税递延纳税政策。

我国养老保险体系主要包括基本养老保险、补充养老保险和个人储蓄性养老保险 3 个层次，其中补充养老保险包括企业年金和职业年金。

《财政部　人力资源社会保障部　国家税务总局关于企业年金　职业年金个人所得税有关问题的通知》（财税〔2013〕103 号）规定：“本通知所称企业年金，是指根

据《企业年金试行办法》(原劳动和社会保障部令第20号)的规定，企业及其职工在依法参加基本养老保险的基础上，自愿建立的补充养老保险制度。所称职业年金是指根据《事业单位职业年金试行办法》(国办发〔2011〕37号)的规定，事业单位及其工作人员在依法参加基本养老保险的基础上，建立的补充养老保险制度。”企业年金主要针对企业；职业年金主要针对事业单位。

企业年金和职业年金个人所得税处理采取递延纳税政策。递延纳税，是指在年金缴费环节和年金基金投资收益环节暂不征收个人所得税，将纳税义务递延到个人实际领取年金的环节，也称EET模式(E代表免税，T代表征税)。EET模式是西方发达国家对企业年金普遍采用的一种税收优惠模式。据了解，OECD国家中，法国、德国、美国、日本等多数国家均选择了EET模式。2013年12月6日，财政部、人力资源社会保障部、国家税务总局联合出台企业年金、职业年金个人所得税递延纳税政策，是在研究借鉴发达国家通行做法的基础上，结合我国实际对年金个人所得税政策体系的完善。

《财政部　人力资源社会保障部　国家税务总局关于企业年金　职业年金个人所得税有关问题的通知》(财税〔2013〕103号)规定：

“为促进我国多层次养老保险体系的发展，根据个人所得税法相关规定，现就企业年金和职业年金个人所得税有关问题通知如下：

一、企业年金和职业年金缴费的个人所得税处理

1. 企业和事业单位(以下统称单位)根据国家有关政策规定的办法和标准，为在本单位任职或者受雇的全体职工缴付的企业年金或职业年金(以下统称年金)单位缴费部分，在计入个人账户时，个人暂不缴纳个人所得税。

2. 个人根据国家有关政策规定缴付的年金个人缴费部分，在不超过本人缴费工资计税基数的4%标准内的部分，暂从个人当期的应纳税所得额中扣除。

3. 超过本通知第一条第1项和第2项规定的标准缴付的年金单位缴费和个人缴费部分，应并入个人当期的工资、薪金所得，依法计征个人所得税。税款由建立年金的单位代扣代缴，并向主管税务机关申报解缴。

4. 企业年金个人缴费工资计税基数为本人上一年度月平均工资。月平均工资按国家统计局规定列入工资总额统计的项目计算。月平均工资超过职工工作地所在设区城市上一年度职工月平均工资300%以上的部分，不计入个人缴费工资计税基数。

职业年金个人缴费工资计税基数为职工岗位工资和薪级工资之和。职工岗位工资和薪级工资之和超过职工工作地所在设区城市上一年度职工月平均工资300%以上

的部分，不计入个人缴费工资计税基数。

二、年金基金投资运营收益的个人所得税处理

年金基金投资运营收益分配计入个人账户时，个人暂不缴纳个人所得税。”

《财政部　税务总局关于个人所得税法修改后有关优惠政策衔接问题的通知》（财税〔2018〕164 号）规定：“个人达到国家规定的退休年龄，领取的企业年金、职业年金，符合《财政部　人力资源社会保障部　国家税务总局关于企业年金职业年金个人所得税有关问题的通知》（财税〔2013〕103 号）规定的，不并入综合所得，全额单独计算应纳税款。其中按月领取的，适用月度税率表计算纳税；按季领取的，平均分摊计入各月，按每月领取额适用月度税率表计算纳税；按年领取的，适用综合所得税率表计算纳税。个人因出境定居而一次性领取的年金个人账户资金，或个人死亡后，其指定的受益人或法定继承人一次性领取的年金个人账户余额，适用综合所得税率表计算纳税。对个人除上述特殊原因外一次性领取年金个人账户资金或余额的，适用月度税率表计算纳税。”

《财政部　人力资源社会保障部　国家税务总局关于企业年金　职业年金个人所得税有关问题的通知》（财税〔2013〕103 号）第三条第二项规定：“对单位和个人在本通知实施之前开始缴付年金缴费，个人在本通知实施之后领取年金的，允许其从领取的年金中减除在本通知实施之前缴付的年金单位缴费和个人缴费且已经缴纳个人所得税的部分，就其余额按照本通知第三条第 1 项的规定征税。在个人分期领取年金的情况下，可按本通知实施之前缴付的年金缴费金额占全部缴费金额的百分比减计当期的应纳税所得额，减计后的余额，按照本通知第三条第 1 项的规定，计算缴纳个人所得税。”

《财政部　人力资源社会保障部　国家税务总局关于企业年金　职业年金个人所得税有关问题的通知》（财税〔2013〕103 号）第三条第四项规定：“个人领取年金时，其应纳税款由受托人代表委托人委托托管人代扣代缴。年金账户管理人应及时向托管人提供个人年金缴费及对应的个人所得税纳税明细。托管人根据受托人指令及账户管理人提供的资料，按照规定计算扣缴个人当期领取年金待遇的应纳税款，并向托管人所在地主管税务机关申报解缴。”

《财政部　人力资源社会保障部　国家税务总局关于企业年金　职业年金个人所得税有关问题的通知》（财税〔2013〕103 号）第三条第五项规定：“建立年金计划的单位、年金托管人，应按照个人所得税法和税收征收管理法的有关规定，实行全员全额扣缴明细申报。受托人有责任协调相关管理人依法向税务机关办理扣缴申报、

提供相关资料。”

《财政部　人力资源社会保障部　国家税务总局关于企业年金　职业年金个人所得税有关问题的通知》（财税〔2013〕103号）第四条规定：“建立年金计划的单位应于建立年金计划的次月15日内，向其所在地主管税务机关报送年金方案、人力资源社会保障部门出具的方案备案函、计划确认函以及主管税务机关要求报送的其他相关资料。年金方案、受托人、托管人发生变化的，应于发生变化的次月15日内重新向其主管税务机关报送上述资料。”

十五、个人领取的税收递延型商业养老保险的养老金收入的个人所得税处理

根据《财政部　税务总局关于个人取得有关收入适用个人所得税应税所得项目的公告》（财政部　税务总局公告2019年第74号）规定，自2019年1月1日起，个人按照《财政部　税务总局　人力资源社会保障部　中国银行保险监督管理委员会　证监会关于开展个人税收递延型商业养老保险试点的通知》（财税〔2018〕22号）的规定，领取的税收递延型商业养老保险的养老金收入，其中25%部分予以免税，其余75%部分按照10%的比例税率计算交纳个人所得税，税款计入“工资、薪金所得”项目，由保险机构代扣代缴后，在个人购买税延养老保险的机构所在地办理全员全额扣缴申报。

十六、不属于工资、薪金所得项目的收入

《国家税务总局关于印发〈征收个人所得税若干问题的规定〉的通知》（国税发〔1994〕89号）规定：

“下列不属于工资、薪金性质的补贴、津贴或者不属于纳税人本人工资、薪金所得项目的收入，不征税：

1. 独生子女补贴；

2. 执行公务员工资制度未纳入基本工资总额的补贴、津贴差额和家属成员的副食品补贴；

3. 托儿补助费；

4. 差旅费津贴、误餐补助。”

《财政部　国家税务总局关于误餐补助范围确定问题的通知》（财税字〔1995〕82号）的规定：“不征税的误餐补助，是指按财政部门规定，个人因公在城区、郊区

工作，不能在工作单位或返回就餐，确实需要在外就餐的，根据实际误餐顿数，按规定的标准领取的误餐费。一些单位以误餐补助名义发给职工的补贴、津贴，应当并入当月工资、薪金所得计征个人所得税。”

第二节 劳务报酬所得

一、一般规定

《中华人民共和国个人所得税法实施条例》规定：“劳务报酬所得，是指个人从事劳务取得的所得，包括从事设计、装潢、安装、制图、化验、测试、医疗、法律、会计、咨询、讲学、翻译、审稿、书画、雕刻、影视、录音、录像、演出、表演、广告、展览、技术服务、介绍服务、经纪服务、代办服务以及其他劳务取得的所得。”

劳务报酬所得是个人独立从事各种技艺，提供各项劳务取得的报酬，与工资、薪金所得区别在于，工资、薪金所得存在雇佣与被雇佣关系，劳务报酬所得则不存在这种关系。

个人担任公司董事、监事，但不在公司任职、受雇的，其取得的董事费按劳务报酬所得项目计算交纳个人所得税。

个人经政府有关部门批准并取得执照举办学习班、培训班的，其取得的办班收入属于“个体工商户的生产、经营所得”应税项目，按《中华人民共和国个人所得税法》的规定计算交纳个人所得税。

注：2019 年 1 月 1 日起实施的新个人所得税法将“个体工商户的生产、经营所得”并为“经营所得”。

个人无须经政府有关部门批准并取得执照举办学习班、培训班的，其取得的办班收入属于“劳务报酬所得”应税项目，按《中华人民共和国个人所得税法》规定计算交纳个人所得税。办班者每次收入是一次收取学费的，以一期取得的收入为一次；分次收取学费的，以每月取得的收入为一次。

二、对营销业绩突出的非企业雇员通过免收差旅费、旅游费实行的营销业绩奖励

《财政部　国家税务总局关于企业以免费旅游方式提供对营销人员个人奖励有关个人所得税政策的通知》（财税〔2004〕11 号）规定：“对商品营销活动中，企业和单位对营销业绩突出人员以培训班、研讨会、工作考察等名义组织旅游活动，通过

免收差旅费、旅游费对个人实行的营销业绩奖励（包括实物、有价证券等），应根据所发生费用全额计入营销人员应税所得，依法征收个人所得税，并由提供上述费用的企业和单位代扣代缴。”对非企业雇员享受的此类奖励，应作为当期的劳务收入，按照“劳务报酬所得”项目征收个人所得税。

三、个人兼职取得的收入

个人兼职取得的收入应按照“劳务报酬所得”应税项目计算交纳个人所得税。

四、电影制片厂临时聘请的非本厂导演、演职人员取得的报酬

《国家税务总局关于影视演职人员个人所得税问题的批复》(国税函〔1997〕385号）规定：“对电影制片厂为了拍摄影视片而临时聘请非本厂导演、演职人员，其所取得的报酬，应按‘劳务报酬所得’应税项目计征个人所得税。”

五、保险营销员、证券经纪人的佣金收入

《财政部　税务总局关于个人所得税法修改后有关优惠政策衔接问题的通知》（财税〔2018〕164号）规定：“保险营销员、证券经纪人取得的佣金收入，属于劳务报酬所得，以不含增值税的收入减除20%的费用后的余额为收入额，收入额减去展业成本以及附加税费后，并入当年综合所得，计算缴纳个人所得税。保险营销员、证券经纪人展业成本按照收入额的25%计算。扣缴义务人向保险营销员、证券经纪人支付佣金收入时，应按照《个人所得税扣缴申报管理办法（试行）》（国家税务总局公告2018年第61号）规定的累计预扣法预扣税款。”

第三节　稿酬所得

《中华人民共和国个人所得税法实施条例》规定：“稿酬所得，是指个人因其作品以图书、报刊等形式出版、发表而取得的所得。”

《国家税务总局关于影视演职人员个人所得税问题的批复》(国税函〔1997〕385号）规定：“电影文学剧本以图书、报刊形式出版、发表而取得的所得，应按‘稿酬所得’应税项目计征个人所得税。”

第四节 特许权使用费所得

《中华人民共和国个人所得税法实施条例》规定：“特许权使用费所得，是指个人提供专利权、商标权、著作权、非专利技术以及其他特许权的使用权取得的所得；提供著作权的使用权取得的所得，不包括稿酬所得。

《国家税务总局关于影视演职人员个人所得税问题的批复》(国税函〔1997〕385号）规定：“电影制片厂买断已出版的作品或向作者征稿而支付给作者的报酬，属于提供著作权的使用权而取得的所得，应按‘特许权使用费所得’应税项目计征个人所得税。”

自2002年5月1日起，对于剧本作者从电影、电视剧的制作单位取得的剧本使用费，不再区分剧本的使用方是否为其任职单位，统一按“特许权使用费所得”项目计算交纳个人所得税。

因个人的专利权被其他单位使用而取得的经济赔偿收入，应按“特许权使用费所得”应税项目计算交纳个人所得税。

第五节 专项扣除

专项扣除，包括居民个人按照国家规定的范围和标准交纳的基本养老保险、基本医疗保险、失业保险等社会保险费和住房公积金等。

《财政部 国家税务总局关于基本养老保险费 基本医疗保险费 失业保险费 住房公积金有关个人所得税政策的通知》（财税〔2006〕10号）规定：

“一、企事业单位按照国家或省（自治区、直辖市）人民政府规定的缴费比例或办法实际缴付的基本养老保险费、基本医疗保险费和失业保险费，免征个人所得税；个人按照国家或省（自治区、直辖市）人民政府规定的缴费比例或办法实际缴付的基本养老保险费、基本医疗保险费和失业保险费，允许在个人应纳税所得额中扣除。

企事业单位和个人超过规定的比例和标准缴付的基本养老保险费、基本医疗保险费和失业保险费，应将超过部分并入个人当期的工资、薪金收入，计征个人所得税。

二、根据《住房公积金管理条例》、《建设部 财政部 中国人民银行关于住房公积金管理若干具体问题的指导意见》（建金管〔2005〕5号）等规定精神，单位和个人分别在不超过职工本人上一年度月平均工资12%的幅度内，其实际缴存的住房公积金，允许在个人应纳税所得额中扣除。单位和职工个人缴存住房公积金的月平均工资不得超过职工工作地所在设区城市上一年度职工月平均工资的3倍，具体标准按照各地有关规定执行。

单位和个人超过上述规定比例和标准缴付的住房公积金，应将超过部分并入个人当期的工资、薪金收入，计征个人所得税。

三、个人实际领（支）取原提存的基本养老保险金、基本医疗保险金、失业保险金和住房公积金时，免征个人所得税。

四、上述职工工资口径按照国家统计局规定列入工资总额统计的项目计算。”

第六节　专项附加扣除

《国务院关于印发个人所得税专项附加扣除暂行办法的通知》(国发〔2018〕41号）规定：

“第二条　本办法所称个人所得税专项附加扣除，是指个人所得税法规定的子女教育、继续教育、大病医疗、住房贷款利息或者住房租金、赡养老人等6项专项附加扣除。

第三条　个人所得税专项附加扣除遵循公平合理、利于民生、简便易行的原则。

第四条　根据教育、医疗、住房、养老等民生支出变化情况，适时调整专项附加扣除范围和标准。”

“第三十条　个人所得税专项附加扣除额一个纳税年度扣除不完的，不能结转以后年度扣除。”

一、子女教育

《国务院关于印发个人所得税专项附加扣除暂行办法的通知》(国发〔2018〕41号）规定：

“第五条　纳税人的子女接受全日制学历教育的相关支出，按照每个子女每月1 000元的标准定额扣除。

学历教育包括义务教育（小学、初中教育）、高中阶段教育（普通高中、中等职业、技工教育）、高等教育（大学专科、大学本科、硕士研究生、博士研究生教育）。

年满3岁至小学入学前处于学前教育阶段的子女，按本条第一款规定执行。

第六条　父母可以选择由其中一方按扣除标准的100％扣除，也可以选择由双方分别按扣除标准的50％扣除，具体扣除方式在一个纳税年度内不能变更。

第七条　纳税人子女在中国境外接受教育的，纳税人应当留存境外学校录取通知书、留学签证等相关教育的证明资料备查。”

“本办法所称子女，是指婚生子女、非婚生子女、继子女、养子女。父母之外的其他人担任未成年人的监护人的，比照本办法规定执行。”

学历教育的期间，包含因病或其他非主观原因休学但学籍继续保留的休学期间，以及施教机构按规定组织实施的寒暑假等假期。

学历教育，为子女接受全日制学历教育入学的当月至全日制学历教育结束的当月。

学前教育阶段，为子女年满 3 周岁当月至小学入学前一月。

二、继续教育

《国务院关于印发个人所得税专项附加扣除暂行办法的通知》（国发〔2018〕41 号）规定：“纳税人在中国境内接受学历（学位）继续教育的支出，在学历（学位）教育期间按照每月 400 元定额扣除。同一学历（学位）继续教育的扣除期限不能超过 48 个月。纳税人接受技能人员职业资格继续教育、专业技术人员职业资格继续教育的支出，在取得相关证书的当年，按照3 600元定额扣除。”

学历（学位）继续教育，在中国境内接受学历（学位）继续教育入学的当月至学历（学位）继续教育结束的当月，同一学历（学位）继续教育的扣除期限最长不得超过 48 个月。

技能人员职业资格继续教育、专业技术人员职业资格继续教育，为取得相关证书的当年。

技能人员职业资格和专业技术人员职业资格应符合《人力资源社会保障部关于公布国家职业资格目录的通知》（人社部发〔2017〕68 号）中公布的国家职业资格目录。国家职业资格目录共计 140 项，其中专业技术人员职业资格 59 项，技能人员职业资格 81 项。若今后目录修订，应符合修订后的目录规定的范围。

《国务院关于印发个人所得税专项附加扣除暂行办法的通知》（国发〔2018〕41 号）规定：

“第九条　个人接受本科及以下学历（学位）继续教育，符合本办法规定扣除条件的，可以选择由其父母扣除，也可以选择由本人扣除。

第十条　纳税人接受技能人员职业资格继续教育、专业技术人员职业资格继续教育的，应当留存相关证书等资料备查。”

学历（学位）继续教育的期间，包含因病或其他非主观原因休学但学籍继续保留的休学期间，以及施教机构按规定组织实施的寒暑假等假期。

三、大病医疗

《国务院关于印发个人所得税专项附加扣除暂行办法的通知》（国发〔2018〕41号）规定：

“第十一条　在一个纳税年度内，纳税人发生的与基本医保相关的医药费用支出，扣除医保报销后个人负担（指医保目录范围内的自付部分）累计超过15 000元的部分，由纳税人在办理年度汇算清缴时，在80 000元限额内据实扣除。

第十二条　纳税人发生的医药费用支出可以选择由本人或者其配偶扣除；未成年子女发生的医药费用支出可以选择由其父母一方扣除。

纳税人及其配偶、未成年子女发生的医药费用支出，按本办法第十一条规定分别计算扣除额。

第十三条　纳税人应当留存医药服务收费及医保报销相关票据原件（或者复印件）等资料备查。医疗保障部门应当向患者提供在医疗保障信息系统记录的本人年度医药费用信息查询服务。”

大病医疗专项附加扣除的计算时间为医疗保障信息系统记录的医药费用实际支出的当年。

四、住房贷款利息

《国务院关于印发个人所得税专项附加扣除暂行办法的通知》（国发〔2018〕41号）规定：

“第十四条　纳税人本人或者配偶单独或者共同使用商业银行或者住房公积金个人住房贷款为本人或者其配偶购买中国境内住房，发生的首套住房贷款利息支出，在实际发生贷款利息的年度，按照每月1 000元的标准定额扣除，扣除期限最长不超过 240 个月。纳税人只能享受一次首套住房贷款的利息扣除。

本办法所称首套住房贷款是指购买住房享受首套住房贷款利率的住房贷款。

第十五条　经夫妻双方约定，可以选择由其中一方扣除，具体扣除方式在一个纳税年度内不能变更。

夫妻双方婚前分别购买住房发生的首套住房贷款，其贷款利息支出，婚后可以选择其中一套购买的住房，由购买方按扣除标准的100%扣除，也可以由夫妻双方对各自购买的住房分别按扣除标准的50%扣除，具体扣除方式在一个纳税年度内不能变更。

第十六条　纳税人应当留存住房贷款合同、贷款还款支出凭证备查。”

住房贷款利息专项附加扣除的计算时间为贷款合同约定开始还款的当月至贷款全部归还或贷款合同终止的当月，扣除期限最长不得超过240个月。

五、住房租金

《国务院关于印发个人所得税专项附加扣除暂行办法的通知》（国发〔2018〕41号）规定：

“第十七条　纳税人在主要工作城市没有自有住房而发生的住房租金支出，可以按照以下标准定额扣除：

（一）直辖市、省会（首府）城市、计划单列市以及国务院确定的其他城市，扣除标准为每月1 500元；

（二）除第一项所列城市以外，市辖区户籍人口超过100万的城市，扣除标准为每月1 100元；市辖区户籍人口不超过100万的城市，扣除标准为每月800元。

纳税人的配偶在纳税人的主要工作城市有自有住房的，视同纳税人在主要工作城市有自有住房。

市辖区户籍人口，以国家统计局公布的数据为准。

第十八条　本办法所称主要工作城市是指纳税人任职受雇的直辖市、计划单列市、副省级城市、地级市（地区、州、盟）全部行政区域范围；纳税人无任职受雇单位的，为受理其综合所得汇算清缴的税务机关所在城市。

夫妻双方主要工作城市相同的，只能由一方扣除住房租金支出。

第十九条　住房租金支出由签订租赁住房合同的承租人扣除。

第二十条　纳税人及其配偶在一个纳税年度内不能同时分别享受住房贷款利息和住房租金专项附加扣除。

第二十一条　纳税人应当留存住房租赁合同、协议等有关资料备查。”

住房租金专项附加扣除的计算时间为租赁合同（协议）约定的房屋租赁期开始的当月至租赁期结束的当月。提前终止合同（协议）的，以实际租赁期限为准。

六、赡养老人

《国务院关于印发个人所得税专项附加扣除暂行办法的通知》（国发〔2018〕41号）规定：

“第二十二条　纳税人赡养一位及以上被赡养人的赡养支出，统一按照以下标准定额扣除：

（一）纳税人为独生子女的，按照每月2 000元的标准定额扣除；

（二）纳税人为非独生子女的，由其与兄弟姐妹分摊每月2 000元的扣除额度，每人分摊的额度不能超过每月1 000元。可以由赡养人均摊或者约定分摊，也可以由被赡养人指定分摊。约定或者指定分摊的须签订书面分摊协议，指定分摊优先于约定分摊。具体分摊方式和额度在一个纳税年度内不能变更。

第二十三条　本办法所称被赡养人是指年满60岁的父母，以及子女均已去世的年满60岁的祖父母、外祖父母。”

赡养老人的专项附加扣除的计算时间为被赡养人年满60周岁的当月至赡养义务终止的年末。父母，是指生父母、继父母、养父母。

七、保障措施

《国务院关于印发个人所得税专项附加扣除暂行办法的通知》（国发〔2018〕41号）规定：

“第二十四条　纳税人向收款单位索取发票、财政票据、支出凭证，收款单位不能拒绝提供。

第二十五条　纳税人首次享受专项附加扣除，应当将专项附加扣除相关信息提交扣缴义务人或者税务机关，扣缴义务人应当及时将相关信息报送税务机关，纳税人对所提交信息的真实性、准确性、完整性负责。专项附加扣除信息发生变化的，纳税人应当及时向扣缴义务人或者税务机关提供相关信息。

前款所称专项附加扣除相关信息，包括纳税人本人、配偶、子女、被赡养人等个人身份信息，以及国务院税务主管部门规定的其他与专项附加扣除相关的信息。

本办法规定纳税人需要留存备查的相关资料应当留存五年。

第二十六条　有关部门和单位有责任和义务向税务部门提供或者协助核实以下与专项附加扣除有关的信息：

（一）公安部门有关户籍人口基本信息、户成员关系信息、出入境证件信息、相关出国人员信息、户籍人口死亡标识等信息；

（二）卫生健康部门有关出生医学证明信息、独生子女信息；

（三）民政部门、外交部门、法院有关婚姻状况信息；

（四）教育部门有关学生学籍信息（包括学历继续教育学生学籍、考籍信息）、在相关部门备案的境外教育机构资质信息；

（五）人力资源社会保障等部门有关技工院校学生学籍信息、技能人员职业资格继续教育信息、专业技术人员职业资格继续教育信息；

（六）住房城乡建设部门有关房屋（含公租房）租赁信息、住房公积金管理机构有关住房公积金贷款还款支出信息；

（七）自然资源部门有关不动产登记信息；

（八）人民银行、金融监督管理部门有关住房商业贷款还款支出信息；

（九）医疗保障部门有关在医疗保障信息系统记录的个人负担的医药费用信息；

（十）国务院税务主管部门确定需要提供的其他涉税信息。

上述数据信息的格式、标准、共享方式，由国务院税务主管部门及各省、自治区、直辖市和计划单列市税务局商有关部门确定。

有关部门和单位拥有专项附加扣除涉税信息，但未按规定要求向税务部门提供的，拥有涉税信息的部门或者单位的主要负责人及相关人员承担相应责任。

第二十七条　扣缴义务人发现纳税人提供的信息与实际情况不符的，可以要求纳税人修改。纳税人拒绝修改的，扣缴义务人应当报告税务机关，税务机关应当及时处理。

第二十八条　税务机关核查专项附加扣除情况时，纳税人任职受雇单位所在地、经常居住地、户籍所在地的公安派出所、居民委员会或者村民委员会等有关单位和个人应当协助核查。”

八、具体操作办法

《国家税务总局关于发布〈个人所得税专项附加扣除操作办法（试行）〉的公告》（国家税务总局公告 2018 年第 60 号）规定：

“第四条　享受子女教育、继续教育、住房贷款利息或者住房租金、赡养老人专项附加扣除的纳税人，自符合条件开始，可以向支付工资、薪金所得的扣缴义务人提供上述专项附加扣除有关信息，由扣缴义务人在预扣预缴税款时，按其在本单位本年可享受的累计扣除额办理扣除；也可以在次年 3 月 1 日至 6 月 30 日内，向汇缴地主管税务机关办理汇算清缴申报时扣除。

纳税人同时从两处以上取得工资、薪金所得，并由扣缴义务人办理上述专项附加扣除的，对同一专项附加扣除项目，一个纳税年度内，纳税人只能选择从其中一处扣除。

享受大病医疗专项附加扣除的纳税人，由其在次年 3 月 1 日至 6 月 30 日内，自行向汇缴地主管税务机关办理汇算清缴申报时扣除。

第五条 扣缴义务人办理工资、薪金所得预扣预缴税款时，应当根据纳税人报送的《个人所得税专项附加扣除信息表》（以下简称《扣除信息表》，见附件）为纳税人办理专项附加扣除。

纳税人年度中间更换工作单位的，在原单位任职、受雇期间已享受的专项附加扣除金额，不得在新任职、受雇单位扣除。原扣缴义务人应当自纳税人离职不再发放工资薪金所得的当月起，停止为其办理专项附加扣除。

第六条 纳税人未取得工资、薪金所得，仅取得劳务报酬所得、稿酬所得、特许权使用费所得需要享受专项附加扣除的，应当在次年 3 月 1 日至 6 月 30 日内，自行向汇缴地主管税务机关报送《扣除信息表》，并在办理汇算清缴申报时扣除。

第七条 一个纳税年度内，纳税人在扣缴义务人预扣预缴税款环节未享受或未足额享受专项附加扣除的，可以在当年内向支付工资、薪金的扣缴义务人申请在剩余月份发放工资、薪金时补充扣除，也可以在次年 3 月 1 日至 6 月 30 日内，向汇缴地主管税务机关办理汇算清缴时申报扣除。”

“第八条 纳税人选择在扣缴义务人发放工资、薪金所得时享受专项附加扣除的，首次享受时应当填写并向扣缴义务人报送《扣除信息表》；纳税年度中间相关信息发生变化的，纳税人应当更新《扣除信息表》相应栏次，并及时报送给扣缴义务人。

更换工作单位的纳税人，需要由新任职、受雇扣缴义务人办理专项附加扣除的，应当在入职的当月，填写并向扣缴义务人报送《扣除信息表》。

第九条 纳税人次年需要由扣缴义务人继续办理专项附加扣除的，应当于每年 12 月份对次年享受专项附加扣除的内容进行确认，并报送至扣缴义务人。纳税人未及时确认的，扣缴义务人于次年 1 月起暂停扣除，待纳税人确认后再行办理专项附加扣除。

扣缴义务人应当将纳税人报送的专项附加扣除信息，在次月办理扣缴申报时一并报送至主管税务机关。

第十条 纳税人选择在汇算清缴申报时享受专项附加扣除的，应当填写并向汇缴地主管税务机关报送《扣除信息表》。

第十一条 纳税人将需要享受的专项附加扣除项目信息填报至《扣除信息表》相应栏次。填报要素完整的，扣缴义务人或者主管税务机关应当受理；填报要素不完整的，扣缴义务人或者主管税务机关应当及时告知纳税人补正或重新填报。纳税人未补正或重新填报的，暂不办理相关专项附加扣除，待纳税人补正或重新填报后再行办理。

第十二条 纳税人享受子女教育专项附加扣除，应当填报配偶及子女的姓名、身份证件类型及号码、子女当前受教育阶段及起止时间、子女就读学校以及本人与配偶之间扣除分配比例等信息。

纳税人需要留存备查资料包括：子女在境外接受教育的，应当留存境外学校录取通知书、留学签证等境外教育佐证资料。

第十三条　纳税人享受继续教育专项附加扣除，接受学历（学位）继续教育的，应当填报教育起止时间、教育阶段等信息；接受技能人员或者专业技术人员职业资格继续教育的，应当填报证书名称、证书编号、发证机关、发证（批准）时间等信息。

纳税人需要留存备查资料包括：纳税人接受技能人员职业资格继续教育、专业技术人员职业资格继续教育的，应当留存职业资格相关证书等资料。

第十四条　纳税人享受住房贷款利息专项附加扣除，应当填报住房权属信息、住房坐落地址、贷款方式、贷款银行、贷款合同编号、贷款期限、首次还款日期等信息；纳税人有配偶的，填写配偶姓名、身份证件类型及号码。

纳税人需要留存备查资料包括：住房贷款合同、贷款还款支出凭证等资料。

第十五条　纳税人享受住房租金专项附加扣除，应当填报主要工作城市、租赁住房坐落地址、出租人姓名及身份证件类型和号码或者出租方单位名称及纳税人识别号（社会统一信用代码）、租赁起止时间等信息；纳税人有配偶的，填写配偶姓名、身份证件类型及号码。

纳税人需要留存备查资料包括：住房租赁合同或协议等资料。

第十六条　纳税人享受赡养老人专项附加扣除，应当填报纳税人是否为独生子女、月扣除金额、被赡养人姓名及身份证件类型和号码、与纳税人关系；有共同赡养人的，需填报分摊方式、共同赡养人姓名及身份证件类型和号码等信息。

纳税人需要留存备查资料包括：约定或指定分摊的书面分摊协议等资料。

第十七条　纳税人享受大病医疗专项附加扣除，应当填报患者姓名、身份证件类型及号码、与纳税人关系、与基本医保相关的医药费用总金额、医保目录范围内个人负担的自付金额等信息。

纳税人需要留存备查资料包括：大病患者医药服务收费及医保报销相关票据原件或复印件，或者医疗保障部门出具的纳税年度医药费用清单等资料。

第十八条　纳税人应当对报送的专项附加扣除信息的真实性、准确性、完整性负责。”

“第十九条　纳税人可以通过远程办税端、电子或者纸质报表等方式，向扣缴义务人或者主管税务机关报送个人专项附加扣除信息。

第二十条　纳税人选择纳税年度内由扣缴义务人办理专项附加扣除的，按下列规定办理：

（一）纳税人通过远程办税端选择扣缴义务人并报送专项附加扣除信息的，扣缴义务人根据接收的扣除信息办理扣除。

（二）纳税人通过填写电子或者纸质《扣除信息表》直接报送扣缴义务人的，扣缴义务人将相关信息导入或者录入扣缴端软件，并在次月办理扣缴申报时提交给主管税务机关。《扣除信息表》应当一式两份，纳税人和扣缴义务人签字（章）后分别留存备查。

第二十一条　纳税人选择年度终了后办理汇算清缴申报时享受专项附加扣除的，既可以通过远程办税端报送专项附加扣除信息，也可以将电子或者纸质《扣除信息表》（一式两份）报送给汇缴地主管税务机关。

报送电子《扣除信息表》的，主管税务机关受理打印，交由纳税人签字后，一份由纳税人留存备查，一份由税务机关留存；报送纸质《扣除信息表》的，纳税人签字确认、主管税务机关受理签章后，一份退还纳税人留存备查，一份由税务机关留存。

第二十二条　扣缴义务人和税务机关应当告知纳税人办理专项附加扣除的方式和渠道，鼓励并引导纳税人采用远程办税端报送信息。”

“第二十三条　纳税人应当将《扣除信息表》及相关留存备查资料，自法定汇算清缴期结束后保存五年。

纳税人报送给扣缴义务人的《扣除信息表》，扣缴义务人应当自预扣预缴年度的次年起留存五年。

第二十四条　纳税人向扣缴义务人提供专项附加扣除信息的，扣缴义务人应当按照规定予以扣除，不得拒绝。扣缴义务人应当为纳税人报送的专项附加扣除信息保密。

第二十五条　扣缴义务人应当及时按照纳税人提供的信息计算办理扣缴申报，不得擅自更改纳税人提供的相关信息。

扣缴义务人发现纳税人提供的信息与实际情况不符，可以要求纳税人修改。纳税人拒绝修改的，扣缴义务人应当向主管税务机关报告，税务机关应当及时处理。

除纳税人另有要求外，扣缴义务人应当于年度终了后两个月内，向纳税人提供已办理的专项附加扣除项目及金额等信息。

第二十六条　税务机关定期对纳税人提供的专项附加扣除信息开展抽查。

第二十七条　税务机关核查时，纳税人无法提供留存备查资料，或者留存备查资料不能支持相关情况的，税务机关可以要求纳税人提供其他佐证；不能提供其他佐证材料，或者佐证材料仍不足以支持的，不得享受相关专项附加扣除。

第二十八条　税务机关核查专项附加扣除情况时，可以提请有关单位和个人协助核查，相关单位和个人应当协助。

第二十九条　纳税人有下列情形之一的，主管税务机关应当责令其改正；情形严重的，应当纳入有关信用信息系统，并按照国家有关规定实施联合惩戒；涉及违反税收征管法等法律法规的，税务机关依法进行处理：

（一）报送虚假专项附加扣除信息；

（二）重复享受专项附加扣除；

（三）超范围或标准享受专项附加扣除；

（四）拒不提供留存备查资料；

（五）税务总局规定的其他情形。

纳税人在任职、受雇单位报送虚假扣除信息的，税务机关责令改正的同时，通知扣缴义务人。

第三十条　本办法自 2019 年 1 月 1 日起施行。”

个人所得税专项附加扣除额一个纳税年度扣除不完的，不能结转以后年度扣除。

2019 年 1 月 1 日起，自然人纳税人下载个人所得税 APP 填列专项附加扣除信息即可。

第七节　依法确定的其他扣除

依法确定的其他扣除，包括个人缴付符合国家规定的企业年金、职业年金，个人购买符合国家规定的商业健康保险、税收递延型商业养老保险的支出，以及国务院规定可以扣除的其他项目。

一、个人购买符合国家规定的商业健康保险支出

1.《财政部　税务总局　保监会关于将商业健康保险个人所得税试点政策推广到全国范围实施的通知》（财税〔2017〕39 号）规定：

“自 2017 年 7 月 1 日起，将商业健康保险个人所得税试点政策推广到全国范围实施。现将有关问题通知如下：

一、关于政策内容

对个人购买符合规定的商业健康保险产品的支出，允许在当年（月）计算应纳税所得额时予以税前扣除，扣除限额为2 400元/年（200 元/月）。单位统一为员工购

买符合规定的商业健康保险产品的支出，应分别计入员工个人工资薪金，视同个人购买，按上述限额予以扣除。

2 400元/年（200 元/月）的限额扣除为个人所得税法规定减除费用标准之外的扣除。

二、关于适用对象

适用商业健康保险税收优惠政策的纳税人，是指取得工资薪金所得、连续性劳务报酬所得的个人，以及取得个体工商户生产经营所得、对企事业单位的承包承租经营所得的个体工商户业主、个人独资企业投资者、合伙企业合伙人和承包承租经营者。

三、关于商业健康保险产品的规范和条件

符合规定的商业健康保险产品，是指保险公司参照个人税收优惠型健康保险产品指引框架及示范条款（见附件）开发的、符合下列条件的健康保险产品：

（一）健康保险产品采取具有保障功能并设立有最低保证收益账户的万能险方式，包含医疗保险和个人账户积累两项责任。被保险人个人账户由其所投保的保险公司负责管理维护。

（二）被保险人为 16 周岁以上、未满法定退休年龄的纳税人群。保险公司不得因被保险人既往病史拒保，并保证续保。

（三）医疗保险保障责任范围包括被保险人医保所在地基本医疗保险基金支付范围内的自付费用及部分基本医疗保险基金支付范围外的费用，费用的报销范围、比例和额度由各保险公司根据具体产品特点自行确定。

（四）同一款健康保险产品，可依据被保险人的不同情况，设置不同的保险金额，具体保险金额下限由保监会规定。

（五）健康保险产品坚持‘保本微利’原则，对医疗保险部分的简单赔付率低于规定比例的，保险公司要将实际赔付率与规定比例之间的差额部分返还到被保险人的个人账户。

根据目标人群已有保障项目和保障需求的不同，符合规定的健康保险产品共有三类，分别适用于：1. 对公费医疗或基本医疗保险报销后个人负担的医疗费用有报销意愿的人群；2. 对公费医疗或基本医疗保险报销后个人负担的特定大额医疗费用有报销意愿的人群；3. 未参加公费医疗或基本医疗保险，对个人负担的医疗费用有报销意愿的人群。

符合上述条件的个人税收优惠型健康保险产品，保险公司应按《保险法》规定程序上报保监会审批。

四、关于税收征管

（一）单位统一组织为员工购买或者单位和个人共同负担购买符合规定的商业健康保险产品，单位负担部分应当实名计入个人工资薪金明细清单，视同个人购买，并自购买产品次月起，在不超过 200 元/月的标准内按月扣除。一年内保费金额超过 2 400元的部分，不得税前扣除。以后年度续保时，按上述规定执行。个人自行退保时，应及时告知扣缴单位。个人相关退保信息保险公司应及时传递给税务机关。

（二）取得工资薪金所得或连续性劳务报酬所得的个人，自行购买符合规定的商业健康保险产品的，应当及时向代扣代缴单位提供保单凭证。扣缴单位自个人提交保单凭证的次月起，在不超过 200 元/月的标准内按月扣除。一年内保费金额超过 2 400元的部分，不得税前扣除。以后年度续保时，按上述规定执行。个人自行退保时，应及时告知扣缴义务人。

（三）个体工商户业主、企事业单位承包承租经营者、个人独资和合伙企业投资者自行购买符合条件的商业健康保险产品的，在不超过2 400元/年的标准内据实扣除。一年内保费金额超过2 400元的部分，不得税前扣除。以后年度续保时，按上述规定执行。”

2.《国家税务总局关于推广实施商业健康保险个人所得税政策有关征管问题的公告》（国家税务总局公告 2017 年第 17 号）规定：

“二、《通知》所称取得连续性劳务报酬所得，是指个人连续 3 个月以上（含 3 个月）为同一单位提供劳务而取得的所得。

三、有扣缴义务人的个人自行购买、单位统一组织为员工购买或者单位和个人共同负担购买符合规定的商业健康保险产品，扣缴义务人在填报《扣缴个人所得税报告表》或《特定行业个人所得税年度申报表》时，应将当期扣除的个人购买商业健康保险支出金额填至申报表‘税前扣除项目’的‘其他’列中（需注明商业健康保险扣除金额），并同时填报《商业健康保险税前扣除情况明细表》（见附件）。

其中，个人自行购买符合规定的商业健康保险产品的，应及时向扣缴义务人提供保单凭证，扣缴义务人应当依法为其税前扣除，不得拒绝。个人从中国境内两处或者两处以上取得工资薪金所得，且自行购买商业健康保险的，只能选择在其中一处扣除。

个人未续保或退保的，应于未续保或退保当月告知扣缴义务人终止商业健康保险税前扣除。”

商业健康保险税前扣除情况明细表，见表 2－8。

表 2－8　商业健康保险税前扣除情况明细表

所属期：　年　月　日至　年　月　日　　　　金额单位：人民币元（列至角分）

扣缴义务人（被投资单位）情况								
名称			纳税人识别号					
商业健康保险税前扣除情况								
序号	姓名	身份证件类型	身份证件号码	税优识别码	保单生效日期	年度保费	月度保费	本期扣除金额
谨声明：此表是根据《中华人民共和国个人所得税法》及有关法律法规规定填写的，是真实的、完整的、可靠的。 纳税人或扣缴义务人负责人签字：　　年　月　日								
代理申报机构（人）签章： 经办人： 经办人执业证件号码： 代理申报日期：　年　月　日				主管税务机关受理章： 受理人： 受理日期：　年　月　日				

国家税务总局监制

填报说明

本表适用于个人购买符合规定的商业健康保险支出税前扣除申报。本表随《扣缴个人所得税报告表》《特定行业个人所得税年度申报表》《个人所得税生产经营所得纳税申报表（B表）》《个人所得税自行纳税申报表（A表）》等申报表一并报送。

一、所属期：应与《扣缴个人所得税报告表》等申报表上注明的“税款所属期”一致。

二、扣缴义务人（被投资单位）情况

填写涉及商业健康保险扣除政策的扣缴义务人、个体工商户、承包承租的企事业单位、个人独资企业、合伙企业的信息。

三、商业健康保险税前扣除情况

1. 姓名、身份证件类型、身份证件号码：填写购买商业健康保险的个人的信息，相关信息应与《扣缴个人所得税报告表》等申报表上载明的明细信息保持一致；个体工商户业主、个人独资企业投资者、合伙企业个人合伙人、承包承租经营者和其他自行纳税申报个人按照本人实际情况填写。

2. 税优识别码：是指为确保税收优惠商业健康保险保单的唯一性、真实性和有效性，由商业健康保险信息平台按照“一人一单一码”的原则对投保人进行校验后，下发给保险公司，并在保单凭证上打印的数字识别码。

3. 保单生效日期：填写商业健康保险生效日期。

4. 年度保费：填写保单载明的年度总保费的金额。

5. 月度保费：按月缴费的保单填写每月所缴保费，按年一次性缴费的保单填写年度保费除以12后的金额。

6. 本期扣除金额：扣缴申报和按月自行申报时，月度保费大于200元的，填写200元；月度保费小于200元的，按月度保费填写。个体工商户业主、个人独资企业投资者、合伙企业个人合伙人和承包承租经营者申报时，年度保费金额大于2 400元的，填写2 400元；年度保费小于2 400元的，按实际年度保费填写。

3.《国家税务总局关于推广实施商业健康保险个人所得税政策有关征管问题的公告》（国家税务总局公告 2017 年第 17 号）规定：

“四、个体工商户业主、个人独资企业投资者、合伙企业个人合伙人和企事业单位承包承租经营者购买符合规定的商业健康保险产品支出，在年度申报填报《个人所得税生产经营所得纳税申报表（B表）》、享受商业健康保险税前扣除政策时，应将商业健康保险税前扣除金额填至‘允许扣除的其他费用’行（需注明商业健康保险扣除金额)，并同时填报《商业健康保险税前扣除情况明细表》。

实行核定征收的纳税人，应向主管税务机关报送《商业健康保险税前扣除情况明细表》，主管税务机关按程序相应调减其应纳税所得额或应纳税额。纳税人未续保或退保的，应当及时告知主管税务机关，终止商业健康保险税前扣除。

五、保险公司销售符合规定的商业健康保险产品，及时为购买保险的个人开具发票和保单凭证，并在保单凭证上注明税优识别码。

个人购买商业健康保险未获得税优识别码的，其支出金额不得税前扣除。

六、本公告所称税优识别码，是指为确保税收优惠商业健康保险保单的唯一性、真实性和有效性，由商业健康保险信息平台按照‘一人一单一码’的原则对投保人进行校验后，下发给保险公司，并在保单凭证上打印的数字识别码。”

税优识别码由商业健康保险信息平台按照“一人一单一码”的原则确定后下发保险公司，由保险公司打印在保单上，是纳税人据以税前扣除的重要凭据。因此，纳税人在税前扣除商业健康保险支出时，均须提供税优识别码。

4. 政府部门协作。

《财政部　税务总局　保监会关于将商业健康保险个人所得税试点政策推广到全国范围实施的通知》(财税〔2017〕39号)规定：

“商业健康保险个人所得税税前扣除政策涉及环节和部门多，各相关部门应密切配合，切实落实好商业健康保险个人所得税政策。

(一)财政、税务、保监部门要做好商业健康保险个人所得税优惠政策宣传解释，优化服务。税务、保监部门应建立信息共享机制，及时共享商业健康保险涉税信息。

(二)保险公司在销售商业健康保险产品时，要为购买健康保险的个人开具发票和保单凭证，载明产品名称及缴费金额等信息，作为个人税前扣除的凭据。保险公司要与商业健康保险信息平台保持实时对接，保证信息真实准确。

(三)扣缴单位应按照本通知及税务机关有关要求，认真落实商业健康保险个人所得税前扣除政策。

(四)保险公司或商业健康保险信息平台应向税务机关提供个人购买商业健康保险的相关信息，并配合税务机关做好相关税收征管工作。”

“本通知自2017年7月1日起执行。自2016年1月1日起开展商业健康保险个人所得税政策试点的地区，自2017年7月1日起继续按本通知规定的政策执行。

二、个人购买符合国家规定的税收递延型商业养老保险的支出

（一）关于试点政策

《财政部　税务总局　人力资源社会保障部　中国银行保险监督管理委员会　证监会关于开展个人税收递延型商业养老保险试点的通知》（财税〔2018〕22号）规定：

“（一）试点地区及时间。

自2018年5月1日起，在上海市、福建省（含厦门市）和苏州工业园区实施个人税收递延型商业养老保险试点。试点期限暂定一年。

（二）试点政策内容。

对试点地区个人通过个人商业养老资金账户购买符合规定的商业养老保险产品的支出，允许在一定标准内税前扣除；计入个人商业养老资金账户的投资收益，暂不征收个人所得税；个人领取商业养老金时再征收个人所得税。具体规定如下：

1. 个人缴费税前扣除标准。取得工资薪金、连续性劳务报酬所得的个人，其缴纳的保费准予在申报扣除当月计算应纳税所得额时予以限额据实扣除，扣除限额按照当月工资薪金、连续性劳务报酬收入的6%和1 000元孰低办法确定。取得个体工商户生产经营所得、对企事业单位的承包承租经营所得的个体工商户业主、个人独资企业投资者、合伙企业自然人合伙人和承包承租经营者，其缴纳的保费准予在申报扣除当年计算应纳税所得额时予以限额据实扣除，扣除限额按照不超过当年应税收入的6%和12 000元孰低办法确定。

2. 账户资金收益暂不征税。计入个人商业养老资金账户的投资收益，在缴费期间暂不征收个人所得税。

3. 个人领取商业养老金征税。个人达到国家规定的退休年龄时，可按月或按年领取商业养老金，领取期限原则上为终身或不少于15年。个人身故、发生保险合同约定的全残或罹患重大疾病的，可以一次性领取商业养老金。

对个人达到规定条件时领取的商业养老金收入，其中25%部分予以免税，其余75%部分按照10%的比例税率计算缴纳个人所得税，税款计入‘其他所得’项目。”（注：自2019年1月1日起，新发布的《中华人民共和国个人所得税法》无“其他所得”项目）

“（三）试点政策适用对象。

适用试点税收政策的纳税人，是指在试点地区取得工资薪金、连续性劳务报酬

所得的个人，以及取得个体工商户生产经营所得、对企事业单位的承包承租经营所得的个体工商户业主、个人独资企业投资者、合伙企业自然人合伙人和承包承租经营者，其工资薪金、连续性劳务报酬的个人所得税扣缴单位，或者个体工商户、承包承租单位、个人独资企业、合伙企业的实际经营地均位于试点地区内。

取得连续性劳务报酬所得，是指纳税人连续 6 个月以上（含 6 个月）为同一单位提供劳务而取得的所得。

（四）试点期间个人商业养老资金账户和信息平台。

1. 个人商业养老资金账户是由纳税人指定的、用于归集税收递延型商业养老保险缴费、收益以及资金领取等的商业银行个人专用账户。该账户封闭运行，与居民身份证件绑定，具有唯一性。

2. 试点期间使用中国保险信息技术管理有限责任公司建立的信息平台（以下简称‘中保信平台’）。个人商业养老资金账户在中保信平台进行登记，校验其唯一性。个人商业养老资金账户变更银行须经中保信平台校验后，进行账户结转，每年允许结转一次。中保信平台与税务系统、商业保险机构和商业银行对接，提供账户管理、信息查询、税务稽核、外部监管等基础性服务。

（五）试点期间商业养老保险产品及管理。

个人商业养老保险产品按稳健型产品为主、风险型产品为辅的原则选择，采取名录方式确定。试点期间的产品是指由保险公司开发，符合‘收益稳健、长期锁定、终身领取、精算平衡’原则，满足参保人对养老账户资金安全性、收益性和长期性管理要求的商业养老保险产品。具体商业养老保险产品指引由中国银行保险监督管理委员会提出，商财政部、人社部、税务总局后发布。

（六）试点期间税收征管。

1. 关于缴费税前扣除。个人购买符合规定的商业养老保险产品、享受递延纳税优惠时，以中保信平台出具的税延养老扣除凭证为扣税凭据。取得工资、薪金所得和连续性劳务报酬所得的个人，应及时将相关凭证提供给扣缴单位。扣缴单位应按照本通知有关要求，认真落实个人税收递延型商业养老保险试点政策，为纳税人办理税前扣除有关事项。

个人在试点地区范围内从两处或者两处以上取得所得的，只能选择在其中一处享受试点政策。

2. 关于领取商业养老金时的税款征收。个人按规定领取商业养老金时，由保险公司代扣代缴其应缴的个人所得税。”

（二）缴费税前扣除环节

《国家税务总局关于开展个人税收递延型商业养老保险试点有关征管问题的公告》（国家税务总局公告 2018 年第 21 号）规定：

“按照《通知》规定，试点地区内可享受税延养老保险税前扣除优惠政策的个人，凭中国保险信息技术管理有限责任公司相关信息平台出具的《个人税收递延型商业养老保险扣除凭证》（以下简称‘税延养老扣除凭证’），办理税前扣除。

（一）取得工资薪金所得、连续性劳务报酬所得的个人

取得工资薪金所得、连续性劳务报酬所得的个人，其购买符合规定商业养老保险产品的支出享受税前扣除优惠时，应及时将税延养老扣除凭证提供给扣缴单位。扣缴单位应当按照《通知》规定，在个人申报扣除当月计算扣除限额并办理税前扣除。扣缴单位在填报《扣缴个人所得税报告表》或《特定行业个人所得税年度申报表》时，应当将当期可扣除金额填至‘税前扣除项目’或‘年税前扣除项目’栏‘其他’列中（需注明税延养老保险），并同时填报《个人税收递延型商业养老保险税前扣除情况明细表》（见附件）。

个人因未及时提供税延养老扣除凭证而造成往期未扣除的，扣缴单位可追补至应扣除月份扣除，并按《通知》规定重新计算应扣缴税款，在收到扣除凭证的当月办理抵扣或申请退税。个人缴费金额发生变化、未续保或退保的，应当及时告知扣缴义务人重新计算或终止税延养老保险税前扣除。除个人提供资料不全、信息不实等情形外，扣缴单位不得拒绝为纳税人办理税前扣除。

（二）取得个体工商户的生产经营所得、对企事业单位的承包承租经营所得的个人

取得个体工商户的生产经营所得、对企事业单位的承包承租经营所得的个体工商户业主、个人独资企业投资者、合伙企业自然人合伙人和承包承租经营者，其购买的符合规定的养老保险产品支出，在年度申报时，凭税延养老扣除凭证，在《通知》规定的扣除限额内据实扣除，并填报至《个人所得税生产经营所得纳税申报表（B表）》的‘允许扣除的其他费用’行（需注明税延养老保险），同时填报《个人税收递延型商业养老保险税前扣除情况明细表》。

计算扣除限额时，个体工商户业主、个人独资企业投资者和承包承租经营者应税收入按照个体工商户、个人独资企业、承包承租的收入总额确定；合伙企业自然人合伙人应税收入按合伙企业收入总额乘以合伙人分配比例确定。

实行核定征收的，应当向主管税务机关报送《个人税收递延型商业养老保险税

前扣除情况明细表》和税延养老扣除凭证，主管税务机关按程序相应调减其应纳税所得额或应纳税额。纳税人缴费金额发生变化、未续保或退保的，应当及时告知主管税务机关，重新核定应纳税所得额或应纳税额。”

个人税收递延型商业养老保险税前扣除情况明细表，见表2-9。

表2-9　个人税收递延型商业养老保险税前扣除情况明细表

所属期：　　年　月　日至　　年　月　日　　　　金额单位：人民币元（列至角分）

单位或个人情况									
填表人身份		□扣缴义务人　□个体工商户和承包承租经营者 □个人独资企业投资者　□合伙企业自然人合伙人　□其他							
单位名称				纳税人识别号（统一社会信用代码）					
税收递延型商业养老保险税前扣除情况									
序号	姓名	身份证件类型	身份证件号码	税延养老账户编号	申报扣除期	报税校验码	年度保费	月度保费	本期扣除金额

续表

税收递延型商业养老保险税前扣除情况									
序号	姓名	身份证件类型	身份证件号码	税延养老账户编号	申报扣除期	报税校验码	年度保费	月度保费	本期扣除金额
谨声明：此表是根据《中华人民共和国个人所得税法》及有关法律法规规定填写的，是真实的、完整的、可靠的。 纳税人或扣缴义务人负责人签字：　　年　月　日									
代理申报机构（人）签章： 经办人： 经办人身份证件类型： 经办人身份证件号码： 经办人执业证件号码： 代理申报日期：　　年　月　日				主管税务机关受理章： 受理人： 受理日期：　　年　月　日					

国家税务总局监制

填报说明

本表适用于个人购买符合规定的税收递延型商业养老保险支出税前扣除申报。本表随《扣缴个人所得税报告表》《特定行业个人所得税年度申报表》《个人所得税生产经营所得纳税申报表（B表）》等申报表一并报送；实行核定征收的，可单独报送。

一、所属期：应与《扣缴个人所得税报告表》等申报表上注明的“税款所属期”一致。

二、单位和个人情况

1. 单位名称：填写涉及商业养老保险扣除政策的扣缴义务人、个体工商户、承包承租的企事业单位、个人独资企业、合伙企业的单位名称。

2. 纳税人识别号（统一社会信用代码）：填写上述单位的相应号码。

三、税收递延型商业养老保险税前扣除情况

1. 姓名、身份证件类型、身份证件号码：填写购买税延养老保险的个人信息，相关信息应与《扣缴个人所得税报告表》等申报表上载明的明细信息保持一致；个体工商户业主、个人独资企业投资者、合伙企业自然人合伙人、承包承租经营者和其他自行纳税申报个人按照本人实际情况填写。

2. 税延养老账户编号、报税校验码：按照中国保险信息技术管理有限责任公司相关信息平台出具的《个人税收递延型商业养老保险扣除凭证》载明的对应项目填写。

3. 申报扣除期：取得工资薪金所得、连续性劳务报酬所得（特定行业除外）的个人，填写申报扣除的月份；取得个体工商户的生产经营所得、对企事业单位的承包承租经营所得的个人及特定行业取得工资薪金的个人，填写申报扣除的年份。

4. 年度保费：取得个体工商户的生产经营所得、对企事业单位的承包承租经营所得的个人及特定行业取得工资薪金的个人，填写《个人税收递延型商业养老保险扣除凭证》载明的年度保费金额。

5. 月度保费：取得工资薪金所得、连续性劳务报酬所得（特定行业除外）的个人，填写《个人税收递延型商业养老保险扣除凭证》载明的月度保费金额，一次性缴费的保单填写月平均保费金额。

6. 本期扣除金额：

（1）取得工资薪金所得、连续性劳务报酬所得（特定行业除外）的个人，应按税延养老保险扣除凭证记载的当月金额和扣除限额孰低的方法计算可扣除额。扣除限额按照申报扣除当月的工资薪金、连续性劳务报酬收入的6%和1 000元孰低的办法确定。

（2）取得个体工商户的生产经营所得、对企事业单位的承包承租经营所得的个人及特定行业取得工资薪金的个人，按税延养老保险扣除凭证记载的当年金额和扣除限额孰低的方法计算可扣除额。扣除限额按照不超过当年应税收入的6%和12 000元孰低的办法确定。

（三）领取商业养老金征税环节

《国家税务总局关于开展个人税收递延型商业养老保险试点有关征管问题的公告》（国家税务总局公告2018年第21号）规定："个人达到规定条件领取商业养老金时，保险公司按照《通知》规定的代扣代缴'其他所得'项目（需注明税延养老保险）个人所得税，并在个人购买税延养老保险的机构所在地办理全员全额扣缴申报。"

注：自2019年1月1日起，新个人所得税法实施后无"其他所得"项目。

（四）试点期间其他相关准备工作

《财政部　税务总局　人力资源社会保障部　中国银行保险监督管理委员会　证监会关于开展个人税收递延型商业养老保险试点的通知》（财税〔2018〕22号）规定："试点期间，中国银行保险监督管理委员会、证监会做好相关准备工作，完善养老账户管理制度，制定银行、公募基金类产品指引等相关规定，指导相关金融机构产品开发。做好中国证券登记结算有限责任公司信息平台（以下简称'中登公司平台'）与商业银行、税务等信息系统的对接准备工作。同时，由人社部、财政部牵头，联合税务总局、中国银行保险监督管理委员会、证监会等单位，共同研究建立第三支柱制度和管理服务信息平台。试点结束后，根据试点情况，结合养老保险第三支柱制度建设的有关情况，有序扩大参与的金融机构和产品范围，将公募基金等产品纳入个人商业养老账户投资范围，相应将中登公司平台作为信息平台，与中保信平台同步运行。第三支柱制度和管理服务信息平台建成以后，中登公司平台、中保信平台与第三支柱制度和管理服务信息平台对接，实现养老保险第三支柱宏观监管。"

（五）部门协作

《财政部　税务总局　人力资源社会保障部　中国银行保险监督管理委员会　证监会关于开展个人税收递延型商业养老保险试点的通知》（财税〔2018〕22号）规定：

"（一）信息平台应向税务机关提供个人税收递延型商业养老保险有关信息，并配合税务机关做好相关税收征管工作。

（二）保险公司在销售个人税收递延型商业养老保险产品时，应为购买商业养老保险产品的个人开具发票和保单凭证，载明产品名称及缴费金额等信息。保险公司与信息平台实时对接，保证信息真实准确。

（三）试点地区财政、人社、税务、金融监管等相关部门应各司其职，密切配合，认真组织落实本通知，并及时总结、动态评估试点经验。对实施过程中遇到的困难和问题，及时向财政部、人社部、税务总局和金融监管部门反映。"

第八节　预扣预缴个人所得税方法

新修正的《中华人民共和国个人所得税法》于2019年1月1日正式实施。为深入贯彻落实新个人所得税法精神，现就全面实施新个人所得税法后扣缴义务人对居民个人工资、薪金所得，劳务报酬所得，稿酬所得，特许权使用费所得预扣预缴个人所得税的计算方法进行明确，保障纳税人和扣缴义务人及时掌握执行口径，履行相关权利义务。

扣缴义务人向居民个人支付工资、薪金所得，劳务报酬所得，稿酬所得，特许权使用费所得时，自2019年1月1日起按以下方法预扣预缴个人所得税，并向主管税务机关报送个人所得税扣缴申报表。年度预扣预缴税额与年度应纳税额不一致的，由居民个人于次年3月1日至6月30日向主管税务机关办理综合所得年度汇算清缴，税款多退少补。

一、扣缴义务人向居民个人支付工资、薪金所得的预扣预缴个人所得税方法

《国家税务总局关于全面实施新个人所得税法若干征管衔接问题的公告》（国家税务总局公告2018年第56号）规定：

“扣缴义务人向居民个人支付工资、薪金所得时，应当按照累计预扣法计算预扣税款，并按月办理全员全额扣缴申报。具体计算公式如下：

本期应预扣预缴税额＝（累计预扣预缴应纳税所得额×预扣率－速算扣除数）－累计减免税额－累计已预扣预缴税额

累计预扣预缴应纳税所得额＝累计收入－累计免税收入－累计减除费用－累计专项扣除－累计专项附加扣除－累计依法确定的其他扣除

其中：累计减除费用，按照5 000元/月乘以纳税人当年截至本月在本单位的任职受雇月份数计算。

上述公式中，计算居民个人工资、薪金所得预扣预缴税额的预扣率、速算扣除数，按《个人所得税预扣率表一》（见附件2）执行。”

个人所得税预扣率表一，见表2－10。

表2－10　个人所得税预扣率表一

（居民个人工资、薪金所得预扣预缴适用）

级数	累计预扣预缴应纳税所得额	预扣率	速算扣除数
1	不超过36 000元的部分	3%	0
2	超过36 000元至144 000元的部分	10%	2 520
3	超过144 000元至300 000元的部分	20%	16 920
4	超过300 000元至420 000元的部分	25%	31 920
5	超过420 000元至660 000元的部分	30%	52 920
6	超过660 000元至960 000元的部分	35%	85 920
7	超过960 000元的部分	45%	181 920

二、扣缴义务人向居民个人支付劳务报酬所得、稿酬所得、特许权使用费所得的预扣预缴个人所得税方法

《国家税务总局关于全面实施新个人所得税法若干征管衔接问题的公告》（国家税务总局公告 2018 年第 56 号）规定：

"扣缴义务人向居民个人支付劳务报酬所得、稿酬所得、特许权使用费所得，按次或者按月预扣预缴个人所得税。具体预扣预缴方法如下：

劳务报酬所得、稿酬所得、特许权使用费所得以收入减除费用后的余额为收入额。其中，稿酬所得的收入额减按百分之七十计算。

减除费用：劳务报酬所得、稿酬所得、特许权使用费所得每次收入不超过四千元的，减除费用按八百元计算；每次收入四千元以上的，减除费用按百分之二十计算。"

劳务报酬所得、稿酬所得、特许权使用费所得收入额具体计算公式：

（1）每次收入不超过4 000元。

劳务报酬所得、特许权使用费所得收入额＝每次收入－800 元

稿酬所得收入额＝（每次收入－800 元）×70％

（2）每次收入在4 000元以上。

劳务报酬所得、特许权使用费所得收入额＝每次收入×（1－20％）

稿酬所得收入额＝每次收入×（1－20％）×70％

应纳税所得额：劳务报酬所得、稿酬所得、特许权使用费所得，以每次收入额为预扣预缴应纳税所得额。劳务报酬所得适用 20％～40％的超额累进预扣率。个人所得税预扣率表二，见表 2－11。稿酬所得、特许权使用费所得适用 20％的比例预扣率。

劳务报酬所得应预扣预缴税额＝预扣预缴应纳税所得额×预扣率－速算扣除数

稿酬所得、特许权使用费所得应预扣预缴税额＝预扣预缴应纳税所得额×20％

表 2－11　个人所得税预扣率表二

（居民个人劳务报酬所得预扣预缴适用）

级数	预扣预缴应纳税所得额	预扣率	速算扣除数
1	不超过 20 000 元的	20％	0
2	超过 20 000 元至 50 000 元的部分	30％	2 000
3	超过 50 000 元的部分	40％	7 000

第九节　广告市场个人所得税处理

《国家税务总局关于修改部分税务部门规章的决定》（国家税务总局令第44号）附件17《广告市场个人所得税征收管理暂行办法》规定：

“第二条　凡在广告中提供名义、形象或在广告设计、制作、发布过程中提供劳务并取得所得的个人以及广告主、广告经营者或受托从事广告制作的单位和广告发布者，均应当依照本办法的规定办理个人所得税有关事宜。

本办法所称广告主，是指为推销商品或者提供服务，自行或者委托他人设计、制作、发布广告的法人、其他经济组织或者个人。

本办法所称广告经营者，是指受委托提供广告设计、制作、代理服务的法人、其他经济组织或者个人。

本办法所称受托从事广告制作的单位，是指受广告主或广告经营者委托而从事广告设计、制作的法人、其他经济组织或者个人。

本办法所称广告发布者，是指为广告主、或者广告主委托的广告经营者发布广告的法人及其他经济组织。

第三条　在广告设计、制作、发布过程中提供名义、形象及劳务并取得所得的个人为个人所得税的纳税义务人（以下简称纳税人）；直接向上述个人支付所得的广告主、广告经营者、受托从事广告制作的单位和广告发布者为个人所得税的扣缴义务人（以下简称扣缴人）。

第四条　扣缴人应当在每项广告制作前向所在地主管税务机关报告广告中名义、形象及劳务提供者的姓名、身份证号码（护照号码及国籍）、工作单位（户籍所在地）、电话号码以及支付报酬的标准和支付形式等情况。双方订立书面合同（协议）的，应同时将合同（协议）副本报送上述税务机关。

广告发布者应当定期向所在地主管税务机关报送当期发布广告的数量及其广告主、广告经营者的名单。

第五条　纳税人在广告设计、制作、发布过程中提供名义、形象而取得的所得，应按劳务报酬所得项目计算纳税。

纳税人在广告设计、制作、发布过程中提供其他劳务取得的所得，视其情况分别按照税法规定的劳务报酬所得、稿酬所得、特许权使用费所得等应税项目计算纳税。

扣缴人的本单位人员在广告设计、制作、发布过程中取得的由本单位支付的所得，按工资、薪金所得项目计算纳税。

第六条 纳税人以现金、实物和有价证券以外的其他形式取得所得，税务机关可以根据其所得的形式和价值，核定其应纳税所得额，据以征税。

对于不能准确提供或划分个人在广告设计、制作、发布过程中提供名义、形象及劳务而取得的所得的纳税人，主管税务机关可以根据支付总额等实际情况，参照同类广告活动名义、形象及其他劳务提供者的所得标准，核定其应纳税所得额，据以征税。

第七条 劳务报酬所得以纳税人每参与一项广告的设计、制作、发布所取得的所得为一次；稿酬所得以在图书、报刊上发布一项广告时使用其作品而取得的所得为一次；特许权使用费所得以提供一项特许权在一项广告的设计、制作、发布过程中使用而取得的所得为一次。上述所得，采取分笔支付的，应合并为一次所得计算纳税。

第八条 分笔取得一次所得和扣缴人应扣未扣或少扣税款以及没有扣缴人的纳税人，应当于取得所得的月度终了后七日内，向扣缴人所在地主管税务机关自行申报纳税。

第九条 扣缴人和纳税人必须接受税务机关依法进行的税务检查，如实反映情况，提供有关资料，不得拒绝、隐瞒。”

“第十一条 各省、自治区、直辖市税务局可以根据本办法规定的原则，结合本地实际，制定具体实施办法，并报国家税务总局备案。”

“第十三条 本办法自 1996 年 9 月 1 日起执行。”

2019 年 1 月 1 日起实施新个人所得税法后，按新规定处理。《中华人民共和国个人所得税法实施条例》（2011 年修订）规定：“扣缴义务人每月所扣的税款，自行申报纳税人每月应纳的税款，都应当在次月十五日内缴入国库，并向税务机关报送纳税申报表。”

第十节 演出市场个人所得税处理

《国家税务总局关于修改部分税务部门规章的决定》（国家税务总局令第 44 号）附件 15《演出市场个人所得税征收管理暂行办法》规定：

“第二条 凡参加演出（包括舞台演出、录音、录像、拍摄影视等，下同）而取得报酬的演职员，是个人所得税的纳税义务人；所取得的所得，为个人所得税的应纳税项目。

第三条　向演职员支付报酬的单位或个人，是个人所得税的扣缴义务人。扣缴义务人必须在支付演职员报酬的同时，按税收法律、行政法规及税务机关依照法律、行政法规作出的规定扣缴或预扣个人所得税。

预扣办法由各省、自治区、直辖市税务局根据有利控管的原则自行确定。

第四条　演出经纪机构领取《演出经营许可证》、《临时营业演出许可证》或变更以上证件内容的，必须在领证后或变更登记后的三十日内到机构所在地主管税务机关办理税务登记或变更税务登记。文化行政部门向演出经纪机构或个人发放《演出经营许可证》和《临时营业演出许可证》时，应将演出经纪机构的名称、住所、法人代表等情况抄送当地主管税务机关备案。

第五条　演出活动主办单位应在每次演出前两日内，将文化行政部门的演出活动批准件和演出合同、演出计划（时间、地点、场次）、报酬分配方案等有关材料报送演出所在地主管税务机关。演出合同和演出计划的内容如有变化，应按规定程序重新向文化行政部门申报审批并向主管税务机关报送新的有关材料。

第六条　演职员参加非任职单位组织的演出取得的报酬为劳务报酬所得，按次缴纳个人所得税。演职员参加任职单位组织的演出取得的报酬为工资、薪金所得，按月缴纳个人所得税。

上述报酬包括现金、实物和有价证券。

第七条　参加组台（团）演出的演职员取得的报酬，由主办单位或承办单位通过银行转账支付给演职员所在单位或发放演职员演出许可证的文化行政部门或其授权单位的，经演出所在地主管税务机关确认后，由演职员所在单位或者发放演职员许可证的文化行政部门或其授权单位，按实际支付给演职员个人的报酬代扣个人所得税，并在原单位所在地缴入金库。

第八条　组台（团）演出，不按第七条所述方式支付演职员报酬，或者虽按上述方式支付但未经演出所在地主管税务机关确认的，由向演职员支付报酬的演出经纪机构或者主办、承办单位扣缴个人所得税，税款在演出所在地缴纳。申报的演职员报酬明显偏低又无正当理由的，主管税务机关可以在查账核实的基础上，依据演出报酬总额、演职员分工、演员演出通常收费额等情况核定演职员的应纳税所得，扣缴义务人据此扣缴税款。

第九条　税务机关有根据认为从事演出的纳税义务人有逃避纳税义务行为的，

可以在规定的纳税期之前，责令其限期缴纳应纳税款；在限期内发现纳税义务人有明显的转移、隐匿演出收入迹象的，税务机关可以责成纳税义务人提供纳税担保。如果纳税义务人不能提供纳税担保，经县以上（含县级）税务局（分局）局长批准，税务机关可以采取税收保全措施。

第十条　参与录音、录像、拍摄影视和在歌厅、舞厅、卡拉 OK 厅、夜总会、娱乐城等娱乐场所演出的演职员取得的报酬，由向演职员支付报酬的单位或业主扣缴个人所得税。

第十一条　演职员取得的报酬为不含税收入的，扣缴义务人支付的税款应按以下公式计算：

（一）应纳税所得额$=\dfrac{\text{不含税收入}-\text{费用减除标准}-\text{速算扣除数}}{1-\text{税率}}$

（二）应纳税额＝应纳税所得额×适用税率－速算扣除数

第十二条　扣缴义务人扣缴的税款，应在次月七日内缴入国库，同时向主管税务机关报送扣缴个人所得税报告表、支付报酬明细表以及税务机关要求报送的其他资料。

第十三条　有下列情形的，演职员应在取得报酬的次月七日内自行到演出所在地或者单位所在地主管税务机关申报纳税：

（一）在两处或者两处以上取得工资、薪金性质所得的，应将各处取得的工资、薪金性质的所得合并计算纳税；

（二）分笔取得属于一次报酬的；

（三）扣缴义务人没有依法扣缴税款的；

（四）主管税务机关要求其申报纳税的。

第十四条　为了强化征收管理，主管税务机关可以根据当地实际情况，自行确定对在歌厅、舞厅、卡拉 OK 厅、夜总会、娱乐城等娱乐场所演出的演职员的个人所得税征收管理方式。

第十五条　组台（团）演出，应当建立健全财务会计制度，正确反映演出收支和向演职员支付报酬情况，并接受主管税务机关的监督检查。没有建立财务会计制度，或者未提供完整、准确的纳税资料，主管税务机关可以核定其应纳税所得额，据以征税。

第十六条　扣缴义务人和纳税义务人违反本办法有关规定，主管税务机关可以依照《中华人民共和国税收征收管理法》及其他有关法律和行政法规的有关规定给以处罚。

第十七条　演职员偷税情节恶劣，或者被第三次查出偷税的，除税务机关对其依法惩处外，文化行政部门可据情节轻重停止其演出活动半年至一年。

第十八条　各省、自治区、直辖市税务局和文化行政部门可依据本办法规定的原则，制定具体实施细则。”

《中华人民共和国个人所得税法实施条例》（2011 年修订）规定：“扣缴义务人每月所扣的税款，自行申报纳税人每月应纳的税款，都应当在次月十五日内缴入国库，并向税务机关报送纳税申报表。”

【案例分析 2-6】

一、李某及其配偶的收入情况

李某（男，40 岁）是广西南宁市的甲制糖公司高级管理人员，2019 年甲制糖公司支付李某的工资、薪金（含基本工资、津贴、交通费2 000元、话费 400 元等）如下。李某的收入情况，见表 2-12。

表 2-12　李某的收入情况表

单位：元

月份	金额	说明
1 月 6 日支付	10 000	
1 月 25 日支付	5 000	
1 月小计	15 000	未扣缴个人所得税
2 月 2 日支付	10 000	
2 月 3 日支付	50 000	春节前，2018 年年终奖金
2 月 26 日支付	5 000	
2 月小计	65 000	未扣缴个人所得税
3 月 5 日支付	10 000	
3 月 25 日支付	5 000	
3 月小计	15 000	未扣缴个人所得税
4 月 5 日支付	10 000	

续表

月份	金额	说明
4 月 25 日支付	5 000	
4 月 30 日支付	2 000	五一劳动节奖金
4 月小计	17 000	未扣缴个人所得税
5 月 7 日支付	10 000	
5 月 26 日支付	5 000	
5 月小计	15 000	未扣缴个人所得税
6 月 5 日支付	10 000	
6 月 25 日支付	5 000	
6 月小计	15 000	未扣缴个人所得税
7 月 5 日支付	10 000	
7 月 25 日支付	5 000	
7 月小计	15 000	未扣缴个人所得税
8 月 5 日支付	10 000	
8 月 25 日支付	5 000	
8 月小计	15 000	未扣缴个人所得税
9 月 5 日支付	10 000	
9 月 12 日支付	2 000	中秋节奖金
9 月 25 日支付	5 000	
9 月 30 日支付	3 000	国庆节奖金
9 月小计	20 000	未扣缴个人所得税
10 月 9 日支付	10 000	
10 月 25 日支付	5 000	
10 月小计	15 000	未扣缴个人所得税
11 月 5 日支付	10 000	

续表

月份	金额	说明
11月25日支付	5 000	
11月小计	15 000	未扣缴个人所得税
12月5日支付	10 000	
12月25日支付	5 000	
12月31日支付	2 000	元旦奖金
12月小计	17 000	未扣缴个人所得税
2019年合计	239 000	

除此之外，李某无其他所得。

李某的配偶张某（女，38岁）是广西南宁市某小学的一名普通教师。该小学2019年支付张某每月工资4 000元，2019年12月支付年终奖8 000元，即张某2019年工资、薪金和年终奖合计56 000元，无其他所得。

二、2019年度社会保险情况（专项扣除信息）

李某每月被扣缴“三险”（即基本养老保险费、基本医疗保险费、失业保险费）1 000元。

配偶张某每月被扣缴“三险”550元。

三、2019年度家庭情况（专项附加扣除信息）

1. 子女教育情况。儿子（10岁），读小学五年级；女儿，2016年12月1日出生，2019年12月31日满3周岁，于2019年9月1日入幼儿园；李某的姐姐、姐夫于2019年7月不幸去世，留下一名读小学六年级的11岁女儿，李某愿意做监护人，法院文件指定李某成为合法监护人，文件生效日期为2019年12月4日；李某在广西金秀瑶族自治县福利院收养了一名就读小学二年级的男孩（孤儿，8岁）和一名就读小学三年级的女孩（孤儿，9岁），于2019年12月办妥户口登记手续。

2. 继续教育情况。李某于2018年9月1日开始就读广西大学的在职研究生，学制3年，每学年学费12 000元，2018年9月5日支付第一学年学费12 000元，2019年9月6日支付第二学年学费12 000元，均取得广西大学开具的相关票据。李某近几年参加税务师、中级会计师、注册会计师考试，于2019年6月取得中级会计师职称证书，2019年12月取得税务师资格证书。配偶张某于2017年9月1日开始就读国家开放大学经济学专业，本科，学制2年，每学年学费5 000元，2017年9月4日支付第一学年学费5 000元，2018年9月4日支付第二学年学费

5 000元，均取得学校开具的相关票据，于 2019 年 7 月毕业，获得本科毕业证书。

3. 大病医疗情况。李某 2019 年发生的与基本医保相关的医药费用支出共计50 000元，医保报销 60%，个人负担 40%；配偶张某 2019 年发生的与基本医保相关的医药费用支出共计40 000元，医保报销 50%，个人负担 50%；儿子 2019 年发生的感冒、发烧等医药费用支出共计8 000元；女儿 2019 年发生的感冒、发烧等医药费用支出共计6 000元。

4. 住房贷款利息情况。李某与张某于 2008 年 6 月 1 日办理结婚登记，李某于 2007 年 5 月 1 日在南宁市某小区购买首套住房，建筑面积 89 平方米，建设银行贷款，享受首套住房贷款利率，贷款合同约定贷款期限 25 年，于 2007 年 7 月 20 日开始还款，即今后的每月 20 日为还款截止日，每月归还本金及利息，每月偿还的本金及利息均有变化，如 2019 年 1 月 20 日归还本金 800 元、利息 352 元，2 月 20 日归还本金 820 元、利息 349 元……

李某与张某于 2010 年 10 月 1 日在南宁市某小区购买二套住房，建筑面积 128 平方米，建设银行贷款，贷款合同约定贷款期限 20 年。

李某与张某于 2012 年在南宁市某小区购买一套商铺和车位。

5. 住房租金情况。李某根据公司的安排，为开拓柳州市场，2019 年 1 月 10 日开始调至柳州市分公司工作，周六、周日及法定节假日等均可回南宁。李某夫妇在柳州市无住房，但李某父母在柳州市有两套住房。李某于 2019 年 1 月 5 日承租一套住房，租赁合同约定的房屋租赁期开始日为 2019 年 1 月 6 日，租赁期暂定一年，月租金为 800 元。

配偶张某为了工作的需要，方便中午休息，租赁学校的一间教职工宿舍，月租金 300 元。

6. 赡养老人情况。李某的父母亲健在，李某母亲于 1954 年 2 月 5 日出生，于 2014 年 2 月 6 日满 60 周岁；李某父亲于 1953 年 5 月 7 日出生，于 2013 年 5 月 8 日满 60 周岁。李某的奶奶健在，至 2018 年底满 90 岁，李某的爷爷已去世。李某的外公健在，至 2018 年底满 95 岁，李某的外婆已去世。

李某三兄弟，李某为老二，老大在家务农，老三开办一家个人独资企业，在南宁市宾阳县主要经营造纸业务。李某三兄弟协议，由李某扣1 500元，老三扣 500 元。

配偶张某的父母健在，张某母亲于 1957 年 8 月 1 日出生，于 2017 年 8 月 2 日满 60 周岁；张某父亲于 1957 年 3 月 5 日出生，于 2017 年 3 月 6 日满 60 周岁；张某的爷爷、奶奶、外公已去世，张某的外婆健在，至2018年底满99岁。张某为独生子女。

四、其他情况

甲制糖公司于2018年9月1日制定公务用车制度改革方案，明确职工公务用车费用扣除标准为高级管理人员每人每月1 950元，其他人员每人每月1 200元。李某为高级管理人员。

甲制糖公司于2018年9月1日制定话费补贴方案，李某作为高级管理人员，每月话费补贴400元。

问题：

1. 甲制糖公司2019年每月应预扣预缴李某的个人所得税是多少元?

2. 李某2019年汇算清缴应补（退）的个人所得税是多少元?

3. 李某是否有工资、薪金个人所得税合理规划的空间？应如何规划?

五、案例分析过程

由于配偶张某2019年综合所得收入额减除专项扣除后的余额未超过60 000元。因此，专项附加扣除中某些项目可由李某或配偶张某扣除的，选择李某扣除。

2019年2月3日李某取得2018年年终奖金50 000元，可按全年一次性奖金进行个人所得税处理，即可以选择并入当年综合所得计算纳税，也可以不并入当年综合所得，单独按规定计算纳税。因此，分两种情况考虑。

（一）第一种情况：李某取得的2018年年终奖金50 000元并入当年综合所得计算纳税

1. 甲制糖公司2019年每月应预扣预缴李某的个人所得税是多少元?

具体计算公式如下：

本期应预扣预缴税额＝（累计预扣预缴应纳税所得额×预扣率－速算扣除数）－累计减免税额－累计已预扣预缴税额

累计预扣预缴应纳税所得额＝累计收入－累计免税收入－累计减除费用－累计专项扣除－累计专项附加扣除－累计依法确定的其他扣除

其中，累计减除费用，按照5 000元/月乘以纳税人当年截至本月在本单位的任职受雇月份数计算。

（1）累计收入。

累计收入情况，见表2－13。

表 2-13 累计收入情况表

单位：元

项目	1月	2月	3月	4月	5月	6月	7月	8月	9月	10月	11月	12月	合计
工资、薪金收入	15 000	65 000	15 000	17 000	15 000	15 000	15 000	15 000	20 000	15 000	15 000	17 000	239 000
累计工资、薪金收入	15 000	80 000	95 000	112 000	127 000	142 000	157 000	172 000	192 000	207 000	222 000	239 000	

无免税收入，累计减免税额为0。

（2）累计减除费用情况。

累计减除费用，见表2-14。

表2-14 累计减除费用情况表

单位：元

月份	累计减除费用
1月	5 000
2月	10 000
3月	15 000
4月	20 000
5月	25 000
6月	30 000
7月	35 000
8月	40 000
9月	45 000
10月	50 000
11月	55 000
12月	60 000

（3）累计专项扣除情况。

累计专项扣除，见表2-15。

表2-15 累计专项扣除情况表

单位：元

月份	累计专项扣除
1月	1 000
2月	2 000
3月	3 000
4月	4 000
5月	5 000
6月	6 000
7月	7 000
8月	8 000
9月	9 000
10月	10 000
11月	11 000
12月	12 000

（4）累计专项附加扣除。

累计专项附加扣除情况，见表2-16。

表 2-16 累计专项附加扣除情况表

单位：元

专项附加扣除	明细	1月	2月	3月	4月	5月	6月	7月	8月	9月	10月	11月	12月	合计	备注
子女教育	儿子	1 000	1 000	1 000	1 000	1 000	1 000	1 000	1 000	1 000	1 000	1 000	1 000	12 000	
	女儿												1 000	1 000	
	姐姐的女儿（监护人）												1 000	1 000	
	收养男孩												1 000	1 000	
	收养女孩												1 000	1 000	
继续教育	在职研究生	400	400	400	400	400	400	400	400	400	400	400	400	4 800	
	中级会计师						3 600							3 600	
	税务师												0	0	
大病医疗	李某自己													5 000	在年终汇算清缴时扣除
	配偶张某													5 000	
住房贷款利息		1 000	1 000	1 000	1 000	1 000	1 000	1 000	1 000	1 000	1 000	1 000	1 000		不扣除利息

续表

专项附加扣除	明细	1月	2月	3月	4月	5月	6月	7月	8月	9月	10月	11月	12月	合计	备注
住房租金		1 100	1 100	1 100	1 100	1 100	1 100	1 100	1 100	1 100	1 100	1 100	1 100	13 200	柳州市为非省会城市，市辖区户籍人口超过100万
赡养老人		1 000	1 000	1 000	1 000	1 000	1 000	1 000	1 000	1 000	1 000	1 000	1 000	12 000	
合计		3 500	3 500	3 500	3 500	3 500	7 100	3 500	3 500	3 500	3 500	3 500	7 500	59 600	
累计专项附加扣除		3 500	7 000	10 500	14 000	17 500	24 600	28 100	31 600	35 100	38 600	42 100	49 600		

(5) 累计依法确定的其他扣除。

根据公务交通补贴、公务通讯补贴的个人所得税规定，广西企业的公务交通补贴高级管理人员每人每月1 950元从工资、薪金中扣除；公务通讯补贴每人每月不超过 240 元的标准内从工资、薪金中扣除。在具体计算个人所得税时，应直接从工资、薪金收入中抵减。但为了方便比较，本案例将公务交通补贴、公务通讯补贴作为专项附加扣除中的依法确定的其他扣除处理。

累计依法确定的其他扣除情况表，见表 2－17。

(6) 甲制糖公司 2019 年每月应预扣预缴李某的个人所得税。

甲制糖公司 2019 年每月应预扣预缴李某的个人所得税计算表，见表 2－18。

2. 李某 2019 年汇算清缴应补（退）的个人所得税是多少元?

综合所得应纳税所得额的计算公式：

应纳税所得额＝每一纳税年度的收入额－60 000元－专项扣除－专项附加扣除－依法确定的其他扣除

每一纳税年度的收入额＝每一纳税年度的工资、薪金收入＋每一纳税年度的劳务报酬收入×（1－20%）＋每一纳税年度的特许权使用费收入×（1－20%）＋每一纳税年度的稿酬收入×（1－20%）×70%

综合所得应纳税额的计算公式：

应纳税额＝应纳税所得额×税率－速算扣除数

李某 2019 年汇算清缴个人所得税计算表（一)，见表 2－19。

表 2 - 17　累计依法确定的其他扣除情况表

单位：元

项目	1 月	2 月	3 月	4 月	5 月	6 月	7 月	8 月	9 月	10 月	11 月	12 月	合计
公务交通补贴	1 950	1 950	1 950	1 950	1 950	1 950	1 950	1 950	1 950	1 950	1 950	1 950	23 400
公务通信补贴	240	240	240	240	240	240	240	240	240	240	240	240	2 880
其他扣除合计	2 190	2 190	2 190	2 190	2 190	2 190	2 190	2 190	2 190	2 190	2 190	2 190	26 280
累计依法确定的其他扣除合计	2 190	4 380	6 570	8 760	10 950	13 140	15 330	17 520	19 710	21 900	24 090	26 280	

表 2－18　甲制糖公司 2019 年每月应预扣预缴李某的个人所得税计算表

单位：元

项目	1月	2月	3月	4月	5月	6月	7月	8月	9月	10月	11月	12月	合计
工资、薪金收入	15 000	65 000	15 000	17 000	15 000	15 000	15 000	15 000	20 000	15 000	15 000	17 000	239 000
累计工资、薪金收入	15 000	80 000	95 000	112 000	127 000	142 000	157 000	172 000	192 000	207 000	222 000	239 000	
累计免税收入	0	0	0	0	0	0	0	0	0	0	0	0	
累计减除费用	5 000	10 000	15 000	20 000	25 000	30 000	35 000	40 000	45 000	50 000	55 000	60 000	
专项扣除	1 000	1 000	1 000	1 000	1 000	1 000	1 000	1 000	1 000	1 000	1 000	1 000	12 000
累计专项扣除	1 000	2 000	3 000	4 000	5 000	6 000	7 000	8 000	9 000	10 000	11 000	12 000	
累计专项附加扣除	3 500	7 000	10 500	14 000	17 500	24 600	28 100	31 600	35 100	38 600	42 100	49 600	
累计依法确定的其他扣除	2 190	4 380	6 570	8 760	10 950	13 140	15 330	17 520	19 710	21 900	24 090	26 280	

续表

项目	1月	2月	3月	4月	5月	6月	7月	8月	9月	10月	11月	12月	合计
累计预扣预缴应纳税所得额	3 310	56 620	59 930	65 240	68 550	68 260	71 570	74 880	83 190	86 500	89 810	91 120	
预扣率	3%	10%	10%	10%	10%	10%	10%	10%	10%	10%	10%	10%	
速算扣除数	0	2 520	2 520	2 520	2 520	2 520	2 520	2 520	2 520	2 520	2 520	2 520	
累计减免税额	0	0	0	0	0	0	0	0	0	0	0	0	
累计已预扣预缴税额	0	99.3	3 142	3 473	4 004	4 335	4 335	4 637	4 968	5 799	6 130	6 461	
本期应预扣预缴税额	99.3	3 042.7	331	531	331	0	302	331	831	331	331	131	6 592
李某实得工资	13 901	60 957	13 669	15 469	13 669	14 000	13 698	13 669	18 169	13 669	13 669	15 869	220 408

表 2-19　李某 2019 年汇算清缴个人所得税计算表（一）

单位：元

项目	金额	说明
纳税年度收入额	239 000	
基本减除费用	60 000	
专项扣除	12 000	
专项附加扣除	59 600	包括大病医疗
其他扣除	26 280	
应纳税所得额	81 120	
税率	10%	
速算扣除数	2 520	
应纳税额	5 592	
累计已预扣预缴税额	6 592	
多交	1 000	申请退税
李某实得工资	221 408	

（二）第二种情况：李某取得的 2018 年年终奖金50 000元不并入当年综合所得，单独按规定计算纳税。

1. 甲制糖公司 2019 年每月应预扣预缴李某的个人所得税是多少元？

累计减除费用、累计专项扣除、累计专项附加扣除、累计依法确定的其他扣除等均同第一种情况。

甲制糖公司 2019 年每月应预扣预缴李某的个人所得税计算表，见表 2-20。

年终奖单独计算纳税计算公式：

应纳税额＝全年一次性奖金收入×适用税率－速算扣除数

一次性奖金收入除以 12 个月的商数：50 000元÷12 个月＝4 167元，适用税率为 10%，速算扣除数为 210；

应纳税额＝50 000元×10%－210＝4 790元。

2. 李某 2019 年汇算清缴应补（退）的个人所得税是多少元？

李某 2019 年汇算清缴个人所得税计算表（二），见表 2-21。

表 2－20　甲制糖公司 2019 年每月应预扣预缴李某的个人所得税计算表

单位：元

项目	1月	2月	3月	4月	5月	6月	7月	8月	9月	10月	11月	12月	合计
工资、薪金收入	15 000	15 000	15 000	17 000	15 000	15 000	15 000	15 000	20 000	15 000	15 000	17 000	189 000
累计工资、薪金收入	15 000	30 000	45 000	62 000	77 000	92 000	107 000	122 000	142 000	157 000	172 000	189 000	
累计免税收入	0	0	0	0	0	0	0	0	0	0	0	0	
累计减除费用	5 000	10 000	15 000	20 000	25 000	30 000	35 000	40 000	45 000	50 000	55 000	60 000	
专项扣除	1 000	1 000	1 000	1 000	1 000	1 000	1 000	1 000	1 000	1 000	1 000	1 000	12 000
累计专项扣除	1 000	2 000	3 000	4 000	5 000	6 000	7 000	8 000	9 000	10 000	11 000	12 000	
累计专项附加扣除	3 500	7 000	10 500	14 000	17 500	24 600	28 100	31 600	35 100	38 600	42 100	49 600	
累计依法确定的其他扣除	2 190	4 380	6 570	8 760	10 950	13 140	15 330	17 520	19 710	21 900	24 090	26 280	

续表

项目	1月	2月	3月	4月	5月	6月	7月	8月	9月	10月	11月	12月	合计
累计预扣预缴应纳税所得额	3 310	6 620	9 930	15 240	18 550	18 260	21 570	24 880	33 190	36 500	39 810	41 120	
预扣率	3%	3%	3%	3%	3%	3%	3%	3%	3%	10%	10%	10%	
速算扣除数	0	0	0	0	0	0	0	0	0	2 520	2 520	2 520	
累计减免税额	0	0	0	0	0	0	0	0	0	0	0	0	
累计已预扣预缴税额	0	99.3	198.6	297.9	457.2	556.5	556.5	647.1	746.4	995.7	1130	1461	
本期应预扣预缴税额	99.3	99.3	99.3	159.3	99.3	0	90.6	99.3	249.3	134.3	331	131	1 592
李某实得工资	13 901	13 900.7	13 901	15 841	13 901	14 000	13 909	13 901	18 751	13 866	13 669	15 869	

表 2-21　李某 2019 年汇算清缴个人所得税计算表（二）

单位：元

项目	金额	说明
纳税年度收入额	189 000	
基本减除费用	60 000	
专项扣除	12 000	
专项附加扣除	59 600	包括大病医疗
其他扣除	26 280	
应纳税所得额	31 120	
不超过 36 000 元的税率	3%	
应纳税额	933.6	
李某实得工资	176 066.4	
累计已预扣预缴税额	1 592	
多交	−658.4	申请退税
2018 年年终奖金	50 000	
除以 12 的商数	4 167	
适用税率	10%	
速算扣除数	210	
应纳个人所得税	4 790	
应纳税额合计	5 723.6	
李某实得工资合计	221 276.4	

综合第一种情况和第二种情况，比较李某应纳的个人所得税和实得工资，结果如下。

第一种情况比第二种情况少交个人所得税：5 723.6元−5 592元＝131.6 元；

第一种情况比第二种情况多得实得工资：221 408元－221 276.4元＝131.6元。

因此，李某应采取第一种情况进行个人所得税处理，即李某取得的 2018 年年终奖金50 000元并入当年综合所得计算纳税。

3. 李某是否有工资、薪金个人所得税合理规划的空间？应如何规划？

若取得的一次性奖金不并入当年综合所得，则以全年一次性奖金收入除以 12 个月得到的数额，按照按月换算后的综合所得税率表，确定适用税率和速算扣除数，单独计算纳税。最低税率为 3%，速算扣除数为 0，对应的全月应纳税所得额不超过3 000元。

若按3 000元换算为一次性奖金，则该一次性奖金为36 000元（3 000元×12）。

2019 年 2 月 3 日甲制糖公司支付李某 2018 年年终奖36 000元，另将14 000元并入当月的工资、薪金。

李某 2019 年汇算清缴个人所得税计算表（三），见表 2 - 22。

表 2 - 22　李某 2019 年汇算清缴个人所得税计算表（三）

单位：元

项目	金额	说明
纳税年度收入额	203 000	
基本减除费用	60 000	
专项扣除	12 000	
专项附加扣除	59 600	包括大病医疗
其他扣除	26 280	
应纳税所得额	45 120	
不超过 36 000 元的税率	3%	
应纳税额	1 080	
超过 36 000 元至 144 000 元的部分的税率	10%	
应纳税额	912	
应纳税额合计	1 992	
李某实得工资	189 008	
2018 年年终奖金	36 000	
除以 12 的商数	3 000	
适用税率	3%	
速算扣除数	0	
应纳税额	1 080	
应纳税额总计	3 072	
李某实得工资合计	223 928	

经过合理的安排后，李某应纳个人所得税比上述第一种情况少2 520元（5 592元－3 072元）；李某实得工资比上述第一种情况多2 520元（223 928元－221 408元）。

另外，根据每一纳税年度的收入额规定，计算公式如下：

每一纳税年度的收入额＝每一纳税年度的工资、薪金收入＋每一纳税年度的劳务报酬收入×（1－20%）＋每一纳税年度的特许权使用费收入×（1－20%）＋每一纳税年度的稿酬收入×（1－20%）×70%

因此，可以考虑将部分收入合法合理的转化为劳务报酬收入、特许权使用费收入、稿酬收入，降低纳税年度的收入额，降低个人所得税税负，增加纳税人税后收益。

第三章　经营所得

第一节　概述

一、定义

经营所得，是指个体工商户从事生产、经营活动取得的所得，个人独资企业投资人、合伙企业的个人合伙人来源于境内注册的个人独资企业、合伙企业生产、经营的所得；个人依法从事办学、医疗、咨询以及其他有偿服务活动取得的所得；个人对企事业单位承包经营、承租经营以及转包、转租取得的所得；个人从事其他生产、经营活动取得的所得。

二、税率

经营所得适用5%～35%的超额累进税率。适用5%～35%的超额累进税率，见表3-1。

表3-1　适用5%～35%的超额累进税率表

级数	全年应纳税所得额	税率
1	不超过30 000元的	5%
2	超过30 000元至90 000元的部分	10%
3	超过90 000元至300 000元的部分	20%
4	超过300 000元至500 000元的部分	30%
5	超过500 000元的部分	35%

注：本表所称全年应纳税所得额是指以每一纳税年度的收入总额减除成本、费用以及损失后的余额。

三、应纳税所得额

经营所得，以每一纳税年度的收入总额减除成本、费用以及损失后的余额为应纳税所得额。

计算公式：

应纳税所得额＝每一纳税年度的收入总额－每一纳税年度的成本、费用以及损失

《中华人民共和国个人所得税法实施条例》规定："个人所得税法第六条第一款第三项所称成本、费用，是指生产、经营活动中发生的各项直接支出和分配计入成本的间接费用以及销售费用、管理费用、财务费用；所称损失，是指生产、经营活动中发生的固定资产和存货的盘亏、毁损、报废损失，转让财产损失，坏账损失，自然灾害等不可抗力因素造成的损失以及其他损失。取得经营所得的个人，没有综合所得的，计算其每一纳税年度的应纳税所得额时，应当减除费用6万元、专项扣除、专项附加扣除以及依法确定的其他扣除。专项附加扣除在办理汇算清缴时减除。从事生产、经营活动，未提供完整、准确的纳税资料，不能正确计算应纳税所得额的，由主管税务机关核定应纳税所得额或者应纳税额。"

四、应纳税额

应纳税额＝应纳税所得额×适用税率－速算扣除数

或采取核定征收。

五、纳税申报

纳税人取得经营所得，按年计算个人所得税，由纳税人在月度或者季度终了后15日内向税务机关报送纳税申报表，并预缴税款；在取得所得的次年3月31日前办理汇算清缴。

第二节　个人独资企业和合伙企业投资者的个人所得税处理

个人独资企业，是指依照《中华人民共和国个人独资企业法》（以下简称个人独资企业法）在中国境内设立，由一个自然人投资，财产为投资人个人所有，投资人以其个人财产对企业债务承担无限责任的经营实体。个人独资企业的设立、变更、

注销，应当依照个人独资企业法和《个人独资企业登记管理办法》的规定办理企业登记。

《中华人民共和国合伙企业法》（中华人民共和国主席令第五十五号）规定：

“第二条　本法所称合伙企业，是指自然人、法人和其他组织依照本法在中国境内设立的普通合伙企业和有限合伙企业。

普通合伙企业由普通合伙人组成，合伙人对合伙企业债务承担无限连带责任。本法对普通合伙人承担责任的形式有特别规定的，从其规定。

有限合伙企业由普通合伙人和有限合伙人组成，普通合伙人对合伙企业债务承担无限连带责任，有限合伙人以其认缴的出资额为限对合伙企业债务承担责任。

第三条　国有独资公司、国有企业、上市公司以及公益性的事业单位、社会团体不得成为普通合伙人。”

“第六条　合伙企业的生产经营所得和其他所得，按照国家有关税收规定，由合伙人分别缴纳所得税。”

合伙企业投资者个人可以成为普通合伙人，也可以成为有限合伙人。

从2000年1月1日起，国务院通知对个人独资企业和合伙企业停征企业所得税，只对其投资者的经营所得征收个人所得税，这是我国鼓励个人投资、公平税负和完善所得税制度的一次重大政策调整，既为个人独资企业和合伙企业的发展创造了条件，有利于国民经济持续、稳定、健康地发展，又是规范所得税制度的一项重要措施，有利于进一步加强所得税的征收管理。

一、一般规定

《财政部　国家税务总局关于印发〈关于个人独资企业和合伙企业投资者征收个人所得税的规定〉的通知》（财税〔2000〕91号）规定：

“第二条　本规定所称个人独资企业和合伙企业是指：

（一）依照《中华人民共和国个人独资企业法》和《中华人民共和国合伙企业法》登记成立的个人独资企业、合伙企业；

（二）依照《中华人民共和国私营企业暂行条例》登记成立的独资、合伙性质的私营企业；

（三）依照《中华人民共和国律师法》登记成立的合伙制律师事务所；

（四）经政府有关部门依照法律法规批准成立的负无限责任和无限连带责任的其他个人独资、个人合伙性质的机构或组织。

第三条　个人独资企业以投资者为纳税义务人，合伙企业以每一个合伙人为纳税义务人（以下简称投资者）。

第四条　个人独资企业和合伙企业（以下简称企业）每一纳税年度的收入总额减除成本、费用以及损失后的余额，作为投资者个人的生产经营所得，比照个人所得税法的‘个体工商户的生产经营所得’应税项目，适用5%～35%的五级超额累进税率，计算征收个人所得税。

前款所称收入总额，是指企业从事生产经营以及与生产经营有关的活动所取得的各项收入，包括商品（产品）销售收入、营运收入、劳务服务收入、工程价款收入、财产出租或转让收入、利息收入、其他业务收入和营业外收入。

第五条　个人独资企业的投资者以全部生产经营所得为应纳税所得额；合伙企业的投资者按照合伙企业的全部生产经营所得和合伙协议约定的分配比例确定应纳税所得额，合伙协议没有约定分配比例的，以全部生产经营所得和合伙人数量平均计算每个投资者的应纳税所得额。

前款所称生产经营所得，包括企业分配给投资者个人的所得和企业当年留存的所得（利润）。”

另外，《财政部　国家税务总局关于合伙企业合伙人所得税问题的通知》（财税〔2008〕159号）规定：

“二、合伙企业以每一个合伙人为纳税义务人。合伙企业合伙人是自然人的，缴纳个人所得税；合伙人是法人和其他组织的，缴纳企业所得税。

三、合伙企业生产经营所得和其他所得采取‘先分后税’的原则。”

“前款所称生产经营所得和其他所得，包括合伙企业分配给所有合伙人的所得和企业当年留存的所得（利润）。

四、合伙企业的合伙人按照下列原则确定应纳税所得额：

（一）合伙企业的合伙人以合伙企业的生产经营所得和其他所得，按照合伙协议约定的分配比例确定应纳税所得额。

（二）合伙协议未约定或者约定不明确的，以全部生产经营所得和其他所得，按照合伙人协商决定的分配比例确定应纳税所得额。

（三）协商不成的，以全部生产经营所得和其他所得，按照合伙人实缴出资比例确定应纳税所得额。

（四）无法确定出资比例的，以全部生产经营所得和其他所得，按照合伙人数量平均计算每个合伙人的应纳税所得额。

合伙协议不得约定将全部利润分配给部分合伙人。”

实行查账征税办法的，生产经营所得比照 2014 年 12 月 27 日国家税务总局公布的《国家税务总局个体工商户个人所得税计税办法》（国家税务总局令第 35 号）［于 2018 年 6 月 15 日《国家税务总局关于修改部分税务部门规章的决定》修正（国家税务总局令第 44 号）］的规定确定。

（1）个人独资企业和合伙企业实际支付给从业人员的、合理的工资、薪金支出，准予扣除。投资者的费用扣除标准，依照相关法律、法规和政策规定执行。投资者的工资、薪金支出不得税前扣除。

（2）投资者及其家庭发生的生活费用不允许在税前扣除。投资者及其家庭发生的生活费用与个人独资企业和合伙企业生产经营费用混合在一起，并且难以划分的，全部视为投资者个人及其家庭发生的生活费用，不允许在税前扣除。

（3）个人独资企业和合伙企业生产经营和投资者及其家庭生活共用的固定资产，难以划分的，由主管税务机关根据个人独资企业和合伙企业的生产经营类型、规模等具体情况，核定准予在税前扣除的折旧费用的数额或比例。

（4）个人独资企业和合伙企业计提的各种准备金不得扣除。

（5）个人独资企业和合伙企业在计算交纳投资者个人所得税时，应遵循历史成本原则，按照购入固定资产的实际支出计提固定资产折旧费用，并准予在税前扣除。按照固定资产评估价值计提的折旧虽然可以作为企业成本核算的依据，但不允许在税前扣除。

有下列情形之一的，主管税务机关应采取核定征收方式征收个人所得税：

（1）个人独资企业和合伙企业依照国家有关规定应当设置但未设置账簿的；

（2）个人独资企业和合伙企业虽设置账簿，但账目混乱或者成本资料、收入凭证、费用凭证残缺不全，难以查账的；

（3）纳税人发生纳税义务，未按照规定的期限办理纳税申报，经税务机关责令限期申报，逾期仍不申报的。

核定征收方式，包括定额征收、核定应税所得率征收以及其他合理的征收方式。

实行核定应税所得率征收方式的，应纳所得税额的计算公式如下：

应纳所得税额＝应纳税所得额×适用税率

应纳所得税额＝收入总额×应税所得率

或应纳所得税额＝成本费用支出额÷（1－应税所得率）×应税所得率

应税所得率表，见表 3－2。

表 3－2 应税所得率表

行业	应税所得率
工业、交通运输业、商业	5%～20%
建筑业、房地产开发业	7%～20%
饮食服务业	7%～25%
娱乐业	20%～40%
其他行业	10%～30%

个人独资企业和合伙企业经营多业的，无论其经营项目是否单独核算，均应根据其主营项目确定其适用的应税所得率。

实行查账征税方式的个人独资企业和合伙企业改为核定征税方式后，在查账征税方式下认定的年度经营亏损未弥补完的部分，不得再继续弥补。

《财政部 国家税务总局关于印发〈关于个人独资企业和合伙企业投资者征收个人所得税的规定〉的通知》（财税〔2000〕91 号）规定：

"第十条 实行核定征税的投资者，不能享受个人所得税的优惠政策。

第十一条 企业与其关联企业之间的业务往来，应当按照独立企业之间的业务往来收取或者支付价款、费用。不按照独立企业之间的业务往来收取或者支付价款、费用，而减少其应纳税所得额的，主管税务机关有权进行合理调整。

前款所称关联企业，其认定条件及税务机关调整其价款、费用的方法，按照《中华人民共和国税收征收管理法》及其实施细则的有关规定执行。

第十二条 投资者兴办两个或两个以上企业的（包括参与兴办，下同），年度终了时，应汇总从所有企业取得的应纳税所得额，据此确定适用税率并计算缴纳应纳税款。

第十三条 投资者兴办两个或两个以上企业的，根据本规定第六条第一款规定准予扣除的个人费用，由投资者选择在其中一个企业的生产经营所得中扣除。

第十四条 企业的年度亏损，允许用本企业下一年度的生产经营所得弥补，下一年度所得不足弥补的，允许逐年延续弥补，但最长不得超过 5 年。

投资者兴办两个或两个以上企业的，企业的年度经营亏损不能跨企业弥补。

第十五条 投资者来源于中国境外的生产经营所得，已在境外缴纳所得税的，可以按照个人所得税法的有关规定计算扣除已在境外缴纳的所得税。

第十六条 企业进行清算时，投资者应当在注销工商登记之前，向主管税务机关结清有关税务事宜。企业的清算所得应当视为年度生产经营所得，由投资者依法缴纳个人所得税。

前款所称清算所得，是指企业清算时的全部资产或者财产的公允价值扣除各项清算费用、损失、负债、以前年度留存的利润后，超过实缴资本的部分。

第十七条　投资者应纳的个人所得税税款，按年计算，分月或者分季预缴，由投资者在每月或者每季度终了后 7 日内预缴；年度终了后 3 个月内汇算清缴，多退少补。

第十八条　企业在年度中间合并、分立、终止时，投资者应当在停止生产经营之日起 60 日内，向主管税务机关办理当期个人所得税汇算清缴。

第十九条　企业在纳税年度的中间开业，或者由于合并、关闭等原因，使该纳税年度的实际经营期不足 12 个月的，应当以其实际经营期为一个纳税年度。

第二十条　投资者应向企业实际经营管理所在地主管税务机关申报缴纳个人所得税。投资者从合伙企业取得的生产经营所得，由合伙企业向企业实际经营管理所在地主管税务机关申报缴纳投资者应纳的个人所得税，并将个人所得税申报表抄送投资者。

投资者兴办两个或两个以上企业的，应分别向企业实际经营管理所在地主管税务机关预缴税款。年度终了后办理汇算清缴时，区别不同情况分别处理：

（一）投资者兴办的企业全部是个人独资性质的，分别向各企业的实际经营管理所在地主管税务机关办理年度纳税申报，并依所有企业的经营所得总额确定适用税率，以本企业的经营所得为基础，计算应缴税款，办理汇算清缴；

（二）投资者兴办的企业中含有合伙性质的，投资者应向经常居住地主管税务机关申报纳税，办理汇算清缴，但经常居住地与其兴办企业的经营管理所在地不一致的，应选定其参与兴办的某一合伙企业的经营管理所在地为办理年度汇算清缴所在地，并在 5 年内不得变更。5 年后需要变更的，须经原主管税务机关批准。”

《中华人民共和国个人所得税法》规定：“纳税人取得经营所得，按年计算个人所得税，由纳税人在月度或季度终了后十五日内向税务机关报送纳税申报表，并预缴税款；在取得所得的次年三月三十一日前办理汇算清缴。”

《国家税务总局关于取消合伙企业投资者变更个人所得税汇算清缴地点审批后加强后续管理问题的通知》（国税发〔2004〕81 号）规定：

“根据《中华人民共和国行政许可法》和国务院关于行政审批制度改革工作要求，国家税务总局决定取消对合伙企业投资者变更个人所得税汇算清缴地点的审批，现就取消该审批项目后加强后续管理工作问题通知如下：

一、投资者变更个人所得税汇算清缴地点的条件

（一）在上一次选择汇算清缴地点满5年；

（二）上一次选择汇算清缴地点未满5年，但汇算清缴地所办企业终止经营或者投资者终止投资；

（三）投资者在汇算清缴地点变更前5日内，已向原主管税务机关说明汇算清缴地点变更原因、新的汇算清缴地点等变更情况。

二、税务机关应做好以下几方面工作

（一）原主管税务机关应核实纳税人变更汇算清缴地点的理由是否符合规定条件，新汇算清缴地点是否为其经常居住地，该地是否属于其所兴办企业的经营管理所在地。如纳税人在上述地点之外选择汇算清缴地点的，应要求纳税人进行调整。

（二）原主管税务机关应向投资者新的汇算清缴地点的主管税务机关通报变更情况，新老主管税务机关应做好有关衔接工作。

（三）新的主管税务机关应从以下几方面加强管理：

1. 核实投资者在汇算清缴地点变更前5日内，是否向原主管税务机关说明汇算清缴地点变更情况，新的汇算清缴地点是否为投资者经常居住地，该地是否属于其所兴办企业的经营管理所在地。不符合有关条件的，应要求纳税人进行调整。

2. 加强对投资者个人所得税检查，重点核实其是否按规定计算并申报纳税，是否存在因变更汇算清缴地点少缴或不缴税款问题。

3. 对提供虚假说明资料，借变更汇算清缴地点偷逃个人所得税的，应按《中华人民共和国税收征收管理法》及其有关规定处理。”

投资者在预缴个人所得税时，应向主管税务机关报送个人所得税经营所得纳税申报表（A表），并附送会计报表。

在取得所得的次年3月31日前办理汇算清缴，投资者应向主管税务机关报送个人所得税经营所得纳税申报表（B表），并附送年度会计决算报表和预缴个人所得税纳税凭证。

投资者兴办两个或两个以上企业的，向企业实际经营管理所在地主管税务机关办理年度纳税申报时，应附注从其他企业取得的年度应纳税所得额，其中含有合伙企业的，应报送汇总从所有企业取得的所得情况的个人所得税经营所得纳税申报表（C表），同时附送所有企业的年度会计决算报表和当年度已缴个人所得税纳税凭证。

二、投资者兴办两个或两个以上个人独资性质企业应纳个人所得税的计算

《国家税务总局关于〈关于个人独资企业和合伙企业投资者征收个人所得税的规定〉执行口径的通知》(国税函〔2001〕84号)规定:

"一、关于投资者兴办两个或两个以上企业,并且企业全部是独资性质的,其年度终了后汇算清缴时应纳税款的计算问题

投资者兴办两个或两个以上企业,并且企业性质全部是独资的,年度终了后汇算清缴时,应纳税款的计算按以下方法进行:汇总其投资兴办的所有企业的经营所得作为应纳税所得额,以此确定适用税率,计算出全年经营所得的应纳税额,再根据每个企业的经营所得占所有企业经营所得的比例,分别计算出每个企业的应纳税额和应补缴税额。计算公式如下:

应纳税所得额=∑各个企业的经营所得

应纳税额=应纳税所得额×税率-速算扣除数

本企业应纳税额=应纳税额×本企业的经营所得/∑各个企业的经营所得

本企业应补缴的税额=本企业应纳税额-本企业预缴的税额"

三、个人独资企业和合伙企业对外投资分回利息、股息、红利的个人所得税处理

《国家税务总局关于〈关于个人独资企业和合伙企业投资者征收个人所得税的规定〉执行口径的通知》(国税函〔2001〕84号)规定:"个人独资企业和合伙企业对外投资分回的利息或者股息、红利,不并入企业的收入,而应单独作为投资者个人取得的利息、股息、红利所得,按'利息、股息、红利所得'应税项目计算缴纳个人所得税。以合伙企业名义对外投资分回利息或者股息、红利的,应按《通知》所附规定的第五条精神确定各个投资者的利息、股息、红利所得,分别按'利息、股息、红利所得'应税项目计算缴纳个人所得税。"

四、个人投资或个人合伙投资开设医院(诊所)而取得的收入个人所得税处理

个人投资或个人合伙投资开设医院(诊所)而取得的生产经营所得,应依据个人所得税法规定,按照"经营所得"应税项目计算交纳个人所得税。医生或其他个

人承包、承租经营医疗机构，经营成果归承包人所有的，依据个人所得税法规定，承包人取得的生产经营所得，应按照“经营所得”应税项目计算交纳个人所得税。

生产经营所得比照个人独资企业投资者和合伙企业合伙人的个人所得税规定执行。

五、个人投资者以企业资金为本人家庭成员及其相关人员支付消费性支出及购买家庭财产的个人所得税处理

个人独资企业、合伙企业的个人投资者以企业资金为本人、家庭成员及其相关人员支付与企业生产经营无关的消费性支出及购买汽车、住房等财产性支出，视为企业对个人投资者利润分配，并入投资者个人的生产经营所得，依照“经营所得”项目计算交纳个人所得税。

《财政部　国家税务总局关于企业为个人购买房屋或其他财产征收个人所得税问题的批复》（财税〔2008〕83号）规定：“符合以下情形的房屋或其他财产，不论所有权人是否将财产无偿或有偿交付企业使用，其实质均为企业对个人进行了实物性质的分配，应依法计征个人所得税。

（一）企业出资购买房屋及其他财产，将所有权登记为投资者个人、投资者家庭成员或企业其他人员的；

（二）企业投资者个人、投资者家庭成员或企业其他人员向企业借款用于购买房屋及其他财产，将所有权登记为投资者、投资者家庭成员或企业其他人员，且借款年度终了后未归还借款的。

二、对个人独资企业、合伙企业的个人投资者或其家庭成员取得的上述所得，视为企业对个人投资者的利润分配，按照‘个体工商户的生产、经营所得’项目计征个人所得税。”

注：自2019年1月1日起，个人所得税法将“个体工商户的生产、经营所得”并为“经营所得”。

六、合伙制创业投资企业采取股权投资方式直接投资于初创科技型企业的个人所得税处理

为进一步落实创新驱动发展战略，促进创业投资持续健康发展，更好地鼓励和扶持种子期、初创期科技型企业发展，推动大众创业、万众创新战略实施，2018年4月25日国务院常务会议决定将创业投资企业和天使投资个人税收试点政策推广到

全国实施。

（一）政策规定

《财政部　税务总局关于创业投资企业和天使投资个人有关税收政策的通知》（财税〔2018〕55号）规定：

“有限合伙制创业投资企业（以下简称合伙创投企业）采取股权投资方式直接投资于初创科技型企业满2年的，该合伙创投企业的合伙人分别按以下方式处理：

1. 法人合伙人可以按照对初创科技型企业投资额的70%抵扣法人合伙人从合伙创投企业分得的所得；当年不足抵扣的，可以在以后纳税年度结转抵扣。

2. 个人合伙人可以按照对初创科技型企业投资额的70%抵扣个人合伙人从合伙创投企业分得的经营所得；当年不足抵扣的，可以在以后纳税年度结转抵扣。”

“享受本通知规定税收政策的创业投资企业，应同时符合以下条件：

1. 在中国境内（不含港、澳、台地区）注册成立、实行查账征收的居民企业或合伙创投企业，且不属于被投资初创科技型企业的发起人；

2. 符合《创业投资企业管理暂行办法》（发展改革委等10部门令第39号）规定或者《私募投资基金监督管理暂行办法》（证监会令第105号）关于创业投资基金的特别规定，按照上述规定完成备案且规范运作；”［也包括符合《国家税务总局关于有限合伙制创业投资企业法人合伙人企业所得税有关问题的公告》（国家税务总局公告2015年第81号）规定条件的合伙创投企业。］

“3. 投资后2年内，创业投资企业及其关联方持有被投资初创科技型企业的股权比例合计应低于50%。”

“享受本通知规定的税收政策的投资，仅限于通过向被投资初创科技型企业直接支付现金方式取得的股权投资，不包括受让其他股东的存量股权。

“本通知所称投资额，按照创业投资企业或天使投资个人对初创科技型企业的实缴投资额确定。

合伙创投企业的合伙人对初创科技型企业的投资额，按照合伙创投企业对初创科技型企业的实缴投资额和合伙协议约定的合伙人占合伙创投企业的出资比例计算确定。合伙人从合伙创投企业分得的所得，按照《财政部　国家税务总局关于合伙企业合伙人所得税问题的通知》（财税〔2008〕159号）规定计算。”

出资比例，按投资满2年当年年末各合伙人对合伙创投企业的实缴出资额占所有合伙人全部实缴出资额的比例计算。

满2年是指有限合伙制创业投资企业投资于初创科技型企业的实缴投资满2年，

投资时间从初创科技型企业接受投资并完成工商变更登记的日期算起。

《财政部　税务总局关于创业投资企业和天使投资个人有关税收政策的通知》（财税〔2018〕55号）规定：

“（一）本通知所称初创科技型企业，应同时符合以下条件：

1. 在中国境内（不包括港、澳、台地区）注册成立、实行查账征收的居民企业；

2. 接受投资时，从业人数不超过200人，其中具有大学本科以上学历的从业人数不低于30%；资产总额和年销售收入均不超过3 000万元；

3. 接受投资时设立时间不超过5年（60个月）；

4. 接受投资时以及接受投资后2年内未在境内外证券交易所上市；

5. 接受投资当年及下一纳税年度，研发费用总额占成本费用支出的比例不低于20%。”

注：2019年1月1日至2021年12月31日，“从业人数不超过200人”调整为“从业人数不超过300人”，“资产总额和年销售收入均不超过3 000万元”调整为“资产总额和年销售收入均不超过5 000万元”。

2019年1月1日至2021年12月31日期间发生的投资，投资满2年且符合规定和“合伙制创业投资企业采取股权投资方式直接投资于初创科技型企业的个人所得税处理”规定的其他条件的，可以适用“合伙制创业投资企业采取股权投资方式直接投资于初创科技型企业的个人所得税处理”规定的税收政策。

2019年1月1日前2年内发生的投资，自2019年1月1日起投资满2年且符合规定和“合伙制创业投资企业采取股权投资方式直接投资于初创科技型企业的个人所得税处理”规定的其他条件的，可以适用“合伙制创业投资企业采取股权投资方式直接投资于初创科技型企业的个人所得税处理”规定的税收政策。

研发费用总额占成本费用支出的比例，是指企业接受投资当年及下一纳税年度的研发费用总额合计占同期成本费用总额合计的比例。

此口径参考了高新技术企业研发费用占比的计算方法，一定程度上降低了享受优惠的门槛，使更多的企业可以享受到政策红利。比如，某公司制创投企业于2018年5月投资初创科技型企业，假设其他条件均符合文件规定，初创科技型企业2018年发生研发费用100万元，成本费用1 000万元，2018年研发费用占比10%，低于20%；2019年发生研发费用500万元，成本费用1 000万元，2019年研发费用占比50%，高于20%。如要求投资当年及下一年分别满足研发费用占比高于20%的条件，则该公司制创投企业不能享受税收优惠政策。但按照上述明确的口径，投资当年及下一年初创科技型企业研发费用平均占比为30%［（100万元+500万元）÷（1 000万元+1 000万元）×100%］，该公司制创投企业可以享受税收优惠政策。

研发费用口径，按照《财政部　国家税务总局　科技部关于完善研究开发费用税前加计扣除政策的通知》（财税〔2015〕119号）、《国家税务总局关于研发费用税前加计扣除归集范围有关问题的公告》（国家税务总局公告2017年第40号）等规定执行。

从业人数包括与企业建立劳动关系的职工人员及企业接受的劳务派遣人员。从业人数和资产总额指标，按照企业接受投资前连续12个月的平均数计算，不足12个月的，按实际月数平均计算。具体计算公式如下：

月平均数=（月初数+月末数）÷2

接受投资前连续12个月平均数=接受投资前连续12个月平均数之和÷12

其计算方法参照了小型微利企业的计算方法。

销售收入包括主营业务收入与其他业务收入；年销售收入指标，按照企业接受投资前连续12个月的累计数计算，不足12个月的，按实际月数累计计算。

成本费用包括主营业务成本、其他业务成本、销售费用、管理费用、财务费用。

（二）征收管理

合伙创投企业、被投资初创科技型企业应按规定办理优惠手续。

1. 投资抵扣备案。

合伙创投企业的个人合伙人符合享受优惠条件的，合伙创投企业应在投资初创科技型企业满2年的年度终了后3个月内，向合伙创投企业主管税务机关办理备案手续，备案时应报送合伙创投企业个人所得税投资抵扣备案表，见表3-3，同时将有关资料留存备查（备查资料同公司制创投企业）。合伙企业多次投资同一初创科技型企业的，应按年度分别备案。

主要留存备查资料：

①发展改革或证监部门出具的符合创业投资企业条件的年度证明材料。

②初创科技型企业接受现金投资时的投资合同（协议）、章程、实际出资的相关证明材料。

③创业投资企业与其关联方持有初创科技型企业的股权比例的说明。

④被投资企业符合初创科技型企业条件的有关资料，主要包括接受投资时从业人数、资产总额、年销售收入和大学本科以上学历的从业人数比例的情况说明，接受投资时设立时间不超过5年的证明材料，接受投资时以及接受投资后2年内未在

境内外证券交易所上市情况说明，研发费用总额占成本费用总额比例的情况说明。

2. 投资抵扣申报。

①合伙创投企业应在投资初创科技型企业满2年后的每个年度终了后3个月内，向合伙创投企业主管税务机关报送合伙创投企业个人所得税投资抵扣情况表，见表3-4。

②个人合伙人在个人所得税年度申报时，应将当年允许抵扣的投资额填至个人所得税经营所得纳税申报表（B表）"允许扣除的其他费用"栏，并同时标明"投资抵扣"字样。

3. 其他事项。

税务机关在公司制创投企业、合伙创投企业合伙人享受优惠政策后续管理中，对初创科技型企业是否符合规定条件有异议的，可以转请初创科技型企业主管税务机关提供相关资料，主管税务机关应积极配合。

创业投资企业、合伙创投企业合伙人、天使投资个人、初创科技型企业提供虚假情况、故意隐瞒已投资抵扣情况或采取其他手段骗取投资抵扣，不缴或者少缴应纳税款的，按税收征管法有关规定处理，将其列入失信纳税人名单，按规定实施联合惩戒措施。

（三）执行时间

《财政部　税务总局关于创业投资企业和天使投资个人有关税收政策的通知》（财税〔2018〕55号）规定的天使投资个人所得税政策自2018年7月1日起执行，其他各项政策自2018年1月1日起执行。执行日期前2年内发生的投资，在执行日期后投资满2年，且符合通知规定的其他条件的，可以适用通知规定的税收政策。

《财政部　税务总局关于创业投资企业和天使投资个人有关税收试点政策的通知》（财税〔2017〕38号）自2018年7月1日起废止，符合试点政策条件的投资额可按《财政部　税务总局关于创业投资企业和天使投资个人有关税收政策的通知》（财税〔2018〕55号）的规定继续抵扣。

（四）关于创业投资企业的其他政策规定

1. 《创业投资企业管理暂行办法》（国家发展和改革委员会令第39号）。

2. 《私募投资基金监督管理暂行办法》（中国证券监督管理委员会令第105号）。

表 3－3　合伙创投企业个人所得税投资抵扣备案表

（__________年度）

备案编号（主管税务机关填写）：　　　　　　　　　单位：%，人民币元（列至角分）

合伙创投企业基本情况			
企业名称		纳税人识别号（统一社会信用代码）	
备案管理部门		备案时间	
联系人		联系电话	

对初创科技型企业投资情况

初创科技型企业名称	纳税人识别号	注册地	设立时间	投资日期	从业人数	本科以上学历人数占比	资产总额	年销售收入	研发费用总额占成本费用支出的比例	投资2年内与关联方合计持股比例是否超50%	投资额

谨声明：本人（单位）知悉并保证本表填报内容及所附证明材料真实、完整，并承担因资料虚假而产生的法律责任。

合伙创投企业印章：　　　　合伙创投企业负责人签章：　　　　年　　月　　日

代理机构印章： 联系人： 填报日期：	主管税务机关印章： 受理人： 受理日期：

国家税务总局监制

填报说明

一、适用范围

本表适用于有限合伙制创业投资企业（以下简称“合伙创投企业”）投资境内种子期、初创期科技型企业（以下简称“初创科技型企业”），就符合投资抵扣税收优惠条件的投资，向主管税务机关办理投资情况备案。

二、报送期限

合伙创投企业应于投资满2年的年度终了后3个月内，向其注册地主管税务机关报送本表。

三、表内各栏

（一）合伙创投企业基本情况

1. 企业名称：填写合伙创投企业名称全称。

2. 纳税人识别号（统一社会信用代码）：填写合伙创投企业的纳税人识别号或统一社会信用代码。

3. 备案管理部门：填写合伙创投企业根据《创业投资企业管理暂行办法》或《私募投资基金监督管理暂行办法》等规定，办理备案的主管部门名称全称。

4. 备案时间：填写合伙创投企业向备案管理部门完成备案的时间。

5. 联系人：填写合伙创投企业联系人姓名。

6. 联系电话：填写合伙创投企业联系人的联系电话。

（二）对初创科技型企业投资情况

合伙创投企业投资多个初创科技型企业或对同一家初创科技型企业有多轮投资的，均需就每次投资情况分行填写。

1. 初创科技型企业名称：填写初创科技型企业名称全称。

2. 纳税人识别号：填写初创科技型企业的纳税人识别号或统一社会信用代码。

3. 注册地：填写初创科技型企业注册登记的具体地址。

4. 设立时间：填写初创科技型企业设立登记的具体日期。

5. 投资日期：填写初创科技型企业接受合伙创投企业投资并完成工商变更登记的日期。

6. 从业人数：填写与初创科技型企业建立劳动关系的职工及企业接受的劳务派遣人员人数。具体按照初创科技型企业接受投资前连续12个月的平均数填写，不足12个月的按实际月数平均计算填写。

7. 本科以上学历人数占比：填写初创科技型企业接受投资时本科以上学历人数

占企业从业人数的比例。

8. 资产总额：填写初创科技型企业的资产总额。具体按照初创科技型企业接受投资前连续 12 个月的平均数填写，不足 12 个月的按实际月数平均计算填写。

9. 年销售收入：填写初创科技型企业的年销售收入。具体按照初创科技型企业接受投资前连续 12 个月的累计数填写，不足 12 个月的按实际月数累计计算填写。

10. 研发费用总额占成本费用支出的比例：填写企业接受投资当年及下一年两个纳税年度的研发费用总额合计占同期成本费用总额合计的比例。

11. 投资后 2 年内与关联方合计持股比例是否超 50%：填写“是”或“否”。

12. 投资额：填写合伙创投企业以现金形式对初创科技型企业的实缴出资额。

四、本表一式两份。主管税务机关受理后，由合伙创投企业和主管税务机关分别留存。

表 3-4　合伙创投企业个人所得税投资抵扣情况表

（＿＿＿＿年度）

单位：%，人民币元（列至角分）

<table>
<tr><td colspan="11">合伙创投企业情况</td></tr>
<tr><td colspan="3">企业名称</td><td colspan="3"></td><td colspan="3">纳税人识别号
（统一社会信用代码）</td><td colspan="2"></td></tr>
<tr><td colspan="3">投资情况备案编号</td><td colspan="8"></td></tr>
<tr><td colspan="5">当年新增符合条件的投资额合计</td><td colspan="2"></td><td colspan="2">新增可抵扣投资额</td><td colspan="2"></td></tr>
<tr><td colspan="11">个人合伙人相关情况</td></tr>
<tr><td>姓名</td><td>身份证件类型</td><td>身份证件号码</td><td>出资额</td><td>出资比例</td><td>分配比例</td><td>当年度分配的经营所得</td><td>结转上年可抵扣投资额</td><td>当年新增可抵扣投资额</td><td>当年实际抵扣投资额</td><td>结转抵扣投资额</td></tr>
<tr><td></td><td></td><td></td><td></td><td></td><td></td><td></td><td></td><td></td><td></td><td></td></tr>
<tr><td></td><td></td><td></td><td></td><td></td><td></td><td></td><td></td><td></td><td></td><td></td></tr>
<tr><td></td><td></td><td></td><td></td><td></td><td></td><td></td><td></td><td></td><td></td><td></td></tr>
<tr><td></td><td></td><td></td><td></td><td></td><td></td><td></td><td></td><td></td><td></td><td></td></tr>
<tr><td></td><td></td><td></td><td></td><td></td><td></td><td></td><td></td><td></td><td></td><td></td></tr>
<tr><td></td><td></td><td></td><td></td><td></td><td></td><td></td><td></td><td></td><td></td><td></td></tr>
<tr><td></td><td></td><td></td><td></td><td></td><td></td><td></td><td></td><td></td><td></td><td></td></tr>
</table>

续表

个人合伙人相关情况										
姓名	身份证件类型	身份证件号码	出资额	出资比例	分配比例	当年度分配的经营所得	结转上年可抵扣投资额	当年新增可抵扣投资额	当年实际抵扣投资额	结转抵扣投资额
谨声明：本人（单位）知悉并保证本表填报内容及所附证明材料真实、完整，并承担因资料虚假而产生的法律责任。 合伙创投企业印章：　　合伙创投企业负责人签章：　　年　月　日										
代理机构印章： 联系人： 填报日期：						主管税务机关印章： 受理人： 受理日期：				

国家税务总局监制

填报说明

一、适用范围

本表适用于有限合伙制创业投资企业（以下简称“合伙创投企业”）投资境内种子期、初创期科技型企业（以下简称“初创科技型企业”），在符合投资抵扣税收优惠年度及以后年度，向主管税务机关报告有关情况并办理投资抵扣手续。

二、报送期限

合伙创投企业自符合投资抵扣税收优惠年度起，每个年度终了3个月内，向其注册地主管税务机关报送本表。

三、表内各栏

（一）合伙创投企业情况

1. 企业名称：填写合伙创投企业名称全称。

2. 纳税人识别号（统一社会信用代码）：填写合伙创投企业的纳税人识别号或统一社会信用代码。

3. 投资情况备案编号：填写合伙创投企业办理投资情况备案时，税务机关受理其填报的《合伙创投企业个人所得税投资抵扣备案表》赋予的备案编号。

4. 当年新增符合条件的投资额合计：填写当年《合伙创投企业个人所得税投资抵扣备案表》投资额合计。若当年无新增符合投资抵扣税收优惠条件的投资，则无需填写。

5. 新增可抵扣投资额：新增可抵扣投资额＝当年新增符合条件的投资额合计×70％。

（二）个人合伙人相关情况

本栏填报个人合伙人报告年度实际投资抵扣的有关情况。

1. 姓名：填写个人合伙人姓名。

2. 身份证件类型：填写个人合伙人办理个人所得税年度申报时使用的身份证件类型。

3. 身份证件号码：填写个人合伙人办理个人所得税年度申报时使用的身份证件号码。

4. 出资额：填写个人合伙人在投资满两年当年年末，对合伙创投企业的实缴出资额。

5. 出资比例：填写报告年度年末各合伙人对合伙创投企业的实缴出资额占所有合伙人全部实缴出资额的比例。

6. 分配比例：填写个人合伙人办理个人所得税年度申报时填报的分配比例。

7. 当年度分配的经营所得：填写报告年度个人合伙人按其分配比例自合伙创投企业计算分得的经营所得。

8. 结转上年可抵扣投资额：填写上年度此表"结转抵扣投资额"，上年无结转抵扣投资额的填"0"。

9. 当年新增可抵扣投资额：当年新增可抵扣投资额＝新增可抵扣投资额×出资比例。

10. 当年实际抵扣投资额：区别以下情况计算填写。

（1）当年度分配的经营所得＜结转上年可抵扣投资额＋当年新增可抵扣投资额时，

当年实际抵扣投资额＝当年度分配的经营所得；

（2）当年度分配的经营所得≥结转上年可抵扣投资额＋当年新增可抵扣投资额时，

当年实际抵扣投资额＝当年新增可抵扣投资额＋结转上年可抵扣投资额。

11. 结转抵扣投资额：结转抵扣投资额＝结转上年可抵扣投资额＋当年新增可抵扣投资额－当年实际抵扣投资额。

四、本表一式两份。主管税务机关受理后，由合伙创投企业和主管税务机关分别留存。

七、创业投资企业个人合伙人个人所得税的特殊规定（创投企业可以选择按单一投资基金核算或者按创投企业年度所得整体核算两种方式之一）

《财政部　税务总局　发展改革委　证监会关于创业投资企业个人合伙人所得税政策问题的通知》（财税〔2019〕8号）规定：

“为进一步支持创业投资企业（含创投基金，以下统称创投企业）发展，现将有关个人所得税政策问题通知如下：

一、创投企业可以选择按单一投资基金核算或者按创投企业年度所得整体核算两种方式之一，对其个人合伙人来源于创投企业的所得计算个人所得税应纳税额。

本通知所称创投企业，是指符合《创业投资企业管理暂行办法》（发展改革委等10部门令第39号）或者《私募投资基金监督管理暂行办法》（证监会令第105号）关于创业投资企业（基金）的有关规定，并按照上述规定完成备案且规范运作的合伙制创业投资企业（基金）。

二、创投企业选择按单一投资基金核算的，其个人合伙人从该基金应分得的股权转让所得和股息红利所得，按照20%税率计算缴纳个人所得税。

创投企业选择按年度所得整体核算的，其个人合伙人应从创投企业取得的所得，按照‘经营所得’项目、5%－35%的超额累进税率计算缴纳个人所得税。

三、单一投资基金核算，是指单一投资基金（包括不以基金名义设立的创投企业）在一个纳税年度内从不同创业投资项目取得的股权转让所得和股息红利所得按下述方法分别核算纳税：

（一）股权转让所得。单个投资项目的股权转让所得，按年度股权转让收入扣除对应股权原值和转让环节合理费用后的余额计算，股权原值和转让环节合理费用的确定方法，参照股权转让所得个人所得税有关政策规定执行；单一投资基金的股权转让所得，按一个纳税年度内不同投资项目的所得和损失相互抵减后的余额计算，余额大于或等于零的，即确认为该基金的年度股权转让所得；余额小于零的，该基金年度股权转让所得按零计算且不能跨年结转。

个人合伙人按照其应从基金年度股权转让所得中分得的份额计算其应纳税额，并由创投企业在次年3月31日前代扣代缴个人所得税。如符合《财政部　税务总局关于创业投资企业和天使投资个人有关税收政策的通知》（财税〔2018〕55号）规定条件的，创投企业个人合伙人可以按照被转让项目对应投资额的70%抵扣其应从基金年度股权转让所得中分得的份额后再计算其应纳税额，当期不足抵扣的，不得向以后年度结转。

（二）股息红利所得。单一投资基金的股息红利所得，以其来源于所投资项目分配的股息、红利收入以及其他固定收益类证券等收入的全额计算。

个人合伙人按照其应从基金股息红利所得中分得的份额计算其应纳税额，并由创投企业按次代扣代缴个人所得税。

（三）除前述可以扣除的成本、费用之外，单一投资基金发生的包括投资基金管理人的管理费和业绩报酬在内的其他支出，不得在核算时扣除。

本条规定的单一投资基金核算方法仅适用于计算创投企业个人合伙人的应纳税额。

四、创投企业年度所得整体核算，是指将创投企业以每一纳税年度的收入总额减除成本、费用以及损失后，计算应分配给个人合伙人的所得。如符合《财政部 税务总局关于创业投资企业和天使投资个人有关税收政策的通知》（财税〔2018〕55号）规定条件的，创投企业个人合伙人可以按照被转让项目对应投资额的70％抵扣其可以从创投企业应分得的经营所得后再计算其应纳税额。年度核算亏损的，准予按有关规定向以后年度结转。

按照‘经营所得’项目计税的个人合伙人，没有综合所得的，可依法减除基本减除费用、专项扣除、专项附加扣除以及国务院确定的其他扣除。从多处取得经营所得的，应汇总计算个人所得税，只减除一次上述费用和扣除。

五、创投企业选择按单一投资基金核算或按创投企业年度所得整体核算后，3年内不能变更。

六、创投企业选择按单一投资基金核算的，应当在按照本通知第一条规定完成备案的30日内，向主管税务机关进行核算方式备案；未按规定备案的，视同选择按创投企业年度所得整体核算。2019年1月1日前已经完成备案的创投企业，选择按单一投资基金核算的，应当在2019年3月1日前向主管税务机关进行核算方式备案。创投企业选择一种核算方式满3年需要调整的，应当在满3年的次年1月31日前，重新向主管税务机关备案。

七、税务部门依法开展税收征管和后续管理工作，可转请发展改革部门、证券监督管理部门对创投企业及其所投项目是否符合有关规定进行核查，发展改革部门、证券监督管理部门应当予以配合。

八、本通知执行期限为2019年1月1日起至2023年12月31日止。”

八、2018 年第四季度及 2018 年全年个人独资企业和合伙企业自然人投资者特殊计税规定

根据第十三届全国人大常委会第五次会议审议通过的《全国人民代表大会常务委员会关于修改〈中华人民共和国个人所得税法〉的决定》，为了尽早释放改革红利，财政部、国家税务总局于 2018 年 9 月 7 日下发了《财政部　税务总局关于 2018 年第四季度个人所得税减除费用和税率适用问题的通知》（财税〔2018〕98 号）文件。文件明确个体工商户业主、个人独资企业和合伙企业自然人投资者、企事业单位承包承租经营者的 2018 年第四季度及 2018 年全年生产经营所得的计税方法。

《财政部　税务总局关于 2018 年第四季度个人所得税减除费用和税率适用问题的通知》（财税〔2018〕98 号）规定：

“（一）对个体工商户业主、个人独资企业和合伙企业自然人投资者、企事业单位承包承租经营者 2018 年第四季度取得的生产经营所得，减除费用按照5 000元/月执行，前三季度减除费用按照3 500元/月执行。

（二）对个体工商户业主、个人独资企业和合伙企业自然人投资者、企事业单位承包承租经营者 2018 年取得的生产经营所得，用全年应纳税所得额分别计算应纳前三季度税额和应纳第四季度税额，其中应纳前三季度税额按照税法修改前规定的税率和前三季度实际经营月份的权重计算，应纳第四季度税额按照本通知所附个人所得税税率表二（以下称税法修改后规定的税率）和第四季度实际经营月份的权重计算。具体计算方法：

1. 月（季）度预缴税款的计算。

本期应缴税额＝累计应纳税额－累计已缴税额

累计应纳税额＝应纳 10 月 1 日以前税额＋应纳 10 月 1 日以后税额

应纳 10 月 1 日以前税额＝（累计应纳税所得额×税法修改前规定的税率－税法修改前规定的速算扣除数）×10 月 1 日以前实际经营月份数÷累计实际经营月份数

应纳 10 月 1 日以后税额＝（累计应纳税所得额×税法修改后规定的税率－税法修改后规定的速算扣除数）×10 月 1 日以后实际经营月份数÷累计实际经营月份数

2. 年度汇算清缴税款的计算。

汇缴应补退税额＝全年应纳税额－累计已缴税额

全年应纳税额＝应纳前三季度税额＋应纳第四季度税额

应纳前三季度税额＝（全年应纳税所得额×税法修改前规定的税率－税法修改

前规定的速算扣除数）×前三季度实际经营月份数÷全年实际经营月份数

应纳第四季度税额=（全年应纳税所得额×税法修改后规定的税率－税法修改后规定的速算扣除数）×第四季度实际经营月份数÷全年实际经营月份数

三、《财政部　国家税务总局关于调整个体工商户业主个人独资企业和合伙企业自然人投资者个人所得税费用扣除标准的通知》（财税〔2011〕62号）自2018年10月1日起废止。"

税法修改前规定的税率及速算扣除数表，见表3-5。

表3-5　税法修改前规定的税率及速算扣除数表

级数	全年应纳税所得额	税率	速算扣除数
1	不超过15 000元的	5%	0
2	超过15 000元至30 000元的部分	10%	750
3	超过30 000元至60 000元的部分	20%	3 750
4	超过60 000元至100 000元的部分	30%	9 750
5	超过100 000元的部分	35%	14 750

税法修改后规定的税率及速算扣除数表，见表3-6。

表3-6　税法修改后规定的税率及速算扣除数表

级数	全年应纳税所得额	税率	速算扣除数
1	不超过30 000元的	5%	0
2	超过30 000元至90 000元的部分	10%	1 500
3	超过90 000元至300 000元的部分	20%	10 500
4	超过300 000元至500 000元的部分	30%	40 500
5	超过500 000元的部分	35%	65 500

九、个人独资企业和合伙企业纳税年度的实际经营期不足1年的计税规定

个体工商户、个人独资企业和合伙企业因在纳税年度中间开业、合并、注销及其他原因，导致该纳税年度的实际经营期不足1年的，对个体工商户业主、个人独资企业投资者和合伙企业自然人合伙人的生产经营所得计算个人所得税时，以其实际经营期为1个纳税年度。投资者本人的费用扣除标准，应按照其实际经营月份数，以每月5 000元的减除标准确定。

若纳税年度为2018年度，2018年第四季度投资者本人的费用扣除标准按照

5 000元/月执行，2018年前三季度投资者本人的费用扣除标准按照3 500元/月执行。

计算公式如下：

应纳税所得额＝该年度收入总额－成本、费用及损失－当年投资者本人的费用扣除额

当年投资者本人的费用扣除额＝月减除费用（5 000元/月）×当年实际经营月份数

应纳税额＝应纳税所得额×税率－速算扣除数

十、律师事务所从业人员取得收入的个人所得税处理

1.《国家税务总局关于律师事务所从业人员取得收入征收个人所得税有关业务问题的通知》（国税发〔2000〕149号）规定：

“一、律师个人出资兴办的独资和合伙性质的律师事务所的年度经营所得，从2000年1月1日起，停止征收企业所得税，作为出资律师的个人经营所得，按照有关规定，比照‘个体工商户的生产、经营所得’应税项目征收个人所得税。在计算其经营所得时，出资律师本人的工资、薪金不得扣除。

二、合伙制律师事务所应将年度经营所得全额作为基数，按出资比例或者事先约定的比例计算各合伙人应分配的所得，据以征收个人所得税。”

2013年1月1日至2015年12月31日，合伙人律师在计算应纳税所得额时，应凭合法有效凭据按照个人所得税法和有关规定扣除费用；对确实不能提供合法有效凭据而实际发生与业务有关的费用，经当事人签名确认后，可再按下列标准扣除费用：个人年营业收入不超过50万元的部分，按8%扣除；个人年营业收入超过50万元至100万元的部分，按6%扣除；个人年营业收入超过100万元的部分，按5%扣除。

律师个人承担的按照律师协会规定参加的业务培训费用，可据实扣除。

2. 律师（包括税务师、会计师、资产评估和房地产估价等鉴证类中介机构）不得实行核定征收个人所得税。《国家税务总局关于律师事务所从业人员取得收入征收个人所得税有关业务问题的通知》（国税发〔2000〕149号）规定：

“四、律师事务所支付给雇员（包括律师及行政辅助人员，但不包括律师事务所的投资者，下同）的所得，按‘工资、薪金所得’应税项目征收个人所得税。

五、作为律师事务所雇员的律师与律师事务所按规定的比例对收入分成，律师事务所不负担律师办理案件支出的费用（如交通费、资料费、通讯费及聘请人员等

费用），律师当月的分成收入按本条第二款的规定扣除办理案件支出的费用后，余额与律师事务所发给的工资合并，按‘工资、薪金所得’应税项目计征个人所得税。”

《国家税务总局关于律师事务所从业人员有关个人所得税问题的公告》（国家税务总局公告 2012 年第 53 号）规定：“《国家税务总局关于律师事务所从业人员取得收入征收个人所得税有关业务问题的通知》（国税发〔2000〕149 号）第五条第二款规定的作为律师事务所雇员的律师从其分成收入中扣除办理案件支出费用的标准，由现行在律师当月分成收入的 30％比例内确定，调整为 35％比例内确定。实行上述收入分成办法的律师办案费用不得在律师事务所重复列支。前款规定自 2013 年 1 月 1 日至 2015 年 12 月 31 日执行。”

3.《国家税务总局关于律师事务所从业人员取得收入征收个人所得税有关业务问题的通知》（国税发〔2000〕149 号）规定：

“六、兼职律师从律师事务所取得工资、薪金性质的所得，律师事务所在代扣代缴其个人所得税时，不再减除个人所得税法规定的费用扣除标准，以收入全额（取得分成收入的为扣除办理案件支出费用后的余额）直接确定适用税率，计算扣缴个人所得税。兼职律师应于次月 7 日内自行向主管税务机关申报两处或两处以上取得的工资、薪金所得，合并计算缴纳个人所得税。

兼职律师是指取得律师资格和律师执业证书，不脱离本职工作从事律师职业的人员。

七、律师以个人名义再聘请其他人员为其工作而支付的报酬，应由该律师按‘劳务报酬所得’应税项目负责代扣代缴个人所得税。为了便于操作，税款可由其任职的律师事务所代为缴入国库。”

《国家税务总局关于律师事务所从业人员有关个人所得税问题的公告》（国家税务总局公告 2012 年第 53 号）规定：“废止国税发〔2000〕149 号第八条的规定，律师从接受法律事务服务的当事人处取得法律顾问费或其他酬金等收入，应并入其从律师事务所取得的其他收入，按照规定计算缴纳个人所得税。”

4. 律师事务所和律师个人发生的其他费用和列支标准及征收管理，按照《中华人民共和国个人所得税法》及其实施条例、《中华人民共和国税收征收管理法》及其实施细则和 2014 年 12 月 27 日国家税务总局令第 35 号公布的《个体工商户个人所得税计税办法》（于 2018 年 6 月 15 日国家税务总局令第 44 号《国家税务总局关于修改部分税务部门规章的决定》修正）等有关法律、法规、规章的规定执行。

5. 会计师事务所、税务师事务所、审计师事务所以及其他中介机构的个人所得税处理，应按照上述有关原则进行处理。

注：自 2019 年 1 月 1 日起根据新个人所得税法的有关规定执行。

第三节　个体工商户的个人所得税处理

有经营能力的公民，依照《个体工商户条例》（中华人民共和国国务院令第 596 号）规定，经工商行政管理部门登记，从事工商业经营的，为个体工商户。个体工商户可以个人经营，也可以家庭经营。个体工商户可以使用符合规定的名称。香港特别行政区、澳门特别行政区永久性居民中的中国公民，台湾地区居民可以按照国家有关规定，申请登记为个体工商户。个体工商户的注册、变更和注销登记应当依照《个体工商户条例》（中华人民共和国国务院令第 596 号）和《个体工商户登记管理办法》办理。

一、一般规定

个人因从事彩票代销业务而取得所得，应按照“个体工商户的生产、经营所得”项目计算交纳个人所得税。

《国家税务总局关于个人举办各类学习班取得的收入征收个人所得税问题的批复》（国税函〔1996〕658 号）规定：

“一、个人经政府有关部门批准并取得执照举办学习班、培训班的，其取得的办班收入属于‘个体工商户的生产、经营所得’应税项目，应按《中华人民共和国个人所得税法》（以下简称税法）的规定计征个人所得税。

二、个人无须经政府有关部门批准并取得执照举办学习班、培训班的，其取得的办班收入属于‘劳务报酬所得’应税项目，按税法规定计征个人所得税。其中，办班者每次收入按以下方法确定：一次收取学费的，以一期取得的收入为一次；分次收取学费的，以每月取得的收入为一次。”

对于个人经政府有关部门批准，取得执照，从事办学取得的所得，应按“个体工商户的生产、经营所得”应税项目计算交纳个人所得税。据此，对于个人办学者取得的办学所得用于个人消费的部分，应依法计算交纳个人所得税。

注：2019 年 1 月 1 日起实施的新个人所得税法将“个体工商户的生产、经营所得”并为“经营所得”。

二、实行查账征收的个体工商户个人所得税处理

（一）个体工商户建账管理规定

为了规范和加强个体工商户税收征收管理，促进个体工商户加强经济核算，国家税务总局于2006年12月15日公布《个体工商户建账管理暂行办法》（国家税务总局令第17号），于2018年6月15日《国家税务总局关于修改部分税务部门规章的决定》（国家税务总局令第44号）修正。

《国家税务总局关于修改部分税务部门规章的决定》（国家税务总局令第44号）附件4《个体工商户建账管理暂行办法》规定：

“第二条　凡从事生产、经营并有固定生产、经营场所的个体工商户，都应当按照法律、行政法规和本办法的规定设置、使用和保管账簿及凭证，并根据合法、有效凭证记账核算。

税务机关应同时采取有效措施，巩固已有建账成果，积极引导个体工商户建立健全账簿，正确进行核算，如实申报纳税。

第三条　符合下列情形之一的个体工商户，应当设置复式账：

（一）注册资金在20万元以上的。

（二）销售增值税应税劳务的纳税人或营业税纳税人月销售（营业）额在40 000元以上；从事货物生产的增值税纳税人月销售额在60 000元以上；从事货物批发或零售的增值税纳税人月销售额在80 000元以上的。

（三）省税务机关确定应设置复式账的其他情形。

第四条　符合下列情形之一的个体工商户，应当设置简易账，并积极创造条件设置复式账：

（一）注册资金在10万元以上20万元以下的。

（二）销售增值税应税劳务的纳税人或营业税纳税人月销售（营业）额在15 000元至40 000元；从事货物生产的增值税纳税人月销售额在30 000元至60 000元；从事货物批发或零售的增值税纳税人月销售额在40 000元至80 000元的。

（三）省税务机关确定应当设置简易账的其他情形。

第五条　上述所称纳税人月销售额或月营业额，是指个体工商户上一个纳税年度月平均销售额或营业额；新办的个体工商户为业户预估的当年度经营期月平均销售额或营业额。

第六条　达不到上述建账标准的个体工商户，经县以上税务机关批准，可按照

税收征管法的规定，建立收支凭证粘贴簿、进货销货登记簿或者使用税控装置。

第七条　达到建账标准的个体工商户，应当根据自身生产、经营情况和本办法规定的设置账簿条件，对照选择设置复式账或简易账，并报主管税务机关备案。账簿方式一经确定，在一个纳税年度内不得进行变更。

第八条　达到建账标准的个体工商户，应当自领取营业执照或者发生纳税义务之日起 15 日内，按照法律、行政法规和本办法的有关规定设置账簿并办理账务，不得伪造、变造或者擅自损毁账簿、记账凭证、完税凭证和其他有关资料。

第九条　设置复式账的个体工商户应按《个体工商户会计制度（试行）》的规定设置总分类账、明细分类账、日记账等，进行财务会计核算，如实记载财务收支情况。成本、费用列支和其他财务核算规定按照《个体工商户个人所得税计税办法（试行）》执行。

设置简易账的个体工商户应当设置经营收入账、经营费用账、商品（材料）购进账、库存商品（材料）盘点表和利润表，以收支方式记录、反映生产、经营情况并进行简易会计核算。

第十条　复式账簿中现金日记账，银行存款日记账和总分类账必须使用订本式，其他账簿可以根据业务的实际发生情况选用活页账簿。简易账簿均应采用订本式。

账簿和凭证应当按照发生的时间顺序填写，装订或者粘贴。

建账户对各种账簿、记账凭证、报表、完税凭证和其他有关涉税资料应当保存 10 年。

第十一条　设置复式账的个体工商户在办理纳税申报时，应当按照规定向当地主管税务机关报送财务会计报表和有关纳税资料。月度会计报表应当于月份终了后 10 日内报出，年度会计报表应当在年度终了后 30 日内报出。

第十二条　个体工商户可以聘请经批准从事会计代理记账业务的专业机构或者具备资质的财会人员代为建账和办理账务。

第十三条　按照税务机关规定的要求使用税控收款机的个体工商户，其税控收款机输出的完整的书面记录，可以视同经营收入账。

第十四条　税务机关对建账户采用查账征收方式征收税款。建账初期，也可以采用查账征收与定期定额征收相结合的方式征收税款。

第十五条　依照本办法规定应当设置账簿的个体工商户，具有税收征管法第三十五条第一款第二项至第六项情形之一的，税务机关有权根据税收征管法实施细则第四十七条规定的方法核定其应纳税额。

第十六条　依照本办法规定应当设置账簿的个体工商户违反有关法律、行政法规和本办法关于账簿设置、使用和保管规定的，由税务机关按照税收征管法的有关规定进行处理。

第十七条　个体工商户建账工作中所涉及的有关账簿、凭证、表格，按照有关规定办理。

第十八条　本办法所称‘以上’均含本数。”

“第二十条　本办法自2007年1月1日起施行。”

（二）个体工商户一般计税规定

《国家税务总局关于修改部分税务部门规章的决定》（国家税务总局令第44号）附件9《个体工商户个人所得税计税办法》规定：

“第二条　实行查账征收的个体工商户应当按照本办法的规定，计算并申报缴纳个人所得税。

第三条　本办法所称个体工商户包括：

（一）依法取得个体工商户营业执照，从事生产经营的个体工商户；

（二）经政府有关部门批准，从事办学、医疗、咨询等有偿服务活动的个人；

（三）其他从事个体生产、经营的个人。

第四条　个体工商户以业主为个人所得税纳税义务人。

第五条　个体工商户应纳税所得额的计算，以权责发生制为原则，属于当期的收入和费用，不论款项是否收付，均作为当期的收入和费用；不属于当期的收入和费用，即使款项已经在当期收付，均不作为当期收入和费用。本办法和财政部、国家税务总局另有规定的除外。

第六条　在计算应纳税所得额时，个体工商户会计处理办法与本办法和财政部、国家税务总局相关规定不一致的，应当依照本办法和财政部、国家税务总局的相关规定计算。”

“第七条　个体工商户的生产、经营所得，以每一纳税年度的收入总额，减除成本、费用、税金、损失、其他支出以及允许弥补的以前年度亏损后的余额，为应纳税所得额。

第八条　个体工商户从事生产经营以及与生产经营有关的活动（以下简称生产经营）取得的货币形式和非货币形式的各项收入，为收入总额。包括：销售货物收入、提供劳务收入、转让财产收入、利息收入、租金收入、接受捐赠收入、其他收入。

前款所称其他收入包括个体工商户资产溢余收入、逾期一年以上的未退包装物押金收入、确实无法偿付的应付款项、已作坏账损失处理后又收回的应收款项、债务重组收入、补贴收入、违约金收入、汇兑收益等。

第九条　成本是指个体工商户在生产经营活动中发生的销售成本、销货成本、业务支出以及其他耗费。

第十条　费用是指个体工商户在生产经营活动中发生的销售费用、管理费用和财务费用，已经计入成本的有关费用除外。

第十一条　税金是指个体工商户在生产经营活动中发生的除个人所得税和允许抵扣的增值税以外的各项税金及其附加。

第十二条　损失是指个体工商户在生产经营活动中发生的固定资产和存货的盘亏、毁损、报废损失，转让财产损失，坏账损失，自然灾害等不可抗力因素造成的损失以及其他损失。

个体工商户发生的损失，减除责任人赔偿和保险赔款后的余额，参照财政部、国家税务总局有关企业资产损失税前扣除的规定扣除。

个体工商户已经作为损失处理的资产，在以后纳税年度又全部收回或者部分收回时，应当计入收回当期的收入。

第十三条　其他支出是指除成本、费用、税金、损失外，个体工商户在生产经营活动中发生的与生产经营活动有关的、合理的支出。

第十四条　个体工商户发生的支出应当区分收益性支出和资本性支出。收益性支出在发生当期直接扣除；资本性支出应当分期扣除或者计入有关资产成本，不得在发生当期直接扣除。

前款所称支出，是指与取得收入直接相关的支出。

除税收法律法规另有规定外，个体工商户实际发生的成本、费用、税金、损失和其他支出，不得重复扣除。

第十五条　个体工商户下列支出不得扣除：

（一）个人所得税税款；

（二）税收滞纳金；

（三）罚金、罚款和被没收财物的损失；

（四）不符合扣除规定的捐赠支出；

（五）赞助支出；

（六）用于个人和家庭的支出；

（七）与取得生产经营收入无关的其他支出；

（八）国家税务总局规定不准扣除的支出。

第十六条　个体工商户生产经营活动中，应当分别核算生产经营费用和个人、家庭费用。对于生产经营与个人、家庭生活混用难以分清的费用，其40%视为与生产经营有关费用，准予扣除。

第十七条　个体工商户纳税年度发生的亏损，准予向以后年度结转，用以后年度的生产经营所得弥补，但结转年限最长不得超过五年。

第十八条　个体工商户使用或者销售存货，按照规定计算的存货成本，准予在计算应纳税所得额时扣除。

第十九条　个体工商户转让资产，该项资产的净值，准予在计算应纳税所得额时扣除。

第二十条　本办法所称亏损，是指个体工商户依照本办法规定计算的应纳税所得额小于零的数额。”

“第二十一条　个体工商户实际支付给从业人员的、合理的工资薪金支出，准予扣除。

个体工商户业主的费用扣除标准，依照相关法律、法规和政策规定执行。

个体工商户业主的工资薪金支出不得税前扣除。

第二十二条　个体工商户按照国务院有关主管部门或者省级人民政府规定的范围和标准为其业主和从业人员缴纳的基本养老保险费、基本医疗保险费、失业保险费、生育保险费、工伤保险费和住房公积金，准予扣除。

个体工商户为从业人员缴纳的补充养老保险费、补充医疗保险费，分别在不超过从业人员工资总额5%标准内的部分据实扣除；超过部分，不得扣除。

个体工商户业主本人缴纳的补充养老保险费、补充医疗保险费，以当地（地级市）上年度社会平均工资的3倍为计算基数，分别在不超过该计算基数5%标准内的部分据实扣除；超过部分，不得扣除。

第二十三条　除个体工商户依照国家有关规定为特殊工种从业人员支付的人身安全保险费和财政部、国家税务总局规定可以扣除的其他商业保险费外，个体工商户业主本人或者为从业人员支付的商业保险费，不得扣除。

第二十四条　个体工商户在生产经营活动中发生的合理的不需要资本化的借款费用，准予扣除。

个体工商户为购置、建造固定资产、无形资产和经过12个月以上的建造才能达到预定可销售状态的存货发生借款的，在有关资产购置、建造期间发生的合理的借款费用，应当作为资本性支出计入有关资产的成本，并依照本办法的规定扣除。

第二十五条　个体工商户在生产经营活动中发生的下列利息支出，准予扣除：

（一）向金融企业借款的利息支出；

（二）向非金融企业和个人借款的利息支出，不超过按照金融企业同期同类贷款利率计算的数额的部分。

第二十六条　个体工商户在货币交易中，以及纳税年度终了时将人民币以外的货币性资产、负债按照期末即期人民币汇率中间价折算为人民币时产生的汇兑损失，除已经计入有关资产成本部分外，准予扣除。

第二十七条　个体工商户向当地工会组织拨缴的工会经费、实际发生的职工福利费支出、职工教育经费支出分别在工资薪金总额的2%、14%、2.5%的标准内据实扣除。

工资薪金总额是指允许在当期税前扣除的工资薪金支出数额。

职工教育经费的实际发生数额超出规定比例当期不能扣除的数额，准予在以后纳税年度结转扣除。

个体工商户业主本人向当地工会组织缴纳的工会经费、实际发生的职工福利费支出、职工教育经费支出，以当地（地级市）上年度社会平均工资的3倍为计算基数，在本条第一款规定比例内据实扣除。

第二十八条　个体工商户发生的与生产经营活动有关的业务招待费，按照实际发生额的60%扣除，但最高不得超过当年销售（营业）收入的5‰。

业主自申请营业执照之日起至开始生产经营之日止所发生的业务招待费，按照实际发生额的60%计入个体工商户的开办费。

第二十九条　个体工商户每一纳税年度发生的与其生产经营活动直接相关的广告费和业务宣传费不超过当年销售（营业）收入15%的部分，可以据实扣除；超过部分，准予在以后纳税年度结转扣除。

第三十条　个体工商户代其从业人员或者他人负担的税款，不得税前扣除。

第三十一条　个体工商户按照规定缴纳的摊位费、行政性收费、协会会费等，按实际发生数额扣除。

第三十二条　个体工商户根据生产经营活动的需要租入固定资产支付的租赁费，按照以下方法扣除：

（一）以经营租赁方式租入固定资产发生的租赁费支出，按照租赁期限均匀扣除；

（二）以融资租赁方式租入固定资产发生的租赁费支出，按照规定构成融资租入固定资产价值的部分应当提取折旧费用，分期扣除。

第三十三条　个体工商户参加财产保险，按照规定缴纳的保险费，准予扣除。

第三十四条　个体工商户发生的合理的劳动保护支出，准予扣除。

第三十五条　个体工商户自申请营业执照之日起至开始生产经营之日止所发生符合本办法规定的费用，除为取得固定资产、无形资产的支出，以及应计入资产价值的汇兑损益、利息支出外，作为开办费，个体工商户可以选择在开始生产经营的当年一次性扣除，也可自生产经营月份起在不短于3年期限内摊销扣除，但一经选定，不得改变。

开始生产经营之日为个体工商户取得第一笔销售（营业）收入的日期。

第三十六条　个体工商户通过公益性社会团体或者县级以上人民政府及其部门，用于《中华人民共和国公益事业捐赠法》规定的公益事业的捐赠，捐赠额不超过其应纳税所得额30%的部分可以据实扣除。

财政部、国家税务总局规定可以全额在税前扣除的捐赠支出项目，按有关规定执行。

个体工商户直接对受益人的捐赠不得扣除。

公益性社会团体的认定，按照财政部、国家税务总局、民政部有关规定执行。

第三十七条　本办法所称赞助支出，是指个体工商户发生的与生产经营活动无关的各种非广告性质支出。

第三十八条　个体工商户研究开发新产品、新技术、新工艺所发生的开发费用，以及研究开发新产品、新技术而购置单台价值在10万元以下的测试仪器和试验性装置的购置费准予直接扣除；单台价值在10万元以上（含10万元）的测试仪器和试验性装置，按固定资产管理，不得在当期直接扣除。”

“第三十九条　个体工商户资产的税务处理，参照企业所得税相关法律、法规和政策规定执行。

第四十条　个体工商户有两处或两处以上经营机构的，选择并固定向其中一处经营机构所在地主管税务机关申报缴纳个人所得税。

第四十一条　个体工商户终止生产经营的，应当在注销工商登记或者向政府有关部门办理注销前向主管税务机关结清有关纳税事宜。”

上述规定自2015年1月1日起施行。

（三）2018 年第四季度及 2018 年全年个体工商户特殊计税规定

根据第十三届全国人大常委会第五次会议审议通过的《全国人民代表大会常务委员会关于修改〈中华人民共和国个人所得税法〉的决定》，为了尽早释放改革红利，财政部、国家税务总局于 2018 年 9 月 7 日下发了《财政部　税务总局关于 2018 年第四季度个人所得税减除费用和税率适用问题的通知》（财税〔2018〕98 号）文件。文件明确个体工商户业主、个人独资企业和合伙企业自然人投资者、企事业单位承包承租经营者的 2018 年第四季度及 2018 年全年生产经营所得的计税方法。

《财政部　税务总局关于 2018 年第四季度个人所得税减除费用和税率适用问题的通知》（财税〔2018〕98 号）规定：

"（一）对个体工商户业主、个人独资企业和合伙企业自然人投资者、企事业单位承包承租经营者 2018 年第四季度取得的生产经营所得，减除费用按照5 000元/月执行，前三季度减除费用按照3 500元/月执行。

（二）对个体工商户业主、个人独资企业和合伙企业自然人投资者、企事业单位承包承租经营者 2018 年取得的生产经营所得，用全年应纳税所得额分别计算应纳前三季度税额和应纳第四季度税额，其中应纳前三季度税额按照税法修改前规定的税率和前三季度实际经营月份的权重计算，应纳第四季度税额按照本通知所附个人所得税税率表二（以下称税法修改后规定的税率）和第四季度实际经营月份的权重计算。具体计算方法：

1. 月（季）度预缴税款的计算。

本期应缴税额＝累计应纳税额－累计已缴税额

累计应纳税额＝应纳 10 月 1 日以前税额＋应纳 10 月 1 日以后税额

应纳 10 月 1 日以前税额＝（累计应纳税所得额×税法修改前规定的税率－税法修改前规定的速算扣除数）×10 月 1 日以前实际经营月份数÷累计实际经营月份数

应纳 10 月 1 日以后税额＝（累计应纳税所得额×税法修改后规定的税率－税法修改后规定的速算扣除数）×10 月 1 日以后实际经营月份数÷累计实际经营月份数

2. 年度汇算清缴税款的计算。

汇缴应补退税额＝全年应纳税额－累计已缴税额

全年应纳税额＝应纳前三季度税额＋应纳第四季度税额

应纳前三季度税额＝（全年应纳税所得额×税法修改前规定的税率－税法修改前规定的速算扣除数）×前三季度实际经营月份数÷全年实际经营月份数

应纳第四季度税额＝（全年应纳税所得额×税法修改后规定的税率－税法修改

后规定的速算扣除数）×第四季度实际经营月份数÷全年实际经营月份数

三、《财政部　国家税务总局关于调整个体工商户业主个人独资企业和合伙企业自然人投资者个人所得税费用扣除标准的通知》（财税〔2011〕62 号）自 2018 年 10 月 1 日起废止。”

税法修改前规定的税率及速算扣除数表，见表 3－7。

表 3－7　税法修改前规定的税率及速算扣除数表

级数	全年应纳税所得额	税率	速算扣除数
1	不超过 15 000 元的	5%	0
2	超过 15 000 元至 30 000 元的部分	10%	750
3	超过 30 000 元至 60 000 元的部分	20%	3 750
4	超过 60 000 元至 100 000 元的部分	30%	9 750
5	超过 100 000 元的部分	35%	14 750

税法修改后规定的税率及速算扣除数表，见表 3－8。

表 3－8　税法修改后规定的税率及速算扣除数表

级数	全年应纳税所得额	税率	速算扣除数
1	不超过 30 000 元的	5%	0
2	超过 30 000 元至 90 000 元的部分	10%	1 500
3	超过 90 000 元至 300 000 元的部分	20%	10 500
4	超过 300 000 元至 500 000 元的部分	30%	40 500
5	超过 500 000 元的部分	35%	65 500

（四）个体工商户纳税年度的实际经营期不足 1 年的计税规定

个体工商户、个人独资企业和合伙企业因在纳税年度中间开业、合并、注销及其他原因，导致该纳税年度的实际经营期不足 1 年的，对个体工商户业主、个人独资企业投资者和合伙企业自然人合伙人的生产经营所得计算个人所得税时，以其实际经营期为 1 个纳税年度。投资者本人的费用扣除标准，应按照其实际经营月份数，以每月5 000元的减除标准确定。

若纳税年度为 2018 年度，2018 年第四季度投资者本人的费用扣除标准按照5 000元/月执行，2018 年前三季度投资者本人的费用扣除标准按照3 500元/月执行。

计算公式如下：

应纳税所得额＝该年度收入总额－成本、费用及损失－当年投资者本人的费用扣除额

当年投资者本人的费用扣除额＝月减除费用（5 000元/月）×当年实际经营月份数

应纳税额＝应纳税所得额×税率－速算扣除数

（五）个人从事医疗服务活动的个人所得税处理

个人经政府有关部门批准，取得执照，以门诊部、诊所、卫生所（室）、卫生院、医院等医疗机构形式从事疾病诊断、治疗及售药等服务活动，应当以该医疗机构取得的所得，作为个人的应纳税所得，按照“个体工商户的生产、经营所得”应税项目交纳个人所得税。

个人未经政府有关部门批准，自行连续从事医疗服务活动，不管是否有经营场所，其取得与医疗服务活动相关的所得，按照“个体工商户的生产、经营所得”应税项目交纳个人所得税。

2019 年 1 月 1 日起实施新个人所得税法将“个体工商户的生产、经营所得”并为“经营所得”。各省、自治区、直辖市税务局可以根据本地实际情况，确定个体工商户业主的费用扣除标准。

对于由集体、合伙或个人出资的乡村卫生室（站），由医生承包经营，经营成果归医生个人所有，承包人取得的所得，比照“对企事业单位的承包经营、承租经营所得”应税项目交纳个人所得税。

2019 年 1 月 1 日起实施新个人所得税法将“对企事业单位的承包经营、承租经营所得”并为“经营所得”。乡村卫生室（站）的医务人员取得的所得，按照“工资、薪金所得”应税项目交纳个人所得税。

受医疗机构临时聘请坐堂门诊及售药，由该医疗机构支付报酬，或收入与该医疗机构按比例分成的人员，其取得的所得，按照“劳务报酬所得”应税项目交纳个人所得税，以一个月内取得的所得为一次，税款由该医疗机构代扣代缴。

经政府有关部门批准而取得许可证（执照）的个人，应当在领取执照后 30 日内向当地主管税务机关申报办理税务登记。未经政府有关部门批准而自行开业的个人，应当自开始医疗服务活动后 30 日内向当地主管税务机关申报办理税务登记。

（六）专业养猪户取得的养猪收入的个人所得税处理

为进一步规范生猪市场的征税办法，促进我国饲养业稳定、健康地发展，切实减轻农民负担，则专业养猪户取得的养猪收入，减除成本、费用及损失后的余额，按照“个体工商户生产、经营所得”项目计征个人所得税。无法准确核算其收入、成本、费用及损失的，由主管税务机关依照税法核定其应纳税所得额，计征个人所得税。

非专业养猪户取得的养猪收入，暂不征收个人所得税。

2019 年 1 月 1 日起实施新个人所得税法将“个体工商户的生产、经营所得”并为“经营所得”。专业养猪户由各省、自治区、直辖市税务局根据以下条件制定具体的界定标准：①以养猪为其主业；②养猪取得的收入为其全部收入的主要部分；③以年出栏生猪数为标准的，最低限额不得少于 5 头（不含自家育养的仔猪数，出售仔猪无数量限制）。

三、实行核定征收的个体工商户个人所得税处理

（一）征收管理

《国家税务总局关于修改部分税务部门规章的决定》（国家税务总局令第 44 号）附件 3《个体工商户税收定期定额征收管理办法》规定：

“第二条　本办法所称个体工商户税收定期定额征收，是指税务机关依照法律、行政法规及本办法的规定，对个体工商户在一定经营地点、一定经营时期、一定经营范围内的应纳税经营额（包括经营数量）或所得额（以下简称定额）进行核定，并以此为计税依据，确定其应纳税额的一种征收方式。

第三条　本办法适用于经主管税务机关认定和县以上税务机关（含县级，下同）批准的生产、经营规模小，达不到《个体工商户建账管理暂行办法》规定设置账簿标准的个体工商户（以下简称定期定额户）的税收征收管理。

第四条　税务机关应当将定期定额户进行分类，在年度内按行业、区域选择一定数量并具有代表性的定期定额户，对其经营、所得情况进行典型调查，做出调查分析，填制有关表格。

典型调查户数应当占该行业、区域总户数的 5%以上。具体比例由省税务机关确定。

第五条　定额执行期的具体期限由省税务机关确定，但最长不得超过一年。

定额执行期是指税务机关核定后执行的第一个纳税期至最后一个纳税期。

第六条　税务机关应当根据定期定额户的经营规模、经营区域、经营内容、行业特点、管理水平等因素核定定额，可以采用下列一种或两种以上的方法核定：

（一）按照耗用的原材料、燃料、动力等推算或者测算核定；

（二）按照成本加合理的费用和利润的方法核定；

（三）按照盘点库存情况推算或者测算核定；

（四）按照发票和相关凭据核定；

（五）按照银行经营账户资金往来情况测算核定；

（六）参照同类行业或类似行业中同规模、同区域纳税人的生产、经营情况核定；

（七）按照其他合理方法核定。

税务机关应当运用现代信息技术手段核定定额，增强核定工作的规范性和合理性。

第七条　税务机关核定定额程序：

（一）自行申报。定期定额户要按照税务机关规定的申报期限、申报内容向主管税务机关申报，填写有关申报文书。申报内容应包括经营行业、营业面积、雇佣人数和每月经营额、所得额以及税务机关需要的其他申报项目。

本项所称经营额、所得额为预估数。

（二）核定定额。主管税务机关根据定期定额户自行申报情况，参考典型调查结果，采取本办法第六条规定的核定方法核定定额，并计算应纳税额。

（三）定额公示。主管税务机关应当将核定定额的初步结果进行公示，公示期限为五个工作日。

公示地点、范围、形式应当按照便于定期定额户及社会各界了解、监督的原则，由主管税务机关确定。

（四）上级核准。主管税务机关根据公示意见结果修改定额，并将核定情况报经县以上税务机关审核批准后，填制《核定定额通知书》。

（五）下达定额。将《核定定额通知书》送达定期定额户执行。

（六）公布定额。主管税务机关将最终确定的定额和应纳税额情况在原公示范围内进行公布。”（对核定征收个人所得税的电子游戏厅，一律调高50%的个人所得税定额）

“第八条　定期定额户应当建立收支凭证粘贴簿、进销货登记簿，完整保存有关纳税资料，并接受税务机关的检查。

第九条　依照法律、行政法规的规定，定期定额户负有纳税申报义务。

实行简易申报的定期定额户，应当在税务机关规定的期限内按照法律、行政法规规定缴清应纳税款，当期（指纳税期，下同）可以不办理申报手续。

第十条　采用数据电文申报、邮寄申报、简易申报等方式的，经税务机关认可后方可执行。经确定的纳税申报方式在定额执行期内不予更改。

第十一条　定期定额户可以委托经税务机关认定的银行或其他金融机构办理税款划缴。

凡委托银行或其他金融机构办理税款划缴的定期定额户，应当向税务机关书面报告开户银行及账号。其账户内存款应当足以按期缴纳当期税款。其存款余额低于当期应纳税款，致使当期税款不能按期入库的，税务机关按逾期缴纳税款处理；对实行简易申报的，按逾期办理纳税申报和逾期缴纳税款处理。

第十二条　定期定额户发生下列情形，应当向税务机关办理相关纳税事宜：

（一）定额与发票开具金额或税控收款机记录数据比对后，超过定额的经营额、所得额所应缴纳的税款；

（二）在税务机关核定定额的经营地点以外从事经营活动所应缴纳的税款。

第十三条　税务机关可以根据保证国家税款及时足额入库、方便纳税人、降低税收成本的原则，采用简化的税款征收方式，具体方式由省税务机关确定。

第十四条　县以上税务机关可以根据当地实际情况，依法委托有关单位代征税款。税务机关与代征单位必须签订委托代征协议，明确双方的权利、义务和应当承担的责任，并向代征单位颁发委托代征证书。

第十五条　定期定额户经营地点偏远、缴纳税款数额较小，或者税务机关征收税款有困难的，税务机关可以按照法律、行政法规的规定简并征期。但简并征期最长不得超过一个定额执行期。

简并征期的税款征收时间为最后一个纳税期。

第十六条　通过银行或其他金融机构划缴税款的，其完税凭证可以到税务机关领取，或到税务机关委托的银行或其他金融机构领取；税务机关也可以根据当地实际情况采取邮寄送达，或委托有关单位送达。

第十七条　定期定额户在定额执行期结束后，应当以该期每月实际发生的经营额、所得额向税务机关申报，申报额超过定额的，按申报额缴纳税款；申报额低于定额的，按定额缴纳税款。具体申报期限由省税务机关确定。

定期定额户当期发生的经营额、所得额超过定额一定幅度的，应当在法律、行政法规规定的申报期限内向税务机关进行申报并缴清税款。具体幅度由省税务机关确定。

第十八条　定期定额户的经营额、所得额连续纳税期超过或低于税务机关核定的定额，应当提请税务机关重新核定定额，税务机关应当根据本办法规定的核定方法和程序重新核定定额。具体期限由省税务机关确定。

第十九条　经税务机关检查发现定期定额户在以前定额执行期发生的经营额、所得额超过定额，或者当期发生的经营额、所得额超过定额一定幅度而未向税务机关进行纳税申报及结清应纳税款的，税务机关应当追缴税款、加收滞纳金，并按照法律、行政法规规定予以处理。其经营额、所得额连续纳税期超过定额，税务机关应当按照本办法第十八条的规定重新核定其定额。

第二十条　定期定额户发生停业的，应当在停业前向税务机关书面提出停业报告；提前恢复经营的，应当在恢复经营前向税务机关书面提出复业报告；需延长停业时间的，应当在停业期满前向税务机关提出书面的延长停业报告。

第二十一条　税务机关停止定期定额户实行定期定额征收方式，应当书面通知定期定额户。

第二十二条　定期定额户对税务机关核定的定额有争议的，可以在接到《核定定额通知书》之日起 30 日内向主管税务机关提出重新核定定额申请，并提供足以说明其生产、经营真实情况的证据，主管税务机关应当自接到申请之日起 30 日内书面答复。

定期定额户也可以按照法律、行政法规的规定直接向上一级税务机关申请行政复议；对行政复议决定不服的，可以依法向人民法院提起行政诉讼。

定期定额户在未接到重新核定定额通知、行政复议决定书或人民法院判决书前，仍按原定额缴纳税款。

第二十三条　税务机关应当严格执行核定定额程序，遵守回避制度。税务人员个人不得擅自确定或更改定额。

税务人员徇私舞弊或者玩忽职守，致使国家税收遭受重大损失，构成犯罪的，依法追究刑事责任；尚不构成犯罪的，依法给予行政处分。”

上述规定自 2007 年 1 月 1 日起施行。

（二）信息采集相关文书

基于金税三期工程推行进度和信息系统改动，自 2016 年 10 月 1 日起税务机关对营业税改征增值税试点的个体工商户实行定期、定额征收方式的，在采集纳税人信息时应使用个体工商户定额信息采集表（适用于营业税改征增值税试点纳税人）。个体工商户定额信息采集表（适用于营业税改征增值税试点纳税人），见表 3 - 9。

表3-9　个体工商户定额信息采集表

（适用于营业税改征增值税试点纳税人）

单位名称：　　　　　　　　　　　　　　　　采集日期：　　年　　月　　日

纳税人识别号		业户名称	
业主姓名		经营地址	
联系电话		经营范围	
调查项目名称	调查项目内容		
定额项目			
资产投资总额/元			
经营面积/m^2			
主要经营用具及台（套）数			
月发票开具额			
年房屋租金/元			
仓储面积/m^2			
所属乡镇、街道			
所属集贸市场			
从业人数			
经营方式			
代理品牌数量			
淡季、旺季情况			
代理区域			
交通工具			
所属路段			
经营年限			
广告类别			
信誉程度			
其他项目			

续表

<table>
<tr><td colspan="2">“其他项目”补充说明：</td></tr>
<tr><td>纳税人签字：

年　月　日</td><td>税收管理员签字：

年　月　日</td></tr>
</table>

自2018年7月5日起，为适应税务机构改革需要，对实行定期、定额征收方式的商业、工业生产及来料加工业、修理修配业的个体工商户，税务机关在采集纳税人信息时应分别使用个体工商户定额信息采集表（商业）、个体工商户定额信息采集表（工业生产及来料加工业）、个体工商户定额信息采集表（修理修配业）。个体工商户定额信息采集表（商业），见表3-10。个体工商户定额信息采集表（工业生产及来料加工业），见表3-11。个体工商户定额信息采集表（修理修配业），见表3-12。

表3-10　个体工商户定额信息采集表

（商业）

单位名称：　　　　　　　　　　　　　　　　采集日期：　年　月　日

纳税人识别号		业户名称	
业主姓名		经营地址	
联系电话		经营范围	
调查项目名称	调查项目内容		
定额项目			
资产投资总额/元			
经营面积/m^2			
年房屋租金/元			
仓储面积/m^2			
所属乡镇、街道			
所属集贸市场			
从业人数			
经营方式			

续表

兼营情况	
代理品牌数量	
淡季、旺季情况	
代理区域	
交通工具	
所属路段	
经营年限	
广告类别	
信誉程度	
应纳消费税经营收入占总收入比例/%	
其他项目	
“其他项目”补充说明：	
纳税人签字： 年　月　日	税务机关管理人员签字： 年　月　日

表 3－11　个体工商户定额信息采集表

（工业生产及来料加工业）

单位名称：　　　　　　　　　　　　　　　采集日期：　　年　　月　　日

纳税人识别号			业户名称		
业主姓名		经营地址		联系电话	
经营范围			经营方式		
调查项目名称	调查项目内容				
定额项目					
资产投资总额/元					
经营面积/m^2					
房屋租金/元					

续表

从业人数	
主要设备名称及台（套）数	
主要设备生产效率	
辅助设备名称及台（套）数	
月用电量（度）	
设备容量	
所属乡镇（街道）	
所属集贸市场	
产品销售区域	
所属路段	
淡季、旺季情况	
所属区域	
交通工具	
经营年限	
广告类别	
信誉程度	
其他项目	
“其他项目”补充说明：	
纳税人签字： 年　月　日	税务机关管理人员签字： 年　月　日

表3-12　个体工商户定额信息采集表

（修理修配业）

单位名称：　　　　　　　　　　　　　　采集日期：　年　月　日

纳税人识别号			业户名称		
业主姓名		经营地址		联系电话	
经营范围			经营方式		

续表

调查项目名称	调查项目内容
定额项目	
资产投资总额/元	
从业人数	
技术资质	
维修种类	
烤漆设备	
所属乡镇、街道	
所属路段	
交通工具	
经营年限	
广告类别	
信誉程度	
其他项目	
“其他项目”补充说明：	
纳税人签字： 年　月　日	税务机关管理人员签字： 年　月　日

税务机关对个体工商户税收定期、定额管理中使用的其他税收执法文书和有关报表主要包括定期定额个体工商户税纳税分月汇总申报表、个体工商户定额核定汇总审批表、个体工商户定额核定审批表、核定定额通知书、不予变更纳税定额通知书、未达起征点通知书。

（三）定期定额缴税的个体工商户购置和使用税控收款机的个人所得税处理

为了配合税控收款机的推广和使用，切实减轻实行定期定额征收的个体工商户（以下简称定期定额户）购置税控收款机的负担，规范定期定额户税控收款机记录数据与核定定额的比对工作，对定期定额户购置税控收款机的购置费用允许在交纳个人所得税前一次性扣除，即将购置费用直接抵扣购机当月的个人所得税应纳税所得额，当月抵扣不完的，可以顺延，直至扣完。

定期定额户购置税控收款机所支付增值税的抵扣问题以及可享受抵扣优惠的税控收款机的标准，按照《财政部 国家税务总局关于推广税控收款机有关税收政策的通知》（财税〔2004〕167号）的有关规定执行。

《财政部 国家税务总局关于推广税控收款机有关税收政策的通知》（财税〔2004〕167号）对纳税人购进使用税控收款机的税收优惠政策规定如下：

“一、增值税一般纳税人购置税控收款机所支付的增值税税额（以购进税控收款机取得的增值税专用发票上注明的增值税税额为准），准予在该企业当期的增值税销项税额中抵扣。

二、增值税小规模纳税人或营业税纳税人购置税控收款机，经主管税务机关审核批准后，可凭购进税控收款机取得的增值税专用发票，按照发票上注明的增值税税额，抵免当期应纳增值税或营业税税额，或者按照购进税控收款机取得的普通发票上注明的价款，依下列公式计算可抵免税额：

可抵免税额＝［价款/（1＋17%）］×17%

当期应纳税额不足抵免的，未抵免部分可在下期继续抵免。

三、税控收款机购置费用达到固定资产标准的，应按固定资产管理，其按规定提取的折旧额可在企业计算缴纳所得税前扣除；达不到固定资产标准的，购置费用可在所得税前一次性扣除。”

注：2018年4月30日前（含2018年4月30日）上述公式增值税税率为17%；2019年4月1日后（含2019年4月1日）上述公式增值税税率为13%。

第四节 机动出租车驾驶员的个人所得税处理

《国家税务总局关于修改部分税务部门规章的决定》（国家税务总局令第44号）附件14《机动出租车驾驶员个人所得税征收管理暂行办法》规定：

“第二条 各种机动出租车驾驶员为个人所得税的纳税义务人，其从事出租车运营取得的收入，应依法缴纳个人所得税。

第三条 税务机关可以委托出租汽车经营单位、交通管理部门和运输服务站或者其他有关部门（单位）代收代缴出租车驾驶员应纳的个人所得税。被委托的单位为扣缴义务人，应按期代收代缴出租车驾驶员应纳的个人所得税。

第四条　没有扣缴义务人或扣缴义务人未按规定扣缴税款的，出租车驾驶员应自行向单位所在地或准运证发放地的主管税务机关申报纳税。

第五条　出租车驾驶员办理了个体出租车营业执照的，应在领取营业执照后30日内到当地主管税务机关办理税务登记。

第六条　出租车驾驶员从事出租车运营取得的收入，适用的个人所得税项目为：

（一）出租汽车经营单位对出租车驾驶员采取单车承包或承租方式运营，出租车驾驶员从事客货运营取得的收入，按工资、薪金所得项目征税。

（二）从事个体出租车运营的出租车驾驶员取得的收入，按个体工商户的生产、经营所得项目缴纳个人所得税。

（三）出租车属个人所有，但挂靠出租汽车经营单位或企事业单位，驾驶员向挂靠单位缴纳管理费的，或出租汽车经营单位将出租车所有权转移给驾驶员的，出租车驾驶员从事客货运营取得的收入，比照个体工商户的生产、经营所得项目征税。

第七条　县级以上（含县级）税务机关可以根据出租车的不同经营方式、不同车型、收费标准、缴纳的承包承租费等情况，核定出租车驾驶员的营业额并确定征收率或征收额，按月征收出租车驾驶员应纳的个人所得税。

第八条　出租车驾驶员能够提供有效停运证明的，税务机关应根据其停运期长短，相应核减其停运期间应缴纳的个人所得税。

第九条　纳税义务人和扣缴义务人未按规定缴纳、扣缴个人所得税的，主管税务机关应按《征管法》及有关法律、行政法规的规定予以处罚，触犯刑律的移送司法机关处理。

第十条　扣缴义务人每月所扣的税款、自行申报纳税人每月应纳的税款，应当在次月7日内缴入国库，并向主管税务机关报送扣缴个人所得税报告表或纳税申报表以及税务机关要求报送的其他资料。

第十一条　对扣缴义务人按照所扣缴或代收代缴的税款，付给2%的手续费。”

“第十四条　本办法从1995年4月1日起执行。”

注：2019年1月1日起，个人所得税法将“个体工商户的生产、经营所得”并为“经营所得”。《中华人民共和国个人所得税法实施条例》（2011年修订）规定：“扣缴义务人每月所扣的税款，自行申报纳税人每月应纳的税款，都应当在次月十五日内缴入国库，并向税务机关报送纳税申报表。

第五节 建筑安装业的个人所得税处理

为了加强对建筑安装业个人所得税的征收管理，国家税务总局于 1996 年 7 月 22 日印发《建筑安装业个人所得税征收管理暂行办法》（国税发〔1996〕127 号），于 2018 年 6 月 15 日《国家税务总局关于修改部分税务部门规章的决定》（国家税务总局令第 44 号）修正。

《国家税务总局关于修改部分税务部门规章的决定》（国家税务总局令第 44 号）附件 16《建筑安装业个人所得税征收管理暂行办法》规定：

“第二条 本办法所称建筑安装业，包括建筑、安装、修缮、装饰及其他工程作业。从事建筑安装业的工程承包人、个体户及其他个人为个人所得税的纳税义务人。其从事建筑安装业取得的所得，应依法缴纳个人所得税。

第三条 承包建筑安装业各项工程作业的承包人取得的所得，应区别不同情况计征个人所得税：经营成果归承包人个人所有的所得，或按照承包合同（协议）规定，将一部分经营成果留归承包人个人的所得，按对企事业单位的承包经营、承租经营所得项目征税；以其他分配方式取得的所得，按工资、薪金所得项目征税。

从事建筑安装业的个体工商户和未领取营业执照承揽建筑安装业工程作业的建筑安装队和个人，以及建筑安装企业实行个人承包后工商登记改变为个体经济性质的，其从事建筑安装业取得的收入应依照个体工商户的生产、经营所得项目计征个人所得税。从事建筑安装业工程作业的其他人员取得的所得，分别按照工资、薪金所得项目和劳务报酬所得项目计征个人所得税。”

注：上述涉及的纳税人和扣缴义务人应按每月工程完工量预缴、预扣个人所得税，按年结算。一项工程跨年度作业的，应按各年所得预缴、预扣和结算个人所得税。难以划分各年所得的，可以按月预缴、预扣税款，并在工程完工后按各年度工程完工量分摊所得并结算税款。

“第四条 从事建筑安装业的单位和个人，应依法办理税务登记。在异地从事建筑安装业的单位和个人，必须自工程开工之日前三日内，持营业执照、外出经营活动税收管理证明、城建部门批准开工的文件和工程承包合同（协议）、开户银行账号以及主管税务机关要求提供的其他资料向主管税务机关办理有关登记手续。

第五条 对未领取营业执照承揽建筑安装业工程作业的单位和个人，主管税务机关可以根据其工程规模，责令其缴纳一定数额的纳税保证金。在规定的期限内结清税款后，退还纳税保证金；逾期未结清税款的，以纳税保证金抵缴应纳税款和滞纳金。

第六条　从事建筑安装业的单位和个人应设置会计账簿，健全财务制度，准确、完整地进行会计核算。对未设立会计账簿，或者不能准确、完整地进行会计核算的单位和个人，主管税务机关可根据其工程规模、工程承包合同（协议）价款和工程完工进度等情况，核定其应纳税所得额或应纳税额，据以征税。具体核定办法由县以上（含县级）税务机关制定。

第七条　从事建筑安装业工程作业的单位和个人应按照主管税务机关的规定，购领、填开和保管建筑安装业专用发票或许可使用的其他发票。

第八条　建筑安装业的个人所得税，由扣缴义务人代扣代缴和纳税人自行申报缴纳。

第九条　承揽建筑安装业工程作业的单位和个人是个人所得税的代扣代缴义务人，应在向个人支付收入时依法代扣代缴其应纳的个人所得税。

第十条　没有扣缴义务人的和扣缴义务人未按规定代扣代缴税款的，纳税人应自行向主管税务机关申报纳税。”

“第十二条　扣缴义务人每月所扣的税款，自行申报纳税人每月应纳的税款，应当在次月七日内缴入国库，并向主管税务机关报送扣缴个人所得税报告表或纳税申报表以及税务机关要求报送的其他资料。

第十三条　对扣缴义务人按照所扣缴的税款，付给2%的手续费。

第十四条　建筑安装业单位所在地税务机关和工程作业所在地税务机关双方可以协商有关个人所得税代扣代缴和征收的具体操作办法，都有权对建筑安装业单位和个人依法进行税收检查，并有权依法处理其违反税收规定的行为。但一方已经处理的，另一方不得重复处理。

第十五条　本办法所称主管税务机关，是指建筑安装业工程作业所在地税务局（分局、所）。”

“第十九条　本办法从1996年1月1日起执行。”

注：2019年1月1日起，个人所得税法将“个体工商户的生产、经营所得”并为“经营所得”。《中华人民共和国个人所得税法实施条例》（2011年修订）规定：“扣缴义务人每月所扣的税款，自行申报纳税人每月应纳的税款，都应当在次月十五日内缴入国库，并向税务机关报送纳税申报表。”

第四章　利息、股息、红利所得

第一节　概述

一、定义

利息、股息、红利所得，是指个人拥有债权、股权而取得的利息、股息、红利所得。

利息是指货币持有者因贷出货币或货币资本而从借款人手中获得的报酬，包括存款利息、贷款利息和各种债券（债权）发生的利息。一般将货币持有者称为债权人，借款人称为债务人。利息来自债务人使用该笔资金发挥营运职能而形成的利润的一部分，马克思主义认为利息的实质是剩余价值的一种特殊的转化形式，是利润的一部分。利息的计算公式：利息＝本金×利率×期限。如自然人投资者购买上市公司发行的公司债券而取得的债券利息；自然人投资者购买公司发行的企业债券而取得的债券利息等。

股息、红利，无法准确区分其概念边界，往往将股息和红利统称为股利。股利，是指法人组织（包括公司、企业等）根据投资人出资比例或持有股份或投资人之间的约定，按照约定的比例（固定的比例或不固定的比例）向投资人分配的组织税后利润。投资人被称之为股东。上市公司向股东派发股利时，一般是每 10 股派发现金股利××元。

例如，某上市公司关于 2018 年度利润分配预案的公告，经公司董事会研究决定，2018 年度公司利润分配预案以 2018 年 12 月 31 日公司总股本2 954 946 709股为基数，向全体股东每 10 股派发现金股利 6.6 元（含税），共计派发现金股利1 950 264 827.94元。

对于非上市公司而言，股东的股息、红利所得界定为公司分配给股东的那部分税后利润。

二、税率

利息、股息、红利所得，适用比例税率，税率为20%。

三、应纳税所得额

以每次收入额为应纳税所得额，以支付利息、股息、红利时取得的收入为一次，不允许减除任何费用，即应纳税所得额＝每次收入额。

股份制企业在分配股息、红利时，以股票形式向股东个人支付应得的股息、红利（即派发红股），应以派发红股的股票票面金额为收入额，按“利息、股息、红利”项目计征个人所得税。股份制企业用盈余公积金派发红股属于股息，红利性质的分配，对个人取得的红股数额，应按“利息、股息、红利”项目计算交纳个人所得税。

在城市信用社改制为城市合作银行过程中，个人以现金或股份及其他形式取得的资产评估增值数额，应当按“利息、股息、红利所得”项目计征个人所得税，税款由城市合作银行负责代扣代缴。

个体工商户与企业联营而分得的利润，按“利息、股息、红利所得”项目计算交纳个人所得税。

个人取得的股份分红所得包括债权、债务形式的应收账款、应付账款相抵后的所得。个人股东取得公司债权、债务形式的股份分红，应以其债权形式应收账款的账面价值减去债务形式应付账款的账面价值的余额，加上实际分红所得为应纳税所得，按照规定交纳个人所得税。

利息、股息、红利所得实行源泉扣缴的征收方式，其扣缴义务人应是直接向纳税义务人支付利息、股息、红利的单位。

扣缴义务人将属于纳税义务人应得的利息、股息、红利收入，通过扣缴义务人的往来会计科目分配到个人名下，收入所有人有权随时提取，在这种情况下，扣缴义务人将利息、股息、红利所得分配到个人名下时，即应认为所得的支付，应按税收法规规定及时代扣代缴个人应交纳的个人所得税。

对个人将资金提供其他人员放贷而取得的利息收入，应作为集资利息收入，按照“利息、股息、红利所得”应税项目计算交纳个人所得税，税款由利息所得支付者代扣代缴。

企业债券利息个人所得税统一由各兑付机构在向持有债券的个人兑付利息时负责代扣代缴，就地入库。各兑付机构应按照个人所得税法的有关规定做好代扣代缴个人所得税工作。

四、应纳税额

应纳税额＝应纳税所得额×税率。

【案例分析 4－1】

境内甲旅游开发有限公司（以下简称甲公司，非上市公司）股东为自然人李某和张某，甲公司 2018 年缴完企业所得税后实现净利润1 000万元，2019 年 3 月 12 日股东会决议分配给李某现金股利 300 万元，分配给张某现金股利 200 万元，余下净利润 500 万元用于公司的发展，2019 年 4 月 10 日实际支付股东现金股利。甲公司应代扣代缴的个人所得税及会计处理如下：

个人所得税法规定，个人所得税以所得人为纳税人，以支付所得的单位或者个人为扣缴义务人。

案例中，李某和张某分别取得股利，为个人所得税纳税人，甲公司为扣缴义务人。

李某应交纳的个人所得税＝应纳税所得额×税率＝300 万元×20％＝60 万元。

张某应交纳的个人所得税＝应纳税所得额×税率＝200 万元×20％＝40 万元。

甲公司的会计处理：

2019 年 3 月 12 日股东决议分配现金股利：

借：利润分配——未分配利润　　500 万元
　贷：应付股利——李某　　240 万元
　　　应付股利——张某　　160 万元
　　　应交税费——应交个人所得税　　100 万元

2019 年 4 月 10 日实际支付股东股利：

借：应付股利——李某　　240 万元
　　应付股利——张某　　160 万元
　贷：银行存款　　400 万元

发生个人所得税纳税义务，甲公司应当在次月 15 日内将代扣的税款缴入国库，并向税务机关报送扣缴个人所得税申报表。

借：应交税费——应交个人所得税　　100 万元
　贷：银行存款　　100 万元

【案例分析4-2】

境内甲旅游开发有限公司（以下简称甲公司，非上市公司）股东为法人李××公司和张××公司，甲公司2018年缴完企业所得税后实现净利润1 000万元，2019年3月12日股东会决议分配给李××公司现金股利300万元，分配给张××公司现金股利200万元，余下净利润500万元用于公司的发展，2019年4月10日实际支付股东现金股利。甲公司应代扣代缴的个人所得税及会计处理应如何？李××公司的股东为自然人李某，张××公司的股东为自然人张某。李××公司和张××公司均为居民企业，取得现金股利后，不再向其股东进行分配，而是用于生产经营，如外购经营所需的车辆、房屋、办公用品等。

甲公司的股东为法人股东，股东决议分配现金股利时不涉及个人所得税。

此外，《中华人民共和国企业所得税法》及其实施条例规定，居民企业直接投资于其他居民企业取得的投资收益为免税收入。《中华人民共和国增值税暂行条例》（中华人民共和国国务院令第691号）第一条规定："在中华人民共和国境内销售货物或者加工、修理修配劳务（以下简称劳务），销售服务、无形资产、不动产以及进口货物的单位和个人，为增值税的纳税人，应当依照本条例缴纳增值税。"据此，李××公司和张××公司取得的现金股利为免税收入（即免企业所得税），也不属于增值税应税收入，不涉及增值税。

甲公司的会计处理：

2019年3月12日股东决议分配现金股利：

借：利润分配——未分配利润　　　　　　500万元
　贷：应付股利——李某　　　　　　　　300万元
　　　应付股利——张某　　　　　　　　200万元

2019年4月10日实际支付股东股利：

借：应付股利——李某　　　　　　　　　300万元
　　应付股利——张某　　　　　　　　　200万元
　贷：银行存款　　　　　　　　　　　　400万元

第二节　利息、股息、红利所得项目的特殊事项

一、个人投资者从其投资的企业（个人独资企业、合伙企业除外）借款长期不还的个人所得税处理

纳税年度内个人投资者从其投资企业（个人独资企业、合伙企业除外）借款，在该纳税年度终了后既不归还，又未用于企业生产经营的，其未归还的借款可视为企业对个人投资者的红利分配，依照“利息、股息、红利所得”项目计征个人所得税。

企业投资者个人、投资者家庭成员向企业借款用于购买房屋及其他财产，将所有权登记为投资者、投资者家庭成员，且借款年度终了后未归还借款的，不论所有权人是否将财产无偿或有偿交付企业使用，其实质均为企业对个人进行了实物性质的分配，应依法计征个人所得税。对除个人独资企业、合伙企业以外其他企业的个人投资者或其家庭成员取得的上述所得，视为企业对个人投资者的红利分配，按照“利息、股息、红利所得”项目计征个人所得税。

对于企业投资者个人、投资者家庭成员向企业跨年度借款征收的个人所得税在借款归还后是否退还税款的问题，《国家税务总局　广西壮族自治区税务局关于明确个人所得税若干问题的公告》（国家税务总局　广西壮族自治区税务局公告2018年第9号）规定，企业投资者个人、投资者家庭成员向企业跨年度借款征收的个人所得税，虽然借款在征税后已归还，但该行为的纳税义务已经发生，已征收的税款不予退还。

【案例分析4-3】

甲公司（境内非上市公司）自然人股东李某，于2015年8月从甲公司银行账户转出100万元，即转至李某个人银行账户。甲公司会计处理：

借：其他应收款——李某　　　　　　100万元

　贷：银行存款　　　　　　　　　　100万元

甲公司主管税务机关于2018年10月进场例行税务检查，发现上述借款未归还甲公司。税务机关检查人员约谈相关人员及进一步调查取证，未发现李某转出的100万元用于企业生产经营，且李某自己也无证据证明从甲公司银行账户转出的100万元用于企业生产经营。

此案例中，李某未归还的借款可视为甲公司对个人投资者李某的红利分配，李某应按照“利息、股息、红利所得”项目交纳个人所得税：100万元×20%=20万元。

二、企业为个人投资者及其相关人员支付消费性支出及购买汽车、住房等财产性支出的个人所得税处理

除个人独资企业、合伙企业以外的其他企业的个人投资者，以企业资金为本人、家庭成员及其相关人员支付与企业生产经营无关的消费性支出及购买汽车、住房等财产性支出，视为企业对个人投资者的红利分配，依照“利息、股息、红利所得”项目计征个人所得税。

企业出资购买房屋及其他财产，将所有权登记为投资者个人、投资者家庭成员的，不论所有权人是否将财产无偿或有偿交付企业使用，其实质均为企业对个人进行了实物性质的分配，应依法计征个人所得税。对除个人独资企业、合伙企业以外其他企业的个人投资者或其家庭成员取得的上述所得，视为企业对个人投资者的红利分配，按照“利息、股息、红利所得”项目计征个人所得税。

企业购买车辆并将车辆所有权办到股东个人名下，其实质为企业对股东进行了红利性质的实物分配，应按照“利息、股息、红利所得”项目征收个人所得税。考虑到该股东个人名下的车辆同时也为企业经营使用的实际情况，允许合理减除部分所得。减除的具体数额由主管税务机关根据车辆的实际使用情况合理确定。

对上述“减除的具体数额”，《国家税务总局 广西壮族自治区税务局关于明确个人所得税若干问题的公告》（国家税务总局 广西壮族自治区税务局公告 2018 年第 9 号）明确关于企业购买车辆并将车辆所有权办到股东个人名下，在计征个人所得税时如何确定合理扣除部分所得的问题，即按各设区的市税务机关可结合实际情况，按照最高不超过 20%的扣除率扣除部分所得。

【案例分析 4－4】

甲公司（境内非上市公司）于 2018 年 5 月出资为其自然人股东李某的配偶张某购买一栋别墅，购买款1 000万元，该购买款从甲公司银行账户划转至出卖人银行账户，房屋买卖合同注明买受人为张某，该别墅房屋产权证办理至张某名下。至 2018 年 8 月 1 日办妥所有相关手续，张某于 2018 年 8 月 2 日将该别墅无偿提供给甲公司作为办公场所。

此案例中，甲公司出资为其自然人股东李某的配偶张某购买一栋别墅，视为甲公司对个人投资者李某的红利分配，李某应按照“利息、股息、红利所得”项目交纳个人所得税：1 000万元×20%＝200 万元。

三、企业将从税后利润中提取的法定盈余公积、法定公益金及未分配利润转增股本或实收资本的个人所得税处理

企业（包括上市公司和非上市公司）将从税后利润中提取的法定盈余公积、法定公益金及未分配利润转增股本（或实收资本），实际上是该企业将盈余公积、法定公益金及未分配利润向股东分配了股息、红利，股东再以分得的股息、红利增加股本（或实收资本）。属于自然人股东分得再投入公司的部分应按照“利息、股息、红利所得”项目计算交纳个人所得税，税款由企业在有关部门批准增资、公司股东会（或股东大会）决议通过后代扣代缴。

【案例分析 4－5】

境内非上市及未在全国中小企业股份转让系统挂牌的甲有限公司（以下简称甲公司，不属于中小高新技术企业）2018 年 12 月 31 日经审计后的资产负债表所有者权益合计8 000万元，其中实收资本1 000万元，资本公积3 000万元，盈余公积2 000万元，未分配利润2 000万元。2019 年 3 月 20 日董事会提交公司增资方案报股东会审批，增资方案注明：以盈余公积1 000万元，未分配利润1 000万元按股东股权比例增加其实收资本。甲公司股东为自然人股东李某出资 600 万元，股权比例 60％；自然人股东张某出资 400 万元，股权比例 40％。现按董事会做出的增资方案，拟增加李某出资1 200万元，拟增加张某出资 800 万元。2019 年 4 月 2 日股东会对董事会提交的增资方案做出决议，同意董事会提出的公司增资方案，并考虑个人所得税的影响。

此案例中，相当于甲公司将盈余公积1 000万元，未分配利润1 000万元向股东李某、张某按其股权比例分配了股息、红利，李某、张某再以分得的股息、红利增加甲公司实收资本。

李某应按照“利息、股息、红利所得”项目计算交纳个人所得税：1 200万元×20％＝240 万元；实际增加“实收资本——李某”960 万元。

张某应按照“利息、股息、红利所得”项目计算交纳个人所得税：800 万元×20％＝160 万元；实际增加“实收资本——张某”640 万元。

甲公司会计分录：

分配股息红利：

借：盈余公积　　　　　　　　　　　　1 000万元

　　未分配利润——利润分配　　　　　1 000万元

贷：应付股利——李某 960万元

应付股利——张某 640万元

应交税费——应交个人所得税 400万元

转增实收资本：

借：应付股利——李某 960万元

应付股利——张某 640万元

贷：实收资本——李某 960万元

实收资本——张某 640万元

扣缴个人所得税：

借：应交税费——应交个人所得税 400万元

贷：银行存款 400万元

现行企业通常将分配股息红利和转增实收资本合并进行会计处理：

借：盈余公积 1 000万元

未分配利润——利润分配 1 000万元

贷：实收资本——李某 960万元

实收资本——张某 640万元

应交税费——应交个人所得税 400万元

四、企业以未分配利润、盈余公积、除股票溢价发行外的其他资本公积转增实收资本或股本的个人所得税处理

（一）一般企业的个人所得税处理

股份制企业用资本公积转增股本不属于股息、红利性质的分配，对个人取得的转增股本数额，不作为个人所得，不征收个人所得税。资本公积是指股份制企业股票溢价发行收入所形成的资本公积，将此转增股本由个人取得的数额，不作为应税所得征收个人所得税，而与此不相符合的其他资本公积分配个人所得部分，应当依法征收个人所得税，即股份制企业股票溢价发行收入所形成的资本公积，将此转增股本由个人取得的数额，不征收个人所得税。

对企业（包括上市企业和非上市企业）以未分配利润、盈余公积和除股票溢价发行外的其他资本公积转增实收资本或股本的，个人股东取得的数额要按照“利息、股息、红利所得”项目，计算交纳个人所得税。

例如，境内某上市公司2018年4月披露的《关于2017年度利润分配及资本公积转增股本方案的公告》中，拟以目前总股本484 695 189为基数，向全体股东每10股派发现金红利人民币3元整（含税），以资本公积向全体股东每10股转增10股。

其“以资本公积向全体股东每10股转增10股”的“资本公积”为“股票溢价发行”形成的资本公积，此部分不作为个人股东的应纳税所得，无须交纳个人所得税。若以除股票溢价发行外的其他资本公积向全体股东每10股转增10股的，此部分作为个人股东的应纳税所得，按照“利息、股息、红利所得”项目交纳个人所得税。

【案例分析4-6】

境内非上市及未在全国中小企业股份转让系统挂牌的甲公司于2014年12月成立，为有限责任公司，也不属于中小高新技术企业，注册资本1 000万元，由A、B两名自然人股东出资，A以银行存款出资600万元占60%，B以银行存款出资400万元占40%。甲公司于2017年12月增资500万元，吸收C自然人为股东，股东三方约定：C出资1 000万元，其中500万元形成实收资本，500万元形成“资本公积——资本溢价”，增资后，3位股东出资比例为A 40%、B 27%、C 33%。至2018年8月，甲公司将“资本公积——资本溢价”500万元全部按比例转增资本，即预计增加“实收资本——A”200万元，预计增加“实收资本——B”135万元，预计增加“实收资本——C”165万元。

此案例中，2018年8月，甲公司将“资本公积——资本溢价”500万元转增资本，属于“除股票溢价发行外的其他资本公积转增实收资本”情形，本自然人股东A、B、C应按“利息、股息、红利所得”项目，适用20%税率计算交纳个人所得税。

A股东应交个人所得税＝200万元×20%＝40万元；交纳后，实际增加“实收资本——A”160万元（200万元－40万元＝160万元）；

B股东应交个人所得税＝135万元×20%＝27万元；交纳后，实际增加“实收资本——B”108万元（135万元－27万元＝108万元）；

C股东应交个人所得税＝165万元×20%＝33万元；交纳后，实际增加“实收资本——C”132万元（165万元－33万元＝132万元）。

（二）中小高新技术企业（上市或非上市）的个人所得税处理

1. 非上市及未在全国中小企业股份转让系统挂牌的中小高新技术企业。自2016年1月1日起，全国范围内的中小高新技术企业以未分配利润、盈余公积、除股票溢价发行外的其他资本公积向个人股东转增股本（或实收资本）时，个人股东一次交纳个人所得税确有困难的，可根据实际情况自行制订分期缴税计划，在不超过5

个公历年度内（含5个公历年度）分期交纳，并将有关资料报主管税务机关备案。

非上市及未在全国中小企业股份转让系统挂牌的中小高新技术企业以未分配利润、盈余公积、除股票溢价发行外的其他资本公积向个人股东转增股本（或实收资本），并且纳税人一次交纳个人所得税确有困难的，纳税人可分期交纳个人所得税，可根据实际情况自行制订分期缴税计划，在不超过5个公历年度内（含5个公历年度）分期交纳，并将有关资料报主管税务机关备案。非上市及未在全国中小企业股份转让系统挂牌的其他企业（即非上市及未在全国中小企业股份转让系统挂牌的非中小高新技术企业）转增股本（或实收资本），应及时代扣代缴个人所得税，不适用分期缴税政策。

中小高新技术企业，是指注册在中国境内实行查账征收的、经认定取得高新技术企业资格，且年销售额和资产总额均不超过2亿元、从业人数不超过500人的企业。

个人股东获得转增的股本（或实收资本），应按照“利息、股息、红利所得”项目，适用20%税率征收个人所得税。

个人股东转让股权并取得现金收入的，该现金收入应优先用于交纳尚未交清的税款。

在个人股东转让该部分股权之前，企业依法宣告破产，个人股东进行相关权益处置后没有取得收益或收益小于初始投资额的，主管税务机关对其尚未交纳的个人所得税可不予追征。

2. 上市或在全国中小企业股份转让系统挂牌的中小高新技术企业。上市中小高新技术企业或在全国中小企业股份转让系统挂牌的中小高新技术企业向个人股东转增股本（不含以股票发行溢价形成的资本公积转增股本），股东应纳的个人所得税，按照有关股息红利差别化个人所得税政策执行，不适用分期纳税政策。

3. 备案办理。

分期缴税计划由纳税人根据自身情况自主制订。

企业转增股本涉及的股东需要分期交纳个人所得税的，应自行制订分期缴税计划，由企业于发生转增股本的次月15日内，向主管税务机关办理分期缴税备案手续。

企业应向主管税务机关报送高新技术企业认定证书、股东大会或董事会决议、个人所得税分期交纳备案表（转增股本）、上年度及转增股本当月企业财务报表以及转增股本有关情况说明等。个人所得税分期交纳备案表（转增股本），见表4-1。

表 4－1　个人所得税分期交纳备案表（转增股本）

备案编号（主管税务机关填写）：　　　　金额单位：人民币元（列至角分）

<table>
<tr><td colspan="19">扣缴单位基本情况</td></tr>
<tr><td colspan="2">扣缴单位名称</td><td colspan="3"></td><td colspan="3">纳税人识别号</td><td colspan="4"></td><td colspan="4">高新技术企业证书编号</td><td colspan="3"></td></tr>
<tr><td colspan="2">地址</td><td colspan="3"></td><td colspan="3">联系人</td><td colspan="2"></td><td colspan="2">电话</td><td colspan="7"></td></tr>
<tr><td colspan="2">年销售额</td><td colspan="3"></td><td colspan="3">资产总额</td><td colspan="2"></td><td colspan="2">员工人数</td><td colspan="2"></td><td colspan="3">总股本（实收资本）</td><td colspan="2"></td></tr>
<tr><td colspan="19">转增股本情况</td></tr>
<tr><td colspan="3">未分配利润转增金额</td><td colspan="3"></td><td colspan="4">盈余公积转增金额</td><td colspan="4"></td><td colspan="3">资本公积转增金额</td><td colspan="2"></td></tr>
<tr><td colspan="19">分期缴税情况</td></tr>
<tr><td rowspan="3">序号</td><td rowspan="3">姓名</td><td rowspan="3">身份证件类型</td><td rowspan="3">身份证件号码</td><td rowspan="3">持有股份数</td><td rowspan="3">持股比例</td><td rowspan="3">计税金额</td><td rowspan="3">应缴个人所得税</td><td colspan="10">分期缴税计划</td><td rowspan="3">签名</td></tr>
<tr><td colspan="2">第一年</td><td colspan="2">第二年</td><td colspan="2">第三年</td><td colspan="2">第四年</td><td colspan="2">第五年</td></tr>
<tr><td>缴税时间</td><td>缴税金额</td><td>缴税时间</td><td>缴税金额</td><td>缴税时间</td><td>缴税金额</td><td>缴税时间</td><td>缴税金额</td><td>缴税时间</td><td>缴税金额</td></tr>
<tr><td></td><td></td><td></td><td></td><td></td><td></td><td></td><td></td><td></td><td></td><td></td><td></td><td></td><td></td><td></td><td></td><td></td><td></td><td></td></tr>
<tr><td></td><td></td><td></td><td></td><td></td><td></td><td></td><td></td><td></td><td></td><td></td><td></td><td></td><td></td><td></td><td></td><td></td><td></td><td></td></tr>
<tr><td></td><td></td><td></td><td></td><td></td><td></td><td></td><td></td><td></td><td></td><td></td><td></td><td></td><td></td><td></td><td></td><td></td><td></td><td></td></tr>
<tr><td></td><td></td><td></td><td></td><td></td><td></td><td></td><td></td><td></td><td></td><td></td><td></td><td></td><td></td><td></td><td></td><td></td><td></td><td></td></tr>
<tr><td></td><td></td><td></td><td></td><td></td><td></td><td></td><td></td><td></td><td></td><td></td><td></td><td></td><td></td><td></td><td></td><td></td><td></td><td></td></tr>
<tr><td></td><td></td><td></td><td></td><td></td><td></td><td></td><td></td><td></td><td></td><td></td><td></td><td></td><td></td><td></td><td></td><td></td><td></td><td></td></tr>
<tr><td></td><td></td><td></td><td></td><td></td><td></td><td></td><td></td><td></td><td></td><td></td><td></td><td></td><td></td><td></td><td></td><td></td><td></td><td></td></tr>
<tr><td></td><td></td><td></td><td></td><td></td><td></td><td></td><td></td><td></td><td></td><td></td><td></td><td></td><td></td><td></td><td></td><td></td><td></td><td></td></tr>
<tr><td></td><td></td><td></td><td></td><td></td><td></td><td></td><td></td><td></td><td></td><td></td><td></td><td></td><td></td><td></td><td></td><td></td><td></td><td></td></tr>
</table>

续表

<table>
<tr><td colspan="2">谨声明：此表是根据《中华人民共和国个人所得税法》及有关法律法规规定填写的，是真实的、完整的、可靠的。

扣缴单位负责人签字：　　　扣缴单位盖章：　　　年　月　日</td></tr>
<tr><td>代理申报机构（人）签章：

经办人：
经办人执业证件号码：
代理申报日期：　年　月　日</td><td>主管税务机关受理章：

受理人：

受理日期：　年　月　日</td></tr>
</table>

国家税务总局监制

填报说明

本表适用于个人因转增股本取得所得，其扣缴义务人向主管税务机关办理分期交纳个人所得税备案事宜。本表一式两份，主管税务机关受理后，由扣缴义务人和主管税务机关分别留存。

一、备案编号：由主管税务机关自行编制。

二、纳税人识别号：填写税务机关赋予的18位纳税人识别号。

三、高新技术企业证书编号：填写高新技术企业认定部门核发的有效期内的高新技术企业证书编号。

四、年销售额：填写企业上一个会计年度的主营业务收入。

五、资产总额、员工人数、总股本（实收资本）：填写企业转增股本当月相关数据。

六、转增股本情况：填写企业转增股本的相关情况。

七、计税金额：计税金额＝（未分配利润转增金额＋盈余公积转增金额＋资本公积转增金额）×持股比例。

八、应缴个人所得税：应缴个人所得税＝计税金额×20％。

九、计划缴税时间：按年度填写每一年度计划缴税的截止月份。

十、计划缴税金额：填写每一年度计划分期交纳的个人所得税金额。

高新技术企业认定证书、股东大会或董事会决议的原件，主管税务机关进行形式审核后退还企业，复印件及其他有关资料税务机关留存。

纳税人分期缴税期间需要变更原分期缴税计划的，应重新制订分期缴税计划，由企业向主管税务机关重新报送个人所得税分期交纳备案表（转增股本）。

4. 代扣代缴。

企业在填写扣缴个人所得税报告表时，应将纳税人转增股本情况单独填列，并在“备注”栏中注明“转增股本”字样。（注：2019 年 1 月 1 日起，新个人所得税法实施后，报告表发生变化，详见“第十三章第三节个人所得税扣缴申报表及填表说明”）

纳税人在分期缴税期间取得分红或转让股权的，企业应及时代扣转增股本尚未缴清的个人所得税，并于次月 15 日内向主管税务机关申报纳税。

【案例分析 4－7】

境内非上市及未在全国中小企业股份转让系统挂牌的中小高新技术企业甲有限公司（以下简称甲公司）2018 年 12 月 31 日经审计后的资产负债表所有者权益合计10 000万元，其中实收资本1 000万元，资本公积3 000万元，盈余公积3 000万元，未分配利润3 000万元。2019 年 3 月 20 日董事会提交公司增资方案报股东会审批，增资方案注明：以盈余公积2 000万元、未分配利润3 000万元按股东股权比例增加其实收资本。甲公司股东为自然人股东李某出资 600 万元，股权比例 60%；自然人股东张某出资 400 万元，股权比例 40%。现按董事会做出的增资方案，拟增加李某出资3 000万元，拟增加张某出资2 000万元。2019 年 4 月 2 日股东会对董事会提交的增资方案做出决议，同意董事会提出的公司增资方案，并考虑个人所得税的影响。截至 2019 年 3 月 31 日甲公司所有者权益合计较 2018 年 12 月 31 日略有增长。

此案例中，相当于甲公司将盈余公积2 000万元、未分配利润3 000万元向股东李某、张某按其股权比例分配了股息、红利，李某、张某再以分得的股息、红利增加甲公司实收资本。

李某应按照“利息、股息、红利所得”项目计算交纳个人所得税：3 000万元×20%＝600 万元；实际增加“实收资本——李某”2 400万元。

张某应按照“利息、股息、红利所得”项目计算交纳个人所得税：2 000万元×20%＝400 万元；实际增加“实收资本——张某”1 600万元。

李某和张某一次交纳个人所得税的确有困难的，可根据实际情况自行制订分期缴税计划，在不超过 5 个公历年度内（含 5 个公历年度）分期交纳，并将有关资料报主管税务机关备案。

李某、张某在不超过5个公历年度内（含5个公历年度）可按年平均分期交纳应交纳的个人所得税，也可以不平均交纳应交的个人所得税。李某制订的分期缴税计划，见表4-2。张某制订的分期缴税计划，见表4-3。

表4-2 李某制订的分期缴税计划

单位：万元

计划缴税时间	交纳个人所得税税款
2019年5月15日	10
2019年12月15日	50
2020年12月15日	50
2021年6月15日	50
2021年12月15日	50
2022年6月15日	100
2022年12月15日	100
2023年7月15日	90
2023年12月15日	100
合计	600

表4-3 张某制订的分期缴税计划

单位：万元

计划缴税时间	交纳个人所得税税款
2019年12月15日	100
2020年12月15日	100
2021年12月15日	100
2022年12月15日	100
合计	400

李某、张某按上述规定向主管税务机关办理分期缴税备案手续。

五、个人投资者收购企业股权后将原盈余积累转增股本或实收资本的个人所得税处理

一名或多名个人投资者以股权收购方式取得被收购企业100%股权，股权收购前，被收购企业原账面金额中的“资本公积、盈余公积、未分配利润”等盈余积累未转增股本（或实收资本），而在股权交易时将其一并计入股权转让价格并履行了所得税纳税义务。股权收购后，企业将原账面金额中的盈余积累向个人投资者（新股东，下同）转增股本（或实收资本），有关个人所得税问题区分以下情形处理：

1. 新股东以不低于净资产价格收购股权的，企业原盈余积累已全部计入股权交易价格，新股东取得盈余积累转增股本（或实收资本）的部分，不征收个人所得税。

2. 新股东以低于净资产价格收购股权的，企业原盈余积累中，对于股权收购价格减去原股本（或实收资本）的差额部分已经计入股权交易价格，新股东取得盈余积累转增股本（或实收资本）的部分，不征收个人所得税；对于股权收购价格低于原所有者权益的差额部分未计入股权交易价格，新股东取得盈余积累转增股本（或实收资本）的部分，应按照“利息、股息、红利所得”项目征收个人所得税。

新股东以低于净资产价格收购企业股权后转增股本（或实收资本），应按照下列顺序进行，即先转增应税的盈余积累部分，然后再转增免税的盈余积累部分。

新股东将所持股权转让时，其财产原值为其收购企业股权实际支付的对价及相关税费。

企业发生股权交易及转增股本等事项后，应在次月 15 日内，将股东及其股权变化情况、股权交易前原账面记载的盈余积累数额、转增股本数额及扣缴税款情况报告主管税务机关。

【案例分析 4－8】

境内非上市及未在全国中小企业股份转让系统挂牌的非中小高新技术企业甲有限公司（以下简称甲公司）2018 年 12 月 31 日经审计后的资产负债所有者权益表，见表 4－4。

表 4－4　资产负债所有者权益表

单位：万元

所有者权益（或股东权益）	期末余额
实收资本（或股本）	1 000
其他权益工具	—
其中：优先股	—
永续债	—
资本公积	2 000
减：库存股	—
其他综合收益	—
盈余公积	2 000
未分配利润	3 000
所有者权益（或股东权益）合计	8 000

甲公司股东：自然人股东李某出资 600 万元，股权比例 60%；自然人股东张某出资 400 万元，股权比例 40%。资本公积2 000万元为除股票溢价发行外的其他资本公积。

第一种情况，2019 年 1 月 4 日，甲公司股东李某、张某与自然人黄某签订股权转让协议，协议约定李某、张某将持有甲公司的股权全部转让予黄某，转让价款合计8 100万元（转让价款全部考虑了甲公司“资本公积、盈余公积、未分配利润”盈余积累的余额），其中李某取得股权转让款4 860万元，张某取得股权转让款3 240万元。该股权交易相关手续于 2019 年 1 月 30 日全部办理完毕。

假设不考虑股权交易涉及的其他合理费用，李某按“财产转让所得”项目计算交纳个人所得税：（4 860万元－600 万元）×20%＝852 万元；张某按“财产转让所得”项目计算交纳个人所得税：（3 240万元－400 万元）×20%＝568 万元；合并考虑涉及的个人所得税：（8 100万元－1 000万元）×20%＝7 100万元×20%＝1 420万元。

股权交易相关手续于 2019 年 1 月 30 日全部办理完毕后，黄某持有甲公司100%的股权。甲公司于 2019 年 3 月 15 日将资本公积2 000万元，盈余公积2 000万元，未分配利润3 000万元全部转增实收资本。甲公司原盈余积累已全部计入股权交易价格，新股东黄某取得盈余积累转增实收资本的部分，不计算交纳个人所得税。也可理解为，甲公司于 2019 年 3 月 15 日将资本公积2 000万元，盈余公积2 000万元，未分配利润3 000万元，合计7 000万元全部转增实收资本，因为其7 000万元已在股权交易中原股东李某、张某按财产转让所得计算交纳了个人所得税，那么此7 000万元不再征收个人所得税。

第二种情况，2019 年 1 月 4 日，甲公司股东李某、张某与自然人黄某签订股权转让协议，协议约定李某、张某将持有甲公司的股权全部转让予黄某，转让价款合计5 000万元（转让价款部分考虑了甲公司“资本公积、盈余公积、未分配利润”盈余积累的余额），其中李某取得股权转让款3 000万元，张某取得股权转让款2 000万元。该股权交易相关手续于 2019 年 1 月 30 日全部办理完毕。

假设不考虑股权交易涉及的其他合理费用，李某按“财产转让所得”项目计算交纳个人所得税：（3 000万元－600 万元）×20%＝480 万元；张某按“财产转让所得”项目计算交纳个人所得税：（2 000万元－400 万元）×20%＝320 万元；合并考虑涉及的个人所得税：（5 000万元－1 000万元）×20%＝4 000万元×20%＝800 万元。

股权交易相关手续于 2019 年 1 月 30 日全部办理完毕后，黄某持有甲公司100%的股权。甲公司于 2019 年 3 月 15 日将资本公积2 000万元，盈余公积2 000万元，未分配利润3 000万元全部转增实收资本。

黄某以低于净资产价格收购股权的，甲公司原盈余积累中，对于股权收购价格减去原实收资本的差额部分已经计入股权交易价格，黄某取得盈余积累转增实收资本的部分，不征收个人所得税。股权收购价格减去原实收资本的差额部分：5 000万元－1 000万元＝4 000万元，不征收个人所得税。

对于股权收购价格低于原所有者权益的差额部分未计入股权交易价格，黄某取得盈余积累转增实收资本的部分，应按照“利息、股息、红利所得”项目征收个人所得税。股权收购价格低于原所有者权益的差额部分：8 000万元－5 000万元＝3 000万元，按照“利息、股息、红利所得”项目计算交纳个人所得税。也可理解为，甲公司于 2019 年 3 月 15 日将资本公积2 000万元，盈余公积2 000万元，未分配利润3 000万元，合计7 000万元全部转增实收资本，其中的4 000万元不再征收个人所得税（因为其4 000万元已在股权交易中原股东李某、张某按财产转让所得计算交纳了个人所得税），3 000万元按照“利息、股息、红利所得”项目计算交纳个人所得税。

黄某按照“利息、股息、红利所得”项目计算交纳个人所得税：3 000万元×20%＝600 万元。

第三种情况，2019 年 1 月 4 日，甲公司股东李某、张某与自然人黄某、自然人韦某签订股权转让协议，协议约定李某、张某将持有甲公司的股权全部转让予黄某和韦某，转让价款合计5 000万元（转让价款部分考虑了甲公司“资本公积、盈余公积、未分配利润”盈余积累的余额），其中李某取得股权转让款3 000万元，张某取得股权转让款2 000万元。黄某支付股权转让款3 000万元，占股 60%；韦某支付股权转让款2 000万元，占股 40%。该股权交易相关手续于 2019 年 1月 30 日全部办理完毕。

假设不考虑股权交易涉及的其他合理费用，李某按“财产转让所得”项目计算交纳个人所得税：（3 000万元－600 万元）×20%＝480 万元；张某按“财产转让所得”项目计算交纳个人所得税：（2 000万元－400 万元）×20%＝320 万元。

股权交易相关手续于 2019 年 1 月 30 日全部办理完毕后，黄某持有甲公司60%的股权，韦某持有甲公司 40%的股权。甲公司于 2019 年 3 月 15 日将资本公积2 000万元，盈余公积2 000万元，未分配利润3 000万元全部按黄某、韦某持股比例分别转增实收资本。

黄某、韦某以低于净资产价格收购股权的，甲公司原盈余积累中，对于股权收购价格减去原实收资本的差额部分已经计入股权交易价格，黄某、韦某取得盈余积累转增实收资本的部分，不征收个人所得税。股权收购价格减去原实收资本的差额部分：5 000万元－1 000万元＝4 000万元，不征收个人所得税。

对于股权收购价格低于原所有者权益的差额部分未计入股权交易价格，黄某、韦某取得盈余积累转增实收资本的部分，应按照“利息、股息、红利所得”项目征收个人所得税。股权收购价格低于原所有者权益的差额部分：8 000万元－5 000万元＝3 000万元，按照“利息、股息、红利所得”项目计算交纳个人所得税。也可理解为，甲公司于2019年3月15日将资本公积2 000万元，盈余公积2 000万元，未分配利润3 000万元，合计7 000万元全部转增实收资本，其中的4 000万元不再征收个人所得税，3 000万元按照“利息、股息、红利所得”项目计算交纳个人所得税。

黄某按照“利息、股息、红利所得”项目计算交纳个人所得税：3 000万元×60%×20%＝360万元。

韦某按照“利息、股息、红利所得”项目计算交纳个人所得税：3 000万元×40%×20%＝240万元。

上述股权交易中，如果甲公司原股东为法人，新股东以股权收购方式取得被收购企业100%股权。股权收购后，甲公司将原账面金额中的盈余积累向新股东转增实收资本，不适用上述个人所得税政策。

上述股权交易中，如果甲公司原股东为法人和自然人，新股东以股权收购方式取得被收购企业100%股权。股权收购后，甲公司将原账面金额中的盈余积累向新股东转增实收资本，应按适当的方法（如按原自然人股东原持股比例）确认适用上述个人所得税政策的转增实收资本的金额。

六、上市公司股息红利差别化个人所得税政策

（一）政策规定

《财政部　国家税务总局　证监会关于上市公司股息红利差别化个人所得税政策有关问题的通知》（财税〔2015〕101号）规定：“个人从公开发行和转让市场取得的上市公司股票，持股期限超过1年的，股息红利所得暂免征收个人所得税。个人从公开发行和转让市场取得的上市公司股票，持股期限在1个月以内（含1个月）的，其股息红利所得全额计入应纳税所得额；持股期限在1个月以上至1年（含1年）的，暂减按50%计入应纳税所得额；上述所得统一适用20%的税率计征个人所得税。”该规定自2015年9月8日起施行。

上市公司是指在上海证券交易所、深圳证券交易所挂牌交易的上市公司；持股期限是指个人从公开发行和转让市场取得上市公司股票之日至转让交割该股票之日前一日的持有时间。

《财政部　国家税务总局　证监会关于实施上市公司股息红利差别化个人所得税政策有关问题的通知》（财税〔2012〕85号）规定：

“所称个人从公开发行和转让市场取得的上市公司股票包括：

（一）通过证券交易所集中交易系统或大宗交易系统取得的股票；

（二）通过协议转让取得的股票；

（三）因司法扣划取得的股票；

（四）因依法继承或家庭财产分割取得的股票；

（五）通过收购取得的股票；

（六）权证行权取得的股票；

（七）使用可转换公司债券转换的股票；

（八）取得发行的股票、配股、股份股利及公积金转增股本；

（九）持有从代办股份转让系统转到主板市场（或中小板、创业板市场）的股票；

（十）上市公司合并，个人持有的被合并公司股票转换的合并后公司股票；

（十一）上市公司分立，个人持有的被分立公司股票转换的分立后公司股票；

（十二）其他从公开发行和转让市场取得的股票。”

（二）征收管理

《财政部　国家税务总局　证监会关于上市公司股息红利差别化个人所得税政策有关问题的通知》（财税〔2015〕101号）规定：“上市公司派发股息红利时，对个人持股1年以内（含1年）的，上市公司暂不扣缴个人所得税；待个人转让股票时，证券登记结算公司根据其持股期限计算应纳税额，由证券公司等股份托管机构从个人资金账户中扣收并划付证券登记结算公司，证券登记结算公司应于次月5个工作日内划付上市公司，上市公司在收到税款当月的法定申报期内向主管税务机关申报缴纳。”

《财政部　国家税务总局　证监会关于实施上市公司股息红利差别化个人所得税政策有关问题的通知》（财税〔2012〕85号）规定：

“个人应在资金账户留足资金，依法履行纳税义务。证券公司等股份托管机构应依法划扣税款，对个人资金账户暂无资金或资金不足的，证券公司等股份托管机构应当及时通知个人补足资金，并划扣税款。

三、个人转让股票时，按照先进先出的原则计算持股期限，即证券账户中先取得的股票视为先转让。

应纳税所得额以个人投资者证券账户为单位计算，持股数量以每日日终结算后个人投资者证券账户的持有记录为准，证券账户取得或转让的股份数为每日日终结算后的净增（减）股份数。

四、对个人持有的上市公司限售股，解禁后取得的股息红利，按照本通知规定计算纳税，持股时间自解禁日起计算；解禁前取得的股息红利继续暂减按 50% 计入应纳税所得额，适用 20% 的税率计征个人所得税。”

《财政部　国家税务总局　证监会关于个人转让上市公司限售股所得征收个人所得税有关问题的通知》（财税〔2009〕167 号）规定：

“本通知所称限售股，包括：

1. 上市公司股权分置改革完成后股票复牌日之前股东所持原非流通股股份，以及股票复牌日至解禁日期间由上述股份孳生的送、转股（以下统称股改限售股）；

2. 2006 年股权分置改革新老划断后，首次公开发行股票并上市的公司形成的限售股，以及上市首日至解禁日期间由上述股份孳生的送、转股（以下统称新股限售股）；”

另外，《财政部　国家税务总局　证监会关于个人转让上市公司限售股所得征收个人所得税有关问题的补充通知》（财税〔2010〕70 号）规定：

“一、本通知所称限售股，包括：

（一）财税〔2009〕167 号文件规定的限售股；

（二）个人从机构或其他个人受让的未解禁限售股；

（三）个人因依法继承或家庭财产依法分割取得的限售股；

（四）个人持有的从代办股份转让系统转到主板市场（或中小板、创业板市场）的限售股；

（五）上市公司吸收合并中，个人持有的原被合并方公司限售股所转换的合并方公司股份；

（六）上市公司分立中，个人持有的被分立方公司限售股所转换的分立后公司股份；

（七）其他限售股。”

证券投资基金从上市公司取得的股息红利所得，按照上述规定计算交纳个人所得税。

《财政部　国家税务总局　证监会关于实施上市公司股息红利差别化个人所得税政策有关问题的通知》（财税〔2012〕85 号）规定：

“七、本通知所称转让股票包括下列情形：

（一）通过证券交易所集中交易系统或大宗交易系统转让股票；

（二）协议转让股票；

（三）持有的股票被司法扣划；

（四）因依法继承、捐赠或家庭财产分割让渡股票所有权；

（五）用股票接受要约收购；

（六）行使现金选择权将股票转让给提供现金选择权的第三方；

（七）用股票认购或申购交易型开放式指数基金（ETF）份额；

（八）其他具有转让实质的情形。

八、本通知所称年（月）是指自然年（月），即持股一年是指从上一年某月某日至本年同月同日的前一日连续持股，持股一个月是指从上月某日至本月同日的前一日连续持股。”

从全国股份转让系统挂牌的退市公司取得的股息红利所得，按照上述规定计算交纳个人所得税。

上市公司派发股息红利，股权登记日在2015年9月8日之后的，股息红利所得按照上述规定执行。上述规定实施之日（即2015年9月8日）个人投资者证券账户已持有的上市公司股票，其持股时间自取得之日起计算。

【案例分析4-9】

李某持有境内的甲上市公司股票、乙上市公司股票和丙上市公司股票，持有情况如下：

2017年1月13日购入甲上市公司股票10万股，于2018年9月20日全部卖出，持有期间取得甲上市公司派发现金红利5万元。

2017年10月9日购入乙上市公司股票20万股，于2018年9月27日全部卖出，持有期间取得乙上市公司派发现金红利6万元。

2018年10月15日购入丙上市公司股票15万股，于2018年11月9日全部卖出，持有期间取得丙上市公司派发现金红利1万元。

李某持有甲上市公司股票期限超过1年，其取得甲上市公司派发的现金红利，暂免交纳个人所得税。

李某持有乙上市公司股票期限在1个月以上至1年（含1年），其取得乙上市公司派发的现金红利暂减按50%计入应纳税所得额，应按“利息、股息、红利所得”项目计算交纳个人所得税：60 000元×50%×20%=6 000元。

李某持有丙上市公司股票期限在1个月以内（含1个月），其取得丙上市公司派发的现金红利全额计入应纳税所得额，应按“利息、股息、红利所得”项目计算交纳个人所得税：10 000元×20%=2 000元。

（三）个人投资者持有创新企业 CDR 取得的股息红利所得个人所得税政策

《财政部　税务总局　证监会关于创新企业境内发行存托凭证试点阶段有关税收政策的公告》（财政部　税务总局　证监会公告 2019 年第 52 号）规定：

“自试点开始之日起，对个人投资者持有创新企业 CDR 取得的股息红利所得，三年内实施股息红利差别化个人所得税政策，具体参照《财政部　国家税务总局　证监会关于实施上市公司股息红利差别化个人所得税政策有关问题的通知》（财税〔2012〕85 号）、《财政部　国家税务总局　证监会关于上市公司股息红利差别化个人所得税政策有关问题的通知》（财税〔2015〕101 号）的相关规定执行，由创新企业在其境内的存托机构代扣代缴税款，并向存托机构所在地税务机关办理全员全额明细申报。对于个人投资者取得的股息红利在境外已缴纳的税款，可按照个人所得税法以及双边税收协定（安排）的相关规定予以抵免。”

“本公告所称创新企业 CDR，是指符合《国务院办公厅转发证监会关于开展创新企业境内发行股票或存托凭证试点若干意见的通知》（国办发〔2018〕21 号）规定的试点企业，以境外股票为基础证券，由存托人签发并在中国境内发行，代表境外基础证券权益的证券。”

“本公告所称试点开始之日，是指首只创新企业 CDR 取得国务院证券监督管理机构的发行批文之日。”

七、全国中小企业股份转让系统挂牌公司股息红利差别化个人所得税政策

（一）政策规定

《财政部　税务总局　证监会关于继续实施全国中小企业股份转让系统挂牌公司股息红利差别化个人所得税政策的公告》（财政部公告 2019 年第 78 号）自 2019 年 7 月 1 日起至 2024 年 6 月 30 日止执行，并做出如下规定：

“一、个人持有挂牌公司的股票，持股期限超过 1 年的，对股息红利所得暂免征收个人所得税。

个人持有挂牌公司的股票，持股期限在 1 个月以内（含 1 个月）的，其股息红利所得全额计入应纳税所得额；持股期限在 1 个月以上至 1 年（含 1 年）的，其股息红利所得暂减按 50％计入应纳税所得额；上述所得统一适用 20％的税率计征个人所得税。

本公告所称挂牌公司是指股票在全国中小企业股份转让系统公开转让的非上市

公众公司；持股期限是指个人取得挂牌公司股票之日至转让交割该股票之日前一日的持有时间。”

“五、本公告所称个人持有挂牌公司的股票包括：

（一）在全国中小企业股份转让系统挂牌前取得的股票；

（二）通过全国中小企业股份转让系统转让取得的股票；

（三）因司法扣划取得的股票；

（四）因依法继承或家庭财产分割取得的股票；

（五）通过收购取得的股票；

（六）权证行权取得的股票；

（七）使用附认股权、可转换成股份条款的公司债券认购或者转换的股票；

（八）取得发行的股票、配股、股票股利及公积金转增股本；

（九）挂牌公司合并，个人持有的被合并公司股票转换的合并后公司股票；

（十）挂牌公司分立，个人持有的被分立公司股票转换的分立后公司股票；

（十一）其他从全国中小企业股份转让系统取得的股票。”

（二）征收管理

《财政部　税务总局　证监会关于继续实施全国中小企业股份转让系统挂牌公司股息红利差别化个人所得税政策的公告》（财政部公告 2019 年第 78 号）规定：

“二、挂牌公司派发股息红利时，对截至股权登记日个人持股 1 年以内（含 1 年）且尚未转让的，挂牌公司暂不扣缴个人所得税；待个人转让股票时，证券登记结算公司根据其持股期限计算应纳税额，由证券公司等股票托管机构从个人资金账户中扣收并划付证券登记结算公司，证券登记结算公司应于次月 5 个工作日内划付挂牌公司，挂牌公司在收到税款当月的法定申报期内向主管税务机关申报缴纳，并应办理全员全额扣缴申报。

个人应在资金账户留足资金，依法履行纳税义务。证券公司等股票托管机构应依法划扣税款，对个人资金账户暂无资金或资金不足的，证券公司等股票托管机构应当及时通知个人补足资金，并划扣税款。

三、个人转让股票时，按照先进先出的原则计算持股期限，即证券账户中先取得的股票视为先转让。

应纳税所得额以个人投资者证券账户为单位计算，持股数量以每日日终结算后个人投资者证券账户的持有记录为准，证券账户取得或转让的股票数为每日日终结算后的净增（减）股票数。

四、对证券投资基金从挂牌公司取得的股息红利所得，按照本公告规定计征个人所得税。”

“六、本公告所称转让股票包括下列情形：

（一）通过全国中小企业股份转让系统转让股票；

（二）持有的股票被司法扣划；

（三）因依法继承、捐赠或家庭财产分割让渡股票所有权；

（四）用股票接受要约收购；

（五）行使现金选择权将股票转让给提供现金选择权的第三方；

（六）用股票认购或申购交易型开放式指数基金（ETF）份额；

（七）其他具有转让实质的情形。

七、对个人和证券投资基金从全国中小企业股份转让系统挂牌的原 STAQ、NET 系统挂牌公司（以下简称两网公司）以及全国中小企业股份转让系统挂牌的退市公司取得的股息红利所得，按照本公告规定计征个人所得税，但退市公司的限售股按照《财政部　国家税务总局　证监会关于实施上市公司股息红利差别化个人所得税政策有关问题的通知》（财税〔2012〕85 号）第四条规定执行。

八、本公告所称年（月）是指自然年（月），即持股一年是指从上一年某月某日至本年同月同日的前一日连续持股，持股一个月是指从上月某日至本月同日的前一日连续持股。

九、财政、税务、证监等部门要加强协调、通力合作，切实做好政策实施的各项工作。

挂牌公司、两网公司、退市公司，证券登记结算公司以及证券公司等股票托管机构应积极配合税务机关做好股息红利个人所得税征收管理工作。

十、本公告自 2019 年 7 月 1 日起至 2024 年 6 月 30 日止执行，挂牌公司、两网公司、退市公司派发股息红利，股权登记日在 2019 年 7 月 1 日至 2024 年 6 月 30 日的，股息红利所得按照本公告的规定执行。本公告实施之日个人投资者证券账户已持有的挂牌公司、两网公司、退市公司股票，其持股时间自取得之日起计算。”

八、沪港股票市场交易互联互通机制试点有关个人所得税政策

（一）对内地个人投资者通过沪港通投资香港联交所上市H股（或非H股）取得的股息红利的个人所得税处理

《财政部　国家税务总局　证监会关于沪港股票市场交易互联互通机制试点有关税收政策的通知》（财税〔2014〕81号）规定：

“对内地个人投资者通过沪港通投资香港联交所上市H股取得的股息红利，H股公司应向中国证券登记结算有限责任公司（以下简称中国结算）提出申请，由中国结算向H股公司提供内地个人投资者名册，H股公司按照20%的税率代扣个人所得税。内地个人投资者通过沪港通投资香港联交所上市的非H股取得的股息红利，由中国结算按照20%的税率代扣个人所得税。个人投资者在国外已缴纳的预提税，可持有效扣税凭证到中国结算的主管税务机关申请税收抵免。

对内地证券投资基金通过沪港通投资香港联交所上市股票取得的股息红利所得，按照上述规定计征个人所得税。”

“本通知自2014年11月17日起执行。”

（二）对香港个人投资者投资上交所上市A股取得的股息红利所得的个人所得税处理

《财政部　国家税务总局　证监会关于沪港股票市场交易互联互通机制试点有关税收政策的通知》（财税〔2014〕81号）规定：

“对香港市场投资者（包括企业和个人）投资上交所上市A股取得的股息红利所得，在香港中央结算有限公司（以下简称香港结算）不具备向中国结算提供投资者的身份及持股时间等明细数据的条件之前，暂不执行按持股时间实行差别化征税政策，由上市公司按照10%的税率代扣所得税，并向其主管税务机关办理扣缴申报。对于香港投资者中属于其他国家税收居民且其所在国与中国签订的税收协定规定股息红利所得税率低于10%的，企业或个人可以自行或委托代扣代缴义务人，向上市公司主管税务机关提出享受税收协定待遇的申请，主管税务机关审核后，应按已征税款和根据税收协定税率计算的应纳税款的差额予以退税。”

“本通知自2014年11月17日起执行。”

九、深港股票市场交易互联互通机制试点有关个人所得税政策

（一）对内地个人投资者通过深港通投资香港联交所上市H股（或非H股）取得的股息红利的个人所得税处理

根据《财政部　国家税务总局　证监会关于深港股票市场交易互联互通机制试点有关税收政策的通知》（财税〔2016〕127号）规定，自2016年12月5日起，对内地个人投资者通过深港通投资香港联交所上市H股取得的股息红利，H股公司应向中国证券登记结算有限责任公司（以下简称中国结算）提出申请，由中国结算向H股公司提供内地个人投资者名册，H股公司按照20%的税率代扣个人所得税。内地个人投资者通过深港通投资香港联交所上市的非H股取得的股息红利，由中国结算按照20%的税率代扣个人所得税。个人投资者在国外已缴纳的预提税，可持有效扣税凭证到中国结算的主管税务机关申请税收抵免。

对内地证券投资基金通过深港通投资香港联交所上市股票取得的股息红利所得，按照上述规定计征个人所得税。

（二）对香港个人投资者投资深交所上市A股取得的股息红利所得的个人所得税处理

根据《财政部　国家税务总局　证监会关于深港股票市场交易互联互通机制试点有关税收政策的通知》（财税〔2016〕127号）规定，自2016年12月5日起，对香港市场投资者（包括企业和个人）投资深交所上市A股取得的股息红利所得，在香港中央结算有限公司（以下简称香港结算）不具备向中国结算提供投资者的身份及持股时间等明细数据的条件之前，暂不执行按持股时间实行差别化征税政策，由上市公司按照10%的税率代扣所得税，并向其主管税务机关办理扣缴申报。对于香港投资者中属于其他国家税收居民且其所在国与中国签订的税收协定规定股息红利所得税率低于10%的，企业或个人可以自行或委托代扣代缴义务人，向上市公司主管税务机关提出享受税收协定待遇退还多缴税款的申请，主管税务机关查实后，对符合退税条件的，应按已征税款和根据税收协定税率计算的应纳税款的差额予以退税。

十、员工接受企业实施股票期权计划的期权期间参与企业税后利润分配取得的所得的个人所得税处理

员工接受企业（企业包括上市企业和非上市企业、全国中小企业股份转让系统

挂牌公司）实施股票期权计划的期权期间，员工因拥有股权而参与企业税后利润分配取得的所得，应按照“利息、股息、红利所得”适用的规定计算交纳个人所得税。

十一、对职工个人以股份形式取得的企业量化资产参与企业分配的个人所得税处理

对职工个人以股份形式取得的企业量化资产参与企业分配而获得的股息、红利，应按“利息、股息、红利所得”项目计算交纳个人所得税。

十二、开放式证券投资基金取得的股票股息、红利、债券利息收入的个人所得税处理

对基金取得的股票的股息、红利收入，债券的利息收入，由上市公司、发行债券的企业和银行在向基金支付上述收入时代扣代缴20%的个人所得税；对投资者（包括个人和机构投资者）从基金分配中取得的收入，暂不征收个人所得税和企业所得税。

十三、内地个人投资者通过基金互认从香港基金分配取得的收益个人所得税处理

《财政部　国家税务总局　证监会关于内地与香港基金互认有关税收政策的通知》（财税〔2015〕125号）规定：“内地个人投资者通过基金互认从香港基金分配取得的收益，由该香港基金在内地的代理人按照20%的税率代扣代缴个人所得税。前款所称代理人是指依法取得中国证监会核准的公募基金管理资格或托管资格，根据香港基金管理人的委托，代为办理该香港基金内地事务的机构。”

十四、香港市场个人投资者通过基金互认从内地基金分配取得的收益个人所得税处理

《财政部　国家税务总局　证监会关于内地与香港基金互认有关税收政策的通知》（财税〔2015〕125号）规定：

“对香港市场投资者（包括企业和个人）通过基金互认从内地基金分配取得的收益，由内地上市公司向该内地基金分配股息红利时，对香港市场投资者按照10%的税率代扣所得税；或发行债券的企业向该内地基金分配利息时，对香港市场投资者按照7%的税率代扣所得税，并由内地上市公司或发行债券的企业向其主管税务机关

办理扣缴申报。该内地基金向投资者分配收益时，不再扣缴所得税。

内地基金管理人应当向相关证券登记结算机构提供内地基金的香港市场投资者的相关信息。”

“基金管理人、基金代理机构、相关证券登记结算机构以及上市公司和发行债券的企业，应依照法律法规积极配合税务机关做好基金互认税收的扣缴申报、征管及纳税服务工作。”

“所称基金互认，是指内地基金或香港基金经香港证监会认可或中国证监会注册，在双方司法管辖区内向公众销售。所称内地基金，是指中国证监会根据《中华人民共和国证券投资基金法》注册的公开募集证券投资基金。所称香港基金，是指香港证监会根据香港法律认可公开销售的单位信托、互惠基金或者其他形式的集体投资计划。”

“本通知自 2015 年 12 月 18 日起执行。”

十五、个人投资者从封闭式证券投资基金分配中获得的股利以及企业债券利息的个人所得税处理

对投资者从中国证监会新批准设立的封闭式证券投资基金（以下简称基金）分配中获得的股票的股息、红利收入以及企业债券的利息收入，由上市公司和发行债券的企业在向基金派发股息、红利、利息时代扣代缴 20%的个人所得税，基金向个人投资者分配股息、红利、利息时，不再代扣代缴个人所得税。

十六、受托人支付给个人的资金信托业务收益的个人所得税处理

受托人支付给个人的资金信托业务收益，属于“利息、股息、红利所得”应税项目，应按 20%的比例税率全额交纳个人所得税。受托人应按个人所得税法的有关规定履行代扣代缴义务。

十七、个人股东从被投资企业取得的以企业资产评估增值转增个人股本的个人所得税处理

个人（自然人）股东从被投资企业取得的以企业资产评估增值转增个人股本（或实收资本）的部分，属于企业对个人股东股息、红利性质的分配，按照“利息、股息、红利所得”项目计算交纳个人所得税。税款由企业在转增个人股本时代扣代缴。

十八、境外居民个人股东从境内非外商投资企业在香港发行股票取得的股息红利所得的个人所得税处理

《境外居民个人从境内非外资企业取得H股股息红利个人所得税征收问题》（国税函〔2011〕348号）规定：

“境外居民个人股东从境内非外商投资企业在香港发行股票取得的股息红利所得，应按照‘利息、股息、红利所得’项目，由扣缴义务人依法代扣代缴个人所得税。

二、境内非外商投资企业在香港发行股票，其境外居民个人股东可根据其居民身份所属国家与中国签署的税收协定及内地和香港（澳门）间税收安排的规定，享受相关税收优惠。”

《国家税务总局关于发布〈非居民纳税人享受税收协定待遇管理办法〉的公告》（国家税务总局公告2015年第60号）规定：“非居民纳税人符合享受协定待遇条件的，可在纳税申报时，或通过扣缴义务人在扣缴申报时，自行享受协定待遇，并接受税务机关的后续管理。”

《境外居民个人从境内非外资企业取得H股股息红利个人所得税征税问题》（国税函〔2011〕348号）规定：“鉴于上述税收协定及税收安排规定的相关股息税率一般为10%，且股票持有者众多，为简化税收征管，在香港发行股票的境内非外商投资企业派发股息红利时，一般可按10%税率扣缴个人所得税，无需办理申请事宜。”

对股息税率不属于10%的情况，按以下规定办理：

（1）取得股息的个人为低于10%税率的协定国家居民，扣缴义务人可按《国家税务局关于发布〈非居民纳税人享受税收协定待遇管理办法〉的公告》（国家税务总局公告2015年第60号）规定，代为办理享受有关协定待遇，并接受税务机关的后续管理；

（2）取得股息的个人为高于10%低于20%税率的协定国家居民，扣缴义务人派发股息红利时应按协定实际税率扣缴个人所得税；

（3）取得股息的个人为与我国没有税收协定国家居民及其他情况，扣缴义务人派发股息红利时应按20%税率扣缴个人所得税。

相关股息税率低于或高于10%协定一览表，见表4-5。

表 4-5　相关股息税率低于或高于 10% 协定一览表

国家	税率
科威特、蒙古、毛里求斯、斯洛文尼亚、牙买加、苏丹、老挝、南非、克罗地亚、塞舌尔、阿曼、巴林、沙特、墨西哥、文莱	5%
阿联酋	7%
尼日利亚	7.5%
埃及、突尼斯	8%
挪威、加拿大、新西兰、巴西、菲律宾、巴布亚新几内亚、澳大利亚	15%
泰国	20%

第五章　财产租赁所得

第一节　概述

一、定义

个人财产租赁，是指在约定时间内个人将租赁物（包括建筑物、土地使用权、机器设备、车船以及其他财产）转让他人使用且租赁物所有权不变更的业务活动，即让渡财产使用权的行为。

个人财产租赁所得，是指个人出租建筑物、土地使用权、机器设备、车船以及其他财产取得的所得。

二、税率

财产租赁所得适用比例税率，税率为20%。

为支持住房租赁市场发展，自2008年3月1日起，对个人出租住房取得的所得减按10%的税率计算交纳个人所得税。

三、应纳税所得额

（一）应纳税所得额的一般规定

财产租赁所得，每次收入不超过4 000元的，减除费用800元；4 000元以上的，减除20%的费用，其余额为应纳税所得额。

财产租赁所得，以一个月内取得的收入为一次。

计算公式：

每次收入不超过4 000元的：

应纳税所得额＝每次收入－800元

每次收入在4 000元以上的：

应纳税所得额＝每次收入×（1－20％）

纳税义务人在出租财产过程中交纳的税金和国家能源交通重点建设基金、国家预算调节基金、教育费附加，可持完税（缴款）凭证，从其财产租赁收入中扣除。我国从 1982 年开征国家能源交通重点建设基金，1989 年开征国家预算调节基金，到 1995 年底决定全面停征国家能源交通重点建设基金、国家预算调节基金。

纳税义务人出租财产取得财产租赁收入，在计算征税时，除可依法减除规定费用和有关税费外，还准予扣除能够提供有效、准确凭证，证明由纳税义务人负担的该出租财产实际开支的修缮费用。允许扣除的修缮费用，以每次 800 元为限，一次扣除不完的，准予在下一次继续扣除，直至扣完为止。

因此，个人出租财产取得的财产租赁收入，在计算交纳个人所得税时，应依次扣除以下费用：

（1）财产租赁过程中交纳的税费；

（2）由纳税人负担的该出租财产实际开支的修缮费用（以每次 800 元为限，一次扣除不完的，准予在下一次继续扣除，直至扣完为止）；

（3）税法规定的费用扣除标准，即每次收入不超过4 000元的，减除费用 800 元；4 000元以上的，减除 20％的费用。

个人将承租房屋转租取得的租金收入，属于个人所得税应税所得，应按“财产租赁所得”项目计算交纳个人所得税。

取得转租收入的个人向房屋出租方支付的租金，凭房屋租赁合同和合法支付凭据允许在计算个人所得税时，从该项转租收入中扣除。

因此，个人将承租房屋转租取得的财产租赁收入，在计算交纳个人所得税时，应依次扣除以下费用：

（1）财产租赁过程中交纳的税费；

（2）向出租方支付的租金；

（3）由纳税人负担的租赁财产实际开支的修缮费用（以每次 800 元为限，一次扣除不完的，准予在下一次继续扣除，直至扣完为止）；

（4）税法规定的费用扣除标准，即每次收入不超过4 000元的，减除费用 800 元；4 000元以上的，减除 20％的费用。

营业税改征增值税后个人出租房屋的个人所得税计税依据明确为，个人出租房屋的个人所得税应税收入不含增值税，计算房屋出租所得可扣除的税费不包括本次出租交纳的增值税。个人转租房屋的，其向房屋出租方支付的租金及增值税额，在计算转租所得时予以扣除。

（二）财产租赁所得纳税义务人的特别规定

确认财产租赁所得的纳税义务人，应以产权凭证为依据。无产权凭证的，由主管税务机关根据实际情况确定纳税义务人。

产权所有人死亡，在未办理产权继承手续期间，该财产出租而有租金收入的，以领取租金的个人为纳税义务人。

（三）应纳税所得额的计算公式

1. 每次（每月）不含增值税收入不超过4 000元（含4 000元）的：

每次（每月）应纳税所得额＝每次（每月）不含增值税收入－财产租赁过程中交纳的税费－向出租方支付的租金及增值税额－由纳税人负担的租赁财产实际开支的修缮费用（以每次或每月 800 元为限，一次扣除不完的，准予在下一次继续扣除，直至扣完为止）－800 元

2. 每次（每月）不含增值税收入超过4 000元的：

每次（每月）应纳税所得额＝［每次（每月）不含增值税收入－财产租赁过程中交纳的税费－向出租方支付的租金及增值税额－由纳税人负担的租赁财产实际开支的修缮费用（以每次或每月 800 元为限，一次扣除不完的，准予在下一次继续扣除，直至扣完为止）］×（1－20%）

四、应纳税额

（一）按公式计算应纳税额

对个人租赁应税房产，能够提供有关凭证资料，可以准确核算收入、成本和税费的，应依法计算交纳个人所得税。符合规定条件的，可依法享受相关的税收优惠。

每次（每月）应纳税额＝每次（每月）应纳税所得额×适用税率。

【案例分析 5－1】

韦某于 2018 年 1 月 2 日将位于南宁市中心的自有 4 套商铺和 1 套 160 平方米的住房按市场价对外出租，承租人用于开办公司的办公室，房屋租赁合同约定：租赁期限从 2018 年 1 月 2 日起计算，暂定 1 年，到期后经双方协商可以续租，商铺租金为40 000元/月，住房租金为5 000元/月，1 年的租金合计540 000元。相关税费计算如下：

由于租赁商铺和租赁住房适用的房产税税率、印花税税率、增值税征收率和

个人所得税税率不同，因此，需要分别计算相关税费。

增值税：《国家税务总局关于发布〈纳税人提供不动产经营租赁服务增值税征收管理暂行办法〉的公告》（国家税务总局公告 2016 年第 16 号）规定，其他个人出租不动产（不含住房），按照 5%的征收率计算应纳税额，向不动产所在地主管地税机关申报纳税。其他个人出租住房，按照 5%的征收率减按 1.5%计算应纳税额，向不动产所在地主管地税机关申报纳税。

租赁商铺每月应纳增值税＝40 000元÷（1＋5%）×5%＝1 904.76元。

租赁住房每月应纳增值税＝5 000元÷（1＋5%）×1.5%＝71.43 元。

租赁商铺每月应纳城市维护建设税＝1 904.76元×7%＝133.33 元。

租赁住房每月应纳城市维护建设税＝71.43 元×7%＝5 元。

租赁商铺每月应纳教育费附加＝1 904.76元×3%＝57.14 元。

租赁住房每月应纳教育费附加＝71.43 元×3%＝2.14 元。

租赁商铺每月应纳地方教育费附加＝1 904.76元×2%＝38.10 元。

租赁住房每月应纳地方教育费附加＝71.43 元×2%＝1.43 元。

广西地方教育费附加费率：根据《广西壮族自治区财政厅关于调整我区地方教育附加征收标准有关问题的通知》（桂财综〔2011〕13 号）规定，全区行政区域内所有缴纳增值税、消费税、营业税（以下简称“三税”）的单位和个人（包括外商投资企业、外国企业及外籍个人），按其实际缴纳“三税”税额的 2%征收地方教育附加。

房产税：《财政部　国家税务总局关于廉租住房、经济适用住房和住房租赁有关税收政策的通知》（财税〔2008〕24 号）规定，对个人出租住房，不区分用途，按 4%的税率征收房产税。个人出租商铺，按 12%的税率计算缴纳房产税。计征房产税的租金收入为不含增值税收入。

租赁商铺每月不含增值税收入＝40 000元－1 904.76元＝38 095.24元。

租赁住房每月不含增值税收入＝5 000元－71.43 元＝4 928.57元。

租赁商铺每月应纳房产税＝38 095.24元×12%＝4 571.43元。

租赁住房每月应纳房产税＝4 928.57元×4%＝197.14 元。

印花税：《财政部　国家税务总局关于廉租住房、经济适用住房和住房租赁有关税收政策的通知》（财税〔2008〕24 号）规定，对个人出租、承租住房签订的租赁合同，免征印花税。其他财产租赁合同印花税税率为 1‰。

韦某与承租人签订的房屋租赁合同已分别注明应税项目计税依据（租赁商铺）

和免税项目计税依据（租赁住房），则房屋租赁合同应纳印花税：

租赁商铺租金合同总金额×税率=40 000元/月×12 个月×1‰=480 元。

租赁商铺涉及的每月印花税=480 元÷12 个月=40 元。

租赁商铺每月不含增值税收入=40 000元-每月应纳增值税=40 000元-1 904.76元=38 095.24元。

租赁住房每月不含增值税收入=5 000元-71.43 元=4 928.57元。

财产租赁过程中每月缴纳的税费（租赁商铺）=租赁商铺每月应纳城市维护建设税+租赁商铺每月应纳教育费附加+租赁商铺每月应纳地方教育费附加+租赁商铺每月应纳房产税+租赁商铺涉及的每月印花税=133.33 元+57.14 元+38.10 元+4 571.43元+40 元=4 840元。

财产租赁过程中每月缴纳的税费（租赁住房）=租赁住房每月应纳城市维护建设税+租赁住房每月应纳教育费附加+租赁住房每月应纳地方教育费附加+租赁住房每月应纳房产税=5 元+2.14 元+1.43 元+197.14 元=205.71 元。

向出租方支付的租金及增值税额为零。

由纳税人负担的租赁财产实际开支的修缮费用为零。

以上税费韦某均以实际交纳。

韦某应纳个人所得税计算如下：

租赁商铺每月应纳税所得额=（38 095.24元-4 840元-0 元-0 元）×（1-20%）=26 604.19元。

租赁商铺每月应纳个人所得税=每月应纳税所得额×适用税率=26 604.19元×20%=5 320.84元。

租赁商铺一年应纳个人所得税合计=5 320.84元×12 个月=63 850.08元。

租赁住房每月应纳税所得额=（4 928.57元-205.71 元-0 元-0 元）×(1-20%）=3 778.29元。

为支持住房租赁市场发展，自 2008 年 3 月 1 日起，对个人出租住房取得的所得减按 10%的税率征收个人所得税。

租赁住房每月应纳个人所得税=每月应纳税所得额×适用税率=3 778.29元×10%=377.83 元。

租赁住房一年应纳个人所得税合计=377.83 元×12 个月=4 533.96元。

韦某租赁商铺和住房一年共应交纳个人所得税合计68 384.04元（63 850.08元+

4 533.96元）。

接上例，当年 4 月商铺因墙面装修刮的腻子脱落找人维修，发生维修费2 000元；当年 5 月住房因卫生间水管破裂找人维修，发生维修费1 000元，以上均由韦某承担，取得维修部门开出的票据。

韦某应纳个人所得税计算如下：

由纳税人负担的租赁财产实际开支的修缮费用为商铺 4 月修缮费 800 元，5 月修缮费 800 元，6 月修缮费 400 元；住房 5 月修缮费 800 元，6 月修缮费 200 元。

租赁商铺 4 月应纳税所得额＝（38 095.24元－4 840元－0 元－800 元）×(1－20%)＝25 964.19元；

租赁商铺 4 月应纳个人所得税＝25 964.19元×20%＝5 192.84元；

租赁商铺 5 月应纳税所得额＝（38 095.24元－4 840元－0 元－800 元）×(1－20%)＝25 964.19元；

租赁商铺 5 月应纳个人所得税＝25 964.19元×20%＝5 192.84元；

租赁商铺 6 月应纳税所得额＝（38 095.24元－4 840元－0 元－400 元）×(1－20%)＝26 284.19元；

租赁商铺 6 月应纳个人所得税＝26 284.19元×20%＝5 256.84元；

租赁商铺其他 9 个月每月应纳个人所得税为5 320.84元；

租赁商铺一年应纳个人所得税合计＝5 320.84元×9 个月＋5 192.84元＋5 192.84元＋5 256.84元＝63 530.08元；

租赁住房 5 月应纳税所得额＝（4 928.57元－205.71 元－0 元－800 元）×(1－20%) ＝3 138.29元；

租赁住房 5 月应纳个人所得税＝3 138.29元×10%＝313.83 元；

租赁住房 6 月应纳税所得额＝（4 928.57元－205.71 元－0 元－200 元）×(1－20%) ＝3 618.29元；

租赁住房 6 月应纳个人所得税＝3 618.29元×10%＝361.83 元；

租赁住房其他 10 个月每月应纳个人所得税为 377.83 元；

租赁住房一年应纳个人所得税合计＝377.83 元×10 个月＋313.83 元＋361.83 元＝4 453.96元；

韦某租赁商铺和住房一年共应交纳个人所得税合计67 984.04元（63 530.08元＋4 453.96元）。

（二）核定征收计算的应纳税额

对个人租赁应税房产，未能提供有关凭证资料，无法准确核算收入、成本和税费的，税务机关应依照《中华人民共和国税收征收管理法》第三十五条规定实行核定征收。

《中华人民共和国税收征收管理法》规定：

“第三十五条　纳税人有下列情形之一的，税务机关有权核定其应纳税额：

（一）依照法律、行政法规的规定可以不设置账簿的；

（二）依照法律、行政法规的规定应当设置账簿但未设置的；

（三）擅自销毁账簿或者拒不提供纳税资料的；

（四）虽设置账簿，但账目混乱或者成本资料、收入凭证、费用凭证残缺不全，难以查账的；

（五）发生纳税义务，未按照规定的期限办理纳税申报，经税务机关责令限期申报，逾期仍不申报的；

（六）纳税人申报的计税依据明显偏低，又无正当理由的。”

因此，各省、市税务机关会出台相应的核定征收政策。如广西壮族自治区地方税务局于 2016 年 2 月 29 日出台的《广西壮族自治区地方税务局关于调整个人转让和租赁房产有关税收政策问题的公告》（广西壮族自治区地方税务局公告 2016 年第 2 号）。

第二节　财产租赁所得项目的特殊事项

一、个人转租滩涂使用权取得的收入个人所得税处理

个人转租滩涂使用权取得的收入，应按照“财产租赁所得”应税项目征收个人所得税，其每年实际上交的承包费（或租赁费）可以在税前扣除。同时，个人一并转让原海滩的设施和剩余文蛤的所得应按照“财产转让所得”应税项目征收个人所得税。

二、个人出租虾塘取得的收入个人所得税处理

对个人出租虾塘取得的所得应按“财产租赁所得”项目计算交纳个人所得税。

三、酒店产权式经营业主取得的固定收入和分红收入个人所得税处理

酒店产权式经营业主（以下简称业主）在约定的时间内提供房产使用权与酒店进行合作经营，如房产产权并未归属新的经济实体，业主按照约定取得的固定收入和分红收入均应视为租金收入，按照“财产租赁所得”项目计算交纳个人所得税。

四、个人与房地产开发企业签订优惠价格购买商用房涉及的个人所得税处理

房地产开发企业与商店购买者个人签订协议规定，房地产开发企业按优惠价格出售其开发的商店给购买者个人，但购买者个人在一定期限内必须将购买的商店无偿提供给房地产开发企业对外出租使用。其实质是购买者个人以所购商店交由房地产开发企业出租而取得的房屋租赁收入支付了部分购房价款。

对上述情形的购买者个人少支出的购房价款，应视同个人财产租赁所得，按照“财产租赁所得”项目计算交纳个人所得税。每次财产租赁所得的收入额，按照少支出的购房价款和协议规定的租赁月份数平均计算确定。

第三节　税收征管

主管税务机关要严格执行国家税务总局关于加强有关税种税收管理的各项规定，充分利用契税征管中获取的有关信息，明确责任人，跟踪掌握有关房地产税收的税源情况，提高管理质量和效率。要综合利用有关信息资料，对个人出租房屋的，应充分利用社会力量加强管理，如委托街道、居民委员会、流动人员管理机构等组织代征有关税收，并按规定付给手续费。实行委托代征的，税务机关对代征单位要加强业务指导，定期检查了解代征情况，及时研究代征工作中遇到的问题。各地征收机关应根据实际情况，采取有效措施，简化办税程序，优化纳税服务，方便纳税人缴纳有关税收。

《国家税务总局关于加强出租房屋税收征管的通知》（国税发〔2005〕159号）规定：

“一、规范出租房屋的税收征管。各地要高度重视出租房屋税收的征管工作，结合本地实际情况，找准出租房屋税收征收管理的薄弱环节，制定和完善具体征管办

法，明确加强出租房屋税收管理的征管措施。对委托有关部门代征出租房屋税收的，要制定委托代征管理办法，明确代征单位和代征人员的职责及工作要求、代征税款缴库和票证管理制度等，规范管理。要针对房屋出租的形式和特点，进行科学分类，明确重点管理对象、重点管理范围和管理的责任人并落实责任制，把出租房屋税收征管工作抓深、抓细，夯实出租房屋税收的征管基础。

二、动态监控出租房屋的税源。要通过对租赁双方的典型调查、专项检查和日常动态监控等方式，加强对出租房屋的税源管理。要建立健全出租房屋税收的税源登记档案，有条件的地区要建立税源数据库，并根据变化情况及时更新。各地要按照总局关于实施房地产税收'一体化'管理的要求，建立和完善税源信息的传递机制，充分利用房地产转让及保有环节有关税种的征管信息，跟踪掌握出租房屋的税源情况，重点查找漏征漏管户并核实其出租房屋的面积和租金情况。要加强与公安、街道办事处、居（家）委会、房屋土地管理部门以及房屋中介机构和住宅小区物业管理部门的沟通，增加税源信息获取渠道，建立税源信息传递制度。特别是要通过外来人口管理部门掌握外地人员承租房屋的情况，进而掌握居民住房的出租情况；通过对写字楼、商住楼开展全面的摸底调查，掌握办公用房的出租情况；通过对企业经营场所情况进行登记，掌握工商业用房的出租情况。要将从各种渠道获得的信息与税务机关掌握的信息进行比对，分析、查找管理的薄弱环节，切实加强税源的监控。

三、构建出租房屋税收征管的部门协作机制。各级地方税务机关要积极争取当地政府的支持，加强与外来人口管理、乡镇政府、街道办事处、居（家）委会、房地产管理等部门的协作配合，充分利用这些部门熟悉情况、联系广泛的特点，通过联合办公、委托代征等形式，构建出租房屋税收征管的部门协作机制，形成各方面齐抓共管、社会综合治税的局面。对实行委托代征的，税务机关要加强对代征单位和代征人员的业务指导，确保代征人员严格执法；要定期检查了解代征情况，及时研究解决代征工作中遇到的问题，并按规定支付代征手续费。

四、进一步优化纳税服务。各级地方税务机关要采取多种方式，方便纳税人缴纳出租房屋的各项税收。利用各种渠道广泛深入地开展税法宣传，提高纳税人依法纳税的意识和主动申报纳税的自觉性；要耐心解答纳税人提出的问题，做好税收政策的解释工作；要根据本地区的实际情况，通过设立便利纳税人的缴税网点或采取上门征收等方法，为纳税人提供方便快捷的缴税方式，简化纳税人的缴税手续。

五、合理确定出租房屋的应纳税额。对纳税人不申报或者不如实申报租金收入的，应按照《中华人民共和国税收征收管理法》及其实施细则的有关规定实行核定征收。为合理确定出租房屋的应纳税额，各地可采取典型调查等方式，并参考房地产管理部门的有关资料，分区域确定房屋出租的计税租金标准并适时予以调整。对房屋出租人不申报租金收入或申报的租金收入低于计税租金标准又无正当理由的，可按计税租金标准计算征税。”

第六章　财产转让所得

第一节　概述

一、定义

个人财产转让，是指个人将财产（包括有价证券、股权、合伙企业中的财产份额、不动产、土地使用权、机器设备、车船以及其他财产）转让他人且财产所有权变更的业务活动，即转让财产所有权的行为。

个人财产转让所得，是指个人转让有价证券、股权、合伙企业中的财产份额、不动产、土地使用权、机器设备、车船以及其他财产所得。

二、税率

财产转让所得，适用比例税率，税率为20％。

三、应纳税所得额

财产转让所得，以转让财产的收入额减去财产原值和合理费用后的余额，为应纳税所得额。财产转让所得，按照一次转让财产的收入额减去财产原值和合理费用后的余额计算纳税。

计算公式：

应纳税所得额＝转让财产的收入额－财产原值－合理费用

营业税改征增值税后，个人转让房屋的个人所得税应税收入不含增值税，其取得房屋时所支付价款中包含的增值税计入财产原值，计算转让所得时可扣除的税费不包括本次转让缴纳的增值税。

财产原值，按照下列方法计算：

（1）有价证券，为买入价以及买入时按照规定交纳的有关费用。

（2）建筑物，为建造费或者购进价格以及其他有关费用。

（3）土地使用权，为取得土地使用权所支付的金额、开发土地的费用以及其他有关费用。

（4）机器设备、车船，为购进价格、运输费、安装费以及其他有关费用。

（5）其他财产，参照前款规定的方法确定财产原值。

纳税人未提供完整、准确的财产原值凭证，不能按照上述规定的方法确定财产原值的，由主管税务机关核定财产原值。

合理费用，是指卖出财产时按照规定支付的有关税费（不包括本次转让缴纳的增值税）。

四、应纳税额

应纳税额＝应纳税所得额×适用税率。

第二节　财产转让所得项目的特殊事项

一、个人转让自有住房所得的个人所得税处理

个人转让自有住房，以其转让收入额减除财产原值和合理费用后的余额为应纳税所得额，按照“财产转让所得”项目交纳个人所得税。

自有住房包括商品房、自建住房、经济适用房（含集资合作建房、安居工程住房）、已购公有住房、城镇拆迁安置住房等。

《财政部　国家税务总局　建设部关于个人出售住房所得征收个人所得税有关问题的通知》（财税字〔1999〕278号）规定：

“个人出售自有住房的应纳税所得额，按下列原则确定：

（一）个人出售除已购公有住房以外的其他自有住房，其应纳税所得额按照个人所得税法的有关规定确定。

（二）个人出售已购公有住房，其应纳税所得额为个人出售已购公有住房的销售价，减除住房面积标准的经济适用住房价款、原支付超过住房面积标准的房价款、向财政或原产权单位缴纳的所得收益以及税法规定的合理费用后的余额。

已购公有住房是指城镇职工根据国家和县级（含县级）以上人民政府有关城镇住房制度改革政策规定，按照成本价（或标准价）购买的公有住房。

经济适用住房价格按县级（含县级）以上地方人民政府规定的标准确定。

（三）职工以成本价（或标准价）出资的集资合作建房、安居工程住房、经济适用住房以及拆迁安置住房，比照已购公有住房确定应纳税所得额。”

《国家税务总局关于个人住房转让所得征收个人所得税有关问题的通知》（国税发〔2006〕108 号）规定：

“一、对住房转让所得征收个人所得税时，以实际成交价格为转让收入。纳税人申报的住房成交价格明显低于市场价格且无正当理由的，征收机关依法有权根据有关信息核定其转让收入，但必须保证各税种计税价格一致。

二、对转让住房收入计算个人所得税应纳税所得额时，纳税人可凭原购房合同、发票等有效凭证，经税务机关审核后，允许从其转让收入中减除房屋原值、转让住房过程中缴纳的税金及有关合理费用。”

计算公式：

应纳税所得额＝转让收入－房屋原值－转让住房过程中缴纳的税金－有关合理费用

转让收入为不含增值税收入，转让住房过程中缴纳的税金不包括本次转让缴纳的增值税。

《国家税务总局关于个人住房转让所得征收个人所得税有关问题的通知》（国税发〔2006〕108 号）规定：

“（一）房屋原值具体为：

1. 商品房：购置该房屋时实际支付的房价款及交纳的相关税费。

2. 自建住房：实际发生的建造费用及建造和取得产权时实际交纳的相关税费。

3. 经济适用房（含集资合作建房、安居工程住房）：原购房人实际支付的房价款及相关税费，以及按规定交纳的土地出让金。

4. 已购公有住房：原购公有住房标准面积按当地经济适用房价格计算的房价款，加上原购公有住房超标准面积实际支付的房价款以及按规定向财政部门（或原产权单位）交纳的所得收益及相关税费。

已购公有住房是指城镇职工根据国家和县级（含县级）以上人民政府有关城镇住房制度改革政策规定，按照成本价（或标准价）购买的公有住房。

经济适用房价格按县级（含县级）以上地方人民政府规定的标准确定。

5. 城镇拆迁安置住房：根据《城市房屋拆迁管理条例》（国务院令第305号）和《建设部关于印发〈城市房屋拆迁估价指导意见〉的通知》（建住房〔2003〕234号）等有关规定，其原值分别为：

（1）房屋拆迁取得货币补偿后购置房屋的，为购置该房屋实际支付的房价款及交纳的相关税费；

（2）房屋拆迁采取产权调换方式的，所调换房屋原值为《房屋拆迁补偿安置协议》注明的价款及交纳的相关税费；

（3）房屋拆迁采取产权调换方式，被拆迁人除取得所调换房屋，又取得部分货币补偿的，所调换房屋原值为《房屋拆迁补偿安置协议》注明的价款和交纳的相关税费，减去货币补偿后的余额；

（4）房屋拆迁采取产权调换方式，被拆迁人取得所调换房屋，又支付部分货币的，所调换房屋原值为《房屋拆迁补偿安置协议》注明的价款，加上所支付的货币及交纳的相关税费。”（上述取得房屋时所支付价款中包含的增值税计入财产原值）

“（二）转让住房过程中缴纳的税金是指：纳税人在转让住房时实际缴纳的营业税、城市维护建设税、教育费附加、土地增值税、印花税等税金。”（不包括本次转让缴纳的增值税）

“（三）合理费用是指：纳税人按照规定实际支付的住房装修费用、住房贷款利息、手续费、公证费等费用。

1. 支付的住房装修费用。纳税人能提供实际支付装修费用的税务统一发票，并且发票上所列付款人姓名与转让房屋产权人一致的，经税务机关审核，其转让的住房在转让前实际发生的装修费用，可在以下规定比例内扣除：

（1）已购公有住房、经济适用房：最高扣除限额为房屋原值的15%；

（2）商品房及其他住房：最高扣除限额为房屋原值的10%。

纳税人原购房为装修房，即合同注明房价款中含有装修费（铺装了地板，装配了洁具、厨具等）的，不得再重复扣除装修费用。

2. 支付的住房贷款利息。纳税人出售以按揭贷款方式购置的住房的，其向贷款银行实际支付的住房贷款利息，凭贷款银行出具的有效证明据实扣除。

3. 纳税人按照有关规定实际支付的手续费、公证费等，凭有关部门出具的有效证明据实扣除。”

税务机关应加强住房装修费用扣除的管理。

凡有下列情况之一的，在计算交纳转让住房所得个人所得税时不得扣除装修费用：

①纳税人提供的装修费用凭证不是有效发票的；

②发票上注明的付款人姓名与房屋产权人或产权共有人的姓名不一致的；

③发票由建材市场、批发市场管理机构开具，且未附所购商品清单的。

纳税人申报扣除装修费用，应当填写房屋装修费用发票汇总表。房屋装修费用发票汇总表（式样），见表6-1。在房屋装修费用发票汇总表上如实、完整地填写每份发票的购买方名称，销售方名称，发票号码，货物或应税劳务、服务名称，发票金额等信息，同时将有关装修发票原件提交征收人员审核。

表6-1 房屋装修费用发票汇总表（式样）

序号	购买方名称	销售方名称	发票号码（№）	货物或应税劳务、服务名称	发票金额（价税合计）

征收人员受理申报时，应认真审核装修费用发票真伪，房屋装修费用发票汇总表与有关装修发票信息是否一致，对不符合要求的发票不准扣除装修费用。审核完毕后，有关装修发票应退还纳税人。

主管税务机关应定期对房屋装修费用发票汇总表所记载有关发票信息进行分析，视情况选取一些发票到开票单位比对核实，对疑点较大的发票移交稽查部门实施稽查。同时，要加强对建材市场和装修单位的税收管理。

【核定征收】

《国家税务总局关于个人住房转让所得征收个人所得税有关问题的通知》（国税发〔2006〕108号）规定："纳税人未提供完整、准确的房屋原值凭证，不能正确计算房屋原值和应纳税额的，税务机关可根据《中华人民共和国税收征收管理法》第三十五条的规定，对其实行核定征税，即按纳税人住房转让收入的一定比例核定应纳个人所得税额。具体比例由省级地方税务局或者省级地方税务局授权的地市级地方税务局根据纳税人出售住房的所处区域、地理位置、建造时间、房屋类型、住房平均价格水平等因素，在住房转让收入1%—3%的幅度内确定。"

《中华人民共和国税收征收管理法》第三十五条规定：

"纳税人有下列情形之一的，税务机关有权核定其应纳税额：（一）依照法律、行政法规的规定可以不设置账簿的；（二）依照法律、行政法规的规定应当设置账簿但未设置的；（三）擅自销毁账簿或者拒不提供纳税资料的；（四）虽设置账簿，但账目混乱或者成本资料、收入凭证、费用凭证残缺不全，难以查账的；（五）发生纳税义务，未按照规定的期限办理纳税申报，经税务机关责令限期申报，逾期仍不申报的；（六）纳税人申报的计税依据明显偏低，又无正当理由的。”

未提供完整、准确的房屋原值凭证，是指纳税人不能提供房屋购买合同、发票或建造成本、费用支出的有效凭证，或契税征管档案中没有上次交易价格或建造成本、费用支出金额等记录。凡纳税人能提供房屋购买合同、发票或建造成本、费用支出的有效凭证，或契税征管档案中有上次交易价格或建造成本、费用支出金额等记录的，均应按照核实征收方式计征个人所得税。

因此，各省（区）、市税务机关会出台相应的核定征收政策。

例如，广西壮族自治区地方税务局于 2016 年 2 月 29 日出台《广西壮族自治区地方税务局关于调整个人转让和租赁房产有关税收政策问题的公告》（桂地税公告 2016 年第 2 号），明确规定：

“1. 个人转让住房的，核定征收率为 6.6%。其中：营业税 5%，城市维护建设税 0.35%，教育费附加 0.15%，地方教育附加 0.1%，个人所得税 1%。

2. 个人转让商铺和其他房产的，核定征收率为 12.65%。其中：营业税 5%，城市维护建设税 0.35%，教育费附加 0.15%，地方教育附加 0.1%，土地增值税 5%，印花税 0.05%，个人所得税 2%。”

【征收管理】

《国家税务总局关于进一步加强房地产税收管理的通知》（国税发〔2005〕82 号）规定：

“随着我国房地产业的快速发展，房地产税收收入大幅增长，已成为我国财政收入的重要来源，房地产税收的宏观调控作用日益重要。但是房地产税收涉及的税种多，征管的难度大，税源控管存在较多漏洞。为了提高房地产税收管理的科学化、精细化水平，进一步发挥税收的调控职能，促进房地产业的健康发展，有必要在现行管理体制下落实各项管理要求的同时，通过整合现有征管资源，实现信息共享，加强部门协调配合，搞好各征管环节连接，进一步加强房地产税收管理，即实施一体化管理。现将有关事项及要求通知如下：

一、房地产税收一体化管理的总体目标和要求。以契税管理先缴纳税款，后办理产权证书（简称‘先税后证’）为把手，以信息共享、数据比对为依托，以优化服务、方便纳税人为宗旨，通过部门配合、环节控制，实现房地产业诸税种间的有机衔接，不断提高征管质量和效率。

目前，在土地使用权的出让和房地产开发、转让、保有诸环节分别征收营业税及城市维护建设税和教育费附加（以下简称营业税及附加）、企业所得税、外商投资企业和外国企业所得税、个人所得税（以下统称所得税）、土地增值税、城镇土地使用税、房产税、城市房地产税、印花税、耕地占用税、契税等税种。虽然各税种的纳税人、计税依据等税制要素不尽相同，但是税收征管所依据的基础信息大致相同。各级税务机关和征收契税的财政机关（以下统称征收机关），要加强申报管理，积极争取房地产管理等部门的配合与支持，充分掌握各税种征管所依据的基础信息；要加强征收机关之间的沟通协调，准确、快捷地传递信息，逐步实现各管理部门之间、各税种之间的信息共享，提高税源监控水平；同时要简化办税程序，优化纳税服务，方便纳税人。

二、以契税征管为把手，全面掌控税源信息。契税征收机关要会同房地产管理部门，严格执行‘先税后证’的有关规定，把住房地产税收税源控管的关键环节，全面掌握、及时传递有关信息。

（一）规范契税申报管理。纳税人申报缴纳契税时，要填报总局统一制定的契税纳税申报表（另文下发），并附送购房发票、房地产转让合同和有效身份证件复印件等。征收机关要对纳税申报表及有关附件资料的完整性、准确性进行审核。审核无误后，办理征缴手续，开具统一的契税完税证明。

（二）契税征收机关要及时整理、归集房地产交易的有关信息。包括：转让方、中介方和承受方的名称、识别号码，房地产的转让价格、转让时间、面积、位置等信息。

（三）要建立信息传递机制，实现信息互通共享。征收契税的税务部门或岗位要将土地使用权承受方及其承受土地使用权的交易信息，及时传递给管理房地产开发环节有关税收的税务部门或岗位；要将房地产转让方及其房地产交易信息，及时传递给管理房地产转让环节有关税收的税务部门或岗位；要将房地产承受方及其承受房地产的有关交易信息，及时传递给管理房地产保有环节有关税收的税务部门或岗位。征收契税的财政部门要将获取的房地产交易信息集中传递给税务机关，税务机关再分解传递给有关税种的主管部门或岗位。同时，各税种主管税务机关或部门也要将实施有关税收管理过程中获取的房地产权属转移信息，及时传递给契税征收机关。

（四）各地可根据信息化水平、信息量大小、信息存储方式等情况确定适当的信息传递方式。有条件的地区应通过网络或软盘等电子介质传递信息；暂不具备条件的，也可用纸质的形式传递信息。

三、充分利用契税征管信息，加强房地产各环节的税收管理。主管税务机关要严格执行总局关于加强有关税种税收管理的各项规定，充分利用契税征管中获取的有关信息，明确责任人，跟踪掌握有关房地产税收的税源情况，提高管理质量和效率。

（一）要利用土地使用权交易信息，及时掌握承受土地使用权的单位或个人名称、土地坐落位置、价格、用途、面积等信息，了解或控制城镇土地使用税、耕地占用税税源，加强城镇土地使用税的征收管理；对占用耕地进行开发建设的，及时征收耕地占用税。

（二）要跟踪了解土地利用规划、计划投资、施工单位、出包合同或协议以及建设施工进度等情况，掌握从事建设施工、装饰装修的单位或个人应缴纳的营业税及附加、所得税、印花税等税种的税源情况，加强房地产开发建设过程中有关税收的征收管理。

（三）要跟踪了解并掌握房地产开发商发生的房地产开发成本、费用、商品房预售和实际销售、收款方式、收款时间等情况，并利用契税征管中获取的房地产开发商销售商品房的信息，对房地产开发企业缴税情况，进行纳税评估，发现问题，及时采取有效措施解决，加强房地产开发企业有关税收的税收管理。

（四）要利用契税征管中获取的房地产交易信息，掌握单位、个人在房地产二级市场转让房地产的有关税源信息，将转让方名称、识别号码，转让房地产的坐落地点、面积、价格与有关纳税申报资料进行比对分析。发现漏缴税款的，及时进行追缴，切实加强在房地产二级交易市场转让房地产的有关税收的管理。

（五）要采取多种方式跟踪了解承受方承受的房产的装饰装修情况，对承受的新建商品房还要跟踪了解物业管理情况，及时掌握有关税源，采取有效措施加强对实施装饰装修施工和物业管理的单位或个人应纳税收的征收管理。

（六）要利用房地产转让信息，掌握城镇土地使用税、房产税、城市房地产税税源变化情况，将承受方名称、识别号码，房地产的转让价格、类别等信息，与纳税人的纳税申报资料进行比对，对未申报或未如实申报的单位和个人，应及时进行催报催缴。要将契税征收中获取的房地产信息资料，作为长期的税源资料及时归入税源管理档案。

（七）要综合利用有关信息资料，加强对房地产出租应缴纳的营业税及附加、所得税、城镇土地使用税、房产税等税种的管理。对个人出租房屋的，应充分利用社会力量加强管理，如委托街道、居民委员会、流动人员管理机构等组织代征有关税收，并按规定付给手续费。实行委托代征的，税务机关对代征单位要加强业务指导，定期检查了解代征情况，及时研究代征工作中遇到的问题。

四、简化办税程序，方便纳税人。各地征收机关应根据实际情况，采取有效措施，简化办税程序，优化纳税服务，方便纳税人缴纳有关税收。对转让或承受房地产应缴纳的税收，如营业税及附加、个人所得税、土地增值税、印花税等，凡可在一个窗口一并征收的，可在交易双方办理产权过户或缴纳契税时一并征收。为了方便纳税人，及时掌握二手房交易价格情况，可在契税征收场所或房地产权属登记场所代开财产转让销售发票。

有条件的地方，要争取在办理房地产权属登记的场所开设房地产税收征收窗口，争取将金融机构引入征收场所，以节省纳税人的纳税时间和纳税成本。

五、逐步建立房地产税源信息数据库，通过信息比对堵塞税收漏洞。各地要利用税务机关现有的设备和资源，以当前契税征管中积累的信息为基础，对从房地产管理部门以及纳税申报过程中取得的信息进行整合归集，根据各地实际以省（市、区）或地区（市）或县（区、市）为单位逐步建立房地产税源信息数据库，充实、完善房地产企业户籍资料和其他纳税人户籍资料，做到数据集中，信息共享，方便查询，比对分析，促进管理。

各地要创造条件逐步实现利用计算机将税源数据库的信息，与纳税申报、税款入库情况进行多角度、多层次的比对，开展有关房地产税收的纳税评估，分析筛选存在的疑点，并及时组织调查核实。发现漏征漏管的，要采取相应措施进行处理。

六、加强领导，狠抓落实。实施房地产税收一体化管理，是整合管理资源、创新管理方式的重要举措，也是一项复杂的系统工程。各级征收机关要统一思想，提高认识，加强领导，广泛宣传，狠抓落实。要紧紧抓住契税征管这一关键环节，充实契税征管力量，加强人员培训，改善征管条件。要注重部门间的协调配合，广泛收集、有效利用涉税信息。各地要按照总局的工作要求，结合本地情况，总体设计，分步实施，由点到面，扎实推进，全面提升房地产税收管理水平。

七、本通知从 2005 年 7 月 1 日起实行。各地要将贯彻落实意见及时抄报总局，总局将选择部分省市跟踪了解本通知的贯彻落实情况。”

《国家税务总局关于实施房地产税收一体化管理若干具体问题的通知》（国税发〔2005〕156 号）规定：

“为进一步推进房地产税收一体化管理工作，根据《国家税务总局关于进一步加强房地产税收管理的通知》（国税发〔2005〕82 号）（以下简称《通知》）的精神，现就若干具体问题通知如下：

一、对存量房交易环节所涉及的税收要实行‘一窗式’征收。契税已划归地税部门管理的，在房地产交易场所设置的征收窗口，要做到各税统管，即既负责办理契税的征收事项，又负责办理营业税及城市维护建设税和教育费附加、个人所得税、土地增值税、印花税等相关税种的征收事项；契税仍由财政部门征收的，财政部门和地税部门在房地产交易场所设置的征收窗口要合署办公，或者互相委托代征相关税种的税收，以便加强沟通、协调，简化手续，方便纳税人。避免交易后由纳税人单独到税务机关自行申报缴纳某一单一税种税收的做法。

二、加强销售发票管理。在契税纳税申报环节，各地应要求纳税人报送销售不动产发票，受理后将发票复印件作为申报资料存档；对于未报送销售不动产发票的纳税人，应要求其补送，否则不予受理。各地要按照《通知》的要求，在契税征收场所或房地产权属登记场所，代开销售不动产发票。要在代开销售不动产发票时，及时征收营业税及城市维护建设税和教育费附加、个人所得税、土地增值税、印花税等税收，并按国家规定的税款入库预算级次缴入国库。

三、严格坚持依法治税。对于存量房交易环节所涉及的营业税及城市维护建设税和教育费附加、个人所得税、土地增值税、印花税、契税等税种，各地要依法征收，不得以任何理由和借口，对税法及相关税收政策进行变通和调整。

四、加强协调和沟通。地税部门与征收契税的财政部门之间，以及各相关税种的管理部门，要加强经常性的协调和沟通，统一对房地产交易价格的认定，保持相关税种计税依据或计税价格的一致性。

五、各地要以存量房交易环节所涉及税收的征管为切入点，加强信息沟通，整合征管资源，优化纳税服务，认真落实《通知》精神。尚未确定实施一体化管理的牵头单位和相关部门责任的，要抓紧明确。尚未上报一体化管理实施方案的地区，要抓紧制定、完善实施方案。2005 年 10 月 30 日前，各地要将实施方案和牵头单位及负责人名单上报总局（地方税务司、农业税征收管理局）。”

各级税务机关要严格执行《国家税务总局关于进一步加强房地产税收管理的通知》（国税发〔2005〕82 号）和《国家税务总局关于实施房地产税收一体化管理若干具体问题的通知》（国税发〔2005〕156 号）的规定。为方便出售住房的个人依法履行纳税义务，加强税收征管，主管税务机关要在房地产交易场所设置税收征收窗口，个人转让住房应交纳的个人所得税，应与转让环节应交纳的营业税、契税、土地增值税等税收一并办理；地方税务机关暂没有条件在房地产交易场所设置税收征收窗口的，应委托契税征收部门一并征收个人所得税等税收。

营业税改征增值税后，上述情况，开具增值税普通发票或增值税专用发票。在国税、地税合并之前，契税已划归地税部门管理。

《国家税务总局关于个人转让房屋有关税收征管问题的通知》（国税发〔2007〕33 号）规定：

“近年来，各地认真落实‘房地产税收管理一体化’工作要求，积极采取有效措施，加强房地产税收征管，进一步堵塞了管理漏洞，但一些地区反映，个人房屋交易环节税收征管仍有一些问题不够明确。为了更好地落实房地产税收管理一体化工作要求，规范管理工作，根据个人所得税法和税收征收管理法等有关规定，现就有关问题通知如下：

一、建立房屋交易最低计税价格管理制度。针对一些地区买卖双方通过订立虚假合同低报房屋交易价格，不如实申报缴纳有关税收的问题，各地要根据税收征收管理法的有关规定，建立房屋交易最低计税价格管理制度，加强房屋交易计税价格管理。

（一）确定合理的房屋交易最低计税价格办法。工作基础较好，具备直接制定最低计税价格条件的，可直接制定房屋交易最低计税价格，但定价时要考虑房屋的座落地点、建筑结构、建筑年限、历史交易价格或建造价格、同类房屋先期交易价格等因素。不具备直接制定最低计税价格条件的，可参照下列一种方法确定最低计税价格。

1. 当地政府公布的拆迁补偿标准、房屋交易指导价、基准地价。政府公布的上述信息未及时调整的，确定最低计税价格时应考虑房地产市场价格上涨因素。

2. 房地产交易资金托管金额或者房地产交易网上报价。

3. 信誉良好的房地产价格评估机构的评估价格。

（二）各地区要加强与房地产管理部门的联系，及时获得有关信息，按照规定的管理制度，确定有关交易房屋的最低计税价格，避免在办税窗口纳税人申报纳税时即时确定计税价格。

（三）纳税人申报的房屋销售价格高于各地区确定的最低计税价格的，应按纳税人申报的销售价格计算征税；纳税人申报的房屋销售价格低于各地区确定的最低计税价格的，应按最低计税价格计算征税。

（四）对于财政部门负责契税征管的地区，由省级财税部门制定房屋交易最低价格管理办法；地市级及以下财税部门制定本地区房屋交易最低计税价格。对于税务部门负责契税征管的地区，由省级税务部门制定房屋交易最低价格管理办法；地市级及以下税务部门制定本地区房屋交易最低计税价格。”

二、受赠人转让受赠房屋的个人所得税处理

受赠人取得赠与人无偿赠与的不动产后，再次转让该项不动产的，在交纳个人所得税时，以财产转让收入减除受赠、转让住房过程中交纳的税金及有关合理费用后的余额为应纳税所得额，按20%的适用税率计算交纳个人所得税。

在计征个人受赠不动产个人所得税时，不得核定征收，必须严格按照税法规定据实征收。

自2009年5月25日起，受赠人（自然人，下同）转让受赠房屋的，以其转让受赠房屋的收入减除原捐赠人（自然人，下同）取得该房屋的实际购置成本以及赠与和转让过程中受赠人支付的相关税费后的余额，为受赠人的应纳税所得额，依法计征个人所得税。受赠人转让受赠房屋价格明显偏低且无正当理由的，税务机关可以依据该房屋的市场评估价格或其他合理方式确定的价格核定其转让收入。

计算公式：

受赠人的应纳税所得额＝转让受赠房屋的收入－原捐赠人取得该房屋的实际购置成本－赠与和转让过程中受赠人支付的相关税费

营业税改征增值税后，转让受赠房屋的收入为不含增值税收入，相关税费不包括本次转让交纳的增值税。

三、个人转让上市公司限售股所得的个人所得税处理

个人转让上市公司限售流通股（以下简称限售股）取得的所得计算交纳个人所得税包括如下内容。

1. 限售股主要包括以下几个方面内容。

（1）上市公司股权分置改革完成后股票复牌日之前股东所持原非流通股股份，以及股票复牌日至解禁日期间由上述股份孳生的送、转股（统称股改限售股）。

（2）2006年股权分置改革新老划断后，首次公开发行股票并上市的公司形成的限售股，以及上市首日至解禁日期间由上述股份孳生的送、转股（统称新股限售股）。

（3）个人从机构或其他个人受让的未解禁限售股。

（4）个人因依法继承或家庭财产依法分割取得的限售股。

（5）个人持有的从代办股份转让系统转到主板市场（或中小板、创业板市场）的限售股。

（6）上市公司吸收合并中，个人持有的原被合并方公司限售股所转换的合并方公司股份。

（7）上市公司分立中，个人持有的被分立方公司限售股所转换的分立后公司股份。

（8）财政部、国家税务总局、法制办和证监会共同确定的其他限售股。

个人转让以上第（1）至（8）规定的限售股，限售股所对应的公司在证券机构技术和制度准备完成前上市的，应纳税所得额的计算按照下述第4项中的第（1）项规定执行。在证券机构技术和制度准备完成后上市的，应纳税所得额的计算按照下述第4项中的第（2）项规定执行。

2. 个人转让限售股的应纳税所得额。

自2010年1月1日起，对个人转让限售股取得的所得，按照“财产转让所得”，适用20%的比例税率征收个人所得税。

个人转让限售股，以每次限售股转让收入，减除限售股原值和合理税费后的余额，即为应纳税所得额。

计算公式：

应纳税所得额＝限售股转让收入－限售股原值－合理税费

应纳税额＝应纳税所得额×20%

限售股转让收入，是指转让限售股股票实际取得的收入。限售股原值，是指限售股买入时的买入价及按照规定交纳的有关费用。合理税费，是指转让限售股过程中发生的印花税、佣金、过户费等与交易相关的税费。

如果纳税人未能提供完整、真实的限售股原值凭证的，不能准确计算限售股原值的，主管税务机关一律按限售股转让收入的15%核定限售股原值及合理税费。

个人转让限售股或发生具有转让限售股实质的其他交易，取得现金、实物、有价证券和其他形式的经济利益均应交纳个人所得税。

限售股在解禁前被多次转让的，转让方对每一次转让所得均应按规定交纳个人所得税。

对具有下列情形的，应按规定计算交纳个人所得税：

（1）个人通过证券交易所集中交易系统或大宗交易系统转让限售股。

（2）个人用限售股认购或申购交易型开放式指数基金（ETF）份额。

（3）个人用限售股接受要约收购。

(4) 个人行使现金选择权将限售股转让给提供现金选择权的第三方。

(5) 个人协议转让限售股。

(6) 个人持有的限售股被司法扣划。

(7) 个人因依法继承或家庭财产分割让渡限售股所有权。

(8) 个人用限售股偿还上市公司股权分置改革中由大股东代其向流通股股东支付的对价。

(9) 其他具有转让实质的情形。

个人发生上述第(1)、第(2)、第(3)、第(4)项情形，由证券机构扣缴税款的，扣缴税款的计算按照上述规定及下述第3、第4、第5、第6项的规定执行。纳税人申报清算时，实际转让收入按照下列原则计算：

第(1)项的转让收入，以转让当日该股份实际转让价格计算，证券公司在扣缴税款时，佣金支出统一按照证券主管部门规定的行业最高佣金费率计算。

第(2)项的转让收入，通过认购ETF份额方式转让限售股的，以股份过户日的前一交易日该股份收盘价计算，通过申购ETF份额方式转让限售股的，以申购日的前一交易日该股份收盘价计算。

第(3)项的转让收入以要约收购的价格计算。

第(4)项的转让收入以实际行权价格计算。

个人发生上述第(5)、第(6)、第(7)、第(8)项情形，需向主管税务机关申报纳税的，转让收入按照下列原则计算：

第(5)项的转让收入按照实际转让收入计算，转让价格明显偏低且无正当理由的，主管税务机关可以依据协议签订日的前一交易日该股收盘价或其他合理方式核定其转让收入。

第(6)项的转让收入以司法执行日的前一交易日该股收盘价计算。

第(7)、第(8)项的转让收入以转让方取得该股时支付的成本计算。

个人转让因协议受让、司法扣划等情形取得未解禁限售股的[上述第1项中的第(3)项]，成本按照主管税务机关认可的协议受让价格、司法扣划价格核定，无法提供相关资料的，按照下述第4项中的第(1)项规定执行。

个人转让因依法继承或家庭财产依法分割取得的限售股的[上述第1项中的第(4)项]，按照下述第3、第4、第5、第6项规定交纳个人所得税，成本按照该限售股前一持有人取得该股时实际成本及税费计算。

在证券机构技术和制度准备完成后形成的限售股，自股票上市首日至解禁日期间发生送股、转股、缩股的，证券登记结算公司应依据送股、转股、缩股比例对限售股成本原值进行调整；而对于其他权益分派的情形（如现金分红、配股等），不对限售股的成本原值进行调整。

3. 限售股转让所得个人所得税，以限售股持有者为纳税义务人，以个人股东开户的证券机构为扣缴义务人。限售股个人所得税由证券机构所在地主管税务机关负责征收管理。

4. 限售股转让所得个人所得税，采取证券机构预扣预缴、纳税人自行申报清算和证券机构直接扣缴相结合的方式征收。证券机构预扣预缴的税款，于次月 7 日内以纳税保证金形式向主管税务机关缴纳。主管税务机关在收取纳税保证金时，应向证券机构开具税务代保管资金专用收据，并纳入专户存储。

根据证券机构技术和制度准备完成情况，对不同阶段形成的限售股，采取不同的征收管理办法。

各地税务机关可根据当地税务代保管资金账户的开立与否、个人退税的简便与否等实际情况综合考虑，在下列方式中确定一种征缴方式。

（1）证券机构技术和制度准备完成前形成的限售股，其转让所得应交纳的个人所得税采取证券机构预扣预缴、纳税人自行申报清算方式征收。证券机构按照股改限售股股改复牌日收盘价，或新股限售股上市首日收盘价计算转让收入，按照计算出的转让收入的 15％确定限售股原值和合理税费，以转让收入减去原值和合理税费后的余额，适用 20％税率，计算预扣预缴个人所得税额。

证券机构技术和制度准备完成前形成的限售股，其转让所得应交纳的个人所得税采取证券机构预扣预缴、纳税人自行申报清算方式征收。各地税务机关可根据当地税务代保管资金账户的开立与否、个人退税的简便与否等实际情况综合考虑，在下列方式中确定一种征缴方式：

①纳税保证金方式。证券机构将已扣的个人所得税款，于次月 7 日内以纳税保证金形式向主管税务机关交纳，并报送限售股转让所得扣缴个人所得税报告表（见表 6 - 2）及税务机关要求报送的其他资料。主管税务机关收取纳税保证金时，应向证券机构开具有关凭证（凭证种类由各地自定），作为证券机构代缴个人所得税的凭证，凭证“类别”或“品目”栏写明“代扣个人所得税”。同时，税务机关根据限售股转让所得扣缴个人所得税报告表分纳税人开具税务代保管资金专用收据，作为纳税人预缴个人所得税的凭证，凭证“类别”栏写明“预缴个人所得税”。纳税保证金缴入税务机关在当地商业银行开设的“税务代保管资金”账户存储。

表 6－2　限售股转让所得扣缴个人所得税报告表

扣缴义务人编码：

税款所属期：　　年　　月　　日至　　年　　月　　日　　　填表日期：　　年　　月　　日　　　金额单位：元（列至角分）

扣缴义务人名称							地址						电话		
序号	纳税人姓名	纳税人有效身份证照		证券账户号	股票代码	股票名称	每股计税价格（元/股）	转让股数（股）	转让收入额	限售股原值及合理税费			应纳税所得额	税率	扣缴税额
		证照类型	证照号码							小计	原值	合理税费			
	(1)	(2)	(3)	(4)	(5)	(6)	(7)	(8)	(9)=(7)×(8)	(10)=(11)+(12)	(11)	(12)	(13)=(9)−(10)	(14)	(5)=(13)×(14)
1															
2															
3															
4															
5															
6															
7															
8															
9															
10															
11															
12															
13															
14															
15															
16															
合计														—	

续表

扣缴义务人声明	我声明，此扣缴申报表及所附资料是根据《中华人民共和国个人所得税法》及相关法律法规的规定填报的，我确保它是真实的、可靠的、完整的。 法定代表人（签字） 年 月 日	扣缴义务人（盖章） 会计主管签字： 年 月 日	主管税务机关受理专用章： 受理人： 受理时间： 年 月 日

国家税务总局监制

填表须知

一、本表根据《中华人民共和国个人所得税法》及其实施条例和相关文件制定，适用于证券机构预扣预缴，或者直接代扣代缴限售股转让所得个人所得税的申报，本表按月填写。

二、证券机构应在扣缴限售股转让所得个人所得税的次月7日内向主管税务机关报送本表。不能按照规定期限报送本表时，应当在规定的报送期限内提出申请，经当地税务机关批准，可以适当延期。

三、填写本表应当使用中文。

四、本表各栏的填写说明如下：

（一）扣缴义务人编码：填写扣缴税款的证券机构的税务登记证号码。

（二）填表日期：填写扣缴义务人办理扣缴申报的实际日期。

（三）税款所属期：填写证券机构实际扣缴税款的年度、月份和日期。

（四）扣缴义务人名称：填写扣缴税款的证券公司（营业部）等证券机构的全称。

（五）纳税人身份证照类型及号码：填写纳税人有效身份证件（居民身份证、军人身份证件等）的类型及号码。

（六）证券账户号：填写纳税人证券账户卡上的证券账户号。转让的限售股是在上海交易所上市的，填写证券账户卡（上海）上的证券账户号；转让的限售股是在深圳交易所上市的，填写证券账户卡（深圳）上的证券账户号。

（七）股票代码及名称：填写所转让的限售股股票的股票代码和证券名称。纳税人转让不同限售股的，分行填写。

（八）每股计税价格：区分以下两种情形填写。

1. 在证券机构技术和制度准备完成前形成的限售股，采取预扣预缴方式征收的，股改限售股填写股改复牌日收盘价；新股限售股填写该股上市首日的收盘价。

2. 在证券机构技术和制度准备完成后，采取直接代扣代缴方式征收的，填写纳税人实际转让限售股的每股成交价格。以不同价格成交的，分行填写。

（九）转让股数：填写前列每股计税价格所对应的股数。即：

1. 在证券机构技术和制度准备完成前，采取预扣预缴方式的，转让股数填写本月该限售股累计转让股数。

2. 在证券机构技术和制度准备完成后，采取直接代扣代缴方式的，转让股数按照不同转让价格，分别填写按该价格转让的股数。

（十）转让收入额：填写本次限售股转让取得的用于计税的收入额。

限售股转让收入额＝每股计税价格×转让股数

（十一）限售股原值及合理税费：填写取得限售股股票实际付出的成本，以及限售股转让过程中发生的印花税、佣金、过户费等与交易相关的税费的合计。具体有两种不同情况：

1. 在证券机构技术和制度准备完成前形成的限售股，采取预扣预缴税款的，限售股原值及合理税费＝转让收入额×15%，直接填入小计栏中；

2. 在证券机构技术和制度准备完成后，采取直接代扣代缴税款的，限售股原值为事先植入结算系统的限售股成本原值；合理税费为转让过程中发生的印花税、佣金、过户费、其他费等与交易相关的税费。

（十二）应纳税所得额：应纳税所得额＝转让收入额－限售股原值及合理税费。

（十三）扣缴税额：扣缴税额＝应纳税所得额×20%。

五、本表为A4横式。一式两份，扣缴义务人留存一份，税务机关留存一份。

②预缴税款方式。证券机构将已扣的个人所得税款，于次月 7 日内直接缴入国库，并向主管税务机关报送限售股转让所得扣缴个人所得税报告表及税务机关要求报送的其他资料。主管税务机关向证券机构开具《税收通用缴款书》或以横向联网电子缴税方式将证券机构预扣预缴的个人所得税税款缴入国库。同时，主管税务机关应根据限售股转让所得扣缴个人所得税报告表分纳税人开具税收转账专用完税证，作为纳税人预缴个人所得税的完税凭证。

关于采取证券机构预扣预缴、纳税人自行申报清算方式下的税款结算和退税管理。纳税人按照实际转让收入与实际成本计算出的应纳税额，与证券机构预扣预缴税额有差异的，纳税人应自证券机构代扣并解缴税款的次月 1 日起 3 个月内，持加盖证券机构印章的交易记录和相关完整、真实凭证，向主管税务机关提出清算申报，并办理清算事宜。主管税务机关审核确认后，按照重新计算的应纳税额，办理退（补）税手续。纳税人在规定期限内未到主管税务机关办理清算事宜的，税务机关不再办理清算事宜，已预扣预缴的税款从纳税保证金账户全额缴入国库。

①采用纳税保证金方式征缴税款的结算。证券机构以纳税保证金方式代缴个人所得税的，纳税人办理清算申报后，经主管税务机关审核重新计算的应纳税额低于已缴纳税保证金的，多缴部分税务机关应及时从“税务代保管资金”账户退还纳税人。同时，税务机关应开具《税收通用缴款书》，将应纳部分作为个人所得税从“税务代保管资金”账户缴入国库，并将《税收通用缴款书》相应联次交纳税人，同时收回税务代保管资金专用收据。经主管税务机关审核重新计算的应纳税额高于已缴纳税保证金的，税务机关就纳税人应补缴税款部分开具相应凭证直接补缴入库，同时税务机关应开具《税收通用缴款书》将已缴纳的纳税保证金从“税务代保管资金”账户全额缴入国库，并将《税收通用缴款书》相应联次交纳税人，同时收回税务代保管资金专用收据。纳税人未在规定期限内办理清算事宜的，期限届满后，所缴纳的纳税保证金全部作为个人所得税缴入国库。横向联网电子缴税的地区，税务机关可通过联网系统办理税款缴库。

纳税保证金的收纳缴库、退还办法，按照《国家税务总局　财政部　中国人民银行关于印发〈税务代保管资金账户管理办法〉的通知》（国税发〔2005〕181 号）、《国家税务总局　财政部　中国人民银行关于税务代保管资金账户管理有关问题的通知》（国税发〔2007〕12 号）有关规定执行。各地税务机关应严格执行税务代保管资金账户管理有关规定，严防发生账户资金的占压、贪污、挪用、盗取等情形。

②采用预缴税款方式征缴税款的结算。证券机构以预缴税款方式代缴个人所得

税的，纳税人办理清算申报后，经主管税务机关审核应补（退）税款的，由主管税务机关按照有关规定办理税款补缴入库或税款退库。

具体征管操作：

证券机构技术和制度准备完成前形成的限售股，其转让所得应交纳的个人所得税，采取证券机构预扣预缴和纳税人自行申报清算相结合的方式征收。

①证券机构预扣预缴。纳税人转让股改限售股的，证券机构按照该股票股改复牌日收盘价计算转让收入，纳税人转让新股限售股的，证券机构按照该股票上市首日收盘价计算转让收入，并按照计算出的转让收入的15%确定限售股原值和合理税费，以转让收入减去原值和合理税费后的余额为应纳税所得额，计算预扣个人所得税。

证券机构应将已扣的个人所得税款，于次月7日内向主管税务机关缴纳，并报送限售股转让所得扣缴个人所得税报告表及税务机关要求报送的其他资料。限售股转让所得扣缴个人所得税报告表应按每个纳税人区分不同股票分别填写；同一支股票的转让所得，按当月取得的累计发生额填写。

②纳税人自行申报清算。纳税人按照实际转让收入与实际成本计算出的应纳税额，与证券机构预扣预缴税额有差异的，纳税人应自证券机构代扣并解缴税款的次月1日起3个月内，到证券机构所在地主管税务机关提出清算申请，办理清算申报事宜。纳税人在规定期限内未到主管税务机关办理清算事宜的，期限届满后税务机关不再办理。

纳税人办理清算时，应按照收入与成本相匹配的原则计算应纳税所得额，即限售股转让收入必须按照实际转让收入计算，限售股原值按照实际成本计算。如果纳税人未能提供完整、真实的限售股原值凭证，不能正确计算限售股原值的，主管税务机关一律按限售股实际转让收入的15%核定限售股原值及合理税费。

纳税人办理清算时，按照当月取得的全部转让所得，填报限售股转让所得个人所得税清算申报表（见表6-3），并出示个人有效身份证原件，附送加盖开户证券机构印章的限售股交易明细记录相关完整真实的财产原值凭证，缴纳税款凭证（税务代保管资金专用收据或税收转账专用完税证），以及税务机关要求报送的其他资料。

表6－3　限售股转让所得个人所得税清算申报表

填表日期：　年　月　日

税款所属期：　年　月　日至　年　月　日　　金额单位：元（列至角分）

<table>
<tr><td rowspan="5">纳税人基本情况</td><td>姓名</td><td></td><td>证券账户号</td><td></td></tr>
<tr><td>有效身份证照类型</td><td></td><td>有效身份证照号码</td><td></td></tr>
<tr><td>国籍（地区）</td><td></td><td>有效联系电话</td><td></td></tr>
<tr><td>开户银行名称</td><td></td><td>开户银行账号</td><td></td></tr>
<tr><td>中国境内有效联系地址及邮编</td><td colspan="3"></td></tr>
<tr><td rowspan="2">开户证券公司（营业部）</td><td>名称</td><td></td><td>扣缴义务人编码</td><td></td></tr>
<tr><td>地址</td><td></td><td>邮编</td><td></td></tr>
<tr><td rowspan="12">限售股转让收入及纳税情况</td><td>股票代码</td><td>1</td><td colspan="2"></td></tr>
<tr><td>股票名称</td><td>2</td><td colspan="2"></td></tr>
<tr><td>转让股数（股）</td><td>3</td><td colspan="2"></td></tr>
<tr><td>实际转让收入额</td><td>4</td><td colspan="2"></td></tr>
<tr><td>限售股原值和合理税费小计</td><td>5＝6＋7</td><td colspan="2"></td></tr>
<tr><td>限售股原值</td><td>6</td><td colspan="2"></td></tr>
<tr><td>合理税费</td><td>7</td><td colspan="2"></td></tr>
<tr><td>应纳税所得额</td><td>8＝4－5</td><td colspan="2"></td></tr>
<tr><td>税率</td><td>9</td><td colspan="2">20％</td></tr>
<tr><td>应纳税额</td><td>10＝8×9</td><td colspan="2"></td></tr>
<tr><td>已扣缴税额</td><td>11</td><td colspan="2"></td></tr>
<tr><td>应退（补）税额</td><td>12＝10－11</td><td colspan="2"></td></tr>
<tr><td>声明</td><td colspan="4">我声明，此纳税申报表及所附资料是根据《中华人民共和国个人所得税法》及相关法律法规规定填写、报送的，我确保上述资料是真实的、可靠的、完整的。
纳税人（签字）
年　月　日</td></tr>
<tr><td colspan="3">代理人（中介机构）签字或盖章：
经办人：
经办人执业证件号码：
代理申报日期：　年　月　日</td><td colspan="2">主管税务机关受理专用章：

受理人：
受理时间：　年　月　日</td></tr>
</table>

国家税务总局监制

填表须知

一、本表根据《中华人民共和国个人所得税法》及其实施条例和相关文件制定，适用于纳税人取得限售股转让所得已预扣预缴个人所得税款的清算申报，本表按月填写。

二、向主管税务机关提出限售股转让所得个人所得税清算申请的纳税人，应在证券机构代扣并解缴税款的次月1日起3个月内，由本人或者委托他人向主管税务机关报送本表。不能按照规定期限报送本表时，应当在规定的报送期限内提出申请，经当地税务机关批准，可以适当延期。

三、向主管税务机关提出限售股转让所得清算申请的纳税人，应区别限售股股票种类，按每一股票填写本表。即，同一限售股填写一张表。

四、填写本表应当使用中文。

五、纳税人在向主管税务机关办理清算事宜时，除填报本表外，还应出示纳税人本人的有效身份证照原件，并附送以下资料：

1. 加盖开户证券机构印章的限售股交易明细记录；

2. 相关完整、真实的财产原值凭证；

3. 缴纳税款凭证（税务代保管资金专用收据或税收转账专用完税证）；

4. 税务机关要求报送的其他资料。

纳税人委托中介机构或他人代理申报的，除提供上述资料外，代理人还应出示代理人的有效身份证照，并附送纳税人委托代理申报的授权书。

六、本表各栏的填写说明如下：

（一）填表日期：填写纳税人办理清算申报的实际日期。

（二）税款所属期：填写纳税人实际取得所得的年度、月份和日期。

（三）纳税人基本情况的填写：

1. 证券账户号：填写纳税人证券账户卡上的证券账户号。转让的限售股是在上海交易所上市的，填写证券账户卡（上海）上的证券账户号；转让的限售股是在深圳交易所上市的，填写证券账户卡（深圳）上的证券账户号。

2. 有效身份证照类型：填写纳税人的有效身份证件（居民身份证、军人身份证件等）名称。

3. 有效身份证照号码：填写纳税人有效身份证照上的号码。

4. 开户银行名称及账号：填写纳税人本人开户银行的全称及账号。

注：该银行账户，用于办理纳税人多扣缴个人所得税款的退还。即，纳税人多扣缴的税款，经税务机关审核确认后，将直接退还至该银行账户中。因此，纳税人要特别注意本行填写的准确性。

5. 中国境内有效联系地址及邮编：填写纳税人住址或有效联系地址及邮编。

6. 开户证券公司（营业部）：填写纳税人开立证券交易账户的证券公司（营业部）的相关信息。

(1) 名称：填写纳税人开立证券账户的证券公司（营业部）的全称。

(2) 扣缴义务人编码：填写纳税人开立证券账户的证券公司（营业部）的税务登记证号码。

(3) 地址及邮编：填写纳税人开立证券账户的证券公司（营业部）的地址及邮编。

（四）限售股转让收入及纳税情况的填写：

1. 股票代码：填写限售股的股票代码。

2. 股票名称：填写限售股股票的证券名称。

3. 转让股数（股）：填写本月转让限售股的股数。

4. 实际转让收入额：填写转让限售股取得的实际收入额。以证券机构提供的加盖印章的当月限售股交易记录汇总数为准。

5. 限售股原值和合理税费：

(1) 限售股原值和合理税费小计，填写纳税人转让限售股的股票原值和合理税费的合计。

纳税人未能提供完整、真实的限售股原值凭证，不能正确计算限售股原值的，一律按限售股实际转让收入的15%计算限售股原值和合理税费后，填入该栏。

(2) 限售股原值，填写取得限售股股票实际付出的成本，并附相关完整、真实的原值凭证。

(3) 合理税费，填写转让限售股过程中发生的印花税、佣金、过户费等与交易相关的税费。

6. 应纳税所得额：填写转让限售股实际转让收入额减除限售股原值和合理税费后的余额。

7. 已扣缴税额：填写证券机构已预扣预缴的税款。

8. 应退（补）税额：应退（补）税额＝应纳税额－已扣缴税额。负数为应退税额；正数为应补税额。

七、声明：填写纳税人本人的姓名。如纳税人不在时，可填写代理申报人的姓名。

八、代理人（中介机构）签字或盖章：填盖纳税人委托代理申报的中介机构的印章，或者代理人个人的签名或印章。

九、经办人：填写代理申报人的姓名。

十、本表为A4竖式。一式两份，纳税人留存一份，税务机关留存一份。

限售股交易明细记录应包括限售股每笔成交日期、成交时间、成交价格、成交数量、成交金额、佣金、印花税、过户费、其他费等信息。

纳税人委托中介机构或者他人代为办理纳税申报的，代理人在申报时，除提供上述资料外，还应出示代理人的有效身份证原件，并附送纳税人委托代理申报的授权书。

税务机关对纳税人申报的资料审核确认后，按照上述原则重新计算应纳税额，并办理退（补）税手续。重新计算的应纳税额，低于预扣预缴的部分，税务机关应予以退还；高于预扣预缴的部分，纳税人应补缴税款。

（2）证券机构技术和制度准备完成后新上市公司的限售股，按照证券机构事先植入结算系统的限售股成本原值和发生的合理税费，以实际转让收入减去原值和合理税费后的余额，适用20%税率，计算直接扣缴个人所得税额。

证券机构技术和制度准备完成后新上市公司的限售股，纳税人在转让时应交纳的个人所得税，采取证券机构直接代扣代缴的方式征收。

证券机构每月所扣个人所得税款，于次月7日内缴入国库，并向当地主管税务机关报送限售股转让所得扣缴个人所得税报告表及税务机关要求报送的其他资料。主管税务机关按照代扣代缴税款有关规定办理税款入库，并分纳税人开具税收转账专用完税证，作为纳税人的完税凭证。

税务代保管资金专用收据、税收转账专用完税证可由代扣代缴税款的证券机构或由主管税务机关交纳税人。各地税务机关应通过适当途径将缴款凭证取得方式预先告知纳税人。

因个人持有限售股中存在部分限售股成本原值不明确，导致无法准确计算全部限售股成本原值的，证券登记结算公司一律以实际转让收入的15%作为限售股成本原值和合理税费。

具体征管操作：

证券机构技术和制度准备完成后新上市公司的限售股，纳税人在转让时应交纳的个人所得税，采取证券机构直接代扣代缴的方式征收。

证券机构技术和制度准备完成后，证券机构按照限售股的实际转让收入，减去事先植入结算系统的限售股成本原值、转让时发生的合理税费后的余额，计算并直接扣缴个人所得税。

证券机构应将每月所扣个人所得税款，于次月7日内缴入国库，并向当地主管税务机关报送限售股转让所得扣缴个人所得税报告表及税务机关要求报送的其他资料。

5. 纳税人同时持有限售股及该股流通股的，其股票转让所得，按照限售股优先原则，即转让股票视同为先转让限售股，按规定计算交纳个人所得税。

6. 证券机构等应积极配合税务机关做好各项征收管理工作，并于每月15日前，将上月限售股减持的有关信息传递至主管税务机关。限售股减持信息包括股东姓名、公民身份证号码、开户证券公司名称及地址、限售股股票代码、本期减持股数及减持取得的收入总额。证券机构有义务向纳税人提供加盖印章的限售股交易记录。

7. 证券机构包括证券登记结算公司、证券公司及其分支机构。其中，证券登记结算公司以证券账户为单位计算个人应纳税额，证券公司及其分支机构依据证券登记结算公司提供的数据负责对个人应交纳的个人所得税以证券账户为单位进行预扣预缴。纳税人对证券登记结算公司计算的应纳税额有异议的，可持相关完整、真实凭证，向主管税务机关提出清算申报并办理清算事宜。主管税务机构审核确认后，按照重新计算的应纳税额，办理退（补）税手续。

8. 纳税人发生上述第2项中的第（5）、第（6）、第（7）、第（8）项情形的，采取纳税人自行申报纳税的方式。纳税人转让限售股后，应在次月7日内到主管税务机关填报限售股转让所得个人所得税清算申报表，自行申报纳税。主管税务机关审核确认后应开具完税凭证，纳税人应持完税凭证、限售股转让所得个人所得税清算申报表复印件到证券登记结算公司办理限售股过户手续。纳税人未提供完税凭证和限售股转让所得个人所得税清算申报表复印件的，证券登记结算公司不予办理过户。

纳税人自行申报的，应一次办结相关涉税事宜，不再执行上述有关纳税人自行申报清算的规定。对上述第2项中的第（6）项“个人持有的限售股被司法扣划”情形，如国家有权机关要求强制执行的，证券登记结算公司在履行告知义务后予以协助执行，并报告相关主管税务机关。

9. 个人持有在证券机构技术和制度准备完成后形成的拟上市公司限售股，在公司上市前，个人应委托拟上市公司向证券登记结算公司提供有关限售股成本原值详细资料，以及会计师事务所或税务师事务所对该资料出具的鉴证报告。逾期未提供的，证券登记结算公司以实际转让收入的15％核定限售股原值和合理税费。

10. 个人转让限售股所得需由证券机构预扣预缴税款的，应在客户资金账户留足资金供证券机构扣缴税款，依法履行纳税义务。证券机构应采取积极、有效措施依法履行扣缴税款义务，对纳税人资金账户暂无资金或资金不足的，证券机构应当及时通知个人投资者补足资金，并扣缴税款。个人投资者未补足资金的，证券机构应当及时报告相关主管税务机关，并依法提供纳税人相关资料。

11.《财政部　国家税务总局关于证券机构技术和制度准备完成后个人转让上市公司限售股有关个人所得税问题的通知》（财税〔2011〕108号）对证券机构技术和制度准备完成后个人转让上市公司限售股个人所得税的具体要求如下：

“一、自2012年3月1日起，网上发行资金申购日在2012年3月1日（含）之后的首次公开发行上市公司（以下简称新上市公司）按照证券登记结算公司业务规定做好各项资料准备工作，在向证券登记结算公司申请办理股份初始登记时一并申报由个人限售股股东提供的有关限售股成本原值详细资料，以及会计师事务所或税务师事务所对该资料出具的鉴证报告。

限售股成本原值，是指限售股买入时的买入价及按照规定缴纳的有关税费。

二、新上市公司提供的成本原值资料和鉴证报告中应包括但不限于以下内容：证券持有人名称、有效身份证照号码、证券账户号码、新上市公司全称、持有新上市公司限售股数量、持有新上市公司限售股每股成本原值等。

新上市公司每位持有限售股的个人股东应仅申报一个成本原值。个人取得的限售股有不同成本的，应对所持限售股以每次取得股份数量为权重进行成本加权平均以计算出每股的成本原值，即：

分次取得限售股的加权平均成本＝（第一次取得限售股的每股成本原值×第一次取得限售股的股份数量＋……＋第n次取得限售股的每股成本原值×第n次取得限售股的股份数量）÷累计取得限售股的股份数量

三、证券登记结算公司收到新上市公司提供的相关资料后，应及时将有关成本原值数据植入证券结算系统。个人转让新上市公司限售股的，证券登记结算公司根据实际转让收入和植入证券结算系统的标的限售股成本原值，以实际转让收入减去成本原值和合理税费后的余额，适用20%税率，直接计算需扣缴的个人所得税额。

合理税费是指转让限售股过程中发生的印花税、佣金、过户费等与交易相关的税费。

四、新上市公司在申请办理股份初始登记时，确实无法提供有关成本原值资料和鉴证报告的，证券登记结算公司在完成股份初始登记后，将不再接受新上市公司申报有关成本原值资料和鉴证报告，并按规定以实际转让收入的15%核定限售股成本原值和合理税费。

五、个人在证券登记结算公司以非交易过户方式办理应纳税未解禁限售股过户登记的，受让方所取得限售股的成本原值按照转让方完税凭证、《限售股转让所得个人所得税清算申报表》等材料确定的转让价格进行确定；如转让方证券账户为机构账户，在受让方再次转让该限售股时，以受让方实际转让收入的15%核定其转让限售股的成本原值和合理税费。

六、对采取自行纳税申报方式的纳税人，其个人转让限售股不需要纳税或应纳税额为零的，纳税人应持经主管税务机关审核确认并加盖受理印章的《限售股转让所得个人所得税清算申报表》原件，到证券登记结算公司办理限售股过户手续。未提供原件的，证券登记结算公司不予办理过户手续。

七、对于个人持有的新上市公司未解禁限售股被司法扣划至其他个人证券账户，如国家有权机关要求强制执行但未能提供完税凭证等材料，证券登记结算公司在履行告知义务后予以协助执行，并在受让方转让该限售股时，以其实际转让收入的15%核定其转让限售股的成本原值和合理税费。

八、证券公司应将每月所扣个人所得税款，于次月15日内缴入国库，并向当地主管税务机关报送《限售股转让所得扣缴个人所得税报告表》及税务机关要求报送的其他资料。

九、对个人转让新上市公司限售股，按财税〔2010〕70号文件规定，需纳税人自行申报纳税的，继续按照原规定以及本通知第六、七条的相关规定执行。”

12. 企业转让代个人持有的限售股的特殊税务处理。《国家税务总局关于企业转让上市公司限售股有关所得税问题的公告》(国家税务总局公告2011年第39号）规定：

“因股权分置改革造成原由个人出资而由企业代持有的限售股，企业在转让时按以下规定处理：

（一）企业转让上述限售股取得的收入，应作为企业应税收入计算纳税。

上述限售股转让收入扣除限售股原值和合理税费后的余额为该限售股转让所得。企业未能提供完整、真实的限售股原值凭证，不能准确计算该限售股原值的，主管税务机关一律按该限售股转让收入的15%，核定为该限售股原值和合理税费。

依照本条规定完成纳税义务后的限售股转让收入余额转付给实际所有人时不再纳税。

（二）依法院判决、裁定等原因，通过证券登记结算公司，企业将其代持的个人限售股直接变更到实际所有人名下的，不视同转让限售股。”

四、个人非货币性资产投资的个人所得税处理

为进一步鼓励和引导民间个人投资，根据国务院第83次常务会议决定，从2015年4月1日起，将已经试点的个人以股权、不动产、技术发明成果等非货币性资产进行投资的实际收益，由一次性纳税改为分期纳税的优惠政策推广到全国。

（一）政策规定

1.《财政部　国家税务总局关于个人非货币性资产投资有关个人所得税政策的通知》（财税〔2015〕41号）规定：

“个人以非货币性资产投资，属于个人转让非货币性资产和投资同时发生。对个人转让非货币性资产的所得，应按照‘财产转让所得’项目，依法计算缴纳个人所得税。”

“本通知所称非货币性资产，是指现金、银行存款等货币性资产以外的资产，包括股权、不动产、技术发明成果以及其他形式的非货币性资产。”

“本通知所称非货币性资产投资，包括以非货币性资产出资设立新的企业，以及以非货币性资产出资参与企业增资扩股、定向增发股票、股权置换、重组改制等投资行为。”

2.《财政部　国家税务总局关于个人非货币性资产投资有关个人所得税政策的通知》（财税〔2015〕41号）规定，个人以非货币性资产投资，应按评估后的公允价值确认非货币性资产转让收入。非货币性资产转让收入减除该资产原值及合理税费后的余额为应纳税所得额，按“财产转让所得”项目计算纳税。

计算公式：

应纳税所得额＝非货币性资产转让收入－该资产原值－合理税费

个人以非货币性资产投资，应于非货币性资产转让、取得被投资企业股权时，确认非货币性资产转让收入的实现。

营业税改征增值税后，非货币性资产转让收入涉及缴纳增值税的，非货币性资产转让收入为不含增值税应税收入。

3.《财政部　国家税务总局关于个人非货币性资产投资有关个人所得税政策的通知》（财税〔2015〕41号）规定：“个人应在发生上述应税行为的次月15日内向主管税务机关申报纳税。纳税人一次性缴税有困难的，可合理确定分期缴纳计划并报主管税务机关备案后，自发生上述应税行为之日起不超过5个公历年度内（含）分期缴纳个人所得税。”

4.《财政部　国家税务总局关于个人非货币性资产投资有关个人所得税政策的通知》（财税〔2015〕41号）规定：“个人以非货币性资产投资交易过程中取得现金补价的，现金部分应优先用于缴税；现金不足以缴纳的部分，可分期缴纳。个人在分期缴税期间转让其持有的上述全部或部分股权，并取得现金收入的，该现金收入应优先用于缴纳尚未缴清的税款。”

5.《财政部　国家税务总局关于个人非货币性资产投资有关个人所得税政策的通知》（财税〔2015〕41 号）规定：“本通知规定的分期缴税政策自 2015 年 4 月 1 日起施行。对 2015 年 4 月 1 日之前发生的个人非货币性资产投资，尚未进行税收处理且自发生上述应税行为之日起期限未超过 5 年的，可在剩余的期限内分期缴纳其应纳税款。”

（二）征收管理

1. 非货币性资产投资个人所得税以发生非货币性资产投资行为并取得被投资企业股权的个人为纳税人。

2. 非货币性资产投资个人所得税由纳税人向主管税务机关自行申报交纳。

3. 个人非货币性投资的纳税地点。纳税人以不动产投资的，以不动产所在地税务机关为主管税务机关；纳税人以其持有的企业股权对外投资的，以被投资企业所在地税务机关为主管税务机关；纳税人以其他非货币资产投资的，以被投资企业所在地税务机关为主管税务机关。

4. 纳税人非货币性资产投资应纳税所得额为非货币性资产转让收入减除该资产原值及合理税费后的余额。

5. 非货币性资产原值及合理税费的确认。非货币性资产原值以历史成本进行确认，非货币性资产原值为纳税人取得该项资产时实际发生的支出。

纳税人无法提供完整、准确的非货币性资产原值凭证，不能正确计算非货币性资产原值的，主管税务机关可依法核定其非货币性资产原值。

合理税费是指纳税人在非货币性资产投资过程中发生的与资产转移相关的税金及合理费用。允许扣除的税费必须与非货币性资产投资相关，且具有合理性。

营业税改征增值税后，非货币性资产投资涉及缴纳增值税的，上述与资产转移相关的税金不包括缴纳的增值税。其取得非货币资产（如房屋）时所支付价款中包含的增值税计入其非货币性资产原值。

6. 纳税人以股权投资的，该股权原值确认等相关问题依照《国家税务总局关于发布〈股权转让所得个人所得税管理办法（试行）〉的公告》（国家税务总局公告 2014 年第 67 号）有关规定执行。

7. 分期缴税计划的制定、变更和备案手续。纳税人非货币性资产投资需要分期交纳个人所得税的，应于取得被投资企业股权之日的次月 15 日内，自行制订缴税计划并向主管税务机关报送非货币性资产投资分期交纳个人所得税备案表（见表 6-4）、纳税人身份证明、投资协议、非货币性资产评估价格证明材料以及能够证明非货币性资产原值及合理税费的相关资料。

表6-4　非货币性资产投资分期交纳个人所得税备案表

（本表一式两份）

备案编号（主管税务机关填写）：　　　　　　　　　　　　金额单位：人民币元（列至角分）

投资人信息	姓名		身份证件类型		身份证件号码	□□□□□□□□□□□□□□□□□□
	国籍（地区）				纳税人识别号	□□□□□□□□□□□□□□□□□□
	通讯地址				联系电话	
被投资单位信息	名称				纳税人识别号	□□□□□□□□□□□□□□□□□□
	地址				联系人及电话	

投资情况	投资类型	□新设公司　□参与增资　□定向增发　□股权置换　□重组改制　□其他＿＿＿					
	取得股权时间	年　月　日		取得的现金补价		持股比例％	
	非货币性资产名称	产权证或注册登记证号码	登记机关	坐落地	评估后的公允价值	非货币性资产原值	合理税费

分期缴税计划	截止缴税时间	年　月　日		应纳税所得额			
	应缴个人所得税			已缴个人所得税			
	分期	合计	1	2	3	4	5
	计划缴税时间	—					
	计划缴税金额						

谨声明：本表根据《财政部　国家税务总局关于个人非货币性资产投资有关个人所得税政策的通知》（财税〔2015〕41号）及本公告有关规定填列。所填信息，是真实的、完整的、可靠的。

纳税人签字：　　　　被投资单位公章：　　　　填报日期：　年　月　日

提醒：请妥善保存此表。办理纳税申报时请主动提供此表及以前各期交纳个人所得税的完税证明。如因股权转让取得收益，请及时交纳个人所得税。

感谢您对税收工作的支持！

代理申报机构（人）签章： 经办人： 经办人执业证件号码： 代理申报日期：　年　月　日	主管税务机关印章： 受理人： 受理日期：　年　月　日

国家税务总局监制

非货币性资产投资分期交纳个人所得税备案表填报说明

本表适用于个人非货币性资产投资向主管税务机关办理分期交纳个人所得税备案事宜。本表一式两份，主管税务机关受理后，由投资人和主管税务机关分别留存。

一、备案编号：由主管税务机关自行编制。

二、纳税人识别号：该栏填写税务机关赋予的18位纳税人识别号。初次办理涉税事宜的，应一并提供个人所得税基础信息表（B表）。

三、产权证或注册登记证号码：填写产权登记部门核发的不动产、技术发明成果等非货币性资产产权证号码或注册登记证上的注册登记号码。未登记或无需登记的非货币性资产不填此列。

四、登记机关：填写核发产权证或注册登记证的单位名称。未登记或无需登记的非货币性资产不填此列。

五、坐落地：填写不动产的具体坐落地址。其他非货币性资产无需填列。

六、评估后的公允价值、非货币性资产原值、合理税费：按照《财政部 国家税务总局关于个人非货币性资产投资有关个人所得税政策的通知》（财税〔2015〕41号）及本公告中有关规定填写。

七、应纳税所得额：应纳税所得额＝评估后的公允价值－非货币性资产原值－合理税费。

八、应缴个人所得税：应缴个人所得税＝应纳税所得额×20％。

九、已缴个人所得税：填写纳税人取得现金补价或自筹资金已交纳的个人所得税。纳税人变更分期缴税计划的，其前期已经交纳的个人所得税也一并在此填列。

十、计划缴税时间：填写每一期计划缴税的截止时点。

十一、计划缴税金额：填写应缴个人所得税减去已缴个人所得税后需要分期交纳的个人所得税金额。

2015年4月1日之前发生的非货币性资产投资，期限未超过5年，尚未进行税收处理且需要分期交纳个人所得税的，纳税人应于本公告下发之日起30日内向主管税务机关办理分期缴税备案手续。

纳税人分期缴税期间提出变更原分期缴税计划的，应重新制订分期缴税计划并向主管税务机关重新报送非货币性资产投资分期交纳个人所得税备案表。

8. 纳税人按分期缴税计划向主管税务机关办理纳税申报时，应提供已在主管税务机关备案的非货币性资产投资分期交纳个人所得税备案表和本期之前各期已交纳个人所得税的完税凭证。

9. 纳税人在分期缴税期间转让股权的，应于转让股权之日的次月 15 日内向主管税务机关申报纳税。

10. 被投资企业的报告义务。被投资企业应将纳税人以非货币性资产投入本企业取得股权和分期缴税期间纳税人股权变动情况，分别于相关事项发生后 15 日内向主管税务机关报告，并协助税务机关执行公务。

11. 纳税人和被投资企业未按规定备案、缴税和报送资料的，按照《中华人民共和国税收征收管理法》及有关规定处理。

12. 上述规定自 2015 年 4 月 1 日起施行。

五、技术成果投资入股的个人所得税递延纳税政策

为进一步鼓励科技创新，充分调动科研人员创新创业的活力和积极性，使科技成果最大程度转化为现实生产力，为支持国家大众创业、万众创新战略的实施，促进我国经济结构转型升级，经国务院批准，财政部、国家税务总局制定了技术成果投资入股的个人所得税递延纳税政策。

（一）政策规定

《财政部　国家税务总局关于完善股权激励和技术入股有关所得税政策的通知》（财税〔2016〕101 号）规定：

“（一）企业或个人以技术成果投资入股到境内居民企业，被投资企业支付的对价全部为股票（权）的，企业或个人可选择继续按现行有关税收政策执行，也可选择适用递延纳税优惠政策。

选择技术成果投资入股递延纳税政策的，经向主管税务机关备案，投资入股当期可暂不纳税，允许递延至转让股权时，按股权转让收入减去技术成果原值和合理税费后的差额计算缴纳所得税。

（二）企业或个人选择适用上述任一项政策，均允许被投资企业按技术成果投资入股时的评估值入账并在企业所得税前摊销扣除。

（三）技术成果是指专利技术（含国防专利）、计算机软件著作权、集成电路布图设计专有权、植物新品种权、生物医药新品种，以及科技部、财政部、国家税务总局确定的其他技术成果。

（四）技术成果投资入股，是指纳税人将技术成果所有权让渡给被投资企业、取得该企业股票（权）的行为。”

“（二）个人因股权激励、技术成果投资入股取得股权后，非上市公司在境内上市的，处置递延纳税的股权时，按照现行限售股有关征税规定执行。

（三）个人转让股权时，视同享受递延纳税优惠政策的股权优先转让。递延纳税的股权成本按照加权平均法计算，不与其他方式取得的股权成本合并计算。

（四）持有递延纳税的股权期间，因该股权产生的转增股本收入，以及以该递延纳税的股权再进行非货币性资产投资的，应在当期缴纳税款。”

递延纳税股票（股权）转让、办理纳税申报时，扣缴义务人、个人应向主管税务机关一并报送能够证明股票（股权）转让价格、递延纳税股票（股权）原值、合理税费的有关资料，具体包括转让协议、评估报告和相关票据等。资料不全或无法充分证明有关情况，造成计税依据偏低，又无正当理由的，主管税务机关可依据税收征管法有关规定进行核定。

（二）征收管理

1. 企业备案的规定。对技术成果投资入股选择适用递延纳税政策的，企业应在规定期限内到主管税务机关办理备案手续。未办理备案手续的，不得享受《财政部 国家税务总局关于完善股权激励和技术入股有关所得税政策的通知》（财税〔2016〕101号）规定的递延纳税优惠政策。

个人以技术成果投资入股境内公司并选择递延纳税的，被投资公司应于取得技术成果并支付股权之次月15日内，向主管税务机关报送技术成果投资入股个人所得税递延纳税备案表（见表6-5）、技术成果相关证书或证明材料、技术成果投资入股协议、技术成果评估报告等资料。无须纳税人本人办理备案手续，只需被投资公司代为办理即可。

个人以技术成果投资入股取得的股票（股权），实行递延纳税期间，扣缴义务人应于每个纳税年度终了后30日内，向主管税务机关报送个人所得税递延纳税情况年度报告表（见表6-6）。

表 6－5　技术成果投资入股个人所得税递延纳税备案表

备案编号（主管税务机关填写）：　　　　单位：股，%，人民币元（列至角分）

被投资公司基本情况							
公司名称		纳税人识别号		联系人		联系电话	
技术成果基本情况							
技术成果名称		技术成果类型		发证部门		技术成果证书编号	
技术成果投资入股情况							
涉及人数		评估价(协议价)		技术成果原值		合理税费	
技术成果投资入股个人基本情况							
序号	姓　名	身份证照类型	身份证照号码	联系地址	联系电话	股数	持股比例

续表

<table>
<tr><td colspan="3">谨声明：此表是根据《中华人民共和国个人所得税法》及相关法律法规规定填写的，是真实的、完整的、可靠的。
被投资公司法定代表人签字：　　年　月　日</td></tr>
<tr><td>公司签章：
经办人：
填报日期：　年　月　日</td><td>代理申报机构（人）签章：
经办人：
经办人执业证件号码：
代理申报日期：　年　月　日</td><td>主管税务机关印章：
受理人：
受理日期：　年　月　日</td></tr>
</table>

国家税务总局监制

填报说明

一、适用范围

本表适用于个人以技术成果投资入股境内非上市公司并选择递延纳税的，被投资公司向主管税务机关办理相关个人所得税递延纳税备案事宜时填报。备案表区分投资入股的技术成果，分别填写。

二、报送期限

企业应于被投资公司取得技术成果并支付股权之次月15日内报送。

三、表内各栏

（一）被投资公司基本情况

1. 公司名称：填写接受技术成果投资入股的公司名称全称。

2. 纳税人识别号：填写纳税人识别号或统一社会信用代码。

3. 联系人、联系电话：填写接受技术成果投资入股公司负责办理个人所得税递延纳税备案人员的相关情况。

（二）技术成果基本情况

1. 技术成果名称：填写技术成果的标准名称。

2. 技术成果类型：是指《财政部　国家税务总局关于完善股权激励和技术入股有关所得税政策的通知》（财税〔2016〕101号）规定的专利技术（含国防专利）、计算机软件著作权、集成电路布图设计专有权、植物新品种权、生物医药新品种，以及科技部、财政部、国家税务总局确定的其他技术成果。

3. 发证部门：填写颁发技术成果证书的部门全称。

4. 技术成果证书编号：填写技术成果证书上的编号。

（三）技术成果投资入股情况

1. 涉及人数：填写技术成果投资协议中以该项技术成果投资入股的人数。

2. 评估价（协议价）：填写技术成果投资入股按照协议确定的公允价值。

3. 技术成果原值：填写个人发明或取得该项技术成果过程中实际发生的支出。

4. 合理税费：填写个人以技术成果投资入股过程中按规定实际支付的有关税费。

（四）技术成果投资入股个人基本情况

1. 姓名：填写技术成果投资入股个人的姓名，中国境内无住所个人，其姓名应当用中、外文同时填写。

2. 身份证照类型：填写能识别技术成果投资入股个人的唯一身份的身份证、军官证、士兵证、护照、港澳居民来往内地通行证、台湾居民来往大陆通行证等有效证照名称。

3. 身份证照号码：填写能识别技术成果投资入股个人的唯一身份的号码。

4. 联系地址和联系电话：填写技术成果投资入股个人的有效联系地址和常用联系电话。

5. 股数：填写个人因技术成果投资入股获得的股票（权）数。

6. 持股比例：按照保留小数点后两位填写。

7. 技术成果投资入股个人基本情况如果填写不下，可另附纸填写。

四、本表一式两份。主管税务机关受理后，由扣缴义务人和主管税务机关分别留存。

表6－6　个人所得税递延纳税情况年度报告表

报告所属期：　　年　　　　　　　　　　单位：股，%，人民币元（列至角分）

公司基本情况							
公司名称		纳税人识别号		联系人		联系电话	

递延纳税有关情况	
递延纳税股票（权）形式	□股票（权）期权　□限制性股票　□股权奖励　□技术成果投资入股

递延纳税明细情况

序号	姓名	身份证照类型	身份证照号码	总体情况					股票（权）期权				限制性股票				股权奖励				技术成果投资入股			
				转让情况		剩余情况		扣缴个人所得税	转让情况		剩余情况		转让情况		剩余情况		转让情况		剩余情况		转让情况		剩余情况	
				股数	持股比例	股数	持股比例		股数	持股比例	股数	持股比例	股数	持股比例	股数	持股比例	股数	持股比例	股数	持股比例	股数	持股比例	股数	持股比例

续表

<table>
<tr><td colspan="3">谨声明：此表是根据《中华人民共和国个人所得税法》及有关法律法规规定填写的，是真实的、完整的、可靠的。
公司法定代表人签章：　　年　月　日</td></tr>
<tr><td>公司签章：
经办人：
填报日期：　年　月　日</td><td>代理申报机构（人）签章：
经办人：
经办人执业证件号码：
代理申报日期：　年　月　日</td><td>主管税务机关印章：
受理人：
受理日期：　年　月　日</td></tr>
</table>

国家税务总局监制

填报说明

一、适用范围

本表适用于实施符合条件股权激励的非上市公司和取得个人技术成果的境内公司，在递延纳税期间向主管税务机关报告个人相关股权持有和转让情况。

二、报送期限

实施股权激励的非上市公司和取得个人技术成果的境内公司，应于每个纳税年度终了30日内报送本表。

三、表内各栏

（一）公司基本情况

1. 公司名称：填写实施股权激励的非上市公司，或者取得个人技术成果的境内公司的法定名称全称。

2. 纳税人识别号：填写纳税人识别号或统一社会信用代码。

3. 联系人、联系电话：填写负责办理股权激励或技术成果投资入股相关涉税事项人员的相关情况。

（二）递延纳税有关情况

递延纳税股票（权）形式：根据递延纳税的股票（权）形式勾选。

（三）递延纳税明细情况

1. 姓名：填写纳税人姓名。中国境内无住所个人，其姓名应当用中、外文同时填写。

2. 身份证照类型：填写能识别纳税人唯一身份的身份证、军官证、士兵证、护照、港澳居民来往内地通行证、台湾居民来往大陆通行证等有效证照名称。

3. 身份证照号码：填写能识别纳税人唯一身份的号码。

4. 总体情况、股票（权）期权、限制性股票、股权奖励、技术成果投资入股栏：填写个人转让和剩余享受递延纳税优惠的股票（权）相关情况。

①股数、持股比例：填写个人实际转让或剩余的享受递延纳税优惠的股票（权）数以及对应的持股比例。若非上市公司因公司注册类型限制，难以用股票（权）数体现个人相关权益的，可只填列持股比例，持股比例按照保留小数点后两位填写。

②扣缴个人所得税：填写个人转让递延纳税的股权，扣缴义务人实际扣缴的个人所得税。

四、本表一式两份。主管税务机关受理后，由扣缴义务人和主管税务机关分别留存。

2. 个人以技术成果投资入股，以取得技术成果的企业为个人所得税扣缴义务人。递延纳税期间，扣缴义务人应在每个纳税年度终了后向主管税务机关报告递延纳税有关情况。

纳税情况区别于上述“四、个人非货币性资产投资的个人所得税处理”，即“非货币性资产投资个人所得税以发生非货币性资产投资行为并取得被投资企业股权的个人为纳税人。非货币性资产投资个人所得税由纳税人向主管税务机关自行申报交纳。”

3. 工商部门应将企业股权变更信息及时与税务部门共享，暂不具备联网实时共享信息条件的，工商部门应在股权变更登记 3 个工作日内将信息与税务部门共享。

六、天使投资个人采取股权投资方式直接投资于初创科技型企业的个人所得税处理

为进一步落实创新驱动发展战略，促进创业投资持续健康发展，2017 年，国务院常务会议决定在京津冀、上海、广东、安徽、四川、武汉、西安、沈阳 8 个全面创新改革试验地区和苏州工业园区开展创业投资企业和天使投资个人税收政策试点。为贯彻落实国务院常务会议精神，财政部、国家税务总局于 2017 年 4 月下发了《财政部　国家税务总局关于创业投资企业和天使投资个人有关税收试点政策的通知》(财税〔2017〕38 号)，保证税收优惠政策精准落地。为更好地鼓励和扶持种子期、初创期科技型企业发展，推动大众创业、万众创新战略实施，2018 年 4 月 25 日国务院常务会议决定将创业投资企业和天使投资个人税收试点政策推广到全国实施。

（一）政策规定

《财政部　税务总局关于创业投资企业和天使投资个人有关税收政策的通知》(财税〔2018〕55 号）规定：“天使投资个人采取股权投资方式直接投资于初创科技型企业满 2 年的，可以按照投资额的 70％抵扣转让该初创科技型企业股权取得的应纳税所得额；当期不足抵扣的，可以在以后取得转让该初创科技型企业股权的应纳税所得额时结转抵扣。天使投资个人投资多个初创科技型企业的，对其中办理注销清算的初创科技型企业，天使投资个人对其投资额的 70％尚未抵扣完的，可自注销清算之日起 36 个月内抵扣天使投资个人转让其他初创科技型企业股权取得的应纳税所得额。”

天使投资个人，应同时符合以下条件：

①不属于被投资初创科技型企业的发起人、雇员或其亲属（包括配偶、父母、

子女、祖父母、外祖父母、孙子女、外孙子女、兄弟姐妹，下同），且与被投资初创科技型企业不存在劳务派遣等关系。

②投资后2年内，本人及其亲属持有被投资初创科技型企业股权比例合计应低于50%。

上述“投资”，仅限于通过向被投资初创科技型企业直接支付现金方式取得的股权投资，不包括受让其他股东的存量股权。

上述“满2年”，是指天使投资个人投资于初创科技型企业的实缴投资满2年，投资时间从初创科技型企业接受投资并完成工商变更登记的日期算起。

上述“投资额”，是指按照天使投资个人对初创科技型企业的实缴投资额确定。

上述“初创科技型企业”（即种子期、初创期科技型企业），应同时符合以下条件：

①在中国境内（不包括香港、澳门、台湾地区）注册成立、实行查账征收的居民企业。

②接受投资时，从业人数不超过200人，其中具有大学本科以上学历的从业人数不低于30%；资产总额和年销售收入均不超过3 000万元。

注：《财政部　税务总局关于实施小微企业普惠性税收减免政策的通知》（财税〔2019〕13号）规定，2019年1月1日至2021年12月31日，“从业人数不超过200人”调整为“从业人数不超过300人”，“资产总额和年销售收入均不超过3 000万元”调整为“资产总额和年销售收入均不超过5 000万元”。

2019年1月1日至2021年12月31日期间发生的投资，投资满2年且符合本规定和“六、天使投资个人采取股权投资方式直接投资于初创科技型企业的个人所得税处理”规定的其他条件的，可以适用“六、天使投资个人采取股权投资方式直接投资于初创科技型企业的个人所得税处理”规定的税收政策。

2019年1月1日前2年内发生的投资，自2019年1月1日起投资满2年且符合本规定和“六、天使投资个人采取股权投资方式直接投资于初创科技型企业的个人所得税处理”规定的其他条件的，可以适用“六、天使投资个人采取股权投资方式直接投资于初创科技型企业的个人所得税处理”规定的税收政策。

③接受投资时设立时间不超过5年（60个月）。

④接受投资时以及接受投资后2年内未在境内外证券交易所上市。

⑤接受投资当年及下一纳税年度，研发费用总额占成本费用支出的比例不低于20%。

研发费用总额占成本费用支出的比例，是指企业接受投资当年及下一纳税年度的研发费用总额合计占同期成本费用总额合计的比例。此口径参考了高新技术企业研发费用占比的计算方法，在一定程度上降低了享受优惠的门槛，使更多的企业可以享受到政策红利。比如，某公司制创投企业于 2018 年 5 月投资初创科技型企业，假设其他条件均符合文件规定，初创科技型企业 2018 年发生研发费用 100 万元，成本费用 1 000 万元，2018 年研发费用占比 10%，低于 20%；2019 年发生研发费用 500 万元，成本费用 1 000 万元，2019 年研发费用占比 50%，高于 20%。如要求投资当年及下一年分别满足研发费用占比高于 20%的条件，则该公司制创投企业不能享受税收优惠政策。但按照上述明确的口径，投资当年及下一年初创科技型企业研发费用平均占比为 30% [（100 万元＋500 万元）÷（1 000 万元＋1 000 万元）×100%]，该公司制创投企业可以享受税收优惠政策。

研发费用口径，按照《财政部　国家税务总局　科技部关于完善研究开发费用税前加计扣除政策的通知》（财税〔2015〕119 号）、《国家税务总局关于研发费用税前加计扣除归集范围有关问题的公告》（国家税务总局公告 2017 年第 40 号）等规定执行。

从业人数，包括与企业建立劳动关系的职工人员及企业接受的劳务派遣人员。

从业人数及资产总额指标，按照初创科技型企业接受投资前连续 12 个月的平均数计算，不足 12 个月的，按实际月数平均计算。具体计算公式如下：

月平均数＝（月初数＋月末数）÷2

接受投资前连续 12 个月平均数＝接受投资前连续 12 个月平均数之和÷12

其计算方法参照小型微利企业的计算方法。

销售收入，包括主营业务收入与其他业务收入；年销售收入指标，按照企业接受投资前连续 12 个月的累计数计算，不足 12 个月的，按实际月数累计计算。

成本费用，包括主营业务成本、其他业务成本、销售费用、管理费用以及财务费用。

（二）征收管理

天使投资个人、被投资初创科技型企业应按规定办理优惠手续。

1. 投资抵扣备案。天使投资个人应在投资初创科技型企业满 24 个月的次月 15 日内，与初创科技型企业共同向初创科技型企业主管税务机关办理备案手续。备案时应报送天使投资个人所得税投资抵扣备案表（见表 6－7）。被投资企业符合初创科技型企业条件的有关资料留存企业备查，备查资料包括初创科技型企业接受现金投资时的投资合同（协议）、章程、实际出资的相关证明材料，以及被投资企业符合初创科技型企业条件的有关资料。多次投资同一初创科技型企业的，应分次备案。

表6－7　天使投资个人所得税投资抵扣备案表

备案编号（主管税务机关填写）：　　　　　　　　　单位：%，人民币元（列至角分）

<table>
<tr><td colspan="8">天使投资个人基本情况</td></tr>
<tr><td>姓名</td><td></td><td colspan="2">身份证件类型</td><td></td><td>身份证件号码</td><td colspan="2"></td></tr>
<tr><td>国籍（地区）</td><td></td><td colspan="2">联系电话</td><td></td><td>联系地址</td><td colspan="2"></td></tr>
<tr><td colspan="8">初创科技型企业基本情况</td></tr>
<tr><td>企业名称</td><td colspan="3"></td><td colspan="2">纳税人识别号（统一社会信用代码）</td><td colspan="2"></td></tr>
<tr><td>设立时间</td><td colspan="3"></td><td colspan="2">注册地址</td><td colspan="2"></td></tr>
<tr><td colspan="8">初创科技型企业及天使投资个人投资情况</td></tr>
<tr><td>投资日期</td><td>从业人数</td><td>本科以上学历人数占比</td><td>资产总额</td><td>年销售收入</td><td>研发费用总额占成本费用支出的比例</td><td>投资2年内与其亲属合计持股比例是否超过50%</td><td>投资额</td></tr>
<tr><td></td><td></td><td></td><td></td><td></td><td></td><td></td><td></td></tr>
<tr><td></td><td></td><td></td><td></td><td></td><td></td><td></td><td></td></tr>
<tr><td></td><td></td><td></td><td></td><td></td><td></td><td></td><td></td></tr>
<tr><td></td><td></td><td></td><td></td><td></td><td></td><td></td><td></td></tr>
<tr><td></td><td></td><td></td><td></td><td></td><td></td><td></td><td></td></tr>
<tr><td colspan="8">谨声明：本人（单位）知悉并保证本表填报内容及所附证明材料真实、完整，并承担因资料虚假而产生的法律责任。
天使投资个人签章：　　　　初创科技型企业负责人签章：　　　　年　月　日</td></tr>
<tr><td colspan="4">代理机构印章：
联系人：
填报日期：</td><td colspan="4">主管税务机关印章：
受理人：
受理日期：</td></tr>
<tr><td colspan="8">初创科技型企业注销清算情况（税务机关填写）</td></tr>
<tr><td>注销清算时间</td><td colspan="3"></td><td colspan="2">清算前已抵扣投资额</td><td colspan="2"></td></tr>
<tr><td colspan="8">主管税务机关印章：
受理人：
受理日期：</td></tr>
</table>

国家税务总局监制

注：本表是天使投资个人日后转让初创科技型企业股权办理投资抵扣的重要凭据，请妥善保管。

填报说明

一、适用范围

本表适用于天使投资个人投资境内种子期、初创期科技型企业（以下简称“初创科技型企业”），就符合投资抵扣税收优惠条件的投资，向主管税务机关办理投资情况备案。

二、报送期限

初创科技型企业、天使投资个人应共同于满足投资抵扣税收优惠条件次月 15 日内，向其主管税务机关报送本表。

三、表内各栏

（一）天使投资个人基本情况

1. 姓名：填写天使投资个人姓名。中国境内无住所个人，其姓名应当用中、外文同时填写。

2. 身份证件类型：填写能识别天使投资个人唯一身份的身份证、军官证、士兵证、护照、港澳居民来往内地通行证、台湾居民来往大陆通行证等有效证照名称。

3. 身份证件号码：填写能识别天使投资个人唯一身份的有效证照号码。

4. 国籍（地区）：填写天使投资个人的国籍或者地区。

5. 联系电话、联系地址：填写天使投资个人的有效联系方式。

（二）初创科技型企业基本情况

1. 企业名称：填写初创科技型企业名称全称。

2. 纳税人识别号（统一社会信用代码）：填写初创科技型企业的纳税人识别号或统一社会信用代码。

3. 设立时间：填写初创科技型企业设立登记的具体日期。

4. 注册地址：填写初创科技型企业注册登记的具体地址。

（三）初创科技型企业及天使投资个人投资情况

1. 投资日期：填写初创科技型企业接受合伙创投企业投资并完成工商变更登记的日期。

2. 从业人数：填写与初创科技型企业建立劳动关系的职工及企业接受的劳务派遣人员人数。具体按照初创科技型企业接受投资前连续 12 个月的平均数填写，不足 12 个月的按实际月数平均计算填写。

3. 本科以上学历人数占比：填写初创科技型企业接受投资时本科以上学历人数占企业从业人数的比例。

4. 资产总额：填写初创科技型企业的资产总额。具体按照初创科技型企业接受投资前连续12个月的平均数填写，不足12个月的按实际月数平均计算填写。

5. 年销售收入：填写初创科技型企业的年销售收入。具体按照初创科技型企业接受投资前连续12个月的累计数填写，不足12个月的按实际月数累计计算填写。

6. 研发费用总额占成本费用支出的比例：填写企业接受投资当年及下一年两个纳税年度的研发费用总额合计占同期成本费用总额合计的比例。

7. 投资2年内与其亲属合计持股比例是否超过50%：填写"是"或"否"。

8. 投资额：填写天使投资个人以现金形式对初创科技型企业的实缴出资额。

（四）初创科技型企业注销清算情况

本栏由主管税务机关在初创科技型企业注销后纳税人有尚未抵扣完毕的投资额需要结转抵扣时填写。

四、本表一式两份。主管税务机关受理后，由天使投资个人和主管税务机关分别留存。

2. 投资抵扣申报。

(1) 天使投资个人转让未上市的初创科技型企业股权，按照规定享受投资抵扣税收优惠时，应于股权转让次月15日内，向主管税务机关报送天使投资个人所得税投资抵扣情况表（见表6-8）。同时，天使投资个人还应一并提供投资初创科技型企业后税务机关受理的天使投资个人所得税投资抵扣备案表。

其中，天使投资个人转让初创科技型企业股权需同时抵扣前36个月内投资其他注销清算初创科技型企业尚未抵扣完毕的投资额的，申报时应一并提供注销清算企业主管税务机关受理并注明注销清算等情况的天使投资个人所得税投资抵扣备案表，以及前期享受投资抵扣政策后税务机关受理的天使投资个人所得税投资抵扣情况表。

接受投资的初创科技型企业，应在天使投资个人转让股权纳税申报时，向扣缴义务人提供相关信息。

表6-8　天使投资个人所得税投资抵扣情况表

单位：%，人民币元（列至角分）

天使投资个人基本情况					
姓名		身份证件类型		身份证件号码	
国籍（地区）		联系电话		联系地址	
投资抵扣备案编号		投资额		可抵扣投资额	

续表

初创科技型企业基本情况							
企业名称				纳税人识别号（统一社会信用代码）			
投资抵扣情况							
股权转让时间	股权转让应纳税所得额	从已清算企业结转待抵扣投资额	本企业可抵扣投资额	可抵扣投资额合计	累计已抵扣投资额	本期抵扣投资额	结转抵扣投资额
谨声明：本人知悉并保证本表填报内容及所附证明材料真实、完整，并承担因资料虚假而产生的法律责任。 天使投资个人签章：　　年　月　日							
代理机构印章： 联系人： 填报日期：				主管税务机关印章： 受理人： 受理日期：			

国家税务总局监制

填报说明

一、适用范围

本表适用于天使投资个人投资境内种子期、初创期科技型企业（以下简称“初创科技型企业”），享受投资抵扣税收优惠时，向主管税务机关报告有关情况并办理投资抵扣手续。

二、报送期限

天使投资个人应于股权转让次月15日内或在限售股转让清算时，向主管税务机关报送本表。

三、表内各栏

（一）天使投资个人基本情况

1. 姓名：填写天使投资个人姓名。中国境内无住所个人，其姓名应当用中、外文同时填写。

2. 身份证件类型：填写能识别天使投资个人唯一身份的身份证、军官证、士兵证、护照、港澳居民来往内地通行证、台湾居民来往大陆通行证等有效证照名称。

3. 身份证件号码：填写能识别天使投资个人唯一身份的有效证照号码。

4. 国籍（地区）：填写天使投资个人的国籍或者地区。

5. 联系电话、联系地址：填写天使投资个人的有效联系方式。

6. 投资抵扣备案编号：填写天使投资个人办理投资情况备案时，税务机关受理天使投资个人所得税投资抵扣备案表时赋予的备案编号。

7. 投资额：填写天使投资个人在转让初创科技型企业股权时，符合投资抵扣税收优惠条件的投资额合计。

8. 可抵扣投资额：可抵扣投资额＝投资额×70％。

（二）初创科技型企业基本情况

1. 企业名称：填写初创科技型企业名称全称。

2. 纳税人识别号：填写初创科技型企业的纳税人识别号或统一社会信用代码。

（三）投资抵扣情况

1. 股权转让时间：填写天使投资个人转让初创科技型企业股权的具体时间。

2. 股权转让应纳税所得额：填写天使投资个人转让初创科技型企业股权取得的应纳税所得额。

3. 从已清算企业结转待抵扣投资额：填写天使投资个人投资的其他初创科技型企业注销清算时尚未抵扣完毕的可抵扣投资额。

4. 本企业可抵扣投资额：本企业可抵扣投资额＝可抵扣投资额（“天使投资个人基本情况”栏）。

5. 可抵扣投资额合计：可抵扣投资额合计＝从已清算企业结转待抵扣投资额＋本企业可抵扣投资额。

6. 累计已抵扣投资额：填写天使投资个人前期转让初创科技型企业股权时已抵扣投资额合计。

7. 本期抵扣投资额：区别以下情况计算填写。

（1）股权转让应纳税所得额＜可抵扣投资额合计－累计已抵扣投资额时，

本期抵扣投资额＝股权转让应纳税所得额；

（2）股权转让应纳税所得额≥可抵扣投资额合计－累计已抵扣投资额时，

本期抵扣投资额＝可抵扣投资额合计－累计已抵扣投资额。

8. 结转抵扣投资额：结转抵扣投资额＝可抵扣投资额合计－累计已抵扣投资额－本期抵扣投资额。

四、本表一式两份。主管税务机关受理后，由天使投资个人和主管税务机关分别留存。

（2）天使投资个人投资初创科技型企业满足投资抵扣税收优惠条件后，初创科技型企业在上海证券交易所、深圳证券交易所上市的，天使投资个人在转让初创科技型企业股票时，有尚未抵扣完毕的投资额的，应向证券机构所在地主管税务机关办理限售股转让税款清算，抵扣尚未抵扣完毕的投资额。清算时，应提供投资初创科技型企业后税务机关受理的天使投资个人所得税投资抵扣备案表和天使投资个人所得税投资抵扣情况表。

3. 被投资企业发生个人股东变动或者个人股东所持股权变动的，应在次月 15 日内向主管税务机关报送含有股东变动信息的个人所得税基础信息表（A 表）。对天使投资个人，应在备注栏标明"天使投资个人"字样。

4. 天使投资个人转让股权时，扣缴义务人、天使投资个人应将当年允许抵扣的投资额填至扣缴个人所得税报告表或个人所得税自行纳税申报表（A 表）"税前扣除项目"的"其他"栏，并同时标明"投资抵扣"字样。

5. 天使投资个人投资的初创科技型企业注销清算的，应及时持天使投资个人所得税投资抵扣备案表到主管税务机关办理情况登记。

6. 享受上述规定的税收政策的纳税人，其主管税务机关对被投资企业是否符合初创科技型企业条件有异议的，可以转请被投资企业主管税务机关提供相关材料。对纳税人提供虚假资料，违规享受税收政策的，应按税收征管法相关规定处理，并将其列入失信纳税人名单，按规定实施联合惩戒措施。

上述规定的天使投资个人所得税政策自 2018 年 7 月 1 日起执行。执行日期前 2 年内发生的投资，在执行日期后投资满 2 年，且符合上述规定的其他条件的，可以适用上述规定的税收政策。

《财政部　税务总局关于创业投资企业和天使投资个人有关税收试点政策的通知》（财税〔2017〕38 号）自 2018 年 7 月 1 日起废止，符合试点政策条件的投资额可按上述的规定继续抵扣。

七、个人转让股权的个人所得税处理

作为个人非劳动所得的重要组成部分，股权转让通常具有转让金额大、资本升值率高的特点。股权转让行为的活跃，在一定程度上导致部分个人短期内收入增长过快，拉大了收入较高人群与普通收入阶层的收入差距。

社会各界对个人所得税在股权转让方面发挥更为有效的调节作用抱有很高期望。因此，税务部门多年来始终致力于不断完善和强化股权转让所得的个人所得税管理。

国家税务总局也多次发文就股权转让的有关个人所得税事项进行明确。我国的非劳动所得项目个人所得税连年实现大幅增长，占个人所得税收入的比重不断增加。但随着股权交易形式的日益多样，原有的许多规定越来越难以全面适用，其中许多问题给纳税人和基层税务机关造成了困扰。

《国家税务总局关于发布〈股权转让所得个人所得税管理办法（试行）〉的公告》(国家税务总局公告 2014 年第 67 号)，对股权转让涉税环节和相关要素进一步做了明确，规范了纳税人和税务机关的权利、义务，使之更加适应当前经济、社会发展环境。

个人在上海证券交易所、深圳证券交易所转让从上市公司公开发行和转让市场取得的上市公司股票，暂不征收个人所得税；个人转让上市公司限售股，依照相关规定征收个人所得税。

对于个人转让上述两种情形以外的股权取得的所得（以下简称第三种情形的股权转让所得)，应依法征收 20%的个人所得税。《国家税务总局关于发布〈股权转让所得个人所得税管理办法（试行）〉的公告》（国家税务总局公告 2014 年第 67 号）的适用范围仅限于第三种情形的股权转让所得。前两种情形的股权（股票）转让所得，仍然执行现行规定，不适用《国家税务总局关于发布〈股权转让所得个人所得税管理办法（试行）〉的公告》(国家税务总局公告 2014 年第 67 号)。

《国家税务总局关于发布〈股权转让所得个人所得税管理办法（试行）〉的公告》(国家税务总局公告 2014 年第 67 号）主要是政策执行的确定性显著增强。国家税务总局通过制定发布《国家税务总局关于发布〈股权转让所得个人所得税管理办法（试行）〉的公告》(国家税务总局公告 2014 年第 67 号)，对股权转让中纳税人和基层税务机关普遍较为关心的征税范围、转让收入和股权原值的确定、纳税时点、股权转让双方和被投资企业的责任义务等问题进行了规范和进一步明确，并于 2015 年 1 月 1 日起施行。

（一）股权

股权是指自然人股东（以下简称个人）投资于在中国境内成立的企业或组织(统称被投资企业，不包括个人独资企业和合伙企业）的股权或股份。

（二）股权转让

股权转让是指个人将股权转让给其他个人或法人的行为，主要包括出售股权；公司回购股权；发行人首次公开发行新股时，被投资企业股东将其持有的股份以公开发行方式一并向投资者发售；股权被司法或行政机关强制过户；以股权对外投资或进行其他非货币性交易；以股权抵偿债务；其他股权转移行为。

对“公司回购股权”的情形，公司发生某些情形，满足一定的条件，股东可以请求公司按照合理的价格收购其股权或股份。

1. 有限责任公司。

《中华人民共和国公司法》第七十四条规定，有下列情形之一的，对股东会该项决议投反对票的股东可以请求公司按照合理的价格收购其股权：

①公司连续五年不向股东分配利润，而公司该五年连续盈利，并且符合本法规定的分配利润条件的；

②公司合并、分立、转让主要财产的；

③公司章程规定的营业期限届满或者章程规定的其他解散事由出现，股东会会议通过决议修改章程使公司存续的。

自股东会会议决议通过之日起六十日内，股东与公司不能达成股权收购协议的，股东可以自股东会会议决议通过之日起九十日内向人民法院提起诉讼。

2. 股份有限公司。

《中华人民共和国公司法》第一百四十二条规定，公司不得收购本公司股份。但是，有下列情形之一的除外：

①减少公司注册资本；

②与持有本公司股份的其他公司合并；

③将股份用于员工持股计划或者股权激励；

④股东因对股东大会作出的公司合并、分立决议持异议，要求公司收购其股份；

⑤将股份用于转换上市公司发行的可转换为股票的公司债券；

⑥上司公司为维护公司价值及股东权益所必需。

公司因前款第①项、第②项规定的情形收购本公司股份的，应当经股东大会决议；公司因前款第③项、第⑤项、第⑥项规定的情形收购本公司股份的，可以依照公司章程的规定或者股东大会的授权，经三分之二以上董事出席的董事会会议决议。

对“发行人首次公开发行新股时，被投资企业股东将其持有的股份以公开发行方式一并向投资者发售”的情形，中国证券监督管理委员会为规范首次公开发行股票时公司股东向投资者公开发售股份的行为，根据《中华人民共和国公司法》《中华人民共和国证券法》《首次公开发行股票并上市管理办法》《首次公开发行股票并在创业板上市管理暂行办法》《证券发行与承销管理办法》等，于 2013 年 12 月 2 日制定颁布了《首次公开发行股票时公司股东公开发售股份暂行规定》（中国证券监督管理委员会公告〔2013〕44号)。

《首次公开发行股票时公司股东公开发售股份暂行规定》(中国证券监督管理委员会公告〔2013〕44号)规定,公司股东公开发售股份是指发行人首次公开发行新股时,公司股东将其持有的股份以公开发行方式一并向投资者发售的行为(即老股转让)。公司股东公开发售股份应当遵守《证券发行与承销管理办法》的规定,发行价格应当与新发行股票的价格相同。

对"以股权对外投资"情形,"七、个人转让股权的个人所得税处理"规定与上述"四、个人非货币性资产投资的个人所得税处理"规定不一致的,应适用上述"四、个人非货币性资产投资的个人所得税处理"的规定。

(三)应纳税所得额

《国家税务总局关于发布〈股权转让所得个人所得税管理办法(试行)〉的公告》(国家税务总局公告2014年第67号)规定:"个人转让股权,以股权转让收入减除股权原值和合理费用后的余额为应纳税所得额,按'财产转让所得'缴纳个人所得税。合理费用是指股权转让时按照规定支付的有关税费。"

计算公式:

应纳税所得额=股权转让收入-股权原值-合理费用

应纳税额=(股权转让收入-股权原值-合理费用)×20%

《广西壮族自治区地方税务局关于发布〈股权转让所得个人所得税管理实施办法〉的公告》(广西壮族自治区地方税务局公告2015年第6号)规定:"合理费用是指自然人股东在转让股权过程中按规定缴付的税金及费用,包括印花税、资产评估费、中介服务费等。"

(四)纳税义务人和扣缴义务人

《国家税务总局关于发布〈股权转让所得个人所得税管理办法(试行)〉的公告》(国家税务总局公告2014年第67号)规定:

"个人股权转让所得个人所得税,以股权转让方为纳税人,以受让方为扣缴义务人。"

"扣缴义务人应于股权转让相关协议签订后5个工作日内,将股权转让的有关情况报告主管税务机关。

被投资企业应当详细记录股东持有本企业股权的相关成本,如实向税务机关提供与股权转让有关的信息,协助税务机关依法执行公务。"

(五)股权转让收入的确认

1.《国家税务总局关于发布〈股权转让所得个人所得税管理办法(试行)〉的

公告》（国家税务总局公告 2014 年第 67 号）规定：“股权转让收入是指转让方因股权转让而获得的现金、实物、有价证券和其他形式的经济利益。”

通过公开拍卖方式转让股权的，以实际成交价为股权转让收入；股权转让对价为实物的，应当按照取得凭证上所注明的价格确定股权转让收入，但凭证上所注明的价格明显偏低或者无凭证的，由主管税务机关参照股权转让时当地的市场价格核定；股权转让对价为有价证券的，由主管税务机关根据票面价格和市场价格核定股权转让收入。

2.《国家税务总局关于发布〈股权转让所得个人所得税管理办法（试行）〉的公告》（国家税务总局公告 2014 年第 67 号）规定：“转让方取得与股权转让相关的各种款项，包括违约金、补偿金以及其他名目的款项、资产、权益等，均应当并入股权转让收入。”

股权成功转让后，转让方个人因受让方个人未按规定期限支付价款而取得的违约金收入，属于因财产转让而产生的收入。转让方个人取得的该违约金应并入财产转让收入，按照“财产转让所得”项目计算交纳个人所得税，税款由取得所得的转让方个人向主管税务机关自行申报缴纳。

3.《国家税务总局关于发布〈股权转让所得个人所得税管理办法（试行）〉的公告》（国家税务总局公告 2014 年第 67 号）规定：

“纳税人按照合同约定，在满足约定条件后取得的后续收入，应当作为股权转让收入。”

“股权转让收入应当按照公平交易原则确定。”

“符合下列情形之一的，主管税务机关可以核定股权转让收入：

（一）申报的股权转让收入明显偏低且无正当理由的；

（二）未按照规定期限办理纳税申报，经税务机关责令限期申报，逾期仍不申报的；

（三）转让方无法提供或拒不提供股权转让收入的有关资料；

（四）其他应核定股权转让收入的情形。”

“符合下列情形之一，视为股权转让收入明显偏低：

（一）申报的股权转让收入低于股权对应的净资产份额的。其中，被投资企业拥有土地使用权、房屋、房地产企业未销售房产、知识产权、探矿权、采矿权、股权等资产的，申报的股权转让收入低于股权对应的净资产公允价值份额的；

（二）申报的股权转让收入低于初始投资成本或低于取得该股权所支付的价款及

相关税费的；

（三）申报的股权转让收入低于相同或类似条件下同一企业同一股东或其他股东股权转让收入的；

（四）申报的股权转让收入低于相同或类似条件下同类行业的企业股权转让收入的；

（五）不具合理性的无偿让渡股权或股份；

（六）主管税务机关认定的其他情形。”

“符合下列条件之一的股权转让收入明显偏低，视为有正当理由：

（一）能出具有效文件，证明被投资企业因国家政策调整，生产经营受到重大影响，导致低价转让股权；”（如所投资企业连续亏损，一般以连续3年以上（含3年）亏损来界定。）

“（二）继承或将股权转让给其能提供具有法律效力身份关系证明的配偶、父母、子女、祖父母、外祖父母、孙子女、外孙子女、兄弟姐妹以及对转让人承担直接抚养或者赡养义务的抚养人或者赡养人；

（三）相关法律、政府文件或企业章程规定，并有相关资料充分证明转让价格合理且真实的本企业员工持有的不能对外转让股权的内部转让；

（四）股权转让双方能够提供有效证据证明其合理性的其他合理情形。”

“主管税务机关应依次按照下列方法核定股权转让收入：

（一）净资产核定法

股权转让收入按照每股净资产或股权对应的净资产份额核定。

被投资企业的土地使用权、房屋、房地产企业未销售房产、知识产权、探矿权、采矿权、股权等资产占企业总资产比例超过20%的，主管税务机关可参照纳税人提供的具有法定资质的中介机构出具的资产评估报告核定股权转让收入。

6个月内再次发生股权转让且被投资企业净资产未发生重大变化的，主管税务机关可参照上一次股权转让时被投资企业的资产评估报告核定此次股权转让收入。

（二）类比法

1. 参照相同或类似条件下同一企业同一股东或其他股东股权转让收入核定；

2. 参照相同或类似条件下同类行业企业股权转让收入核定。

（三）其他合理方法

主管税务机关采用以上方法核定股权转让收入存在困难的，可以采取其他合理方法核定。”

自然人股东对主管税务机关采取的上述核定方法有异议的，应当提供相关证据，主管税务机关认定属实后，可采取其他合理方法核定。

（六）股权原值的确认

《广西壮族自治区地方税务局关于发布〈股权转让所得个人所得税管理实施方法〉的公告》（广西壮族自治区地方税务局公告 2015 年第 6 号）规定：

“股权原值是指自然人股东投资入股时按章程、合同、协议约定向被投资企业实际支付的出资金额，或购买该项股权时受让方实际支付的股权转让价款及相关税费。”

“自然人股东取得的股权原值，按照以下方法确定：

（一）初始投资股权原值，是自然人股东按章程或者投资合同、协议约定向被投资企业实际支付的出资金额，包括：

1. 自然人股东在初始投资、增资扩股时，实际投入被投资企业计入‘实收资本（股本）’的金额。

2. 实际出资额大于约定份额而计入‘资本公积—资本（股本）溢价’的金额。

3. 债转股过程中债权人实际交换对价大于‘实收资本’、‘股本’而计入‘资本公积’的金额。

4. 自然人股东未缴足资本的部分不得计入股权原值。

（二）自然人股东转让其以受让股权方式取得的股权，股权原值为股权转让收入和合理税费。若股权转让人已被主管税务机关核定股权转让收入并依法征收个人所得税的，该股权受让人的股权原值以取得股权时发生的合理税费与股权转让人被主管税务机关核定的股权转让收入之和确认。

（三）被投资企业以未分配利润、资本公积、盈余公积转增股本，自然人股东按照‘利息、股息、红利所得’项目缴纳个人所得税后，以转增额和合理费用之和确认其新转增股本的股权原值。

（四）自然人以股权激励形式取得的股权，以主管地税机关对其取得股权时确定的‘工资薪金所得’项目的计税价格和实际支付的购买价款之和确定股权原值。”（通过无偿让渡方式取得股权，具备上述第（五）点“（二）继承或将股权转让给其能提供具有法律效力身份关系证明的配偶、父母、子女、祖父母、外祖父母、孙子女、外孙子女、兄弟姐妹以及对转让人承担直接抚养或者赡养义务的抚养人或者赡养人”；按取得股权发生的合理税费与原持有人的股权原值之和确认股权原值）

“（六）自然人股东未能提供完整、准确的股权成本凭证，不能正确计算股权成本的，由主管地税机关按照避免重复征收个人所得税的原则，合理核定其股权原值。”

“在核定股权原值时，主管地税机关应将被投资企业章程、股东名册、出资证明书、股权转让合同或协议、验资报告（按国家规定需要验资的企业）、银行存款日记账、银行存款对账单、实收资本（股本）或资本公积账面记录、与投入资本相关的股东会或董事会决议等进行审核比对，有关证据资料相符后予以确认。”

“自然人股东转让部分股权的，转让股权原值按转让比例确定。转让部分股权原值＝全部股权原值×转让比例。”

《国家税务总局关于发布〈股权转让所得个人所得税管理办法（试行）〉的公告》（国家税务总局公告 2014 年第 67 号）规定：“对个人多次取得同一被投资企业股权的，转让部分股权时，采用‘加权平均法’确定其股权原值。”

（七）纳税申报

1.《国家税务总局关于发布〈股权转让所得个人所得税管理办法（试行）〉的公告》（国家税务总局公告 2014 年第 67 号）规定：

“个人股权转让所得个人所得税以被投资企业所在地地税机关为主管税务机关。”

“具有下列情形之一的，扣缴义务人、纳税人应当依法在次月 15 日内向主管税务机关申报纳税：

（一）受让方已支付或部分支付股权转让价款的；

（二）股权转让协议已签订生效的；

（三）受让方已经实际履行股东职责或者享受股东权益的；

（四）国家有关部门判决、登记或公告生效的；

（五）本办法第三条第四至第七项行为已完成的；

（六）税务机关认定的其他有证据表明股权已发生转移的情形。”

2.《国家税务总局关于发布〈股权转让所得个人所得税管理办法（试行）〉的公告》（国家税务总局公告 2014 年第 67 号）、《广西壮族自治区地方税务局关于发布〈股权转让所得个人所得税管理实施方法〉的公告》（广西壮族自治区地方税务局公告 2015 年第 6 号）规定，纳税人、扣缴义务人向主管税务机关办理股权转让纳税（扣缴）申报时，还应当报送以下资料：

①股权转让合同（协议）。

②股权转让双方身份证明。

③股权原值的证明资料。

④股权转让合同（协议）签订日被投资企业上个月的财务报表。

⑤按规定需要进行资产评估的，需提供具有法定资质的中介机构出具的净资产或土地房产等资产价值评估报告。

⑥计税依据明显偏低但有正当理由的证明材料。

⑦主管税务机关要求报送的其他材料。

《广西壮族自治区地方税务局关于发布〈股权转让所得个人所得税管理实施方法〉的公告》（广西壮族自治区地方税务局公告 2015 年第 6 号）规定：

“对存在以下情形的，还应提供以下资料：

（一）委托他人代为办理申报纳税的，应提供受托人有效身份证照原件、复印件和签订的委托协议原件。

（二）以下属于计税依据明显偏低但有正当理由的情形，应提供：

1. 被投资企业因国家政策调整，生产经营受到重大影响，导致低价转让股权的，应提供相关政策依据（包括文件名称、文号、主要内容等）。

2. 将股权转让给配偶、父母、子女、祖父母、外祖父母、孙子女、外孙子女、兄弟姐妹以及对转让人承担直接抚养或者赡养义务的抚养人或者赡养人的，应提供结婚证、户籍证明、户口本、公安机关出具的其他证明资料原件及复印件，或能够证明赡养、抚养关系的证明资料原件及复印件。

（三）经主管地税机关认定的其他合理情形，应按主管地税机关要求提供相关资料。”

《中华人民共和国个人所得税法》第九条规定：“个人所得税以所得人为纳税人，以支付所得的单位或者个人为扣缴义务人。”因此，上述规定受让方为扣缴义务人，并非对个人新设税收责任义务，只是对税法原有规定的进一步明确和重申。

3.《国家税务总局关于发布〈股权转让所得个人所得税管理办法（试行）〉的公告》（国家税务总局公告 2014 年第 67 号）规定：

“被投资企业应当在董事会或股东会结束后 5 个工作日内，向主管税务机关报送与股权变动事项相关的董事会或股东会决议、会议纪要等资料。

被投资企业发生个人股东变动或者个人股东所持股权变动的，应当在次月 15 日内向主管税务机关报送含有股东变动信息的《个人所得税基础信息表（A 表）》及股东变更情况说明。

主管税务机关应当及时向被投资企业核实其股权变动情况，并确认相关转让所得，及时督促扣缴义务人和纳税人履行法定义务。”

"转让的股权以人民币以外的货币结算的，按照结算当日人民币汇率中间价，折算成人民币计算应纳税所得额。"

4. 股权转让行为结束后，当事人双方因故解除原股权转让合同、退回股权的协议，是另一次股权转让行为，对前次股权转让行为征收的个人所得税款不予退回。

5. 股权转让合同未履行完毕，因执行法院、仲裁委员会或国家有关部门做出停止执行原股权转让合同或协议的决定，并原价收回已转让股权的，不交纳个人所得税。

（八）征收管理

1.《国家税务总局关于发布〈股权转让所得个人所得税管理办法（试行）〉的公告》（国家税务总局公告 2014 年第 67 号）规定：

"税务机关应加强与工商部门合作，落实和完善股权信息交换制度，积极开展股权转让信息共享工作。"

"税务机关应当建立股权转让个人所得税电子台账，将个人股东的相关信息录入征管信息系统，强化对每次股权转让间股权转让收入和股权原值的逻辑审核，对股权转让实施链条式动态管理。"

"税务机关应当落实好国税部门、地税部门之间的信息交换与共享制度，不断提升股权登记信息应用能力。"

"税务机关应当加强对股权转让所得个人所得税的日常管理和税务检查，积极推进股权转让各税种协同管理。"

"纳税人、扣缴义务人及被投资企业未按照规定期限办理纳税（扣缴）申报和报送相关资料的，依照《中华人民共和国税收征收管理法》及其实施细则有关规定处理。"

"各地可通过政府购买服务的方式，引入中介机构参与股权转让过程中相关资产的评估工作。"

"个人在上海证券交易所、深圳证券交易所转让从上市公司公开发行和转让市场取得的上市公司股票，转让限售股，以及其他有特别规定的股权转让，不适用本方法。"

2. 各省、市税务机关会对股权转让行为的某些情形进行重点核查。如国家税务总局广西壮族自治区税务局出台政策，加强对股权转让行为的监控核查，并对以下情形进行重点核查：企业发生重组、注销、清算情形的；企业实行股权激励政策的；对股权转让金额 500 万元以上，或转让过程复杂、政策难以把握的；以非货币性资产进行股权投资的；股权转让收入明显偏低且无正当理由的。对纳入重点核查的股权转让行为，主管税务机关可根据需要，抽调业务骨干组成审查小组，集体审核；也可以通过政府购买服务的方式，引入中介机构参与股权转让过程中相关资产的评估工作。

【案例分析 6-1】

A 公司于 2010 年 12 月 4 日成立，注册资本 100 万元，至 2015 年 12 月 31 日无土地使用权、房屋、房地产企业未销售房产、知识产权、探矿权、采矿权、股权等资产。2015 年 12 月 31 日公司资产负债表见表 6-9。

表 6-9　2015 年 12 月 31 日公司资产负债表

单位：万元

资产	年初数（略）	期末数	负债及所有者权益	年初数（略）	期末数
流动资产：			流动负债：		
货币资金		10	短期借款		
交易性金融资产		5	交易性金融负债		
应收票据			应付票据		
应收账款		200	应付账款		100
预付账款		60	预收账款		15
应收利息			应付职工薪酬		
应收股利			应交税费		2
其他应收款		100	应付利息		
存货		40	应付股利		
一年内到期的长期债权投资			其他应付款		50
其他流动资产			一年内到期的长期负债		
流动资产合计		415	其他流动负债		
			流动负债合计		167
非流动资产：			非流动负债：		
可供出售金融资产			长期借款		
持有至到期投资			应付债券		
长期应收款		10	长期应付款		
长期股权投资			专项应付款		
投资性房地产			预计负债		

续表

资产	年初数（略）	期末数	负债及所有者权益	年初数（略）	期末数
固定资产原价		70	递延所得税负债		
减：累计折旧		40	其他非流动负债		
固定资产		30	非流动负债合计		
在建工程			负债合计		167
工程物资					
固定资产清理					
生产性生物资产			所有者权益：		
油气资产			实收资本（股本）		100
无形资产		20	资本公积		
开发支出			减：库存股		
商誉			专项储存		
长期待摊费用			盈余公积		30
递延所得税资产			未分配利润		178
其他非流动资产					
非流动资产合计		60	所有者权益（或股东权益）合计		308
资产总计		475	负债及所有者权益总计		475

2010年12月4日，A公司成立时，自然人股东甲和乙按各自出资比例以现金投入。

A公司会计分录：

借：银行存款　　　　　　　　　　100万元

　贷：实收资本——甲　　　　　　　60万元

　　　实收资本——乙　　　　　　　40万元

股东甲于2016年1月将持有A公司的60%股权转让给自然人丙，价款为100万元。转让完成后，A公司股东为自然人乙和自然人丙。

A公司会计分录：

借：实收资本——甲　　　　　　　60万元

　贷：实收资本——丙　　　　　　　60万元

股东甲转让股权对应的账面净资产份额：

308 万元×60%＝184.8 万元。

股东甲以 100 万元价款转让其持有 A 公司的全部股权给自然人丙，虽然股权转让价款大于其股权原值 60 万元，但是仍低于股权对应的账面净资产份额，视为股权转让收入明显偏低情形。若股东甲在本次以低于账面净资产份额的股权转让中无正当理由，则主管税务机关应按规定核定股权转让收入。

【案例分析 6－2】

A 公司于 2010 年 12 月 4 日成立，注册资本 100 万元，至 2015 年 12 月 31 日拥有土地使用权、房屋、股权等资产。2015 年 12 月 31 日公司资产负债表见表 6－10。

表 6－10　2015 年 12 月 31 日公司资产负债表

单位：万元

资产	年初数（略）	期末数	负债及所有者权益	年初数（略）	期末数
流动资产：			流动负债：		
货币资金		10	短期借款		
交易性金融资产		5	交易性金融负债		
应收票据			应付票据		
应收账款		200	应付账款		50
预付账款		60	预收账款		15
应收利息			应付职工薪酬		
应收股利			应交税费		20
其他应收款		100	应付利息		
存货		40	应付股利		
一年内到期的长期债权投资			其他应付款		200
其他流动资产			一年内到期的长期负债		
流动资产合计		415	其他流动负债		
			流动负债合计		285
非流动资产：			非流动负债：		
可供出售金融资产			长期借款		500
持有至到期投资		38	应付债券		
长期应收款		10	长期应付款		
长期股权投资		30	专项应付款		

续表

资产	年初数（略）	期末数	负债及所有者权益	年初数（略）	期末数
投资性房地产			预计负债		
固定资产原价		270	递延所得税负债		
减：累计折旧		90	其他非流动负债		
固定资产		180	非流动负债合计		500
在建工程			负债合计		785
工程物资					
固定资产清理					
生产性生物资产			所有者权益：		
油气资产			实收资本（股本）		100
无形资产		420	资本公积		
开发支出			减：库存股		
商誉			专项储存		
长期待摊费用			盈余公积		30
递延所得税资产			未分配利润		178
其他非流动资产					
非流动资产合计		678	所有者权益（或股东权益）合计		308
资产总计		1 093	负债及所有者权益总计		1 093

固定资产——房屋原值 270 万元；

长期股权投资，对 B 公司投资 30 万元；

无形资产——土地使用权原值 420 万元。

2010 年 12 月 4 日，A 公司成立时，自然人股东甲和乙按各自出资比例以现金投入。

A 公司会计分录：

借：银行存款100 万元

贷：实收资本——甲60 万元

实收资本——乙40 万元

股东甲于 2016 年 1 月将持有 A 公司的 60%股权转让给自然人丙，价款为 310 万元。转让完成后，A 公司股东为自然人乙和自然人丙。

A公司会计分录：

借：实收资本——甲60万元

贷：实收资本——丙60万元

股东甲转让股权时，A公司拥有土地使用权、房屋、股权等资产，对A公司进行资产评估，确认其净资产公允价值。A公司资产评估结论，见表6－11。

表6－11　A公司资产评估结论

单位：万元

项目	账面价值	评估价值	增值（或减值）
流动资产	415	415	
非流动资产			
长期股权投资	30	50	20
固定资产——房屋	170	300	130
无形资产——土地使用权	392	600	208
……	86	86	
资产总计	1 093	1 451	358
负债	785	785	
所有者权益	308	666	358

因此，对应的净资产公允价值份额：

666万元×60%＝399.6元。

股东甲以310万元价款转让其持有A公司的全部股权给自然人丙，虽然股权转让价款大于其股权原值60万元，同时大于股权对应的账面净资产份额184.8万元（308万元×60%），但是仍低于股权对应的净资产公允价值份额，视为股权转让收入明显偏低情形。若股东甲在本次以低于净资产公允价值份额的股权转让中无正当理由，则主管税务机关应按规定核定股权转让收入。

八、个人收回转让的股权的个人所得税处理

根据《中华人民共和国个人所得税法》和《中华人民共和国税收征收管理法》的有关规定，股权转让合同履行完毕，股权已作变更登记，且所得已经实现的，转让人取得的股权转让收入应当依法交纳个人所得税。转让行为结束后，当事人双方签订并执行解除原股权转让合同，退回股权的协议，是另一次股权转让行为，对前

次转让行为征收的个人所得税款不予退回。

股权转让合同未履行完毕，因执行仲裁委员会做出的解除股权转让合同及补充协议的裁决，停止执行原股权转让合同，并原价收回已转让股权的，由于其股权转让行为尚未完成，收入未完全实现，随着股权转让关系的解除，股权收益不复存在。根据《中华人民共和国个人所得税法》和《中华人民共和国税收征收管理法》的有关规定，以及从行政行为合理性原则出发，纳税人不应交纳个人所得税。

九、个人投资者从基金分配中获得的企业债券差价收入的个人所得税处理

自 1998 年 3 月 1 日起，对个人投资者从中国证监会新批准设立的封闭式证券投资基金（以下简称基金）分配中获得的企业债券差价收入，应按税法规定对个人投资者征收个人所得税，税款由基金在分配时依法代扣代缴。

十、个人终止投资经营收回款项的个人所得税处理

自 2011 年 7 月 25 日起，个人因各种原因终止投资、联营、经营合作等行为，从被投资企业或合作项目、被投资企业的其他投资者以及合作项目的经营合作人取得股权转让收入、违约金、补偿金、赔偿金及以其他名目收回的款项等，均属于个人所得税应税收入，应按照“财产转让所得”项目适用的规定计算交纳个人所得税。

应纳税所得额的计算公式如下：

应纳税所得额＝个人取得的股权转让收入、违约金、补偿金、赔偿金及以其他名目收回款项合计数－原实际出资额（投入额）及相关税费

十一、个人转让债权（处置债权）所得的个人所得税处理

1. 转让债权，采用加权平均法确定其应予减除的财产原值和合理费用，即以纳税人购进的同一种类债券买入价和买进过程中缴纳的税费总和，除以纳税人购进的该种类债券数量之和，乘以纳税人卖出的该种类债券数量，再加上卖出的该种类债券过程中缴纳的税费。计算公式如下：

一次卖出某一种类债券允许扣除的买出价和费用＝（纳税人购进的该种类债券买入价和买进过程中缴纳的税费总和÷纳税人购进的该种类债券总数量）×一次卖出的该种类债券的数量＋卖出的该种类债券过程中缴纳的税费

2. 个人通过招标、竞拍或其他方式购置债权以后，通过相关司法或行政程序主

张债权而取得的所得，应按照“财产转让所得”项目交纳个人所得税。

个人通过上述方式取得“打包”债权，只处置部分债权的，其应纳税所得额按以下方式确定：

（1）以每次处置部分债权的所得，作为一次财产转让所得征税。

（2）其应税收入按照个人取得的货币资产和非货币资产的评估价值或市场价值的合计数确定。

（3）所处置债权成本费用（即财产原值），按下列公式计算：

当次处置债权成本费用＝个人购置“打包”债权实际支出×当次处置债权账面价值（或拍卖机构公布价值）÷“打包”债权账面价值（或拍卖机构公布价值）

（4）个人购买和处置债权过程中发生的拍卖招标手续费、诉讼费、审计评估费以及缴纳的税金等合理税费，在计算个人所得税时允许扣除。

十二、企业改组改制过程中个人取得量化资产的个人所得税处理

根据国家有关规定，允许集体所有制企业在改制为股份合作制企业时可以将有关资产量化给职工个人。为了支持企业改组改制的顺利进行，企业在这一改革过程中，对职工个人以股份形式取得的拥有所有权的企业量化资产，暂缓征收个人所得税；待个人将股份转让时，就其转让收入额，减除个人取得该股份时实际支付的费用支出和合理转让费用后的余额，按“财产转让所得”项目计征个人所得税。

十三、个人拍卖除文字作品原稿及复印件外的其他财产的个人所得税处理

个人通过拍卖市场拍卖除文字作品原稿及复印件外的其他财产（包括不限于字画、瓷器、玉器、珠宝、邮品、钱币、古籍、古董等物品），应以其转让收入额减除财产原值和合理费用后的余额为应纳税所得额，按照“财产转让所得”项目适用20％税率交纳个人所得税。

以该项财产最终拍卖成交价格为其转让收入额。该收入额为不含增值税收入额。

个人财产拍卖所得适用“财产转让所得”项目计算应纳税所得额时，纳税人凭合法有效凭证（税务机关监制的正式发票、相关境外交易单据或海关报关单据、完税证明等），从其转让收入额中减除相应的财产原值、拍卖财产过程中缴纳的税金及有关合理费用。

1. 财产原值，是指售出方个人取得该拍卖品的价格（以合法有效凭证为准），主

要包括以下几个方面：

（1）通过商店、画廊等途径购买的，为购买该拍卖品时实际支付的价款；

（2）通过拍卖行拍得的，为拍得该拍卖品实际支付的价款及交纳的相关税费；

（3）通过祖传收藏的，为其收藏该拍卖品而发生的费用；

（4）通过赠送取得的，为其受赠该拍卖品时发生的相关税费；

（5）通过其他形式取得的，参照以上原则确定财产原值。

2. 拍卖财产过程中缴纳的税金，是指在拍卖财产时纳税人实际缴纳的相关税金及附加。

3. 有关合理费用，是指拍卖财产时纳税人按照规定实际支付的拍卖费（佣金）、鉴定费、评估费、图录费、证书费等费用。

4. 纳税人如不能提供合法、完整、准确的财产原值凭证，不能正确计算财产原值的，按转让收入额的3%征收率计算交纳个人所得税。拍卖品为经文物部门认定是海外回流文物的，按转让收入额的2%征收率计算交纳个人所得税。

5. 纳税人的财产原值凭证内容填写不规范，或者一份财产原值凭证包括多件拍卖品且无法确认每件拍卖品一一对应的原值的，不得将其作为扣除财产原值的计算依据，应视为不能提供合法、完整、准确的财产原值凭证，并按上述规定的征收率计算交纳个人所得税。

6. 纳税人能够提供合法、完整、准确的财产原值凭证，但不能提供有关税费凭证的，不得按征收率计算纳税，应当就财产原值凭证上注明的金额据实扣除，并按照税法规定计算交纳个人所得税。

7. 个人通过拍卖市场取得的房屋拍卖收入在计征个人所得税时，其房屋原值应按照纳税人提供的合法、完整、准确的凭证予以扣除。不能提供完整、准确的房屋原值凭证，不能正确计算房屋原值和应纳税额的，统一按转让收入全额的3%计算交纳个人所得税。

8. 征收管理。个人财产拍卖所得应纳的个人所得税税款，由拍卖单位负责代扣代缴，并按规定向拍卖单位所在地主管税务机关办理纳税申报。

拍卖单位代扣代缴个人财产拍卖所得应纳的个人所得税税款时，应给纳税人填开完税凭证，并详细标明每件拍卖品的名称、拍卖成交价格、扣缴税款额。

主管税务机关应加强对个人财产拍卖所得的税收征管工作，在拍卖单位举行拍卖活动期间派工作人员进入拍卖现场，了解拍卖的有关情况，宣传辅导有关税收政策，审核鉴定原值凭证和费用凭证，督促拍卖单位依法代扣代缴个人所得税。

十四、个人转让离婚析产房屋的个人所得税处理

1. 通过离婚析产的方式分割房屋产权是夫妻双方对共同共有财产的处置，个人因离婚办理房屋产权过户手续，不征收个人所得税。

2. 个人转让离婚析产房屋所取得的收入，允许扣除其相应的财产原值和合理费用后，余额按照规定的税率交纳个人所得税。其相应的财产原值，为房屋初次购置全部原值和相关税费之和乘以转让者占房屋所有权的比例。

3. 个人转让离婚析产房屋所取得的收入，符合家庭生活自用 5 年以上唯一住房的，可以申请免征个人所得税，其购置时间按照《国家税务总局关于房地产税收政策执行中几个具体问题的通知》（国税发〔2005〕172 号）执行。

十五、个人通过网络买卖虚拟货币取得收入的个人所得税处理

个人通过网络收购玩家的虚拟货币，加价后向他人出售取得的收入，属于个人所得税应税所得，应按照“财产转让所得”项目计算交纳个人所得税。

个人销售虚拟货币的财产原值为其收购网络虚拟货币所支付的价款和相关税费。

对于个人不能提供有关财产原值凭证的，由主管税务机关核定其财产原值。

十六、征用土地过程中征地单位支付给土地承包人员的补偿费的个人所得税处理

征用土地过程中征地单位支付给土地承包人员的补偿费，对土地承包人取得的青苗补偿费收入，暂免征收个人所得税；对土地承包人员取得的转让建筑物等财产性质的其他补偿费收入，应按照《中华人民共和国个人所得税法》的“财产转让所得”应税项目计算交纳个人所得税。

十七、对个人转让新三板挂牌公司原始股取得的所得个人所得税处理

对个人转让新三板挂牌公司原始股取得的所得，按照“财产转让所得”，适用20％的比例税率征收个人所得税。原始股是指个人在新三板挂牌公司挂牌前取得的股票，以及在该公司挂牌前和挂牌后由上述股票孳生的送、转股。

2019 年 9 月 1 日之前，个人转让新三板挂牌公司原始股的个人所得税，征收管理办法按照现行股权转让所得有关规定执行，以股票受让方为扣缴义务人，由被投资企业所在地税务机关负责征收管理。

自 2019 年 9 月 1 日起，个人转让新三板挂牌公司原始股的个人所得税，以股票托管的证券机构为扣缴义务人，由股票托管的证券机构所在地主管税务机关负责征收管理。具体征收管理办法参照《财政部　国家税务总局　证监会关于个人转让上市公司限售股所得征收个人所得税有关问题的通知》（财税〔2009〕167 号）和《财政部　国家税务总局　证监会关于个人转让上市公司限售股所得征收个人所得税有关问题的补充通知》（财税〔2010〕70 号）有关规定执行。

第七章　偶然所得

第一节　概述

一、定义

偶然所得，是指个人得奖、中奖、中彩以及其他偶然性质的所得。

二、税率

偶然所得，适用比例税率，税率为20％。

三、应纳税所得额

偶然所得，以每次收入额为应纳税所得额。以每次取得该项收入为一次，不允许减除任何费用，即应纳税所得额＝每次收入额。

四、应纳税额

应纳税额＝应纳税所得额×税率。

第二节　偶然所得项目的特殊事项

一、企业向个人支付的不竞争款项的个人所得税处理

不竞争款项是指资产购买方企业与资产出售方企业自然人股东之间在资产购买交易中，通过签订保密和不竞争协议等方式，约定资产出售方企业自然人股东在交

易完成后一定期限内，承诺不从事有市场竞争的相关业务，并负有相关技术资料的保密义务，资产购买方企业则在约定期限内，按一定方式向资产出售方企业自然人股东所支付的款项。

根据《中华人民共和国个人所得税法》有关规定，鉴于资产购买方企业向个人支付的不竞争款项，属于个人因偶然因素取得的一次性所得。因此，资产出售方企业自然人股东取得的所得，应按照《中华人民共和国个人所得税法》“偶然所得”项目计算交纳个人所得税，税款由资产购买方企业在向资产出售方企业自然人股东支付不竞争款项时代扣代缴。

二、企业对累积消费达到一定额度的顾客给予额外抽奖所得的个人所得税处理

企业对累积消费达到一定额度的顾客，给予额外抽奖机会，个人的获奖所得，按照“偶然所得”项目，全额适用20％的税率交纳个人所得税。税款由赠送礼品的企业代扣代缴。

企业赠送的礼品是自产产品（服务）的，按该产品（服务）的市场销售价格确定个人的应税所得。企业赠送的礼品是外购商品（服务）的，按该商品（服务）的实际购置价格确定个人的应税所得。

三、个人在企业举办购物有奖活动中取得使用权奖项的个人所得税处理

国家税务总局于1999年8月11日对《福建省地方税务局关于用使用权作奖项是否征收个人所得税问题的请示》（闽地税政二〔1999〕33号）做出批复：“你省外商投资企业福州元洪城举办购物有奖活动，规定特等奖为一套住房的10年免费使用权（10年内可以由中奖者自住，也可出租，10年后归还房子），一等奖为一部桑塔纳轿车的10年免费使用权。从以上情况可以看出，消费者取得了实物的使用权，可以运用该使用权获取收入或节省费用，使用权实质上是实物形态所得的表现形式。根据个人所得税法立法精神，个人取得的实物所得含取得所有权和使用权的所得。因此，可以认定消费者取得上述住房、汽车的免费使用权，不管是自用或出租，已经取得了实物形式的所得，应按照‘偶然所得’应税项目缴纳个人所得税，税款由提供住房、汽车的企业代扣代缴。主管税务机关可根据个人所得税法实施条例第10条规定的原则，结合当地实际情况和所获奖品合理确定应纳税所得额。”

四、个人参加有奖储蓄取得的各种形式的中奖所得的个人所得税处理

个人参加有奖储蓄取得的各种形式的中奖所得，属于机遇性的所得，应按照个人所得税法中“偶然所得”应税项目的规定征收个人所得税。

虽然这种中奖所得具有银行储蓄利息二次分配的特点，但对中奖个人而言，已不属于按照国家规定利率标准取得的存款利息所得性质，支付该项所得的各级银行部门是税法规定的代扣代缴义务人，在其向个人支付有奖储蓄中奖所得时应按照“偶然所得”应税项目扣缴个人所得税税款。

五、个人在境外取得博彩所得的个人所得税处理

在中国境内有住所，或者无住所而一个纳税年度内在中国境内居住累计满183天的个人，为居民个人。居民个人从中国境内和境外取得的所得，依照《中华人民共和国个人所得税法》规定交纳个人所得税。

中彩所得属于“偶然所得”应税项目，适用比例税率20%。

例如，中国境内某市自然人李某（居民个人）在澳门某娱乐场摇老虎机博彩所得，应依照《中华人民共和国个人所得税法》规定，按“偶然所得”应税项目计算交纳个人所得税。

六、个人取得有奖发票奖金的个人所得税处理

个人取得单张有奖发票奖金所得不超过800元（含800元）的，暂免征收个人所得税；个人取得单张有奖发票奖金所得超过800元的，应全额按照个人所得税法规定的“偶然所得”项目计算交纳个人所得税。

七、个人购买体育彩票的中奖收入的个人所得税处理

个人购买体育彩票的中奖收入属于偶然所得，应全额按照20%的税率征收个人所得税。

八、个人为单位或他人提供担保获得收入的个人所得税处理

《财政部　税务总局关于个人取得有关收入适用个人所得税应税所得项目的公告》（财政部　税务总局公告2019年第74号）规定，自2019年1月1日起，个人为单位或他人提供担保获得收入，按照“偶然所得”项目计算交纳个人所得税。

九、受赠人因无偿受赠房屋取得的受赠收入的个人所得税处理

《财政部　税务总局关于个人取得有关收入适用个人所得税应税所得项目的公告》（财政部　税务总局公告2019年第74号）规定，自2019年1月1日起，房屋产权所有人将房屋产权无偿赠与他人的，受赠人因无偿受赠房屋取得的受赠收入，按照“偶然所得”项目计算交纳个人所得税。

受赠收入的应纳税所得额按照《财政部　国家税务总局关于个人无偿受赠房屋有关个人所得税问题的通知》（财税〔2009〕78号）第四条规定计算。

《财政部　国家税务总局关于个人无偿受赠房屋有关个人所得税问题的通知》（财税〔2009〕78号）规定：“对受赠人无偿受赠房屋计征个人所得税时，其应纳税所得额为房地产赠与合同上标明的赠与房屋价值减除赠与过程中受赠人支付的相关税费后的余额。赠与合同标明的房屋价值明显低于市场价格或房地产赠与合同未标明赠与房屋价值的，税务机关可依据受赠房屋的市场评估价格或采取其他合理方式确定受赠人的应纳税所得额。”

十、企业在活动中随机向本单位以外的个人赠送礼品的个人所得税处理

《财政部　税务总局关于个人取得有关收入适用个人所得税应税所得项目的公告》（财政部　税务总局公告2019年第74号）规定，自2019年1月1日起，企业在业务宣传、广告等活动中，随机向本单位以外的个人赠送礼品（包括网络红包，下同），以及企业在年会、座谈会、庆典以及其他活动中向本单位以外的个人赠送礼品，个人取得的礼品收入，按照“偶然所得”项目计算交纳个人所得税，但企业赠送的具有价格折扣或折让性质的消费券、代金券、抵用券、优惠券等礼品除外。

礼品收入的应纳税所得额按照《财政部　国家税务总局关于企业促销展业赠送礼品有关个人所得税问题的通知》（财税〔2011〕50号）第三条规定计算。

《财政部　国家税务总局关于企业促销展业赠送礼品有关个人所得税问题的通知》（财税〔2011〕50号）规定：“企业赠送的礼品是自产产品（服务）的，按该产品（服务）的市场销售价格确定个人的应税所得；是外购商品（服务）的，按该商品（服务）的实际购置价格确定个人的应税所得。”

所谓“网络红包”，仅包括企业向个人发放的网络红包，不包括亲戚朋友之间互相赠送的网络红包。亲戚朋友之间互相赠送的礼品（包括网络红包），不在个人所得税征税范围之内。

第八章　个人股权激励所得的个人所得税政策

本章主要介绍个人股票期权所得、个人股票增值权所得和限制性股票所得以及完善股权激励的个人所得税政策。

第一节　个人股票期权所得的个人所得税政策

一、企业员工股票期权

企业员工股票期权（以下简称股票期权）是指上市公司按照规定的程序授予本公司及其控股企业员工的一项权利。该权利允许被授权员工在未来时间内以某一特定价格购买本公司一定数量的股票。

某一特定价格，被称为“授予价”或“施权价”，即根据股票期权计划可以购买股票的价格，一般为股票期权授予日的市场价格或该价格的折扣价格，也可以是按照事先设定的计算方法约定的价格。授予日，也称“授权日”，是指公司授予员工上述权利的日期。行权，也称“执行”，是指员工根据股票期权计划选择购买股票的过程。员工行使上述权利的当日为“行权日”，也称“购买日”。

员工接受雇主（含上市公司和非上市公司）授予的股票期权，凡该股票期权指定的股票为上市公司（含境内、外上市公司）股票的，均应按照《财政部　国家税务总局关于个人股票期权所得征收个人所得税问题的通知》（财税〔2005〕35 号）规定进行税务处理。该规定自 2005 年 7 月 1 日起执行。

二、企业员工股票期权所得性质及其应纳税所得额的确认

实施股票期权计划企业授予该企业员工的股票期权所得，应按《中华人民共和国个人所得税法》及其实施条例有关规定计算交纳个人所得税。具体规定如下：

1. 员工接受实施股票期权计划企业授予的股票期权时，除另有规定外，一般不作为应税所得征税。

部分股票期权在授权时即约定可以转让，且在境内或境外存在公开市场及挂牌价格（以下简称可公开交易的股票期权）。员工接受该可公开交易的股票期权时，应作为上款所述的另有规定情形，按以下规定进行税务处理：

（1）员工取得可公开交易的股票期权，属于员工已实际取得有确定价值的财产，应按授权日股票期权的市场价格，作为员工授权日所在月份的工资、薪金所得，并按下述第三条第1点规定计算交纳个人所得税。如果员工以折价购入方式取得股票期权的，可以授权日股票期权的市场价格扣除折价购入股票期权时实际支付的价款后的余额，作为授权日所在月份的工资、薪金所得。

（2）员工取得上述可公开交易的股票期权后，转让该股票期权所取得的所得，属于财产转让所得，按下述第三条第2点规定进行税务处理。

（3）员工取得上述第（1）项所述可公开交易的股票期权后，实际行使该股票期权购买股票时，不再计算交纳个人所得税。

2. 员工行权时，从企业取得股票的实际购买价（施权价）低于购买日公平市场价（指该股票当日的收盘价，下同）的差额，是因员工在企业的表现和业绩情况而取得的与任职、受雇有关的所得，应按“工资、薪金所得”适用的规定计算交纳个人所得税。

对因特殊情况，员工在行权日之前将股票期权转让的，以股票期权的转让净收入，作为工资、薪金所得征收个人所得税。

股票期权的转让净收入，一般是指股票期权转让收入。如果员工以折价购入方式取得股票期权的，可以股票期权转让收入扣除折价购入股票期权时实际支付的价款后的余额，作为股票期权的转让净收入。

员工行权日所在期间的工资、薪金所得，应按下列公式计算工资、薪金应纳税所得额：

股票期权形式的工资、薪金应纳税所得额＝（行权股票的每股市场价－员工取得该股票期权支付的每股施权价）×股票数量

公式中所述“员工取得该股票期权支付的每股施权价”，一般是指员工行使股票期权购买股票实际支付的每股价格。如果员工以折价购入方式取得股票期权的，上述施权价可包括员工折价购入股票期权时实际支付的价格。

凡取得股票期权的员工在行权日不实际买卖股票，而按行权日股票期权所指定

股票的市场价与施权价之间的差额，直接从授权企业取得价差收益的，该项价差收益应作为员工取得的股票期权形式的工资、薪金所得，按照规定计算股票期权形式的工资、薪金应纳税所得额，计算应纳税额。

3. 员工将行权后的股票再转让时获得的高于购买日公平市场价的差额，是因个人在证券二级市场上转让股票等有价证券而获得的所得，应按照“财产转让所得”适用的征免规定计算交纳个人所得税。

对个人在上海证券交易所、深圳证券交易所转让从上市公司公开发行和转让市场取得的上市公司股票所得，继续免征个人所得税。

员工因拥有股权而参与企业税后利润分配取得的所得，应按照“利息、股息、红利所得”适用的规定计算交纳个人所得税。

三、企业员工股票期权所得应纳税额的计算

1. 认购股票所得（行权所得）的税款计算。居民个人取得股票期权，在 2021 年 12 月 31 日前，不并入当年综合所得，全额单独适用综合所得税率表，计算纳税。计算公式如下：

应纳税额＝股权激励收入×适用税率－速算扣除数

居民个人一个纳税年度内取得两次以上（含两次）股权激励的，应合并按上述计算公式规定计算纳税。

2022 年 1 月 1 日之后的股权激励政策另行明确。

2. 转让股票（销售）取得所得的税款计算。对于员工转让股票等有价证券取得的所得，应按现行税法和政策规定征免个人所得税，即对个人在上海证券交易所、深圳证券交易所转让从上市公司公开发行和转让市场取得的上市公司股票所得，继续免征个人所得税。个人转让境外上市公司的股票而取得的所得，应按《中华人民共和国个人所得税法》的有关规定计算应纳税所得额和应纳税额，依法交纳个人所得税。

3. 参与税后利润分配取得所得的税款计算。员工因拥有股权参与税后利润分配而取得的股息、红利所得，除依照有关规定可以免税或减税的外，应全额按规定税率计算交纳个人所得税。

四、征收管理

1. 扣缴义务人。实施股票期权计划的境内企业为个人所得税的扣缴义务人，应

按《中华人民共和国个人所得税法》的规定履行代扣代缴个人所得税的义务。

2. 自行申报纳税。员工从两处或两处以上取得股票期权形式的工资、薪金所得和没有扣缴义务人的，该个人应在个人所得税法规定的纳税申报期限内自行申报缴纳税款。

3. 报送有关资料。实施股票期权计划的境内企业，应在股票期权计划实施之前，将企业的股票期权计划或实施方案、股票期权协议书、授权通知书等资料报送主管税务机关；应在员工行权之前，将股票期权行权通知书和行权调整通知书等资料报送主管税务机关。

扣缴义务人和自行申报纳税的个人在申报纳税或代扣代缴税款时，应在税法规定的纳税申报期限内，将个人接受或转让的股票期权以及认购的股票情况（包括种类、数量、施权价格、行权价格、市场价格、转让价格等）报送主管税务机关。

4. 处罚。实施股票期权计划的企业和因股票期权计划而取得应税所得的自行申报员工，未按规定报送上述有关报表和资料，未履行申报纳税义务或者扣缴税款义务的，按《中华人民共和国税收征收管理法》及其实施细则的有关规定进行处理。

第二节　个人股票增值权所得和限制性股票所得的个人所得税政策

一、股票增值权和限制性股票

（一）股票增值权

股票增值权，是指上市公司授予公司员工在未来一定时期和约定条件下，获得规定数量的股票价格上升所带来收益的权利。被授权人在约定条件下行权，上市公司按照行权日与授权日二级市场股票差价乘以授权股票数量，发放给被授权人现金。

（二）限制性股票

限制性股票，是指上市公司按照股权激励计划约定的条件，授予公司员工一定数量本公司的股票。

二、个人股票增值权所得和限制性股票所得的个人所得税处理

（一）处理原则

对于个人从上市公司（含境内、外上市公司，下同）取得的股票增值权所得和限制性股票所得，按照“第一节　个人股票期权所得的个人所得税政策”的有关规

定，计算交纳个人所得税。

个人因任职、受雇从上市公司取得的股票增值权所得和限制性股票所得，由上市公司或其境内机构按照“工资、薪金所得”项目和股票期权所得个人所得税计税方法，依法扣缴其个人所得税。

（二）股票增值权应纳税所得额的确定

股票增值权被授权人获取的收益，是由上市公司根据授权日与行权日股票差价乘以被授权股数，直接向被授权人支付的现金。上市公司应于向股票增值权被授权人兑现时依法扣缴其个人所得税。被授权人股票增值权应纳税所得额计算公式如下：

股票增值权某次行权应纳税所得额＝（行权日股票价格－授权日股票价格）×行权股票份数

（三）限制性股票应纳税所得额的确定

按照个人所得税法及其实施条例等有关规定，原则上应在限制性股票所有权归属于被激励对象时确认其限制性股票所得的应纳税所得额，即上市公司实施限制性股票计划时，应以被激励对象限制性股票在中国证券登记结算公司（境外为证券登记托管机构）进行股票登记日期的股票市价（指当日收盘价，下同）和本批次解禁股票当日市价（指当日收盘价，下同）的平均价格乘以本批次解禁股票份数，减去被激励对象本批次解禁股份数所对应的为获取限制性股票实际支付资金数额，其差额为应纳税所得额。被激励对象限制性股票应纳税所得额计算公式如下：

限制性股票应纳税所得额＝（股票登记日期的股票市价＋本批次解禁股票当日市价）÷2×本批次解禁股票份数－被激励对象实际支付的资金总额×（本批次解禁股票份数÷被激励对象获取的限制性股票总份数）

（四）个人股票增值权所得和限制性股票所得应纳税额的计算

1. 个人在纳税年度内第一次取得股票期权、股票增值权所得和限制性股票所得的，上市公司应按照“第一节　个人股票期权所得的个人所得税政策”第四条第1点所列公式计算扣缴其个人所得税。

2. 个人在纳税年度内两次以上（含两次）取得股票期权、股票增值权和限制性股票等所得，包括两次以上（含两次）取得同一种股权激励形式所得或者同时兼有不同股权激励形式所得的，上市公司应将其纳税年度内各次股权激励所得合并，按照“第一节　个人股票期权所得的个人所得税政策”第三条第1点所列公式计算扣缴个人所得税。

三、征收管理

（一）纳税义务发生时间

1. 股票增值权个人所得税纳税义务发生时间为上市公司向被授权人兑现股票增值权所得的日期。

2. 限制性股票个人所得税纳税义务发生时间为每一批次限制性股票解禁的日期。

（二）报送资料的规定

实施股票增值权计划或限制性股票计划的境内上市公司，应在向中国证券监督管理委员会报备的同时，将企业股票增值权计划、限制性股票计划或实施方案等有关资料报送主管税务机关备案。具体有以下几个方面：

1. 实施股票期权、股票增值权计划的境内上市公司，应按照“第一节　个人股票期权所得的个人所得税政策”第四条第3点规定报送有关资料。

2. 实施限制性股票计划的境内上市公司，应在中国证券登记结算公司（境外为证券登记托管机构）进行股票登记，并经上市公司公示后15日内，将本公司限制性股票计划或实施方案、协议书、授权通知书、股票登记日期及当日收盘价、禁售期限和股权激励人员名单等资料报送主管税务机关备案。

境外上市公司的境内机构，应向其主管税务机关报送境外上市公司实施股权激励计划的中（外）文资料备案。

3. 扣缴义务人和自行申报纳税的个人在代扣代缴税款或申报纳税时，应在税法规定的纳税申报期限内，将个人接受或转让的股权以及认购的股票情况（包括种类、数量、施权价格、行权价格、市场价格、转让价格等）、股权激励人员名单、应纳税所得额、应纳税额等资料报送主管税务机关。

（三）其他规定

1. 实施股票增值权计划或限制性股票计划的境内上市公司，应在做好个人所得税扣缴工作的同时，按照《国家税务总局关于印发〈个人所得税全员全额扣缴申报管理暂行办法〉的通知》（国税发〔2005〕205号）的有关规定，向主管税务机关报送其员工行权等涉税信息［注：国税发〔2005〕205号文件自2019年1月1日起废止，见《国家税务总局关于发布〈个人所得税扣缴申报管理办法（试行）〉的公告》（国家税务总局公告2018年第61号）］。

2. “第一节　个人股票期权所得的个人所得税政策”和本节有关股权激励个人所得税政策，适用于上市公司（含所属分支机构）和上市公司控股企业的员工，其中上市公司占控股企业股份比例最低为30％。

企业由上市公司持股比例不低于30％的，其员工以股权激励方式持有上市公司股权的，可以按照本节规定的计算方法，计算应扣缴的股权激励个人所得税。

间接持股比例，按各层持股比例相乘计算，上市公司对一级子公司持股比例超过50％的，按100％计算。

第三节　完善股权激励的个人所得税政策

本节主要依据《财政部　国家税务总局关于完善股权激励和技术入股有关所得税政策的通知》（财税〔2016〕101号）和《国家税务总局关于股权激励和技术入股所得税征管问题的公告》（国家税务总局公告2016年第62号）规定。规定自2016年9月1日起施行。本节主要包括非上市公司的股权激励个人所得税政策。

一、对符合条件的非上市公司股票期权、股权期权、限制性股票和股权奖励实行递延纳税政策

（一）递延纳税政策

非上市公司授予本公司员工的股票期权、股权期权、限制性股票和股权奖励，符合规定条件的，经向主管税务机关备案，可实行递延纳税政策，即员工在取得股权激励时可暂不纳税，递延至转让该股权时纳税；股权转让时，按照股权转让收入减除股权取得成本以及合理税费后的差额，适用“财产转让所得”项目，按照20％的税率计算交纳个人所得税。

股权转让时，股票（股权）期权取得成本按行权价确定，限制性股票取得成本按实际出资额确定，股权奖励取得成本为零。

（二）须满足的条件

享受递延纳税政策的非上市公司股权激励（包括股票期权、股权期权、限制性股票和股权奖励，下同）须同时满足以下条件：

1. 属于境内居民企业的股权激励计划。

2. 股权激励计划经公司董事会、股东会（股东大会）审议通过。未设股东会（股东大会）的国有单位，经上级主管部门审核批准。股权激励计划应列明激励目的、对象、标的、有效期、各类价格的确定方法、激励对象获取权益的条件、程序等。

3. 激励标的应为境内居民企业的本公司股权。股权奖励的标的可以是技术成果

投资入股到其他境内居民企业所取得的股权。激励标的股票（股权）包括通过增发、大股东直接让渡以及法律法规允许的其他合理方式授予激励对象的股票（股权）。

4. 激励对象应为公司董事会或股东会（股东大会）决定的技术骨干和高级管理人员，激励对象人数累计不得超过本公司最近6个月在职职工平均人数的30%。

最近6个月在职职工平均人数确定方法：非上市公司实施符合条件的股权激励，本公司最近6个月在职职工平均人数，按照股票（股权）期权行权、限制性股票解禁、股权奖励获得之上月起前6个月“工资、薪金所得”项目全员全额扣缴明细申报的平均人数确定。例如，某公司实施一批股票期权并于2017年1月行权，计算在职职工平均人数时，以该公司2016年7—12月全员全额扣缴明细申报的平均人数计算。

5. 股票（股权）期权自授予日起应持有满3年，且自行权日起持有满1年；限制性股票自授予日起应持有满3年，且解禁后持有满1年；股权奖励自获得奖励之日起应持有满3年。上述时间条件须在股权激励计划中列明。

6. 股票（股权）期权自授予日至行权日的时间不得超过10年。

7. 实施股权奖励的公司及其奖励股权标的公司所属行业均不属于股权奖励税收优惠政策限制性行业目录（见表8-1）范围。公司所属行业按公司上一纳税年度主营业务收入占比最高的行业确定。

表8-1　股权奖励税收优惠政策限制性行业目录

门类代码	类别名称
A（农、林、牧、渔业）	（1）03畜牧业（科学研究、籽种繁育性质项目除外）
	（2）04渔业（科学研究、籽种繁育性质项目除外）
B（采矿业）	（3）采矿业（除第11类开采辅助活动）
C（制造业）	（4）16烟草制品业
	（5）17纺织业（除第178类非家用纺织制成品制造）
	（6）19皮革、毛皮、羽毛及其制品和制鞋业
	（7）20木材加工和木、竹、藤、棕、草制品业
	（8）22造纸和纸制品业（除第223类纸制品制造）
	（9）31黑色金属冶炼和压延加工业（除第314类钢压延加工）
F（批发和零售业）	（10）批发和零售业
G（交通运输、仓储和邮政业）	（11）交通运输、仓储和邮政业

续表

门类代码	类别名称
H（住宿和餐饮业）	(12) 住宿和餐饮业
J（金融业）	(13) 66 货币金融服务
	(14) 68 保险业
K（房地产业）	(15) 房地产业
L（租赁和商务服务业）	(16) 租赁和商务服务业
O（居民服务、修理和其他服务业）	(17) 79 居民服务业
Q（卫生和社会工作）	(18) 84 社会工作
R（文化、体育和娱乐业）	(19) 88 体育
	(20) 89 娱乐业
S（公共管理、社会保障和社会组织）	(21) 公共管理、社会保障和社会组织（除第9421类专业性团体和9422类行业性团体）
T（国际组织）	(22) 国际组织

说明：以上目录按照《国民经济行业分类》（GB/T 4754—2011）编制。

（三）股票（股权）期权、限制性股票、股权奖励的定义

股票（股权）期权是指公司给予激励对象在一定期限内以事先约定的价格购买本公司股票（股权）的权利。限制性股票是指公司按照预先确定的条件授予激励对象一定数量的本公司股权，激励对象只有工作年限或业绩目标符合股权激励计划规定条件的才可以处置该股权。股权奖励是指企业无偿授予激励对象一定份额的股权或一定数量的股份。

（四）不得享受递延纳税优惠政策的规定

股权激励计划所列内容不同时满足上述第一条第（二）款规定的全部条件，或递延纳税期间公司情况发生变化，不再符合上述第一条第（二）款第 4 至第 6 项条件的，不得享受递延纳税优惠，应于情况发生变化之次月 15 日内，按本节第三条第 1 项规定计算交纳个人所得税。

二、对上市公司股票期权、限制性股票和股权奖励适当延长纳税期限

1. 上市公司授予个人的股票期权、限制性股票和股权奖励，经向主管税务机关备案，个人可自股票期权行权、限制性股票解禁或取得股权奖励之日起，在不超过 12 个月的期限内交纳个人所得税。

2. 上市公司股票期权、限制性股票应纳税款的计算，按照“第一节　个人股票

期权所得的个人所得税政策”“第二节　个人股票增值权所得和限制性股票所得的个人所得税政策”相关规定执行。股权奖励应纳税款的计算比照上述内容进行。

三、其他规定

1. 个人从任职受雇企业以低于公平市场价格取得股票（股权）的，凡不符合递延纳税条件，应在获得股票（股权）时，对实际出资额低于公平市场价格的差额，按照“工资、薪金所得”项目，参照“第一节　个人股票期权所得的个人所得税政策”有关规定计算交纳个人所得税。

公平市场价格按以下方法确定：

（1）上市公司股票的公平市场价格，按照取得股票当日的收盘价确定。取得股票当日为非交易日的，按照上一个交易日收盘价确定。

（2）非上市公司股票（股权）的公平市场价格，依次按照净资产法、类比法和其他合理方法确定。净资产法按照取得股票（股权）的上年末净资产确定。

2. 个人因股权激励取得股权后，非上市公司在境内上市的，处置递延纳税的股权时，按照现行限售股有关征税规定执行。

3. 个人转让股权时，视同享受递延纳税优惠政策的股权优先转让。递延纳税的股权成本按照加权平均法计算，不与其他方式取得的股权成本合并计算。

4. 持有递延纳税的股权期间，因该股权产生的转增股本收入，以及以该递延纳税的股权再进行非货币性资产投资的，应在当期缴纳税款。

5. 全国中小企业股份转让系统挂牌公司按照本节“一、对符合条件的非上市公司股票期权、股权期权、限制性股票和股权奖励实行递延纳税政策”规定执行。

本节第二条“上市公司”是指其股票在上海证券交易所、深圳证券交易所上市交易的股份有限公司。

四、征收管理

1. 员工以在一个公历月份中取得的股票（股权）形式工资、薪金所得为一次。员工取得符合条件、实行递延纳税政策的股权激励，与不符合递延纳税条件的股权激励分别计算。

员工在一个纳税年度中多次取得不符合递延纳税条件的股票（股权）形式工资、薪金所得的，参照“第一节　个人股票期权所得的个人所得税政策”第三条第1点规定执行。

2. 对股权激励选择适用递延纳税政策的，企业应在规定期限内到主管税务机关办理备案手续。未办理备案手续的，不得享受本节递延纳税优惠政策。

(1) 非上市公司实施符合条件的股权激励，个人选择递延纳税的，非上市公司应于股票（股权）期权行权、限制性股票解禁、股权奖励获得之次月15日内，向主管税务机关报送非上市公司股权激励个人所得税递延纳税备案表（见表8-2）、股权激励计划、董事会或股东大会决议、激励对象任职或从事技术工作情况说明等。实施股权奖励的企业同时报送本企业及其奖励股权标的企业上一纳税年度主营业务收入构成情况说明。

(2) 上市公司实施股权激励，个人选择在不超过12个月期限内缴税的，上市公司应自股票期权行权、限制性股票解禁、股权奖励获得之次月15日内，向主管税务机关报送上市公司股权激励个人所得税延期纳税备案表（见表8-3）。上市公司初次办理股权激励备案时，还应一并向主管税务机关报送股权激励计划、董事会或股东大会决议。

表 8－2　非上市公司股权激励个人所得税递延纳税备案表

备案编号（主管税务机关填写）：　　　　单位：股，%，人民币元（列至角分）

<table>
<tr><th colspan="20">公司基本情况</th></tr>
<tr><td colspan="3">公司名称</td><td colspan="4"></td><td colspan="3">纳税人识别号</td><td colspan="2"></td><td colspan="2">联系人</td><td colspan="2"></td><td colspan="2">联系电话</td><td colspan="2"></td></tr>
<tr><th colspan="20">股权激励基本情况</th></tr>
<tr><td colspan="3">股权激励形式</td><td colspan="7">□股票（权）期权　□限制性股票　□股权奖励</td><td colspan="2">股权激励人数</td><td colspan="2"></td><td colspan="4">近 6 个月平均人数</td><td colspan="2"></td></tr>
<tr><td colspan="3" rowspan="2">该栏仅由实施股权奖励的公司填写</td><td colspan="4">本公司是否为限制性行业</td><td colspan="3">□是　□否</td><td colspan="4">标的公司名称</td><td colspan="6"></td></tr>
<tr><td colspan="4">标的公司是否为限制性行业</td><td colspan="3">□是　□否</td><td colspan="4">标的公司纳税人识别号</td><td colspan="6"></td></tr>
<tr><th colspan="20">股权激励明细情况</th></tr>
<tr><td rowspan="2">序号</td><td rowspan="2">姓名</td><td rowspan="2">身份证照类型</td><td rowspan="2">身份证照号码</td><td colspan="6">股票（权）期权</td><td colspan="6">限制性股票</td><td colspan="4">股权奖励</td></tr>
<tr><td>授予日</td><td>行权日</td><td>可出售日</td><td>取得成本</td><td>股数</td><td>持股比例</td><td>授予日</td><td>解禁日</td><td>可出售日</td><td>取得成本</td><td>股数</td><td>持股比例</td><td>授予日</td><td>可出售日</td><td>股数</td><td>持股比例</td></tr>
<tr><td></td><td></td><td></td><td></td><td></td><td></td><td></td><td></td><td></td><td></td><td></td><td></td><td></td><td></td><td></td><td></td><td></td><td></td><td></td><td></td></tr>
<tr><td></td><td></td><td></td><td></td><td></td><td></td><td></td><td></td><td></td><td></td><td></td><td></td><td></td><td></td><td></td><td></td><td></td><td></td><td></td><td></td></tr>
<tr><td></td><td></td><td></td><td></td><td></td><td></td><td></td><td></td><td></td><td></td><td></td><td></td><td></td><td></td><td></td><td></td><td></td><td></td><td></td><td></td></tr>
<tr><td></td><td></td><td></td><td></td><td></td><td></td><td></td><td></td><td></td><td></td><td></td><td></td><td></td><td></td><td></td><td></td><td></td><td></td><td></td><td></td></tr>
<tr><td></td><td></td><td></td><td></td><td></td><td></td><td></td><td></td><td></td><td></td><td></td><td></td><td></td><td></td><td></td><td></td><td></td><td></td><td></td><td></td></tr>
<tr><td></td><td></td><td></td><td></td><td></td><td></td><td></td><td></td><td></td><td></td><td></td><td></td><td></td><td></td><td></td><td></td><td></td><td></td><td></td><td></td></tr>
<tr><td></td><td></td><td></td><td></td><td></td><td></td><td></td><td></td><td></td><td></td><td></td><td></td><td></td><td></td><td></td><td></td><td></td><td></td><td></td><td></td></tr>
<tr><td></td><td></td><td></td><td></td><td></td><td></td><td></td><td></td><td></td><td></td><td></td><td></td><td></td><td></td><td></td><td></td><td></td><td></td><td></td><td></td></tr>
<tr><td></td><td></td><td></td><td></td><td></td><td></td><td></td><td></td><td></td><td></td><td></td><td></td><td></td><td></td><td></td><td></td><td></td><td></td><td></td><td></td></tr>
<tr><td></td><td></td><td></td><td></td><td></td><td></td><td></td><td></td><td></td><td></td><td></td><td></td><td></td><td></td><td></td><td></td><td></td><td></td><td></td><td></td></tr>
<tr><td></td><td></td><td></td><td></td><td></td><td></td><td></td><td></td><td></td><td></td><td></td><td></td><td></td><td></td><td></td><td></td><td></td><td></td><td></td><td></td></tr>
<tr><td></td><td></td><td></td><td></td><td></td><td></td><td></td><td></td><td></td><td></td><td></td><td></td><td></td><td></td><td></td><td></td><td></td><td></td><td></td><td></td></tr>
<tr><td></td><td></td><td></td><td></td><td></td><td></td><td></td><td></td><td></td><td></td><td></td><td></td><td></td><td></td><td></td><td></td><td></td><td></td><td></td><td></td></tr>
<tr><td></td><td></td><td></td><td></td><td></td><td></td><td></td><td></td><td></td><td></td><td></td><td></td><td></td><td></td><td></td><td></td><td></td><td></td><td></td><td></td></tr>
</table>

续表

<table>
<tr><td colspan="3">谨声明：此表是根据《中华人民共和国个人所得税法》及有关法律法规规定填写的，是真实的、完整的、可靠的。
实施股权激励公司法定代表人签章：　　　　年　月　日</td></tr>
<tr><td>公司签章：
经办人：
填报日期：　年　月　日</td><td>代理申报机构（人）签章：
经办人：
经办人执业证件号码：
代理申报日期：　年　月　日</td><td>主管税务机关印章：
受理人：
受理日期：　年　月　日</td></tr>
</table>

国家税务总局监制

填报说明

一、适用范围

本表适用于实施符合条件股权激励的非上市公司向主管税务机关办理个人所得税递延缴纳备案事宜时填报。

二、报送期限

企业应于符合条件的股票（权）期权行权、限制性股票解禁、股权奖励获得之次月15日内报送。

三、表内各栏

（一）公司基本情况

1. 公司名称：填写实施股权激励的非上市公司法定名称全称。

2. 纳税人识别号：填写纳税人识别号或统一社会信用代码。

3. 联系人、联系电话：填写非上市公司负责办理股权激励及相关涉税事项人员的相关情况。

（二）股权激励基本情况

1. 股权激励形式：根据实施股权激励的形式勾选。

2. 股权激励人数：填写股权激励计划中被激励对象的总人数。

3. 近6个月平均人数：填写股票（权）期权行权、限制性股票解禁、股权奖励获得之上月起向前6个月“工资、薪金所得”项目全员全额扣缴明细申报的平均人数。如，某公司实施一批股票期权并于2017年1月行权，则按照该公司2016年7月、8月、9月、10月、11月、12月“工资、薪金所得”项目全员全额扣缴明细申报的平均人数计算。计算结果按四舍五入取整。

4. 实施股权奖励公司填写栏：填写实施股权奖励企业的有关情况。

（1）本公司是否为限制性行业：实施股权奖励公司根据本公司上一纳税年度主营业务收入占比最高的行业，确定是否属于《财政部 国家税务总局关于完善股权激励和技术入股有关所得税政策的通知》（财税〔2016〕101号）附件《股权奖励税收优惠政策限制性行业目录》所列行业。属于所列行业选“是”，不属于所列行业选“否”。

（2）标的公司名称、标的公司是否为限制性行业、标的公司纳税人识别号：以技术成果投资入股到其他境内居民企业所取得的股权实施股权奖励的，填写本栏。以本公司股权为股权奖励标的，无须填报本栏。

①标的公司名称：以其他境内居民企业股权实施股权奖励的，填写用以实施股权奖励的股权标的公司法定名称全称。

②标的公司纳税人识别号：以其他境内居民企业股权实施股权奖励的，填写用以实施股权奖励的股权标的公司的纳税人识别号或统一社会信用代码。

③标的公司是否限制性行业：以其他境内居民企业股权实施股权奖励的，根据标的公司上一纳税年度主营业务收入占比最高的行业，确定是否属于《财政部 国家税务总局关于完善股权激励和技术入股有关所得税政策的通知》（财税〔2016〕101号）附件《股权奖励税收优惠政策限制性行业目录》所列行业。属于所列行业选“是”，不属于所列行业选“否”。

（三）股权激励明细情况

1. 姓名：填写纳税人姓名。中国境内无住所个人，其姓名应当用中、外文同时填写。

2. 身份证照类型：填写能识别纳税人唯一身份的身份证、军官证、士兵证、护照、港澳居民来往内地通行证、台湾居民来往大陆通行证等有效证照名称。

3. 身份证照号码：填写能识别纳税人唯一身份的号码。

4. 股票（权）期权栏：以股票（权）期权形式实施激励的企业填写本栏。没有则不填。

①授予日：填写股票（权）期权计划中，授予被激励对象股票（权）期权的实际日期。

②行权日：填写根据股票（权）期权计划，行权购买股票（权）的实际日期。

③可出售日：填写根据股票（权）期权计划，股票（权）期权同时满足自授予日起持有满 3 年、且自行权日起持有满 1 年条件后，实际可以对外出售的日期。

④取得成本：填写被激励对象股票（权）期权行权时，按行权价实际出资的金额。

⑤股数、持股比例：填写被激励对象实际取得的股数以及对应的持股比例。若非上市公司因公司注册类型限制，难以用股数体现被激励对象股权激励权益的，可只填写持股比例，持股比例按照保留小数点后两位填写。

5. 限制性股票栏：以限制性股票形式实施激励的企业填写本栏。没有则不填。

①授予日：填写限制性股票计划中，授予被激励对象限制性股票的实际日期。

②解禁日：填写根据限制性股票计划，被激励对象取得限制性股票达到规定条件而解除出售限制的具体日期。

③可出售日：填写根据限制性股票计划，限制性股票同时满足自授予日起持有满 3 年、且解禁后持有满 1 年条件后，实际可以对外出售的日期。

④取得成本：填写被激励对象取得限制性股票时的实际出资金额。

⑤股数、持股比例：填写被激励对象实际取得的股数以及对应的持股比例。若非上市公司因公司注册类型限制，难以用股数体现被激励对象股权激励权益的，可只填写持股比例，持股比例按照保留小数点后两位填写。

6. 股权奖励栏：以股权奖励形式实施激励的企业填写本栏。没有则不填。

①授予日：填写授予被激励对象股权奖励的实际日期。

②可出售日：填写根据股权奖励计划，自获得奖励之日起持有满 3 年后，实际可以对外出售的日期。

③股数、持股比例：填写被激励对象实际取得的股数以及对应的持股比例。若非上市公司因公司注册类型限制，难以用股数体现被激励对象股权激励权益的，可只填写持股比例，持股比例按照保留小数点后两位填写。

四、本表一式两份。主管税务机关受理后，由非上市公司和主管税务机关分别留存。

表 8-3　上市公司股权激励个人所得税延期纳税备案表

备案编号（主管税务机关填写）：　　　　　　　　　　单位：股，%，人民币元（列至角分）

公司基本情况									
公司名称		纳税人识别号		股票代码		联系人		联系电话	
股权激励基本情况									
股权激励形式	□股票期权　□限制性股票　□股权奖励								

股权激励明细情况

序号	姓名	身份证照类型	身份证照号码	任职受雇月数	股票期权				限制性股票							股权奖励		
					行权日	行权日市价	行权价	行权股数	股票登记日	股票登记日市价	解禁日	解禁日市价	实际出资总额	本批次解禁数	总股票数	授予日	授予日市价	奖励股票数

续表

<table>
<tr><td colspan="3">谨声明：此表是根据《中华人民共和国个人所得税法》及有关法律法规规定填写的，是真实的、完整的、可靠的。
法定代表人签章：　　　　年　月　日</td></tr>
<tr><td>公司签章：
经办人：
填报日期：　年　月　日</td><td>代理申报机构（人）签章：
经办人：
经办人执业证件号码：
代理申报日期：　年　月　日</td><td>主管税务机关印章：
受理人：
受理日期：　年　月　日</td></tr>
</table>

国家税务总局监制

填报说明

一、适用范围

本表适用于实施股权激励的上市公司向主管税务机关办理个人所得税延期缴纳备案事宜时填报。

二、报送期限

企业应于股票期权行权、限制性股票解禁、股权奖励获得之次月 15 日内报送本表。

三、表内各栏

（一）公司基本情况

1. 公司名称：填写实施股权激励的上市公司法定名称全称。

2. 纳税人识别号：填写纳税人识别号或统一社会信用代码。

3. 联系人、联系电话：填写上市公司负责办理股权激励及相关涉税事项人员的相关情况。

（二）股权激励基本情况

股权激励形式：根据实施股权激励的形式勾选。

（三）股权激励明细情况

1. 姓名：填写纳税人姓名。中国境内无住所个人，其姓名应当用中、外文同时填写。

2. 身份证照类型：填写能识别纳税人唯一身份的身份证、军官证、士兵证、护照、港澳居民来往内地通行证、台湾居民来往大陆通行证等有效证照名称。

3. 身份证照号码：填写能识别纳税人唯一身份的号码。

4. 任职受雇月数：填写被激励对象在本公司实际任职受雇月份数。

5. 股票期权栏：以股票期权形式实施激励的企业填写本栏。没有则不填。

①行权日：填写根据股票期权计划，行权购买股票的实际日期。

②行权日市价：填写被激励对象所持股票行权购买日的收盘价。

③行权价：填写被激励对象股票期权行权时，实际出资的每股金额。

④行权股数：填写被激励对象本次行权取得的股票数量。

6. 限制性股票栏：以限制性股票形式实施激励的企业填写本栏。没有则不填。

①股票登记日：填写被激励对象取得的限制性股票在中国登记结算公司进行股票登记的日期。

②股票登记日市价：填写股票登记日的收盘价。

③解禁日：填写根据限制性股票计划，被激励对象取得限制性股票达到规定条件而解除出售限制的具体日期。

④解禁日市价：填写股票解禁日的收盘价。

⑤实际出资总额：填写被激励对象为获取限制性股票实际支付资金数额。

⑥本批次解禁数：填写本次股票解禁的股数。

⑦总股票数：填写被激励对象获取的限制性股票总数。

7. 股权奖励栏：以股权奖励形式实施激励的企业填写本栏。没有则不填。

①授予日：填写授予被激励对象获得股票的实际日期。

②授予日市价：填写股票授予日的收盘价。

③奖励股票数：填写被激励对象获取的股票总数。

四、本表一式两份。主管税务机关受理后，由上市公司和主管税务机关分别留存。

3. 企业实施股权激励，以实施股权激励的企业为个人所得税扣缴义务人。递延纳税期间，扣缴义务人应在每个纳税年度终了后向主管税务机关报告递延纳税有关情况。

个人因非上市公司实施股权激励取得的股票（股权），实行递延纳税期间，扣缴义务人应于每个纳税年度终了后 30 日内，向主管税务机关报送个人所得税递延纳税情况年度报告表。

递延纳税股票（股权）转让、办理纳税申报时，扣缴义务人、个人应向主管税务机关一并报送能够证明股票（股权）转让价格、递延纳税股票（股权）原值、合理税费的有关资料，具体包括转让协议、评估报告和相关票据等。资料不全或无法充分证明有关情况，造成计税依据偏低，又无正当理由的，主管税务机关可依据税收征管法有关规定进行核定。

4. 工商部门应将企业股权变更信息及时与税务部门共享，暂不具备联网实时共享信息条件的，工商部门应在股权变更登记 3 个工作日内将信息与税务部门共享。

第九章　境外所得个人所得税的抵免政策

第一节　抵免政策

居民个人从中国境外取得的所得，可以从其应纳税额中抵免已在境外缴纳的个人所得税税额，但抵免额不得超过该纳税人境外所得依照《中华人民共和国个人所得税法》规定计算的应纳税额。

《中华人民共和国个人所得税法实施条例》规定：

“个人所得税法第七条所称已在境外缴纳的个人所得税税额，是指居民个人来源于中国境外的所得，依照该所得来源国家（地区）的法律应当缴纳并且实际已经缴纳的所得税税额。”

“个人所得税法第七条所称纳税人境外所得依照本法规定计算的应纳税额，是居民个人抵免已在境外缴纳的综合所得、经营所得以及其他所得的所得税税额的限额（以下简称抵免限额）。除国务院财政、税务主管部门另有规定外，来源于中国境外一个国家（地区）的综合所得抵免限额、经营所得抵免限额以及其他所得抵免限额之和，为来源于该国家（地区）所得的抵免限额。”

“居民个人在中国境外一个国家（地区）实际已经缴纳的个人所得税税额，低于依照前款规定计算出的来源于该国家（地区）所得的抵免限额的，应当在中国缴纳差额部分的税款；超过来源于该国家（地区）所得的抵免限额的，其超过部分不得在本纳税年度的应纳税额中抵免，但是可以在以后纳税年度来源于该国家（地区）所得的抵免限额的余额中补扣。补扣期限最长不得超过五年。”

“居民个人申请抵免已在境外缴纳的个人所得税税额，应当提供境外税务机关出具的税款所属年度的有关纳税凭证。”

第二节　境外所得个人所得税抵免政策的征收管理

为维护国家税收权益，加强对来源于中国境外所得的个人所得税征收管理，国家税务总局于 1998 年 8 月 12 日印发《境外所得个人所得税征收管理暂行办法》（国税发〔1998〕126 号），根据 2016 年 5 月 29 日《国家税务总局关于公布全文废止和部分条款废止的税务部门规章目录的决定》和 2018 年 6 月 15 日《国家税务总局关于修改部分税务部门规章的决定》国家税务总局令第 44 号修正。

《境外所得个人所得税征收管理暂行办法》规定：

“第二条本办法适用于中国境内有住所，并有来源于中国境外所得的个人纳税人（以下简称纳税人）。

第三条纳税人来源于中国境外的各项应纳税所得（以下简称境外所得），应依照税法和本办法的规定缴纳个人所得税。

第四条下列所得，不论支付地点是否在中国境外，均为来源于中国境外的所得：

（一）因任职、受雇、履约等而在中国境外提供劳务取得的所得；

（二）将财产出租给承租人在中国境外使用而取得的所得；

（三）转让中国境外的建筑物、土地使用权等财产或者在中国境外转让其他财产取得的所得；

（四）许可各种特许权在中国境外使用而取得的所得；

（五）从中国境外的公司、企业以及其他经济组织或者个人取得的利息、股息、红利所得。

第五条纳税人的境外所得，应按税法及其实施条例的规定确定应税项目，并分别计算其应纳税额。

第六条纳税人的境外所得按照有关规定交付给派出单位的部分，凡能提供有效合同或有关凭证的，经主管税务机关审核后，允许从其境外所得中扣除。

第七条纳税人受雇于中国境内的公司、企业和其他经济组织以及政府部门并派往境外工作，其所得由境内派出单位支付或负担的，境内派出单位为个人所得税扣缴义务人，税款由境内派出单位负责代扣代缴。其所得由境外任职、受雇的中方机构支付、负担的，可委托其境内派出（投资）机构代征税款。

上述境外任职、受雇的中方机构是指中国境内的公司、企业和其他经济组织以及政府部门所属的境外分支机构、使（领）馆、子公司、代表处等。

第八条纳税人有下列情形的，应自行申报纳税：

（一）境外所得来源于两处以上的；

（二）取得境外所得没有扣缴义务人、代征人的（包括扣缴义务人、代征人未按规定扣缴或征缴税款的）。

第九条中国境内的公司、企业和其他经济组织以及政府部门，凡有外派人员的，应在每一公历年度（以下简称年度）终了后30日内向主管税务机关报送外派人员情况。内容主要包括：外派人员的姓名、身份证或护照号码、职务、派往国家和地区、境外工作单位名称和地址、合同期限、境内外收入状况、境内住所及缴纳税收情况等。

第十条依本办法第八条规定须自行申报纳税的纳税人，应在年度终了后30日内，向中国主管税务机关申报缴纳个人所得税。如所得来源国与中国的纳税年度不一致，年度终了后30日内申报纳税有困难的，可报经中国主管税务机关批准，在所得来源国的纳税年度终了、结清税款后30日内申报纳税。

纳税人如在税法规定的纳税年度期间结束境外工作任务回国，应当在回国后的次月7日内，向主管税务机关申报缴纳个人所得税。

第十一条纳税人兼有来源于中国境内、境外所得的，应按税法规定分别减除费用并计算纳税。

第十二条纳税人在境外已缴纳的个人所得税税额，能提供境外税务机关填发的完税凭证原件的，准予按照税法及其实施条例的规定从应纳税额中抵扣。

第十三条纳税人和扣缴义务人未按本办法规定申报缴纳、扣缴个人所得税以及未按本办法第九条规定报送资料的，主管税务机关应按征管法及有关法律、行政法规和部分规章的规定予以处罚，涉嫌犯罪的依法移送公安机关处理。

第十四条本办法所称主管税务机关是指派出单位所在地的税务机关。无派出单位的，是指纳税人离境前户籍所在地的税务机关；户籍所在地与经常居住地不一致的，是指经常居住地税务机关。”

“第十八条本办法从1998年7月1日起执行。此前规定与本办法有抵触的，按本办法执行。”

自2019年1月1日起，居民个人从中国境外取得所得的，应当在取得所得的次年3月1日至6月30日内，向中国境内任职、受雇单位所在地主管税务机关办理纳税申报；在中国境内没有任职、受雇单位的，向户籍所在地或中国境内经常居住地主管税务机关办理纳税申报；户籍所在地与中国境内经常居住地不一致的，选择其中一地主管税务机关办理纳税申报；在中国境内没有户籍的，向中国境内经常居住地主管税务机关办理纳税申报。

第十章　非居民个人应税所得的个人所得税政策

第一节　政策规定

在中国境内无住所又不居住，或者无住所而一个纳税年度内在中国境内居住累计不满 183 天的个人，为非居民个人。非居民个人从中国境内取得的所得，依照《中华人民共和国个人所得税法》规定交纳个人所得税。

《中华人民共和国个人所得税法实施条例》规定："在中国境内无住所的个人，在中国境内居住累计满 183 天的年度连续不满六年的，经向主管税务机关备案，其来源于中国境外且由境外单位或者个人支付的所得，免予缴纳个人所得税；在中国境内居住累计满 183 天的任一年度中有一次离境超过 30 天的，其在中国境内居住累计满 183 天的年度的连续年限重新起算。"

《财政部　税务总局关于在中国境内无住所的个人居住时间判定标准的公告》（财政部　税务总局公告 2019 年第 34 号）：

"一、无住所个人一个纳税年度在中国境内累计居住满 183 天的，如果此前六年在中国境内每年累计居住天数都满 183 天而且没有任何一年单次离境超过 30 天，该纳税年度来源于中国境内、境外所得应当缴纳个人所得税；如果此前六年的任一年在中国境内累计居住天数不满 183 天或者单次离境超过 30 天，该纳税年度来源于中国境外且由境外单位或者个人支付的所得，免予缴纳个人所得税。

前款所称此前六年，是指该纳税年度的前一年至前六年的连续六个年度，此前六年的起始年度自 2019 年（含）以后年度开始计算。

二、无住所个人一个纳税年度内在中国境内累计居住天数，按照个人在中国境内累计停留的天数计算。在中国境内停留的当天满 24 小时的，计入中国境内居住天数，在中国境内停留的当天不足 24 小时的，不计入中国境内居住天数。

三、本公告自2019年1月1日起施行。”

《中华人民共和国个人所得税法实施条例》规定：“在中国境内无住所的个人，在一个纳税年度内在中国境内居住累计不超过90天的，其来源于中国境内的所得，由境外雇主支付并且不由该雇主在中国境内的机构、场所负担的部分，免予缴纳个人所得税。”

《中华人民共和国个人所得税法》规定：

“非居民个人的工资、薪金所得，以每月收入额减除费用五千元后的余额为应纳税所得额；劳务报酬所得、稿酬所得、特许权使用费所得，以每次收入额为应纳税所得额。”

“劳务报酬所得、稿酬所得、特许权使用费所得以收入减除百分之二十的费用后的余额为收入额。稿酬所得的收入额减按百分之七十计算。”

计算公式：

非居民个人的每月工资、薪金收入的应纳税所得额＝每月收入额－5000元

非居民个人的劳务报酬收入的应纳税所得额＝每次收入额×（1－20%）

非居民个人的特许权使用费收入的应纳税所得额＝每次收入额×（1－20%）

非居民个人的稿酬收入的应纳税所得额＝每次收入额×（1－20%）×70%

《中华人民共和国个人所得税法实施条例》规定：“劳务报酬所得、稿酬所得、特许权使用费所得，属于一次性收入的，以取得该项收入为一次；属于同一项目连续性收入的，以一个月内取得的收入为一次。”

非居民个人取得工资、薪金所得，劳务报酬所得，稿酬所得和特许权使用费所得，有扣缴义务人的，由扣缴义务人按月或者按次代扣代缴税款，不办理汇算清缴。

第二节　扣缴方法

扣缴义务人向非居民个人支付工资、薪金所得，劳务报酬所得，稿酬所得和特许权使用费所得时，自2019年1月1日起应当按以下方法按月或者按次代扣代缴个人所得税。

非居民个人的工资、薪金所得，以每月收入额减除费用5 000元后的余额为应纳税所得额；劳务报酬所得、稿酬所得、特许权使用费所得，以每次收入额为应纳税所得额，适用按月换算后的非居民个人月度税率表（见表10－1）计算应纳税额。其中，劳务报酬所得、稿酬所得、特许权使用费所得以收入减除20%的费用后的余额

为收入额。稿酬所得的收入额减按70%计算。

计算公式：

非居民个人工资、薪金所得，劳务报酬所得，稿酬所得，特许权使用费所得应纳税额＝应纳税所得额×税率－速算扣除数

表10－1 个人所得税税率表三

（非居民个人工资、薪金所得，劳务报酬所得，稿酬所得，特许权使用费所得适用）

级数	应纳税所得额	税率	速算扣除数
1	不超过3 000元的	3%	0
2	超过3 000元至12 000元的部分	10%	210
3	超过12 000元至25 000元的部分	20%	1 410
4	超过25 000元至35 000元的部分	25%	2 660
5	超过35 000元至55 000元的部分	30%	4 410
6	超过55 000元至80 000元的部分	35%	7 160
7	超过80 000元的部分	45%	15 160

一、关于所得来源地

（一）关于工资、薪金所得来源地的规定

《财政部　税务总局关于非居民个人和无住所居民个人有关个人所得税政策的公告》（财政部　税务总局公告2019年第35号）规定：

“个人取得归属于中国境内（以下称境内）工作期间的工资薪金所得为来源于境内的工资薪金所得。境内工作期间按照个人在境内工作天数计算，包括其在境内的实际工作日以及境内工作期间在境内、境外享受的公休假、个人休假、接受培训的天数。在境内、境外单位同时担任职务或者仅在境外单位任职的个人，在境内停留的当天不足24小时的，按照半天计算境内工作天数。

无住所个人在境内、境外单位同时担任职务或者仅在境外单位任职，且当期同时在境内、境外工作的，按照工资薪金所属境内、境外工作天数占当期公历天数的比例计算确定来源于境内、境外工资薪金所得的收入额。境外工作天数按照当期公历天数减去当期境内工作天数计算。”

（二）关于数月奖金以及股权激励所得来源地的规定

《财政部　税务总局关于非居民个人和无住所居民个人有关个人所得税政策的公告》（财政部　税务总局公告2019年第35号）规定：

“无住所个人取得的数月奖金或者股权激励所得按照本条第（一）项规定确定所得来源地的，无住所个人在境内履职或者执行职务时收到的数月奖金或者股权激励

所得，归属于境外工作期间的部分，为来源于境外的工资薪金所得；无住所个人停止在境内履约或者执行职务离境后收到的数月奖金或者股权激励所得，对属于境内工作期间的部分，为来源于境内的工资薪金所得。具体计算方法为：数月奖金或者股权激励乘以数月奖金或者股权激励所属工作期间境内工作天数与所属工作期间公历天数之比。

无住所个人一个月内取得的境内外数月奖金或者股权激励包含归属于不同期间的多笔所得的，应当先分别按照本公告规定计算不同归属期间来源于境内的所得，然后再加总计算当月来源于境内的数月奖金或者股权激励收入额。

本公告所称数月奖金是指一次取得归属于数月的奖金、年终加薪、分红等工资薪金所得，不包括每月固定发放的奖金及一次性发放的数月工资。本公告所称股权激励包括股票期权、股权期权、限制性股票、股票增值权、股权奖励以及其他因认购股票等有价证券而从雇主取得的折扣或者补贴。”

（三）关于董事、监事及高层管理人员取得报酬所得来源地的规定

《财政部　税务总局关于非居民个人和无住所居民个人有关个人所得税政策的公告》（财政部　税务总局公告 2019 年第 35 号）规定：

“对于担任境内居民企业的董事、监事及高层管理职务的个人（以下统称高管人员），无论是否在境内履行职务，取得由境内居民企业支付或者负担的董事费、监事费、工资薪金或者其他类似报酬（以下统称高管人员报酬，包含数月奖金和股权激励），属于来源于境内的所得。

本公告所称高层管理职务包括企业正、副（总）经理、各职能总师、总监及其他类似公司管理层的职务。”

（四）关于稿酬所得来源地的规定

《财政部　税务总局关于非居民个人和无住所居民个人有关个人所得税政策的公告》（财政部　税务总局公告 2019 年第 35 号）规定：“由境内企业、事业单位、其他组织支付或者负担的稿酬所得，为来源于境内的所得。”

二、关于无住所个人工资、薪金所得收入额计算

无住所个人取得工资薪金所得，按以下规定计算在境内应纳税的工资薪金所得的收入额（以下称工资薪金收入额）。

（一）无住所个人为非居民个人的情形

《财政部　税务总局关于非居民个人和无住所居民个人有关个人所得税政策的公

告》（财政部　税务总局公告2019年第35号）规定：

“非居民个人取得工资薪金所得，除本条第（三）项规定以外，当月工资薪金收入额分别按照以下两种情形计算：

1. 非居民个人境内居住时间累计不超过90天的情形。

在一个纳税年度内，在境内累计居住不超过90天的非居民个人，仅就归属于境内工作期间并由境内雇主支付或者负担的工资薪金所得计算缴纳个人所得税。当月工资薪金收入额的计算公式如下（公式一）：

$$\text{当月工资薪金收入额}=\text{当月境内外工资薪金总额}\times\frac{\text{当月境内支付工资薪金数额}}{\text{当月境内外工资薪金总额}}\times\frac{\text{当月工资薪金所属工作期间境内工作天数}}{\text{当月工资薪金所属工作期间公历天数}}$$

本公告所称境内雇主包括雇佣员工的境内单位和个人以及境外单位或者个人在境内的机构、场所。凡境内雇主采取核定征收所得税或者无营业收入未征收所得税的，无住所个人为其工作取得工资薪金所得，不论是否在该境内雇主会计账簿中记载，均视为由该境内雇主支付或者负担。本公告所称工资薪金所属工作期间的公历天数，是指无住所个人取得工资薪金所属工作期间按公历计算的天数。

本公告所列公式中当月境内外工资薪金包含归属于不同期间的多笔工资薪金的，应当先分别按照本公告规定计算不同归属期间工资薪金收入额，然后再加总计算当月工资薪金收入额。

2. 非居民个人境内居住时间累计超过90天不满183天的情形。

在一个纳税年度内，在境内累计居住超过90天但不满183天的非居民个人，取得归属于境内工作期间的工资薪金所得，均应当计算缴纳个人所得税；其取得归属于境外工作期间的工资薪金所得，不征收个人所得税。当月工资薪金收入额的计算公式如下（公式二）：

$$\text{当月工资薪金收入额}=\text{当月境内外工资薪金总额}\times\frac{\text{当月工资薪金所属工作期间境内工作天数}}{\text{当月工资薪金所属工作期间公历天数}}$$

（二）无住所个人为居民个人的情形

《财政部　税务总局关于非居民个人和无住所居民个人有关个人所得税政策的公告》（财政部　税务总局公告2019年第35号）规定：

“在一个纳税年度内，在境内累计居住满183天的无住所居民个人取得工资薪金所得，当月工资薪金收入额按照以下规定计算：

1. 无住所居民个人在境内居住累计满183天的年度连续不满六年的情形。

在境内居住累计满183天的年度连续不满六年的无住所居民个人，符合实施条例第四条优惠条件的，其取得的全部工资薪金所得，除归属于境外工作期间且由境外单位或者个人支付的工资薪金所得部分外，均应计算缴纳个人所得税。工资薪金所得收入额的计算公式如下（公式三）：

$$\text{当月工资薪金收入额}=\text{当月境内外工资薪金总额}\times\left[1-\frac{\text{当月境外支付工资薪金数额}}{\text{当月境内外工资薪金总额}}\times\frac{\text{当月工资薪金所属工作期间境外工作天数}}{\text{当月工资薪金所属工作期间公历天数}}\right]$$

2. 无住所居民个人在境内居住累计满183天的年度连续满六年的情形。

在境内居住累计满183天的年度连续满六年后，不符合实施条例第四条优惠条件的无住所居民个人，其从境内、境外取得的全部工资薪金所得均应计算缴纳个人所得税。”

（三）无住所个人为高管人员的情形

《财政部　税务总局关于非居民个人和无住所居民个人有关个人所得税政策的公告》（财政部　税务总局公告2019年第35号）规定：

“无住所居民个人为高管人员的，工资薪金收入额按照本条第（二）项规定计算纳税。非居民个人为高管人员的，按照以下规定处理：

1. 高管人员在境内居住时间累计不超过90天的情形。

在一个纳税年度内，在境内累计居住不超过90天的高管人员，其取得由境内雇主支付或者负担的工资薪金所得应当计算缴纳个人所得税；不是由境内雇主支付或者负担的工资薪金所得，不缴纳个人所得税。当月工资薪金收入额为当月境内支付或者负担的工资薪金收入额。

2. 高管人员在境内居住时间累计超过90天不满183天的情形。

在一个纳税年度内，在境内居住累计超过90天但不满183天的高管人员，其取得的工资薪金所得，除归属于境外工作期间且不是由境内雇主支付或者负担的部分外，应当计算缴纳个人所得税。当月工资薪金收入额计算适用本公告公式三。”

三、关于无住所个人税款计算

（一）关于无住所居民个人税款计算的规定

《财政部　税务总局关于非居民个人和无住所居民个人有关个人所得税政策的公

告》（财政部　税务总局公告 2019 年第 35 号）规定：

“无住所居民个人取得综合所得，年度终了后，应按年计算个人所得税；有扣缴义务人的，由扣缴义务人按月或者按次预扣预缴税款；需要办理汇算清缴的，按照规定办理汇算清缴，年度综合所得应纳税额计算公式如下（公式四）：

年度综合所得应纳税额＝（年度工资薪金收入额＋年度劳务报酬收入额＋年度稿酬收入额＋年度特许权使用费收入额－减除费用－专项扣除－专项附加扣除－依法确定的其他扣除）×适用税率－速算扣除数

无住所居民个人为外籍个人的，2022 年 1 月 1 日前计算工资薪金收入额时，已经按规定减除住房补贴、子女教育费、语言训练费等八项津补贴的，不能同时享受专项附加扣除。

年度工资薪金、劳务报酬、稿酬、特许权使用费收入额分别按年度内每月工资薪金以及每次劳务报酬、稿酬、特许权使用费收入额合计数额计算。”

（二）关于非居民个人税款计算的规定

《财政部　税务总局关于非居民个人和无住所居民个人有关个人所得税政策的公告》（财政部　税务总局公告 2019 年第 35 号）规定：

“1. 非居民个人当月取得工资薪金所得，以按照本公告第二条规定计算的当月收入额，减去税法规定的减除费用后的余额，为应纳税所得额，适用本公告所附按月换算后的综合所得税率表（以下称月度税率表）计算应纳税额。

2. 非居民个人一个月内取得数月奖金，单独按照本公告第二条规定计算当月收入额，不与当月其他工资薪金合并，按 6 个月分摊计税，不减除费用，适用月度税率表计算应纳税额，在一个公历年度内，对每一个非居民个人，该计税办法只允许适用一次。计算公式如下（公式五）：

当月数月奖金应纳税额＝［（数月奖金收入额÷6）×适用税率－速算扣除数］×6

3. 非居民个人一个月内取得股权激励所得，单独按照本公告第二条规定计算当月收入额，不与当月其他工资薪金合并，按 6 个月分摊计税（一个公历年度内的股权激励所得应合并计算），不减除费用，适用月度税率表计算应纳税额，计算公式如下（公式六）：

当月股权激励所得应纳税额＝［（本公历年度内股权激励所得合计额÷6）×适用税率－速算扣除数］×6－本公历年度内股权激励所得已纳税额

4. 非居民个人取得来源于境内的劳务报酬所得、稿酬所得、特许权使用费所得，以税法规定的每次收入额为应纳税所得额，适用月度税率表计算应纳税额。”

按月换算后的综合所得税率表，见表 10－2。

表 10－2　按月换算后的综合所得税率表

级数	全月应纳税所得额	税率	速算扣除数
1	不超过 3 000 元的	3%	0
2	超过 3 000 元至 12 000 元的部分	10%	210
3	超过 12 000 元至 25 000 元的部分	20%	1 410
4	超过 25 000 元至 35 000 元的部分	25%	2 660
5	超过 35 000 元至 55 000 元的部分	30%	4 410
6	超过 55 000 元至 80 000 元的部分	35%	7 160
7	超过 80 000 元的部分	45%	15 160

四、关于无住所个人适用税收协定

《财政部　税务总局关于非居民个人和无住所居民个人有关个人所得税政策的公告》（财政部　税务总局公告 2019 年第 35 号）规定：

“按照我国政府签订的避免双重征税协定、内地与香港、澳门签订的避免双重征税安排（以下称税收协定）居民条款规定为缔约对方税收居民的个人（以下称对方税收居民个人），可以按照税收协定及财政部、税务总局有关规定享受税收协定待遇，也可以选择不享受税收协定待遇计算纳税。除税收协定及财政部、税务总局另有规定外，无住所个人适用税收协定的，按照以下规定执行：

（一）关于无住所个人适用受雇所得条款的规定。

1. 无住所个人享受境外受雇所得协定待遇。

本公告所称境外受雇所得协定待遇，是指按照税收协定受雇所得条款规定，对方税收居民个人在境外从事受雇活动取得的受雇所得，可不缴纳个人所得税。

无住所个人为对方税收居民个人，其取得的工资薪金所得可享受境外受雇所得协定待遇的，可不缴纳个人所得税。工资薪金收入额计算适用本公告公式二。

无住所居民个人为对方税收居民个人的，可在预扣预缴和汇算清缴时按前款规定享受协定待遇；非居民个人为对方税收居民个人的，可在取得所得时按前款规定享受协定待遇。

2. 无住所个人享受境内受雇所得协定待遇。

本公告所称境内受雇所得协定待遇，是指按照税收协定受雇所得条款规定，在税收协定规定的期间内境内停留天数不超过 183 天的对方税收居民个人，在境内从事受雇活动取得受雇所得，不是由境内居民雇主支付或者代其支付的，也不是由雇主在境内常设机构负担的，可不缴纳个人所得税。

无住所个人为对方税收居民个人，其取得的工资薪金所得可享受境内受雇所得协定待遇的，可不缴纳个人所得税。工资薪金收入额计算适用本公告公式一。

无住所居民个人为对方税收居民个人的，可在预扣预缴和汇算清缴时按前款规定享受协定待遇；非居民个人为对方税收居民个人的，可在取得所得时按前款规定享受协定待遇。

（二）关于无住所个人适用独立个人劳务或者营业利润条款的规定。

本公告所称独立个人劳务或者营业利润协定待遇，是指按照税收协定独立个人劳务或者营业利润条款规定，对方税收居民个人取得的独立个人劳务所得或者营业利润符合税收协定规定条件的，可不缴纳个人所得税。

无住所居民个人为对方税收居民个人，其取得的劳务报酬所得、稿酬所得可享受独立个人劳务或者营业利润协定待遇的，在预扣预缴和汇算清缴时，可不缴纳个人所得税。

非居民个人为对方税收居民个人，其取得的劳务报酬所得、稿酬所得可享受独立个人劳务或者营业利润协定待遇的，在取得所得时可不缴纳个人所得税。

（三）关于无住所个人适用董事费条款的规定。

对方税收居民个人为高管人员，该个人适用的税收协定未纳入董事费条款，或者虽然纳入董事费条款但该个人不适用董事费条款，且该个人取得的高管人员报酬可享受税收协定受雇所得、独立个人劳务或者营业利润条款规定待遇的，该个人取得的高管人员报酬可不适用本公告第二条第（三）项规定，分别按照本条第（一）项、第（二）项规定执行。

对方税收居民个人为高管人员，该个人取得的高管人员报酬按照税收协定董事费条款规定可以在境内征收个人所得税的，应按照有关工资薪金所得或者劳务报酬所得规定缴纳个人所得税。

（四）关于无住所个人适用特许权使用费或者技术服务费条款的规定。

本公告所称特许权使用费或者技术服务费协定待遇，是指按照税收协定特许权使用费或者技术服务费条款规定，对方税收居民个人取得符合规定的特许权使用费或者技术服务费，可按照税收协定规定的计税所得额和征税比例计算纳税。

无住所居民个人为对方税收居民个人，其取得的特许权使用费所得、稿酬所得或者劳务报酬所得可享受特许权使用费或者技术服务费协定待遇的，可不纳入综合所得，在取得当月按照税收协定规定的计税所得额和征税比例计算应纳税额，并预扣预缴税款。年度汇算清缴时，该个人取得的已享受特许权使用费或者技术服务费协定待遇的所得不纳入年度综合所得，单独按照税收协定规定的计税所得额和征税比例计算年度应纳税额及补退税额。

非居民个人为对方税收居民个人，其取得的特许权使用费所得、稿酬所得或者劳务报酬所得可享受特许权使用费或者技术服务费协定待遇的，可按照税收协定规定的计税所得额和征税比例计算应纳税额。”

五、关于无住所个人相关征管规定

《财政部　税务总局关于非居民个人和无住所居民个人有关个人所得税政策的公告》（财政部　税务总局公告 2019 年第 35 号）规定：

“（一）关于无住所个人预计境内居住时间的规定。

无住所个人在一个纳税年度内首次申报时，应当根据合同约定等情况预计一个纳税年度内境内居住天数以及在税收协定规定的期间内境内停留天数，按照预计情况计算缴纳税款。实际情况与预计情况不符的，分别按照以下规定处理：

1. 无住所个人预先判定为非居民个人，因延长居住天数达到居民个人条件的，一个纳税年度内税款扣缴方法保持不变，年度终了后按照居民个人有关规定办理汇算清缴，但该个人在当年离境且预计年度内不再入境的，可以选择在离境之前办理汇算清缴。

2. 无住所个人预先判定为居民个人，因缩短居住天数不能达到居民个人条件的，在不能达到居民个人条件之日起至年度终了 15 天内，应当向主管税务机关报告，按照非居民个人重新计算应纳税额，申报补缴税款，不加收税收滞纳金。需要退税的，按照规定办理。

3. 无住所个人预计一个纳税年度境内居住天数累计不超过 90 天，但实际累计居住天数超过 90 天的，或者对方税收居民个人预计在税收协定规定的期间内境内停留天数不超过 183 天，但实际停留天数超过 183 天的，待达到 90 天或者 183 天的月度终了后 15 天内，应当向主管税务机关报告，就以前月份工资薪金所得重新计算应纳税款，并补缴税款，不加收税收滞纳金。

（二）关于无住所个人境内雇主报告境外关联方支付工资薪金所得的规定。

无住所个人在境内任职、受雇取得来源于境内的工资薪金所得，凡境内雇主与境外单位或者个人存在关联关系，将本应由境内雇主支付的工资薪金所得，部分或者全部由境外关联方支付的，无住所个人可以自行申报缴纳税款，也可以委托境内雇主代为缴纳税款。无住所个人未委托境内雇主代为缴纳税款的，境内雇主应当在相关所得支付当月终了后 15 天内向主管税务机关报告相关信息，包括境内雇主与境外关联方对无住所个人的工作安排、境外支付情况以及无住所个人的联系方式等信息。”

六、关于非居民个人和无住所居民个人有关个人所得税政策实施时间

《财政部　税务总局关于非居民个人和无住所居民个人有关个人所得税政策的公告》（财政部　税务总局公告 2019 年第 35 号）规定：“本公告自 2019 年 1 月 1 日起施行，非居民个人 2019 年 1 月 1 日后取得所得，按原有规定多缴纳税款的，可以依法申请办理退税。”

第三节　纳税申报

《国家税务总局关于个人所得税自行纳税申报有关问题的公告》（国家税务总局公告 2018 年第 62 号）规定：

“非居民个人取得工资、薪金所得，劳务报酬所得，稿酬所得，特许权使用费所得的，应当在取得所得的次年 6 月 30 日前，向扣缴义务人所在地主管税务机关办理纳税申报，并报送《个人所得税自行纳税申报表（A 表）》。有两个以上扣缴义务人均未扣缴税款的，选择向其中一处扣缴义务人所在地主管税务机关办理纳税申报。

非居民个人在次年 6 月 30 日前离境（临时离境除外）的，应当在离境前办理纳税申报。”

“非居民个人在中国境内从两处以上取得工资、薪金所得的，应当在取得所得的次月 15 日内，向其中一处任职、受雇单位所在地主管税务机关办理纳税申报，并报送《个人所得税自行纳税申报表（A 表）》。”

“纳税人可以采用远程办税端、邮寄等方式申报，也可以直接到主管税务机关申报。”

“纳税人在办理纳税申报时需要享受税收协定待遇的，按照享受税收协定待遇有关办法办理。”

第四节　非居民金融账户涉税信息尽职调查管理

受二十国集团（G20）委托，经济合作与发展组织（OECD）于 2014 年 7 月发

布《金融账户涉税信息自动交换标准》（以下简称标准），获得当年 G20 布里斯班峰会的核准，为各国加强国际税收合作、打击跨境逃避税提供了强有力的信息工具。在 G20 的大力推动下，目前已有 100 个国家（地区）承诺实施标准。预计未来将有更多国家（地区）承诺实施标准。对于一直不承诺实施标准的国家（地区），国际社会可能采取联合反制措施，促使其承诺实施标准，提高税收透明度。从长远来看，标准在全球范围内的实施是大势所趋，金融账户涉税信息自动交换终将覆盖绝大部分国家（地区）。

经国务院批准，我国向 G20 承诺实施标准，首次对外交换信息的时间为 2018 年 9 月。2015 年 7 月，《多边税收征管互助公约》由十二届全国人大常委会第十五次会议批准，于 2016 年 2 月对我国生效，为我国实施标准奠定了多边法律基础。2015 年 12 月，国家税务总局签署了《金融账户涉税信息自动交换多边主管当局间协议》，为我国与其他国家（地区）间相互交换金融账户涉税信息提供了操作层面的依据。

为了履行金融账户涉税信息自动交换国际义务，规范金融机构对非居民金融账户涉税信息尽职调查行为，国家税务总局、财政部、中国人民银行、中国银行业监督管理委员会、中国证券监督管理委员会、中国保险监督管理委员会制定了《非居民金融账户涉税信息尽职调查管理办法》。

《非居民金融账户涉税信息尽职调查管理办法》的原则：一是严格遵循国际标准。标准由 OECD 会同 G20 成员国制定，已成为税收透明度国际新标准。为了构建良好的国际税收征管秩序，避免各国（地区）具体实施水平参差不齐的情况，国际社会要求各国（地区）在国内法转化过程中严格遵循标准的规定，并且将对各国国内法制定和执行情况进行国际审议。二是充分考虑国内实际。考虑到《非居民金融账户涉税信息尽职调查管理办法》的内容涉及金融机构的日常合规工作和金融机构客户的切身体验，《非居民金融账户涉税信息尽职调查管理办法》数次通过金融主管部门广泛征求金融业界意见，本着兼顾国际、国内两方面需求的原则，《非居民金融账户涉税信息尽职调查管理办法》在标准允许范围内尽量考虑了国内各方诉求，从而减轻金融机构合规负担和对客户体验的影响。

《国家税务总局　财政部　中国人民银行　中国银行业监督管理委员会　中国证券监督管理委员会　中国保险监督管理委员会关于发布〈非居民金融账户涉税信息尽职调查管理办法〉的公告》（国家税务总局公告 2017 年第 14 号）规定：

第一章　总　则

第一条　为了履行《多边税收征管互助公约》和《金融账户涉税信息自动交换

多边主管当局间协议》规定的义务，规范金融机构对非居民金融账户涉税信息的尽职调查行为，根据《中华人民共和国税收征收管理法》《中华人民共和国反洗钱法》等法律、法规的规定，制定本办法。

第二条　依法在中华人民共和国境内设立的金融机构开展非居民金融账户涉税信息尽职调查工作，适用本办法。

第三条　金融机构应当遵循诚实信用、谨慎勤勉的原则，针对不同类型账户，按照本办法规定，了解账户持有人或者有关控制人的税收居民身份，识别非居民金融账户，收集并报送账户相关信息。

第四条　金融机构应当建立完整的非居民金融账户尽职调查管理制度，设计合理的业务流程和操作规范，并定期对本办法执行落实情况进行评估，妥善保管尽职调查过程中收集的资料，严格进行信息保密。金融机构应当对其分支机构执行本办法规定的尽职调查工作作出统一要求并进行监督管理。

金融机构应当向账户持有人充分说明本机构需履行的信息收集和报送义务，不得明示、暗示或者帮助账户持有人隐匿身份信息，不得协助账户持有人隐匿资产。

第五条　账户持有人应当配合金融机构的尽职调查工作，真实、及时、准确、完整地向金融机构提供本办法规定的相关信息，并承担未遵守本办法规定的责任和风险。

第二章　基本定义

第六条　本办法所称金融机构，包括存款机构、托管机构、投资机构、特定的保险机构及其分支机构：

（一）存款机构是指在日常经营活动中吸收存款的机构；

（二）托管机构是指近三个会计年度总收入的百分之二十以上来源于为客户持有金融资产的机构，机构成立不满三年的，按机构存续期间计算；

（三）投资机构是指符合以下条件之一的机构：

1. 近三个会计年度总收入的百分之五十以上来源于为客户投资、运作金融资产的机构，机构成立不满三年的，按机构存续期间计算；

2. 近三个会计年度总收入的百分之五十以上来源于投资、再投资或者买卖金融资产，且由存款机构、托管机构、特定的保险机构或者本项第 1 目所述投资机构进行管理并作出投资决策的机构，机构成立不满三年的，按机构存续期间计算；

3. 证券投资基金、私募投资基金等以投资、再投资或者买卖金融资产为目的而设立的投资实体。

（四）特定的保险机构是指开展有现金价值的保险或者年金业务的机构。本办法所称保险机构是指上一公历年度内，保险、再保险和年金合同的收入占总收入比重百分之五十以上的机构，或者在上一公历年度末拥有的保险、再保险和年金合同的资产占总资产比重百分之五十以上的机构。

本办法所称金融资产包括证券、合伙权益、大宗商品、掉期、保险合同、年金合同或者上述资产的权益，前述权益包括期货、远期合约或者期权。金融资产不包括实物商品或者不动产非债直接权益。

第七条　下列机构属于本办法第六条规定的金融机构：

（一）商业银行、农村信用合作社等吸收公众存款的金融机构以及政策性银行；

（二）证券公司；

（三）期货公司；

（四）证券投资基金管理公司、私募基金管理公司、从事私募基金管理业务的合伙企业；

（五）开展有现金价值的保险或者年金业务的保险公司、保险资产管理公司；

（六）信托公司；

（七）其他符合条件的机构。

第八条　下列机构不属于本办法第六条规定的金融机构：

（一）金融资产管理公司；

（二）财务公司；

（三）金融租赁公司；

（四）汽车金融公司；

（五）消费金融公司；

（六）货币经纪公司；

（七）证券登记结算机构；

（八）其他不符合条件的机构。

第九条　本办法所称金融账户包括：

（一）存款账户，是指开展具有存款性质业务而形成的账户，包括活期存款、定期存款、旅行支票、带有预存功能的信用卡等。

（二）托管账户，是指开展为他人持有金融资产业务而形成的账户，包括代理客户买卖金融资产的业务以及接受客户委托、为客户管理受托资产的业务：

1. 代理客户买卖金融资产的业务包括证券经纪业务、期货经纪业务、代理客户开展贵金属、国债业务或者其他类似业务；

2. 接受客户委托、为客户管理受托资产的业务包括金融机构发起、设立或者管理不具有独立法人资格的理财产品、基金、信托计划、专户/集合类资产管理计划或者其他金融投资产品。

（三）其他账户，是指符合以下条件之一的账户：

1. 投资机构的股权或者债权权益，包括私募投资基金的合伙权益和信托的受益权；

2. 具有现金价值的保险合同或者年金合同。

第十条　本办法所称非居民是指中国税收居民以外的个人和企业（包括其他组织），但不包括政府机构、国际组织、中央银行、金融机构或者在证券市场上市交易的公司及其关联机构。前述证券市场是指被所在地政府认可和监管的证券市场。中国税收居民是指中国税法规定的居民企业或者居民个人。

本办法所称非居民金融账户是指在我国境内的金融机构开立或者保有的、由非居民或者有非居民控制人的消极非金融机构持有的金融账户。金融机构应当在识别出非居民金融账户之日起将其归入非居民金融账户进行管理。

账户持有人同时构成中国税收居民和其他国家（地区）税收居民的，金融机构应当按照本办法规定收集并报送其账户信息。

第十一条　本办法所称账户持有人是指由金融机构登记或者确认为账户所有者的个人或者机构，不包括代理人、名义持有人、授权签字人等为他人利益而持有账户的个人或者机构。

现金价值保险合同或者年金合同的账户持有人是指任何有权获得现金价值或者变更合同受益人的个人或者机构，不存在前述个人或者机构的，则为合同所有者以及根据合同条款对支付款项拥有既得权利的个人或者机构。现金价值保险合同或者年金合同到期时，账户持有人包括根据合同规定有权领取款项的个人或者机构。

第十二条　本办法所称消极非金融机构是指符合下列条件之一的机构：

（一）上一公历年度内，股息、利息、租金、特许权使用费收入等不属于积极经营活动的收入，以及据以产生前述收入的金融资产的转让收入占总收入比重百分之五十以上的非金融机构；

（二）上一公历年度末，拥有可以产生本款第一项所述收入的金融资产占总资产比重百分之五十以上的非金融机构；

（三）税收居民国（地区）不实施金融账户涉税信息自动交换标准的投资机构。

下列非金融机构不属于消极非金融机构：

（一）上市公司及其关联机构；

（二）政府机构或者履行公共服务职能的机构；

（三）仅为了持有非金融机构股权或者向其提供融资和服务而设立的控股公司；

（四）成立时间不足二十四个月且尚未开展业务的企业；

（五）正处于资产清算或者重组过程中的企业；

（六）仅与本集团（该集团内机构均为非金融机构）内关联机构开展融资或者对冲交易的企业；

（七）非营利组织。

第十三条　本办法所称控制人是指对某一机构实施控制的个人。

公司的控制人按照以下规则依次判定：

（一）直接或者间接拥有超过百分之二十五公司股权或者表决权的个人；

（二）通过人事、财务等其他方式对公司进行控制的个人；

（三）公司的高级管理人员。

合伙企业的控制人是拥有超过百分之二十五合伙权益的个人。

信托的控制人是指信托的委托人、受托人、受益人以及其他对信托实施最终有效控制的个人。

基金的控制人是指拥有超过百分之二十五权益份额或者其他对基金进行控制的个人。

第十四条　本办法所称关联机构是指一个机构控制另一个机构，或者两个机构受到共同控制，则该两个机构互为关联机构。

前款所称控制是指直接或者间接拥有机构百分之五十以上的股权和表决权。

第十五条　本办法所称金融账户包括存量账户和新开账户。

存量账户是指符合下列条件之一的账户，包括存量个人账户和存量机构账户：

（一）截至2017年6月30日由金融机构保有的、由个人或者机构持有的金融账户；

（二）2017年7月1日（含当日，下同）以后开立并同时符合下列条件的金融账户：

1. 账户持有人已在同一金融机构开立了本款第一项所述账户的；

2. 上述金融机构在确定账户加总余额时将本款第二项所述账户与本款第一项所

述账户视为同一账户的；

3. 金融机构已经对本款第一项所述账户进行反洗钱客户身份识别的；

4. 账户开立时，账户持有人无需提供除本办法要求以外的其他信息的。

存量个人账户包括低净值账户和高净值账户，低净值账户是指截至 2017 年 6 月 30 日账户加总余额不超过相当于一百万美元（简称“一百万美元”，下同）的账户，高净值账户是指截至 2017 年 6 月 30 日账户加总余额超过一百万美元的账户。

新开账户是指 2017 年 7 月 1 日以后在金融机构开立的，除第二款第二项规定账户外，由个人或者机构持有的金融账户，包括新开个人账户和新开机构账户。

第十六条　本办法所称账户加总余额是指账户持有人在同一金融机构及其关联机构所持有的全部金融账户余额或者资产的价值之和。

金融机构需加总的账户限于通过计算机系统中客户号、纳税人识别号等关键数据项能够识别的所有金融账户。

联名账户的每一个账户持有人，在加总余额时应当计算该联名账户的全部余额。

在确定是否为高净值账户时，客户经理知道或者应当知道在其供职的金融机构内几个账户直接或者间接由同一个人拥有或者控制的，应当对这些账户进行加总。

前款所称客户经理是指由金融机构指定、与特定客户有直接联系，根据客户需求向客户介绍、推荐或者提供相关金融产品、服务或者提供其他协助的人员，但不包括符合前述条件，仅由于偶然性原因为客户提供上述服务的人员。

金融机构在计算账户加总余额时，账户币种为非美元的，应当按照计算日当日中国人民银行公布的外汇中间价折合为美元计算。折合美元时，可以根据原币种金额折算，也可以根据该金融机构记账本位币所记录的金额进行折算。

第十七条　本办法所称非居民标识是指金融机构用于检索判断存量个人账户持有人是否为非居民个人的有关要素，具体包括：

（一）账户持有人的境外身份证明；

（二）账户持有人的境外现居地址或者邮寄地址，包括邮政信箱；

（三）账户持有人的境外电话号码，且没有我国境内电话号码；

（四）存款账户以外的账户向境外账户定期转账的指令；

（五）账户代理人或者授权签字人的境外地址；

（六）境外的转交地址或者留交地址，并且是唯一地址。转交地址是指账户持有人要求将其相关信函寄给转交人的地址，转交人收到信函后再交给账户持有人。留交地址是指账户持有人要求将其相关信函暂时存放的地址。

第十八条　本办法所称证明材料是指：

（一）由政府出具的税收居民身份证明；

（二）由政府出具的含有个人姓名且通常用于身份识别的有效身份证明，或者由政府出具的含有机构名称以及主要办公地址或者注册成立地址等信息的官方文件。

第三章　个人账户尽职调查

第十九条　金融机构应当按照以下规定，对新开个人账户开展尽职调查：

（一）个人开立账户时，金融机构应当获取由账户持有人签署的税收居民身份声明文件（以下简称“声明文件”），识别账户持有人是否为非居民个人。金融机构通过本机构电子渠道接收个人账户开户申请时，应当要求账户持有人提供电子声明文件。声明文件应当作为开户资料的一部分，声明文件相关信息可并入开户申请书中。个人代理他人开立金融账户以及单位代理个人开立金融账户时，经账户持有人书面授权后可由代理人签署声明文件。

（二）金融机构应当根据开户资料（包括通过反洗钱客户身份识别程序收集的资料），对声明文件的合理性进行审核，主要确认填写信息是否与其他信息存在明显矛盾。金融机构认为声明文件存在不合理信息时，应当要求账户持有人提供有效声明文件或者进行解释。不提供有效声明文件或者合理解释的，不得开立账户。

（三）识别为非居民个人的，金融机构应当收集并记录报送所需信息。

（四）金融机构知道或者应当知道新开个人账户情况发生变化导致原有声明文件信息不准确或者不可靠的，应当要求账户持有人提供有效声明文件。账户持有人自被要求提供之日起九十日内未能提供声明文件的，金融机构应当将其账户视为非居民账户管理。

第二十条　金融机构应当于2018年12月31日前选择以下方式完成对存量个人低净值账户的尽职调查：

（一）对于在现有客户资料（包括通过反洗钱客户身份识别程序收集的资料，下同）中留有地址，且有证明材料证明是现居地址或者地址位于现居国家（地区）的账户持有人，可以根据账户持有人的地址确定是否为非居民个人。邮寄无法送达的，不得将客户资料所留地址视为现居地址。

（二）利用现有信息系统开展电子记录检索，识别账户是否存在任一非居民标识。

现有客户资料中没有现居地址信息的，或者账户情况发生变化导致现居地址证明材料不再准确的，金融机构应当采用前款第二项方式开展尽职调查。

第二十一条　金融机构应当在2017年12月31日前对存量个人高净值账户依次完成以下尽职调查程序：

（一）开展电子记录检索和纸质记录检索，识别账户是否存在任一非居民标识。应当检索的纸质记录包括过去五年中获取的、与账户有关的全部纸质资料。

金融机构利用现有信息系统可电子检索出全部非居民标识字段信息的，可以不开展纸质记录检索。

（二）询问客户经理其客户是否为非居民个人。

第二十二条　对于存量个人低净值账户，2017年6月30日之后任一公历年度末账户加总余额超过一百万美元时，金融机构应当在次年12月31日前，按照本办法第二十一条规定程序完成对账户的尽职调查。

第二十三条　对发现存在非居民标识的存量个人账户，金融机构可以通过现有客户资料确认账户持有人为非居民个人的，应当收集并记录报送所需信息。无法确认的，应当要求账户持有人提供声明文件。声明为中国税收居民个人的，金融机构应当要求其提供相应证明材料；声明为非居民个人的，金融机构应当收集并记录报送所需信息。账户持有人自被要求提供之日起九十日内未能提供声明文件的，金融机构应当将其账户视为非居民账户管理。

对未发现存在非居民标识的存量个人账户，金融机构无需作进一步处理，但应当建立持续监控机制。当账户情况变化出现非居民标识时，应当执行前款规定程序。

第二十四条　对于现金价值保险合同或者年金合同，金融机构知道或者应当知道获得死亡保险金的受益人为非居民个人的，应当将其账户视为非居民账户管理。

第四章　机构账户尽职调查

第二十五条　金融机构应当按照以下规定，对新开机构账户开展尽职调查：

（一）机构开立账户时，金融机构应当获取由该机构授权人签署的声明文件，识别账户持有人是否为非居民企业和消极非金融机构。声明文件应当作为开户资料的一部分，声明文件相关信息可并入开户申请书中。

（二）金融机构应当根据开户资料（包括通过反洗钱客户身份识别程序收集的资料）或者公开信息对声明文件的合理性进行审核，主要确认填写信息是否与其他信息存在明显矛盾。金融机构认为声明文件存在不合理信息时，应当要求账户持有人提供有效声明文件或者进行解释。不提供有效声明文件或者合理解释的，不得开立账户。

（三）识别为非居民企业的，金融机构应当收集并记录报送所需信息。合伙企业等机构声明不具有税收居民身份的，金融机构可按照其实际管理机构所在地确定其税收居民国（地区）。

（四）识别为消极非金融机构的，金融机构应当依据反洗钱客户身份识别程序收集的资料识别其控制人，并且获取机构授权人或者控制人签署的声明文件，识别控制人是否为非居民个人。识别为有非居民控制人的消极非金融机构的，金融机构应当收集并记录消极非金融机构及其控制人相关信息。

账户持有人为非居民企业的，也应当进一步识别其是否同时为有非居民控制人的消极非金融机构。

（五）金融机构知道或者应当知道新开机构账户情况发生变化导致原有声明文件信息不准确或者不可靠的，应当要求机构授权人提供有效声明文件。机构授权人自被要求提供之日起九十日内未能提供声明文件的，金融机构应当将其账户视为非居民账户管理。

第二十六条　金融机构应当根据现有客户资料或者境外机构境内外汇账户标识，识别存量机构账户持有人是否为非居民企业。

除通过机构授权人签署的声明文件或者公开信息能确认为中国税收居民企业的外，上述信息表明该机构为非居民企业的，应当识别为非居民企业。

识别为非居民企业的，金融机构应当收集并记录报送所需信息。

第二十七条　金融机构应当识别存量机构账户持有人是否为消极非金融机构。通过现有客户资料或者公开信息确认不是消极非金融机构的，无需进一步处理。无法确认的，金融机构应当获取由机构授权人签署的声明文件。声明为消极非金融机构的，应当按照第二款规定进一步识别其控制人。无法获取声明文件的，金融机构应当将账户持有人视为消极非金融机构。

识别为消极非金融机构并且截至 2017 年 6 月 30 日账户加总余额超过一百万美元的，金融机构应当获取由机构控制人或者授权人签署的声明文件，识别控制人是否为非居民个人。无法获取声明文件的，金融机构应当针对控制人开展非居民标识检索，识别其是否为非居民个人。账户加总余额不超过一百万美元的，金融机构可以根据现有客户资料识别消极非金融机构控制人是否为非居民个人。根据现有客户资料无法识别的，金融机构可以不收集控制人相关信息。

识别为有非居民控制人的消极非金融机构的，金融机构应当收集并记录消极非金融机构及其控制人相关信息。

第二十八条　截至 2017 年 6 月 30 日账户加总余额超过二十五万美元的存量机构账户，金融机构应当在 2018 年 12 月 31 日前完成对账户的尽职调查。

截至 2017 年 6 月 30 日账户加总余额不超过二十五万美元的存量机构账户，金融机构无需开展尽职调查。但当之后任一公历年度末账户加总余额超过二十五万美元时，金融机构应当在次年 12 月 31 日前，按照本办法第二十六条和第二十七条规定完成对账户的尽职调查。

第五章　其他合规要求

第二十九条　金融机构可以根据自身业务需要，将新开账户的尽职调查程序适用于存量账户。

第三十条　金融机构委托其他机构向客户销售金融产品的，代销机构应当配合委托机构开展本办法所要求的尽职调查工作，并向委托机构提供本办法要求的信息。

第三十一条　金融机构可以委托第三方开展尽职调查，但相关责任仍应当由金融机构承担。基金、信托等属于投资机构的，可以分别由基金管理公司、信托公司作为第三方完成尽职调查相关工作。

第三十二条　金融机构应当建立账户持有人信息变化监控机制，包括要求账户持有人在本办法规定的相关信息变化之日起三十日内告知金融机构。金融机构在知道或者应当知道账户持有人相关信息发生变化之日起九十日内或者本年度 12 月 31 日前根据有关尽职调查程序重新识别账户持有人或者有关控制人是否为非居民。

第三十三条　对下列账户无需开展尽职调查：

（一）同时符合下列条件的退休金账户：

1. 受政府监管；

2. 享受税收优惠；

3. 向税务机关申报账户相关信息；

4. 达到规定的退休年龄等条件时才可取款；

5. 每年缴款不超过五万美元，或者终身缴款不超过一百万美元。

（二）同时符合下列条件的社会保障类账户：

1. 受政府监管；

2. 享受税收优惠；

3. 取款应当与账户设立的目的相关，包括医疗等；

4. 每年缴款不超过五万美元。

（三）同时符合下列条件的定期人寿保险合同：

1. 在合同存续期内或者在被保险人年满九十岁之前（以较短者为准），至少按年度支付保费，且保费不随时间递减；

2. 在不终止合同的情况下，任何人均无法获取保险价值；

3. 合同解除或者终止时，应付金额（不包括死亡抚恤金）在扣除合同存续期间相关支出后，不得超过为该合同累计支付的保费总额；

4. 合同不得通过有价方式转让。

（四）为下列事项而开立的账户：

1. 法院裁定或者判决；

2. 不动产或者动产的销售、交易或者租赁；

3. 不动产抵押贷款情况下，预留部分款项便于支付与不动产相关的税款或者保险；

4. 专为支付税款。

（五）同时符合下列条件的存款账户：

1. 因信用卡超额还款或者其他还款而形成，且超额款项不会立即返还账户持有人；

2. 禁止账户持有人超额还款五万美元以上，或者账户持有人超额还款五万美元以上的款项应当在六十日内返还账户持有人。

（六）上一公历年度余额不超过一千美元的休眠账户。休眠账户是满足下列条件之一的账户（不包括年金合同）：

1. 过去三个公历年度中，账户持有人未向金融机构发起任何与账户相关的交易；

2. 过去六个公历年度中，账户持有人未与金融机构沟通任何与账户相关的事宜；

3. 对于具有现金价值的保险合同，在过去六个公历年度中，账户持有人未与金融机构沟通任何与账户相关的事宜。

（七）由我国政府机关、事业单位、军队、武警部队、居民委员会、村民委员会、社区委员会、社会团体等单位持有的账户；由军人（武装警察）持军人（武装警察）身份证件开立的账户。

（八）政策性银行为执行政府决定开立的账户。

（九）保险公司之间的补偿再保险合同。

第三十四条　金融机构应当妥善保管本办法执行过程中收集的资料，保存期限为自报送期末起至少五年。相关资料可以以电子形式保存，但应当确保能够按照相关行业监督管理部门和国家税务总局的要求提供纸质版本。

第三十五条　金融机构应当汇总报送境内分支机构的下列非居民账户信息，并注明报送信息的金融机构名称、地址以及纳税人识别号：

（一）个人账户持有人的姓名、现居地址、税收居民国（地区）、居民国（地区）纳税人识别号、出生地、出生日期；机构账户持有人的名称、地址、税收居民国（地区）、居民国（地区）纳税人识别号；机构账户持有人是有非居民控制人的消极非金融机构的，还应当报送非居民控制人的姓名、现居地址、税收居民国（地区）、居民国（地区）纳税人识别号、出生地、出生日期。

（二）账号或者类似信息。

（三）公历年度末单个非居民账户的余额或者净值（包括具有现金价值的保险合同或者年金合同的现金价值或者退保价值）。账户在本年度内注销的，余额为零，同时应当注明账户已注销。

（四）存款账户，报送公历年度内收到或者计入该账户的利息总额。

（五）托管账户，报送公历年度内收到或者计入该账户的利息总额、股息总额以及其他因被托管资产而收到或者计入该账户的收入总额。报送信息的金融机构为代理人、中间人或者名义持有人的，报送因销售或者赎回金融资产而收到或者计入该托管账户的收入总额。

（六）其他账户，报送公历年度内收到或者计入该账户的收入总额，包括赎回款项的总额。

（七）国家税务总局要求报送的其他信息。

上述信息中涉及金额的，应当按原币种报送并且标注原币种名称。

对于存量账户，金融机构现有客户资料中没有居民国（地区）纳税人识别号、出生日期或者出生地信息的，无需报送上述信息。但是，金融机构应当在上述账户被认定为非居民账户的次年 12 月 31 日前，积极采取措施，获取上述信息。

非居民账户持有人无居民国（地区）纳税人识别号的，金融机构无需收集并报送纳税人识别号信息。

第三十六条　金融机构应当于 2017 年 12 月 31 日前登录国家税务总局网站办理注册登记，并且于每年 5 月 31 日前按要求报送第三十五条所述信息。

第六章　监督管理

第三十七条　金融机构应当建立实施监控机制，按年度评估本办法执行情况，及时发现问题、进行整改，并于次年 6 月 30 日前向相关行业监督管理部门和国家税务总局书面报告。

第三十八条　金融机构有下列情形之一的，由国家税务总局责令其限期改正：

（一）未按照本办法规定开展尽职调查的；

（二）未按照本办法建立实施监控机制的；

（三）故意错报、漏报账户持有人信息的；

（四）帮助账户持有人隐藏真实信息或者伪造信息的；

（五）其他违反本办法规定的。

逾期不改正的，税务机关将记录相关纳税信用信息，并用于纳税信用评价。有关违规情形通报相关金融主管部门。

第三十九条　对于金融机构的严重违规行为，有关金融主管部门可以采取下列措施：

（一）责令金融机构停业整顿或者吊销其经营许可证；

（二）取消金融机构直接负责的董事、高级管理人员和其他直接责任人员的任职资格、禁止其从事有关金融行业的工作；

（三）责令金融机构对直接负责的董事、高级管理人员和其他直接责任人给予纪律处分。

第四十条　对于账户持有人的严重违规行为，有关金融主管部门依据相关法律、法规进行处罚，涉嫌犯罪的，移送司法机关进行处理。

第七章　附　则

第四十一条　本办法施行前我国与相关国家（地区）已经就非居民金融账户涉税信息尽职调查事项商签双边协定的，有关要求另行规定。

第四十二条　国家税务总局与有关金融主管部门建立涉税信息共享机制，保障国家税务总局及时获取本办法规定的信息。非居民金融账户涉税信息报送要求另行规定。

第四十三条　本办法所称“以上”“以下”均含本数，“不满”“超过”均不含本数。

第四十四条　本办法自 2017 年 7 月 1 日起施行。

第十一章　税收优惠

第一节　税法规定的免征个人所得税的所得项目

下列各项个人所得，免征个人所得税：

1. 省级人民政府、国务院部委和中国人民解放军军以上单位，以及外国组织、国际组织颁发的科学、教育、技术、文化、卫生、体育、环境保护等方面的奖金。

2. 国债和国家发行的金融债券利息。

国债利息，是指个人持有中华人民共和国财政部发行的债券而取得的利息；国家发行的金融债券利息，是指个人持有经国务院批准发行的金融债券而取得的利息。

3. 按照国家统一规定发给的补贴、津贴。

按照国家统一规定发给的补贴、津贴，是指按照国务院规定发给的政府特殊津贴、院士津贴，以及国务院规定免予交纳个人所得税的其他补贴、津贴。

4. 福利费、抚恤金、救济金。

福利费，是指根据国家有关规定，从企事业单位、国家机关、社会组织提留的福利费或者工会经费中支付给个人的生活补助费；救济金，是指各级人民政府民政部门支付给个人的生活困难补助费。

生活补助费，是指由于某些特定事件或原因而给纳税人或其家庭的正常生活造成一定困难，其任职单位按国家规定从提留的福利费或者工会经费中向其支付的临时性生活困难补助。

下列收入不属于免税的福利费范围，应当并入纳税人的工资、薪金收入计算交纳个人所得税：

(1) 从超出国家规定的比例或基数计提的福利费、工会经费中支付给个人的各种补贴、补助。

(2) 从福利费和工会经费中支付给单位职工的人人有份的补贴、补助。

(3) 单位为个人购买汽车、住房、电子计算机等不属于临时性生活困难补助性质的支出。

5. 保险赔款。

6. 军人的转业费、复员费、退役金。

7. 按照国家统一规定发给干部、职工的安家费、退职费、基本养老金或者退休费、离休费、离休生活补助费。

8. 依照有关法律规定应予免税的各国驻华使馆、领事馆的外交代表、领事官员和其他人员的所得。

依照有关法律规定应予免税的各国驻华使馆、领事馆的外交代表、领事官员和其他人员的所得，是指依照《中华人民共和国外交特权与豁免条例》和《中华人民共和国领事特权与豁免条例》规定免税的所得。

如《中华人民共和国外交特权与豁免条例》(1986 年 9 月 5 日第六届全国人民代表大会常务委员会第十七次会议通过，1986 年 9 月 5 日中华人民共和国主席令第四十四号公布，自公布之日起施行) 第二十条规定，使馆服务人员（指从事服务工作的使馆工作人员）如果不是中国公民并且不是在中国永久居留的，其执行公务的行为享有豁免，其受雇所得报酬免纳所得税。使馆人员的私人服务员（指使馆人员私人雇用的人员），如果不是中国公民并且不是在中国永久居留的，其受雇所得的报酬免纳所得税。

如《中华人民共和国领事特权与豁免条例》(1990 年 10 月 30 日第七届全国人民代表大会常务委员会第十六次会议通过，1990 年 10 月 30 日中华人民共和国主席令第三十五号公布，自公布之日起施行) 第十七条规定："领馆服务人员在领馆服务所得工资，免纳捐税。"

《国家税务总局关于国际组织驻华机构、外国政府驻华使领馆和驻华新闻机构雇员个人所得税征收方式的通知》(国税函〔2004〕808 号) 规定："根据国际惯例，在国际组织驻华机构、外国政府驻华使领馆中工作的非外交官身份的外籍雇员，如是'永久居留'者，亦应在驻在国缴纳个人所得税，但由于我国税法对'永久居留'者尚未作出明确的法律定义和解释，因此，对于仅在国际组织驻华机构和外国政府驻华使领馆中工作的外籍雇员，暂不征收个人所得税。在中国境内，若国际驻华机构和外国政府驻华使领馆中工作的外交人员、外籍雇员在该机构或使领馆之外，从事非公务活动所取得的收入，应缴纳个人所得税。"

9. 中国政府参加的国际公约、签订的协议中规定免税的所得。

10. 国务院规定的其他免税所得。免税规定，由国务院报全国人民代表大会常务委员会备案。

第二节　税法规定的可以减征个人所得税的所得项目

《中华人民共和国个人所得税法》规定：

“有下列情形之一的，可以减征个人所得税，具体幅度和期限，由省、自治区、直辖市人民政府规定，并报同级人民代表大会常务委员会备案：

（一）残疾、孤老人员和烈属的所得；

（二）因自然灾害遭受重大损失的。

国务院可以规定其他减税情形，报全国人民代表大会常务委员会备案。”

可以减征个人所得税的残疾、孤老人员和烈属的所得，仅限于劳动所得，具体所得项目为工资、薪金所得，劳务报酬所得，稿酬所得，特许权使用费所得，经营所得。

残疾人员投资兴办或参与投资兴办个人独资企业和合伙企业的，残疾人员取得的生产经营所得，符合各省、自治区、直辖市人民政府规定的减征个人所得税条件的，经本人申请、主管税务机关审核批准，可按各省、自治区、直辖市人民政府规定减征的范围和幅度，减征个人所得税。

2019 年 5 月 5 日，广西壮族自治区人民政府下发的《广西壮族自治区人民政府关于减征个人所得税有关问题的通知》（桂政发〔2019〕21 号）规定：

“一、残疾（不含重度残疾）人员、孤老人员和烈属所得，减征 50％的个人所得税；重度残疾人员所得，减征 100％的个人所得税。

（一）本条所称的‘所得’包括工资、薪金所得，劳务报酬所得，稿酬所得，特许权使用费所得，经营所得；不包括利息、股息、红利所得，财产租赁所得，财产转让所得和偶然所得。

（二）本条所称的‘残疾（不含重度残疾）人员’是指持有《中华人民共和国残疾人证》（三至四级）或《中华人民共和国残疾军人证》（五至十级）的自然人。‘重度残疾人员’是指持有《中华人民共和国残疾人证》（一至二级）或者《中华人民共和国残疾军人证》（一至四级）的自然人。

（三）本条所称的‘孤老人员’是指年满 60 周岁且无法定赡养义务人或法定赡

养义务人无赡养能力的个人。

（四）本条所称的‘烈属’是指烈士的父母（抚养人）、配偶、子女和兄弟姐妹。

（五）纳税人同时符合残疾人员、孤老人员和烈属两种或两种以上身份的，只能选择一种身份享受减征政策，多重身份不叠加享受。

二、纳税人因自然灾害遭受重大损失的，以扣除保险赔款后的实际损失额为限，给予扣减当年应纳税所得额。

本条所称‘自然灾害’的种类包括干旱、洪涝灾害，台风、风雹、低温冷冻、雪等气象灾害，火山、地震灾害，山体崩塌、滑坡、泥石流等地质灾害，风暴潮、海啸等海洋灾害，森林草原火灾和生物灾害等。

三、上述政策自2019年1月1日起执行。《广西壮族自治区人民政府关于减征个人所得税有关问题的通知》（桂政发〔2011〕9号）同时废止。”

第三节　其他减免个人所得税的所得项目

一、暂免征收个人所得税的所得项目

暂免征收个人所得税，主要包括以下方面。

1. 外籍个人以非现金形式或实报实销形式取得的住房补贴、伙食补贴、搬迁费、洗衣费。

（1）对外籍个人以非现金形式或实报实销形式取得的合理的住房补贴、伙食补贴和洗衣费免征个人所得税，应由纳税人在初次取得上述补贴或上述补贴数额，支付方式发生变化的月份的次月进行工资、薪金所得纳税申报时，向主管税务机关提供上述补贴的有效凭证，由主管税务机关核准确认免税。

（2）对外籍个人因到中国任职或离职，以实报实销形式取得的搬迁收入免征个人所得税，应由纳税人提供有效凭证，由主管税务机关审核认定，就其合理的部分免税。外商投资企业和外国企业在中国境内的机构、场所，以搬迁费名义每月或定期向其外籍雇员支付的费用，应计入工资、薪金所得征收个人所得税。

（3）自2004年1月1日起，受雇于我国境内企业的外籍个人（不包括香港、澳门居民个人），因家庭等原因居住在香港、澳门，每个工作日往返于内地与香港、澳门等地区，由此境内企业（包括其关联企业）给予在香港或澳门住房、伙食、洗衣、搬迁等非现金形式或实报实销形式的补贴，凡能提供有效凭证的，经主管税务机关

审核确认后，免予征收个人所得税。

2. 外籍个人按合理标准取得的境内、境外出差补贴。

对外籍个人按合理标准取得的境内、境外出差补贴免征个人所得税，应由纳税人提供出差的交通费，住宿费凭证（复印件）或企业安排出差的有关计划，由主管税务机关确认免税。

3. 外籍个人取得的探亲费、语言训练费、子女教育费等，经当地税务机关审核批准为合理的部分。

（1）对外籍个人取得的探亲费免征个人所得税，应由纳税人提供探亲的交通支出凭证（复印件），由主管税务机关审核，对其实际用于本人探亲，且每年探亲的次数和支付的标准合理的部分给予免税。

可以享受免征个人所得税优惠待遇的探亲费，仅限于外籍个人在我国的受雇地与其家庭所在地（包括配偶或父母居住地）之间搭乘交通工具且每年不超过 2 次的费用。

（2）对外籍个人取得的语言培训费和子女教育费补贴免征个人所得税，应由纳税人提供在中国境内接受上述教育的支出凭证和期限证明材料，由主管税务机关审核，对其在中国境内接受语言培训以及子女在中国境内接受教育取得的语言培训费和子女教育费补贴，且在合理数额内的部分免予纳税。

（3）自 2004 年 1 月 1 日起，受雇于我国境内企业的外籍个人（不包括香港、澳门居民个人），因家庭等原因居住在香港、澳门，就其在香港或澳门进行语言培训、子女教育而取得的费用补贴，凡能提供有效支出凭证等材料的，经主管税务机关审核确认为合理的部分，免予征收个人所得税。

4. 关于外籍个人有关津补贴的政策。

（1）2019 年 1 月 1 日至 2021 年 12 月 31 日期间，外籍个人符合居民个人条件的，可以选择享受个人所得税专项附加扣除，也可以选择按照《财政部　国家税务总局关于个人所得税若干政策问题的通知》（财税〔1994〕20 号）、《国家税务总局关于外籍个人取得有关补贴征免个人所得税执行问题的通知》（国税发〔1997〕54 号）和《财政部　国家税务总局关于外籍个人取得港澳地区住房等补贴征免个人所得税的通知》（财税〔2004〕29 号）规定，享受住房补贴、语言训练费、子女教育费等津补贴免税优惠政策，但不得同时享受。外籍个人一经选择，在一个纳税年度内不得变更。

（2）自 2022 年 1 月 1 日起，外籍个人不再享受住房补贴、语言训练费、子女教育费津补贴免税优惠政策，应按规定享受专项附加扣除。

5. 个人举报、协查各种违法、犯罪行为而获得的奖金。

6. 个人办理代扣代缴税款手续，按规定取得的扣缴手续费。

对扣缴义务人按照所扣缴的税款，付给2%的手续费。按规定付给扣缴义务人手续费，应当按月填开收入退还书发给扣缴义务人。扣缴义务人持收入退还书向指定的银行办理退库手续。

7. 个人转让自用达5年以上，并且是唯一的家庭生活用房取得的所得。

8. 对按《国务院关于高级专家离休退休若干问题的暂行规定》（国发〔1983〕141号）和《国务院办公厅关于杰出高级专家暂缓离退休审批问题的通知》（国办发〔1991〕40号）精神，达到离休、退休年龄，但确因工作需要，适当延长离休、退休年龄的高级专家（指享受国家发放的政府特殊津贴的专家、学者），其在延长离休、退休期间的工资、薪金所得，视同退休工资、离休工资免征个人所得税。

（1）《财政部 国家税务总局关于高级专家延长离休退休期间取得工资薪金所得有关个人所得税问题的通知》（财税〔2008〕7号）规定，延长离休退休年龄的高级专家是指：享受国家发放的政府特殊津贴的专家、学者，中国科学院、中国工程院院士。

（2）《财政部 国家税务总局关于高级专家延长离休退休期间取得工资薪金所得有关个人所得税问题的通知》（财税〔2008〕7号）规定，高级专家延长离休退休期间取得的工资、薪金所得，其免征个人所得税政策口径按下列标准执行：

①对高级专家从其劳动人事关系所在单位取得的，单位按国家有关规定向职工统一发放的工资、薪金、奖金、津贴、补贴等收入，视同离休、退休工资，免征个人所得税；

②除上款第①项所述收入以外各种名目的津补贴收入等，以及高级专家从其劳动人事关系所在单位之外的其他地方取得的培训费、讲课费、顾问费、稿酬等各种收入，依法计算交纳个人所得税。

9. 外籍个人从外商投资企业取得的股息、红利所得。

外籍个人从外商投资企业取得的股息、红利所得暂免征收个人所得税。

10. 凡符合下列条件之一的外籍专家取得的工资、薪金所得可免征个人所得税：

（1）根据世界银行专项贷款协议由世界银行直接派往我国工作的外国专家。

（2）联合国组织直接派往我国工作的专家。

《国家税务总局关于世界银行、联合国直接派遣来华工作的专家享受免征个人所得税有关问题的通知》（国税函〔1996〕417号）对上述（1）、（2）项中的“直接派往”应如何解释及联合国组织的范围应如何界定问题，明确如下：

“世界银行或联合国‘直接派往’是指世界银行或联合国组织直接与该专家签订提供技术服务的协议或与该专家的雇主签订技术服务协议，并指定该专家为有关项目提供技术服务，由世界银行或联合国支付该外国专家的工资、薪金报酬。该外国专家办理上述免税时，应提供其与世界银行签订的有关合同和其工资薪金所得由世界银行或联合国组织支付、负担的证明。

联合国组织是指联合国的有关组织，包括联合国开发计划署、联合国人口活动基金、联合国儿童基金会、联合国技术合作部、联合国工业发展组织、联合国粮农组织、世界粮食计划署、世界卫生组织、世界气象组织、联合国科教文组织等。

除上述由世界银行或联合国组织直接派往中国工作的外国专家以外，其他外国专家从事与世界银行贷款项目有关的技术服务所取得的工资薪金所得或劳务报酬所得，均应依法征收个人所得税。”

（3）为联合国援助项目来华工作的专家。

（4）援助国派往我国专为该国无偿援助项目工作的专家。

（5）根据两国政府签订文化交流项目来华工作两年以内的文教专家，其工资、薪金所得由该国负担的。

（6）根据我国大专院校国际交流项目来华工作两年以内的文教专家，其工资、薪金所得由该国负担的。

（7）通过民间科研协定来华工作的专家，其工资、薪金所得由该国政府机构负担的。

二、外国来华工作人员取得符合规定的所得免征个人所得税

《财政部关于外国来华工作人员缴纳个人所得税问题的通知》（财税字〔1980〕189号）规定：

“（一）援助国派往我国专为该国无偿援助我国的建设项目服务的工作人员，取得的工资、生活津贴，不论是我方支付或外国支付，均可免征个人所得税。

（二）外国来华文教专家，在我国服务期间，由我方发工资、薪金，并对其住房、使用汽车、医疗实行免费‘三包’，可只就工资、薪金所得按照税法规定征收个人所得税；对我方免费提供的住房、使用汽车、医疗，可免予计算纳税。

（三）外国来华工作人员，在我国服务而取得的工资、薪金，不论是我方支付、外国支付、我方和外国共同支付，均属于来源于中国的所得，除本通知第（一）项

规定给予免税优惠外，其他均应按规定征收个人所得税。但对在中国境内连续居住不超过90天的，可只就我方支付的工资、薪金部分计算纳税，对外国支付的工资、薪金部分免予征税。

（四）外国来华留学生，领取的生活津贴费、奖学金，不属于工资、薪金范畴，不征个人所得税。

（五）外国来华工作人员，由外国派出单位发给包干款项，其中包括个人工资、公用经费（邮电费、办公费、广告费、业务上往来必要的交际费）、生活津贴费（住房费、差旅费），凡对上述所得能够划分清楚的，可只就工资薪金所得部分按照法规征收个人所得税。”

三、曾宪梓教育基金会教师奖免征个人所得税

曾宪梓教育基金会致力于发展中国的教育事业，评选教师奖具有严格的程序，奖金由国家教委（今教育部）颁发，根据个人所得税法的规定，对个人获得曾宪梓教育基金会教师奖的奖金，可视为国务院部委颁发的教育方面的奖金，免予征收个人所得税。

四、发放的西藏特殊津贴免征个人所得税

经国务院批准，自1994年1月1日起发放的西藏特殊津贴，体现了党中央、国务院对西藏各族职工的关怀，对进一步促进西藏的改革、发展和稳定具有重要意义。因此，根据《中华人民共和国个人所得税法》和《中华人民共和国个人所得税法实施条例》的规定，对在西藏区域内工作的机关、事业单位职工、按照国家统一规定取得的西藏特殊津贴，免征个人所得税。

对个人从西藏自治区内取得的艰苦边远地区津贴免征个人所得税。

经国家批准或者同意，由自治区人民政府或者有关部门发给在西藏长期工作的人员和大中专毕业生的浮动工资，增发的工龄工资，离退休人员的安家费和建房补贴费，免征个人所得税。

五、购买社会福利有奖募捐奖券中奖收入暂免征收个人所得税

1994年6月1日起，对个人购买社会福利有奖募捐奖券一次中奖收入不超过10 000元的暂免征收个人所得税，对一次中奖收入超过10 000元的，应按税法法规全额征税。

六、个人取得青苗补偿费收入暂不征收个人所得税

乡镇企业的职工和农民取得的青苗补偿费，属种植业的收益范围，同时，也属经济损失的补偿性收入，因此，对他们取得的青苗补偿费收入暂不征收个人所得税。

征用土地过程中征地单位支付给土地承包人员的青苗补偿费收入，暂免征收个人所得税。

七、发给见义勇为者的奖金免征个人所得税

为了鼓励广大人民群众见义勇为，维护社会治安，对乡、镇（含乡、镇）以上人民政府或经县（含县）以上人民政府主管部门批准成立的有机构、有章程的见义勇为基金会或者类似组织，奖励见义勇为者的奖金或奖品，经主管税务机关核准，免予征收个人所得税。

八、军队干部取得符合规定的补贴、津贴免征个人所得税

1. 按照政策规定，属于免税项目或者不属于本人所得的补贴、津贴有政府特殊津贴、福利补助、夫妻分居补助费、随军家属无工作生活困难补助、独生子女保健费、子女保教补助费、机关在职军以上干部公勤费（保姆费）、军粮差价补贴 8 项，不计入工资、薪金所得项目征税。

2. 对军人职业津贴、军队设立的艰苦地区补助、专业性补助、基层军官岗位津贴（营连排长岗位津贴）、伙食补贴 5 项补贴、津贴，暂不征税。

九、国际青少年消除贫困奖免征个人所得税

国际青少年消除贫困奖是由联合国开发计划署和中国青少年发展基金会共同设立，旨在表彰奖励在与贫困作斗争中取得突出成绩的青少年。根据《中华人民共和国个人所得税法》的规定，特对个人取得的国际青少年消除贫困奖，视同从国际组织取得的教育、文化方面的奖金，免予征收个人所得税。

十、取得体育彩票中奖所得免征个人所得税

自 1998 年 4 月 1 日起，为了有利于动员全社会力量资助和发展我国的体育事业，凡一次中奖收入不超过 1 万元的，暂免征收个人所得税；超过 1 万元的，应按税法规定全额征收个人所得税。

十一、个人投资者买卖基金单位获得的差价收入暂不征收个人所得税

从1998年3月1日起，对个人投资者买卖中国证监会新批准设立的封闭式证券投资基金单位获得的差价收入，在对个人买卖股票的差价收入未恢复征收个人所得税以前，暂不征收个人所得税。

十二、个人转让上市公司股票暂免征收个人所得税

对个人在上海证券交易所、深圳证券交易所转让从上市公司公开发行和转让市场取得的上市公司股票所得，暂免征收个人所得税。

十三、“长江学者奖励计划”有关个人收入免征个人所得税

1. 为配合“211工程”建设，吸引和培养杰出人才，加速高校中青年学科带头人队伍建设，教育部和香港实业家李嘉诚先生共同筹资建立了“长江学者奖励计划”。该计划包括实行特聘教授岗位制度和设立“长江学者成就奖”两项内容。经过一定审核程序，在全国高等学校国家重点学科中，面向国内、外公开招聘学术造诣深、发展潜力大、具有领导本学科在其前沿领域赶超或保持国际先进水平能力的中青年杰出人才，作为特聘教授，在聘期内享受每年10万元人民币的特聘教授岗位津贴，同时享受学校按照国家有关规定提供的工资、保险、福利等待遇；特聘教授任职期间取得重大成就、做出重大贡献，将获得由教育部会同李嘉诚先生审定并公布的每年一次的“长江学者成就奖”，每次一等奖1名，奖金为100万元人民币，二等奖30名，每人奖金为50万元人民币。

（1）按照个人所得税法的规定，特聘教授取得的岗位津贴应并入其当月的工资、薪金所得计征个人所得税，税款由所在学校代扣代缴。

（2）为了鼓励特聘教授积极履行岗位职责，带领本学科在其前沿领域赶超或保持国际先进水平，对特聘教授获得“长江学者成就奖”的奖金，可视为国务院部委颁发的教育方面的奖金，免予征收个人所得税。

2.《国家税务总局关于“特聘教授奖金”免征个人所得税的通知》（国税函〔1999〕525号）规定：

“由教育部与香港实业家李嘉诚先生及其领导的长江基建（集团）有限公司合作建立的‘长江学者奖励计划’实施高等教育特聘教授岗位制度，根据教育部1999年6月10日印发的《高等学校特聘教授岗位制度实施办法》规定，‘特聘教授在聘期内享受特

聘教授奖金’，标准为每人每年10万元人民币，要求对其免予征收个人所得税。”

“根据个人所得税法第四条第一项的有关规定，对教育部颁发的‘特聘教授奖金’免予征收个人所得税。”

“本通知自文到之日起执行。对文到之日前已征个人所得税的，不再退税。”

“各地应加强对该免税项目的监管，要求设岗的高等学校将聘任的特聘教授名单、聘任合同及发放奖金的情况报当地主管税务机关。”

十四、转化职务科技成果以股份或出资比例等股权形式给予个人奖励免征个人所得税

自1999年7月1日起，科研机构、高等学校转化职务科技成果以股份或出资比例等股权形式给予个人奖励，获奖人在取得股份、出资比例时，暂不交纳个人所得税；取得按股份、出资比例分红或转让股权、出资比例所得时，应依法交纳个人所得税。

十五、存款利息所得暂免征收个人所得税

根据《对储蓄存款利息所得征收个人所得税的实施办法》第五条“对个人取得的教育储蓄存款利息所得以及国务院财政部门确定的其他专项储蓄存款或者储蓄性专项基金存款的利息所得，免征个人所得税”的规定，为了保证和支持社会保障制度和住房制度改革的顺利实施，按照国家或省级地方政府规定的比例缴付的住房公积金、医疗保险金、基本养老保险金、失业保险基金专项基金或资金存入银行个人账户所取得的利息收入免征个人所得税。

自2005年10月1日起，教育储蓄存款利息所得免征个人所得税。

自2008年10月9日起，对储蓄存款利息所得暂免征收个人所得税。储蓄存款在1999年10月31日前孳生的利息所得，不征收个人所得税；储蓄存款在1999年11月1日至2007年8月14日孳生的利息所得，按照20%的比例税率征收个人所得税；储蓄存款在2007年8月15日至2008年10月8日孳生的利息所得，按照5%的比例税率征收个人所得税；储蓄存款在2008年10月9日后孳生的利息所得，暂免征收个人所得税。

自2008年10月9日起，对证券市场个人投资者取得的证券交易结算资金利息所得，暂免征收个人所得税，即证券市场个人投资者的证券交易结算资金在2008年10月9日后孳生的利息所得，暂免征收个人所得税。

十六、个人取得无赔款优待收入不征收个人所得税

对于个人自己缴纳有关商业保险费（保费全部返还个人的保险除外）而取得的无赔款优待收入，不作为个人的应纳税收入，不征收个人所得税。

十七、对职工个人取得的企业量化资产暂缓征收个人所得税

根据国家有关规定，允许集体所有制企业在改制为股份合作制企业时可以将有关资产量化给职工个人。为了支持企业改组改制的顺利进行，企业在这一改革过程中，对职工个人以股份形式取得的拥有所有权的企业量化资产，暂缓征收个人所得税。对职工个人以股份形式取得的仅作为分红依据，不拥有所有权的企业量化资产，不征收个人所得税。

十八、长江小小科学家奖金免征个人所得税

由教育部和李嘉诚基金会主办、中国科学技术协会承办“长江小小科学家”活动，奖励全国（包括香港、澳门特别行政区）初中、高中、中等师范学校、中等专业学校、职业中学、技工学校的在校学生近年来完成的，并申报参加全国评选和展示的获奖优秀科技创新和科学研究项目。每次活动评出一等奖 1 名，奖金为 25 万元人民币（其中奖励学生个人 5 万元人民币，奖励学生所在学校 20 万元人民币）；二等奖 25 名，奖金为 6 万元人民币（其中奖励学生个人 1 万元人民币，奖励学生所在学校 5 万元人民币）；三等奖 50 名，奖金为 3.5 万元人民币（其中奖励学生个人 5 000元人民币，奖励学生所在学校 3 万元人民币）；提名奖 100 名，奖金为9 000元人民币（其中奖励学生个人1 500元人民币，奖励学生所在学校7 500元人民币）。根据《中华人民共和国个人所得税法》的规定，对学生个人参与“长江小小科学家”活动并获得的奖金，免予征收个人所得税。

十九、随军家属从事个体经营的个人所得税优惠

自 2000 年 1 月 1 日起，对从事个体经营的随军家属，自领取税务登记证（三证合一后为营业执照）之日起，3 年内免征个人所得税。

随军家属必须有师（含师）以上政治机关出具的可以表明其身份的证明，但税务部门应进行相应的审查认定。

主管税务机关在个人享受免税期间，应按现行有关税收规定，对此类经营实体

进行年度检查，凡不符合条件的，应取消其免税政策。

每一随军家属只能按上述规定，享受一次免税政策。

二十、对个人投资者申购和赎回基金单位取得的差价收入以及从基金分配中取得的收入暂不征收个人所得税

对个人投资者申购和赎回基金单位取得的差价收入，在对个人买卖股票的差价收入未恢复征收个人所得税以前，暂不征收个人所得税。

对基金取得的股票的股息、红利收入，债券的利息收入，储蓄存款利息收入，由上市公司、发行债券的企业和银行在向基金支付上述收入时代扣代缴 20%的个人所得税；对投资者（包括个人和机构投资者）从基金分配中取得的收入，暂不征收个人所得税和企业所得税。

基金为中国证监会批准设立的开放式证券投资基金。

二十一、军队转业干部从事个体经营的个人所得税优惠

自 2003 年 5 月 1 日起，从事个体经营的军队转业干部，经主管税务机关批准，自领取税务登记证（三证合一后为营业执照）之日起，3 年内免征个人所得税。

自主择业的军队转业干部必须持有师以上部队颁发的转业证件。

二十二、个人取得“母亲河（波司登）奖”奖金所得免征个人所得税

中国青年乡镇企业家协会是共青团中央直属的社会团体，其组织评选的“母亲河（波司登）奖”是经共青团中央、全国人大环资委、国家环境保护总局（今生态环境部）等九部门联合批准设立的环境保护方面的奖项。根据《中华人民共和国个人所得税法》规定，该奖项可以认定为国务院部委颁发的环境保护方面的奖金。个人取得的上述奖金收入，免予征收个人所得税。

二十三、个体工商户取得种植业、养殖业、饲养业、捕捞业所得暂不征收个人所得税

为贯彻落实中央农村工作会议和《中共中央、国务院关于促进农民增加收入若干政策的意见》（中发〔2004〕1 号）精神，切实减轻农民负担，推进农村税费改革

工作，增加农民收入，农村税费改革试点期间，取消农业特产税、减征或免征农业税后，对个人或个体工商户从事种植业、养殖业、饲养业、捕捞业，且经营项目属于农业税（包括农业特产税）、牧业税征税范围的，其取得的“四业”所得暂不征收个人所得税。

注：2005 年 12 月，第十届全国人大常委会第 19 次会议通过决定，自 2006 年 1 月 1 日起废止《中华人民共和国农业税条例》。

二十四、被拆迁人按标准取得的拆迁补偿款免征个人所得税

1. 对被拆迁人按照国家有关城镇房屋拆迁管理办法规定的标准取得的拆迁补偿款，免征个人所得税。自 2013 年 7 月 4 日起，棚户区改造，个人取得的拆迁补偿款按有关规定免征个人所得税。

2. 按照城市发展规划，在旧城改造过程中，个人因住房被征用而取得赔偿费，属补偿性质的收入，无论是现金还是实物（房屋），均免予征收个人所得税。

以上情形包括直接由房地产开发公司对被拆迁户实行房屋产权调换，被拆迁户从房地产开发公司取得的不动产属于免征个人所得税的拆迁补偿性质收入。

3. 如果不属于上述城市发展规划，在旧城改造，按照国家有关城镇房屋拆迁管理办法规定的情形，如房地产开发公司对被拆迁户实行房屋产权调换。房地产开发公司对被拆迁户实行房屋产权调换时，其实质是以不动产所有权为表现形式的经济利益的交换，被拆迁户以其原拥有的不动产所有权从房地产开发公司处获得了另一处不动产所有权，该行为不属于通过受赠、继承、离婚财产分割等非购买形式取得的住房，不属于免征个人所得税的拆迁补偿性质收入，应按“财产转让所得”计算交纳个人所得税。

二十五、股权分置改革中通过对价方式支付的股份等收入暂免征收个人所得税

自 2015 年 6 月 13 日起股权分置改革中非流通股股东通过对价方式向流通股股东支付的股份、现金等收入，暂免征收流通股股东应交纳的企业所得税和个人所得税。

二十六、陈嘉庚科学奖获奖收入免征个人所得税

陈嘉庚基金会由中国科学院为业务主管部门，实行理事会负责制，由科技部、

财政部、教育部、中国科学院、中国工程院、国家自然科学基金委员会、中国科学技术协会、中国银行等部门及中国科学院各学部主任和院士组成理事会，下设评选委员会。该基金会的主要职责是设立陈嘉庚科学奖，以奖励取得杰出科技成果的我国优秀科学家，促进中国科学技术事业的发展。该奖共设 6 个奖项，每个奖项奖金 30 万元人民币。目前，该奖已评选出 2006 年度陈嘉庚数理、生命、地球和信息技术科学 4 个奖项，共 4 人。根据《中华人民共和国个人所得税法》的规定，对陈嘉庚科学奖 2006 年度获奖者个人取得的奖金收入，免予征收个人所得税。

在陈嘉庚科学奖业务主管、组织结构、评选办法不变的情况下，以后年度的陈嘉庚科学奖获奖个人的奖金收入，可根据《中华人民共和国个人所得税法》的规定，继续免征个人所得税。

二十七、职工因支付的房改成本价格低于房屋建造成本价格或市场价格而取得的差价收益免征个人所得税

自 2007 年 2 月 8 日起，根据住房制度改革政策的有关规定，国家机关、企事业单位及其他组织在住房制度改革期间，按照所在地县级以上人民政府规定的房改成本价格向职工出售公有住房，职工因支付的房改成本价格低于房屋建造成本价格或市场价格而取得的差价收益，免征个人所得税。

二十八、个人取得有奖发票奖金暂免征收个人所得税

个人取得单张有奖发票奖金所得不超过 800 元（含 800 元）的，暂免征收个人所得税。

二十九、亚洲开发银行支付的薪金和津贴免征个人所得税

《财政部　国家税务总局关于〈建立亚洲开发银行协定〉有关个人所得税问题的补充通知》（财税〔2007〕93 号）规定：

“《建立亚洲开发银行协定》（以下简称《协定》）第五十六条第二款规定：‘对亚行付给董事、副董事、官员和雇员（包括为亚行执行任务的专家）的薪金和津贴不得征税。除非成员在递交批准书或接受书时，声明对亚行向其本国公民或国民支付的薪金和津贴该成员及其行政部门保留征税的权力。’鉴于我国在加入亚洲开发银行时，未作相关声明，因此，对由亚洲开发银行支付给我国公民或国民（包括为亚

行执行任务的专家）的薪金和津贴，凡经亚洲开发银行确认这些人员为亚洲开发银行雇员或执行项目专家的，其取得的符合我国税法规定的有关薪金和津贴等报酬，应依《协定》的约定，免征个人所得税。”

三十、生育妇女取得的属于生育保险性质的津贴、补贴免征个人所得税

生育妇女按照县级以上人民政府，根据国家有关规定制定的生育保险办法，取得的生育津贴、生育医疗费或其他属于生育保险性质的津贴、补贴，免征个人所得税。

三十一、个人领取的符合规定的住房租赁补贴免征个人所得税

对个人按《廉租住房保障办法》（建设部等 9 部委令第 162 号）规定取得的廉租住房货币补贴，免征个人所得税。

2016 年 1 月 1 日至 2018 年 12 月 31 日，对符合地方政府规定条件的低收入住房保障家庭从地方政府领取的住房租赁补贴，免征个人所得税。

《财政部　税务总局关于公共租赁住房税收优惠政策的公告》（财政部　税务总局公告 2019 年第 61 号）：

“对符合地方政府规定条件的城镇住房保障家庭从地方政府领取的住房租赁补贴，免征个人所得税。”

“本公告执行期限为 2019 年 1 月 1 日至 2020 年 12 月 31 日。”

三十二、抗震救灾及灾后重建的个人所得税优惠政策

1.《财政部　国家税务总局关于认真落实抗震救灾及灾后重建税收政策问题的通知》（财税〔2008〕62 号）对个人所得税优惠规定如下：

“（一）因地震灾害造成重大损失的个人，可减征个人所得税。具体减征幅度和期限由受灾地区省、自治区、直辖市人民政府确定。

（二）对受灾地区个人取得的抚恤金、救济金，免征个人所得税。

（三）个人将其所得向地震灾区的捐赠，按照个人所得税法的有关规定从应纳税所得中扣除。”

2.《财政部　海关总署　国家税务总局关于支持汶川地震灾后恢复重建有关税收政策问题的通知》（财税〔2008〕104 号）规定：

（1）2008年5月12日至12月31日，对受灾地区个人接受捐赠的款项、取得的各级政府发放的救灾款项；对抗震救灾一线人员，按照地方各级政府及其部门规定标准取得的与抗震救灾有关的补贴收入，免征个人所得税。

（2）2008年5月12日至12月31日，对企业、个人通过公益性社会团体、县级以上人民政府及其部门向受灾地区的捐赠，允许在当年企业所得税前和当年个人所得税前全额扣除。

该规定中的捐赠行为须符合《中华人民共和国公益事业捐赠法》和《国务院办公厅关于加强汶川地震抗震救灾捐赠款物管理使用的通知》（国办发〔2008〕39号）的相关规定。

（3）2008年5月12日至12月31日，受灾严重地区因地震灾害失去工作的城镇职工从事个体经营的（除建筑业、娱乐业以及销售不动产、转让土地使用权、广告业、房屋中介、桑拿、按摩、网吧、氧吧外），按每户每年8000元为限额依次扣减其当年实际应缴纳的营业税、城市维护建设税、教育费附加和个人所得税。纳税人年度应缴纳税款小于上述扣减限额的，以其实际缴纳的税款为限；大于上述扣减限额的，应以上述扣减限额为限。

（4）个人所得税优惠的适用范围。

根据《民政部　发展改革委　财政部　国土资源部　地震局关于印发汶川地震灾害范围评估结果的通知》（民发〔2008〕105号）的规定，“受灾严重地区”是指极重灾区10个县（市）和重灾区41个县（市、区），“受灾地区”是指极重灾区10个县（市）、重灾区41个县（市、区）和一般灾区186个县（市、区）。具体名单见以下汶川地震灾害范围评估结果。

汶川地震灾害范围评估结果：

①极重灾区：

共10个县（市），分别是四川省汶川县、北川县、绵竹市、什邡市、青川县、茂县、安县、都江堰市、平武县、彭州市。

②重灾区：

共41个县（市、区），其中：

四川省（29个）：理县、江油市、广元市利州区、广元市朝天区、旺苍县、梓潼县、绵阳市游仙区、德阳市旌阳区、小金县、绵阳市涪城区、罗江县、黑水县、崇州市、剑阁县、三台县、阆中市、盐亭县、松潘县、苍溪县、芦山县、中江县、广元市元坝区、大邑县、宝兴县、南江县、广汉市、汉源县、石棉县、九寨沟县。

甘肃省（8个）：文县、陇南市武都区、康县、成县、徽县、西和县、两当县、舟曲县。

陕西省（4个）：宁强县、略阳县、勉县、宝鸡市陈仓区。

③一般灾区：

共186个县（市、区），其中：

四川省（100个）：郫县、成都市金牛区、成都市青白江区、成都市新都区、成都市成华区、成都市锦江区、成都市青羊区、成都市温江区、成都市武侯区、名山县、邛崃市、金堂县、南部县、蒲江县、成都市龙泉驿区、射洪县、乐山市金口河区、巴中市巴州区、新津县、丹巴县、南充市顺庆区、夹江县、天全县、丹棱县、金川县、通江县、雅安市雨城区、洪雅县、双流县、仁寿县、乐山市沙湾区、峨边彝族自治县、康定县、沐川县、仪陇县、马边彝族自治县、井研县、南充市高坪区、彭山县、犍为县、荥经县、荣县、西充县、泸定县、乐山市五通桥区、峨眉山市、简阳市、马尔康县、青神县、南充市嘉陵区、蓬安县、资阳市雁江区、眉山市东坡区、华蓥市、平昌县、乐山市市中区、营山县、安岳县、达州市通川区、乐至县、大英县、遂宁市船山区、万源市、甘洛县、威远县、遂宁市安居区、红原县、岳池县、达县、武胜县、广安市广安区、自贡市大安区、资中县、越西县、渠县、蓬溪县、自贡市自流井区、自贡市沿滩区、富顺县、内江市东兴区、自贡市贡井区、内江市市中区、隆昌县、屏山县、宜宾县、南溪县、大竹县、宜宾市翠屏区、若尔盖县、宣汉县、美姑县、雷波县、泸县、邻水县、开江县、阿坝县、道孚县、冕宁县、九龙县、高县。

甘肃省（32个）：礼县、宕昌县、清水县、崇信县、天水市秦州区、临潭县、武山县、甘谷县、灵台县、平凉市崆峒区、天水市麦积区、秦安县、迭部县、张家川县、通渭县、岷县、漳县、庄浪县、渭源县、泾川县、华亭县、静宁县、陇西县、镇原县、卓尼县、定西市安定区、庆阳市西峰区、会宁县、宁县、临洮县、碌曲县、康乐县。

陕西省（36个）：宝鸡市金台区、南郑县、留坝县、凤县、汉中市汉台区、陇县、麟游县、太白县、宝鸡市渭滨区、眉县、西乡县、岐山县、千阳县、城固县、扶风县、凤翔县、佛坪县、镇巴县、永寿县、洋县、石泉县、周至县、武功县、乾县、彬县、长武县、咸阳市杨陵区、兴平市、西安市碑林区、汉阴县、宁陕县、紫阳县、礼泉县、西安市雁塔区、户县、西安市莲湖区。

重庆市（10个）：合川区、荣昌县、潼南县、大足县、双桥区、铜梁县、北碚区、璧山县、永川区、梁平县。

云南省（3个）：绥江县、水富县、永善县。

宁夏回族自治区（5个）：隆德县、泾源县、西吉县、彭阳县、固原市原州区。

3. 鲁甸地震灾后恢复重建个人所得税优惠。

自2014年8月3日起至2016年12月31日，对受灾地区个人接受捐赠的款项、取得的各级政府发放的救灾款项，以及参与抗震救灾的一线人员，按照地方各级人民政府及其部门规定标准取得的与抗震救灾有关的补贴收入，免征个人所得税。

三十三、个人无偿赠与或受赠房屋免征个人所得税

1. 以下情形的房屋产权无偿赠与，对当事双方不征收个人所得税：

（1）房屋产权所有人将房屋产权无偿赠与配偶、父母、子女、祖父母、外祖父母、孙子女、外孙子女、兄弟姐妹；

（2）房屋产权所有人将房屋产权无偿赠与对其承担直接抚养或者赡养义务的抚养人或者赡养人；

（3）房屋产权所有人死亡，依法取得房屋产权的法定继承人、遗嘱继承人或者受遗赠人。

2. 赠与双方办理免税手续时，应向税务机关提交以下资料：

（1）《国家税务总局关于加强房地产交易个人无偿赠与不动产税收管理有关问题的通知》（国税发〔2006〕144号）第一条规定的相关证明材料；

（2）赠与双方当事人的有效身份证件；

（3）属于上述第1条第（1）项规定情形的，还须提供公证机构出具的赠与人和受赠人亲属关系的公证书（原件）；

（4）属于上述第1条第（2）项规定情形的，还须提供公证机构出具的抚养关系或者赡养关系公证书（原件），或者乡镇政府或街道办事处出具的抚养关系或者赡养关系证明。

税务机关应当认真审核赠与双方提供的上述资料，资料齐全并且填写正确的，在提交的个人无偿赠与不动产登记表上签字盖章后复印留存，原件退还提交人，同时办理个人所得税不征税手续。

《国家税务总局关于进一步简化和规范个人无偿赠与或受赠不动产免征营业税、个人所得税所需证明资料的公告》（国家税务总局公告2015年第75号）规定：

“为落实国务院关于简政放权、方便群众办事的有关要求，进一步减轻纳税人负

担，现就简化和规范个人无偿赠与或受赠不动产免征营业税、个人所得税所需的证明资料公告如下：

一、纳税人在办理个人无偿赠与或受赠不动产免征营业税、个人所得税手续时，应报送《个人无偿赠与不动产登记表》、双方当事人的身份证明原件及复印件（继承或接受遗赠的，只须提供继承人或接受遗赠人的身份证明原件及复印件）、房屋所有权证原件及复印件。属于以下四类情形之一的，还应分别提交相应证明资料：

（一）离婚分割财产的，应当提交：

1. 离婚协议或者人民法院判决书或者人民法院调解书的原件及复印件；

2. 离婚证原件及复印件。

（二）亲属之间无偿赠与的，应当提交：

1. 无偿赠与配偶的，提交结婚证原件及复印件；

2. 无偿赠与父母、子女、祖父母、外祖父母、孙子女、外孙子女、兄弟姐妹的，提交户口簿或者出生证明或者人民法院判决书或者人民法院调解书或者其他部门（有资质的机构）出具的能够证明双方亲属关系的证明资料原件及复印件。

（三）无偿赠与非亲属抚养或赡养关系人的，应当提交：

人民法院判决书或者人民法院调解书或者乡镇政府或街道办事处出具的抚养（赡养）关系证明或者其他部门（有资质的机构）出具的能够证明双方抚养（赡养）关系的证明资料原件及复印件。

（四）继承或接受遗赠的，应当提交：

1. 房屋产权所有人死亡证明原件及复印件；

2. 经公证的能够证明有权继承或接受遗赠的证明资料原件及复印件。

二、税务机关应当认真核对上述资料，资料齐全并且填写正确的，在《个人无偿赠与不动产登记表》上签字盖章，留存《个人无偿赠与不动产登记表》复印件和有关证明资料复印件，原件退还纳税人，同时办理免税手续。”

上述规定从便利纳税人办理免税手续的角度出发，对所需证明资料进行简化。如父母无偿赠与子女的，只要户口簿能够证明双方亲属关系，提供户口簿即可。

上述列举了证明资料的多种形式，并以“或者”的方式进行表述，为纳税人提供了多种选择，方便纳税人提供。如离婚分割财产的，纳税人只需提供离婚证和离婚协议（或者人民法院判决书，或者人民法院调解书）即可。

三十四、离婚析产的方式分割房屋产权不征收个人所得税

通过离婚析产的方式分割房屋产权是夫妻双方对共同共有财产的处置，个人因

离婚办理房屋产权过户手续，不征收个人所得税。

三十五、个人投资者取得“四业”所得暂不征收个人所得税

对个人独资企业和合伙企业从事种植业、养殖业、饲养业和捕捞业（简称“四业”），其投资者取得的“四业”所得暂不征收个人所得税。

三十六、刘东生青年科学家奖和刘东生地球科学奖学金获奖者奖金免征个人所得税

刘东生地球科学基金，用于奖励在第四纪、新生代古生物、青藏高原和环境地质研究领域做出创新性学术成果和取得优秀学术成果的国内青年科学家。2009 年，第一次评选出刘东生青年科学家奖 1 人，奖金 2 万元；刘东生地球科学奖学金 3 人，每人奖学金5 000元。

根据《中华人民共和国个人所得税法》的相关规定，对中国科学院首届“刘东生青年科学家奖”“刘东生地球科学奖学金”的奖金收入免予征收个人所得税。

对中国科学院严格按照刘东生地球科学基金章程及评奖办法，在以后年度评选出的上述奖项奖金收入，一律按照个人所得税法的有关规定直接免予征收个人所得税，无须报送审批。如果主办单位和评奖办法以后年度发生变化的，主办单位应重新报国家税务总局审核确认。

三十七、全国职工职业技能大赛奖金免征个人所得税

《国家税务总局关于全国职工职业技能大赛奖金免征个人所得税的通知》（国税函〔2010〕78 号）规定：

“为进一步激发广大职工学技术、练技能的热情，提高职工技术水平，中华全国总工会、科学技术部、人力资源和社会保障部联合举办了第三届全国职工职业技能大赛，分设钳工、焊工、维修电工、数控机床装调维修工、数控铣工、数控车工、加工中心操作工、速录师等 8 个工种的比赛；对第三届全国职工职业技能大赛每个工种决赛前 20 名选手分别给予不同数额的奖金，总计 52.8 万元（名单及奖金数额附后），全部由全国总工会承担。

根据《中华人民共和国个人所得税法》第四条有关国务院部委颁发的技术方面奖金免征个人所得税的规定，对第三届全国职工职业技能大赛获奖者取得的奖金免

征个人所得税。

为了贯彻行政审批制度改革精神，对中华全国总工会、科学技术部、人力资源和社会保障部严格按照规定评奖办法，在以后年度评选出的上述奖项奖金收入，一律按照个人所得税法的有关规定直接免予征收个人所得税，无须报送审批；如果主办单位和评奖办法以后年度发生变化的，主办单位应重新报国家税务总局审核确认。”

三十八、中华宝钢环境奖获奖者的奖金收入免征个人所得税

1. 为促进中国环境保护事业的发展，表彰和鼓励为中国环保事业做出重大贡献的集体和个人，国家环境保护总局（今生态环境部）批准设立了中华环境奖。第二届中华环境奖获奖者 3 名（每名奖金 10 万元）、提名奖获得者 10 名（每名奖金 1 万元）。根据《中华人民共和国个人所得税法》的规定，对第二届中华环境奖获奖者和提名奖获得者所得奖金，免予征收个人所得税。

2. 第三届中华环境奖评选出中华环境奖获奖者个人 2 名（每名奖金 50 万元），中华环境奖——绿色东方奖获奖者个人 9 名（每名奖金 5 万元）。根据《中华人民共和国个人所得税法》的规定，对第三届中华环境奖和中华环境奖——绿色东方奖获奖者个人所获奖金，免予征收个人所得税。

3. 经环境保护部（今生态环境部）批准，中华环境保护基金会设立了中华环境奖（现冠名为中华宝钢环境奖）。第五届中华宝钢环境奖评选工作已结束，评选出中华宝钢环境奖获奖者个人 1 名（奖金 50 万元），中华宝钢环境优秀奖获奖者个人 8 名（每名奖金 5 万元）。中华环境奖属于国务院部、委颁发的环境保护方面的奖项，根据《中华人民共和国个人所得税法》的规定，对第五届中华宝钢环境奖和中华宝钢环境优秀奖获奖者个人所获奖金，免予征收个人所得税。

4. 第六届中华宝钢环境奖评选工作已经结束，评选出中华宝钢环境优秀奖获奖者个人 7 名，每人奖金 5 万元。根据《中华人民共和国个人所得税法》的规定，对第六届中华宝钢环境优秀奖获奖者个人所获奖金，免予征收个人所得税。

5. 为贯彻行政审批制度改革精神，对中华环境保护基金会严格按照中华环境奖评奖办法，在以后年度评选出的上述奖项奖金收入，一律按照个人所得税法的有关规定直接免予征收个人所得税，无须报送审批。主办单位和评奖办法以后年度发生变化的，主办单位应重新报国家税务总局审核确认。

三十九、企业向个人赠送礼品符合规定的不征收个人所得税

企业在销售商品（产品）和提供服务过程中向个人赠送礼品，通过价格折扣、

折让方式向个人销售商品（产品）和提供服务；在向个人销售商品（产品）和提供服务的同时给予赠品，如通信企业对个人购买手机赠话费、入网费，或者购话费赠手机等；对累积消费达到一定额度的个人按消费积分反馈礼品，不征收个人所得税。

四十、退役士兵取得的一次性退役金以及一次性经济补助免征个人所得税

自 2011 年 11 月 1 日起，对退役士兵按照《退役士兵安置条例》（国务院、中央军委令第 608 号）规定，取得的一次性退役金以及地方政府发放的一次性经济补助，免征个人所得税。

四十一、李四光地质科学奖奖金免征个人所得税

1. 2007 年，国土资源部根据《李四光地质科学奖章程》，评出 16 位李四光地质科学奖获奖者，每人奖金 5 万元人民币。根据《中华人民共和国个人所得税法》的规定，对 2007 年李四光地质科学奖获奖者个人所获奖金，免予征收个人所得税。

2. 2011 年，共评出 15 位李四光地质科学奖获奖者，每人奖金 10 万元人民币。根据《中华人民共和国个人所得税法》的规定，对 2011 年度李四光地质科学奖获奖者个人所获奖金，免予征收个人所得税。

3. 为了贯彻落实国家行政审批制度改革有关要求，对国土资源部（今自然资源部）和李四光地质科学奖基金会严格按照《李四光地质科学奖章程》和评奖办法，在以后年度评选出的上述奖项奖金收入，一律按照个人所得税法的有关规定直接免予征收个人所得税，无须报送审批；如果主办单位和评奖办法以后年度发生变化，主办单位应重新报国家税务总局审核确认。

四十二、工伤职工取得的工伤保险待遇免征个人所得税

自 2011 年 1 月 1 日起，对工伤职工及其近亲属按照《工伤保险条例》（国务院令第 586 号）规定取得的工伤保险待遇，免征个人所得税。

工伤保险待遇，包括工伤职工按照《工伤保险条例》（国务院令第 586 号）规定取得的一次性伤残补助金、伤残津贴、一次性工伤医疗补助金、一次性伤残就业补助金、工伤医疗待遇、住院伙食补助费、外地就医交通食宿费用、工伤康复费用、辅助器具费用、生活护理费等，以及职工因工死亡，其近亲属按照《工伤保险条例》（国务

院令第586号）规定取得的丧葬补助金、供养亲属抚恤金和一次性工亡补助金等。

四十三、黄汲清青年地质科学技术奖奖金免征个人所得税

由国土资源部（今自然资源部）主管的黄汲清青年地质科学技术奖基金管理委员会根据《黄汲清青年地质科学技术奖基金章程》《黄汲清青年地质科学技术奖奖励条例》规定，评出第五届黄汲清青年地质科学技术奖获奖者15位，每人奖金1万元人民币。根据《中华人民共和国个人所得税法》的规定，对第五届黄汲清青年地质科学技术奖获奖者所获奖金，免予征收个人所得税。

为了贯彻落实国家行政审批制度改革有关要求，对国土资源部（今自然资源部）和黄汲清青年地质科学技术奖基金管理委员会严格按照黄汲清青年地质科学技术奖基金章程、奖励条例和评奖办法，在以后年度评选出的上述奖项奖金收入，一律按照个人所得税法的有关规定直接免予征收个人所得税，无须报送审批；如果主办单位和评奖办法以后年度发生变化的，主办单位应重新报国家税务总局审核确认。

四十四、明天小小科学家奖金免征个人所得税

1. 由教育部和香港周凯旋基金会主办、中国科学技术协会承办“明天小小科学家”活动，奖励全国（包括香港、澳门特别行政区）初中、高中、中等师范学校、中等专业学校、职业中学、技工学校的在校学生近年来完成的优秀科技创新和科学研究项目。该项奖励活动设一等奖5名，个人项目奖金为11.5万元人民币（其中奖励学生个人1.5万元人民币，奖励学生所在学校10万元人民币），集体项目奖金为12.5万元人民币（其中奖励集体2.5万元人民币，奖励集体所在学校10万元人民币）；二等奖30名，个人项目奖金为5万元人民币（其中奖励学生个人1万元人民币，奖励学生所在学校4万元人民币），集体项目奖金为5.5万元人民币（其中奖励集体1.5万元人民币，奖励集体所在学校4万元人民币）；三等奖50名，个人项目奖金为2万元人民币（其中奖励学生个人0.5万元人民币，奖励学生所在学校1.5万元人民币），集体项目奖金为2.3万元人民币（其中奖励集体0.8万元人民币，奖励集体所在学校1.5万元人民币）；提名奖120名，个人项目奖金为0.65万元人民币（其中奖励学生个人0.15万元人民币，奖励学生所在学校0.5万元人民币），集体项目奖金为0.7万元人民币（其中奖励集体0.2万元人民币，奖励集体所在学校0.5万元人民币）。根据《中华人民共和国个人所得税法》的规定，对学生个人参与“明天小小科学家”活动获得的奖金，免予征收个人所得税。

2. 第五届“明天小小科学家”奖励活动的获奖单位和个人，根据《中华人民共和国个人所得税法》的规定，对学生个人参与“明天小小科学家”活动获得的奖金，免予征收个人所得税。

3. 2006 年第六届“明天小小科学家”奖励活动，评出一等奖 10 名，其中前 3 名获“明天小小科学家”称号，每名奖金 10 万元人民币，其中奖励学生个人 5 万元人民币，学生所在学校和辅导机构 5 万元人民币；其余 7 名每名奖金 4 万元人民币，其中奖励学生个人 2 万元人民币，学生所在学校和辅导机构 2 万元人民币；二等奖 30 名，每名奖金 2 万元人民币，其中奖励学生个人 1 万元人民币，学生所在学校和辅导机构 1 万元人民币；提名奖 59 名，奖励学生个人 1 000 元人民币。根据《中华人民共和国个人所得税法》的规定，对学生个人参与 2006 年度“明天小小科学家”活动获得的奖金，免予征收个人所得税。

4. 2007 年第七届“明天小小科学家”奖励活动，评出一等奖 10 名，其中前 3 名获“明天小小科学家”称号，每名奖金 10 万元人民币，其中奖励学生个人 5 万元人民币，学生所在学校和辅导机构 5 万元人民币；其余 7 名每名奖金 4 万元人民币，其中奖励学生个人 2 万元人民币，学生所在学校和辅导机构 2 万元人民币；二等奖 30 名，每名奖金 2 万元人民币，其中奖励学生个人 1 万元人民币，学生所在学校和辅导机构 1 万元人民币；三等奖 60 名，奖励学生个人 1 000 元人民币。根据《中华人民共和国个人所得税法》的规定，对学生个人参与 2007 年度“明天小小科学家”活动获得的奖金，免予征收个人所得税。

5. 2008 年第八届“明天小小科学家”奖励活动，评出一等奖 10 名，前 3 名获“明天小小科学家”称号，每名奖金 10 万元人民币，其中奖励学生个人 5 万元人民币，学生所在学校和辅导机构 5 万元人民币；其余 7 名每名奖金 4 万元人民币，其中奖励学生个人 2 万元人民币，学生所在学校和辅导机构 2 万元人民币；二等奖 30 名，每名奖金 2 万元人民币，其中奖励学生个人 1 万元人民币，学生所在学校和辅导机构 1 万元人民币；三等奖 60 名，奖励学生个人 1 000 元人民币。根据《中华人民共和国个人所得税法》的规定，对学生个人参与 2008 年度“明天小小科学家”活动获得的奖金，免予征收个人所得税。

6. 2009 年第九届“明天小小科学家”奖励活动，评出一等奖 10 名，前 3 名获“明天小小科学家”称号，每名奖金 10 万元人民币，其中奖励学生个人 5 万元人民币，学生所在学校和辅导机构 5 万元人民币；其余 7 名每名奖金 4 万元人民币，其中奖励学生个人 2 万元人民币，学生所在学校和辅导机构 2 万元人民币；二等奖 30

名，每名奖金2万元人民币，其中奖励学生个人1万元人民币，学生所在学校和辅导机构1万元人民币；三等奖60名，奖励学生个人1 000元人民币。根据《中华人民共和国个人所得税法》的规定，对学生个人参与“明天小小科学家”活动获得的奖金，免予征收个人所得税。

7.2010年第十届“明天小小科学家”奖励活动，评出一等奖15名，前3名获“明天小小科学家”称号，每名奖金10万元人民币，其中奖励学生个人5万元人民币，学生所在学校和辅导机构5万元人民币；其余12名每名奖金4万元人民币，其中奖励学生个人2万元人民币，学生所在学校和辅导机构2万元人民币；二等奖35名，每名奖金2万元人民币，其中奖励学生个人1万元人民币，学生所在学校和辅导机构1万元人民币；三等奖50名，奖励学生个人1 000元人民币。根据《中华人民共和国个人所得税法》的规定，对学生个人参与“明天小小科学家”活动获得的奖金，免予征收个人所得税。

8.2011年第十一届“明天小小科学家”奖励活动，评出一等奖13名，其中前3名获“明天小小科学家”称号，每名奖金10万元人民币，其中奖励学生个人5万元人民币，学生所在学校和辅导机构5万元人民币；其余10名每名奖金4万元人民币，其中奖励学生个人2万元人民币，学生所在学校和辅导机构2万元人民币；二等奖35名，每名奖金2万元人民币，其中奖励学生个人1万元人民币，学生所在学校和辅导机构1万元人民币；三等奖47名，奖励学生个人1 000元人民币。根据《中华人民共和国个人所得税法》的规定，对学生个人参与“明天小小科学家”活动获得的奖金，免予征收个人所得税。

9.对教育部、中国科学技术协会和香港周凯旋基金会依照“明天小小科学家”评奖办法，在以后年度评选出的“明天小小科学家”奖金收入，按照个人所得税法的有关规定直接免予征收个人所得税，无须报送审批；如主办单位和评奖办法以后年度发生变化，主办单位应重新报国家税务总局审核确认。

四十五、地方政府债券利息所得免征个人所得税

经国务院批准，对个人取得的2012年及以后年度发行的地方政府债券利息收入，免征个人所得税。

地方政府债券是指经国务院批准同意，以省、自治区、直辖市、计划单列市政府为发行和偿还主体的债券。

四十六、粤港澳大湾区个人所得税优惠

《财政部　税务总局关于粤港澳大湾区个人所得税优惠政策的通知》（财税〔2019〕31号）规定：

"广东省、深圳市按内地与香港个人所得税税负差额，对在大湾区工作的境外（含港澳台，下同）高端人才和紧缺人才给予补贴，该补贴免征个人所得税。"

"在大湾区工作的境外高端人才和紧缺人才的认定和补贴办法，按照广东省、深圳市的有关规定执行。"

"本通知适用范围包括广东省广州市、深圳市、珠海市、佛山市、惠州市、东莞市、中山市、江门市和肇庆市等大湾区珠三角九市。"

"本通知自2019年1月1日起至2023年12月31日止执行。"

四十七、福建平潭综合实验区个人所得税优惠

2013年1月1日至2020年12月31日，在平潭综合实验区工作的台湾居民，应按照《中华人民共和国个人所得税法》的有关规定，交纳个人所得税。

福建省人民政府根据《国务院关于平潭综合实验区总体发展规划的批复》（国函〔2011〕142号）以及《平潭综合实验区总体发展规划》有关规定，按不超过内地与台湾地区个人所得税负差额，给予在平潭综合实验区工作的台湾居民的补贴，免征个人所得税。

台湾居民，是指持有台湾居民来往大陆通行证的个人。

平潭综合实验区是指国务院2011年11月批复的《平潭综合实验区总体发展规划》的平潭综合实验区范围。

四十八、内地个人投资者通过沪港通投资香港联交所上市股票的转让差价所得暂免征收个人所得税

对内地个人投资者通过沪港通投资香港联交所上市股票取得的转让差价所得，自2014年11月17日起至2017年11月16日止，暂免征收个人所得税。

对内地个人投资者通过沪港通投资香港联交所上市股票取得的转让差价所得，自2017年11月17日起至2019年12月4日止，继续暂免征收个人所得税。

四十九、香港个人投资者投资上交所上市A股取得的转让差价所得暂免征收个人所得税

对香港市场投资者（包括企业和个人）投资上交所上市A股取得的转让差价所得，暂免征收个人所得税。

五十、内地个人投资者通过深港通投资香港联交所上市股票的转让差价所得暂免征收个人所得税

对内地个人投资者通过深港通投资香港联交所上市股票取得的转让差价所得，自2016年12月5日起至2019年12月4日止，暂免征收个人所得税。

五十一、香港个人投资者投资深交所上市A股取得的转让差价所得暂免征收个人所得税

对香港市场投资者（包括企业和个人）投资深交所上市A股取得的转让差价所得，暂免征收个人所得税。

五十二、内地个人投资者通过基金互认买卖香港基金份额取得的转让差价所得暂免征收个人所得税

对内地个人投资者通过基金互认买卖香港基金份额取得的转让差价所得，自2015年12月18日起至2018年12月17日止，3年内暂免征收个人所得税。

对内地个人投资者通过基金互认买卖香港基金份额取得的转让差价所得，自2018年12月18日起至2019年12月4日止，继续暂免征收个人所得税。

五十三、香港市场个人投资者通过基金互认买卖内地基金份额取得的转让差价所得暂免征收个人所得税

对香港市场投资者（包括企业和个人）通过基金互认买卖内地基金份额取得的

转让差价所得，暂免征收个人所得税。

五十四、个人投资者从中国证券投资者保护基金公司取得的行政和解金暂免征收个人所得税

证券期货领域有关行政和解金税收政策问题，自 2016 年 1 月 1 日起，对个人投资者从中国证券投资者保护基金公司取得的行政和解金，暂免征收个人所得税。

五十五、自主就业退役士兵从事个体经营的个人所得税优惠

1. 2017 年 1 月 1 日至 2019 年 12 月 31 日，对自主就业退役士兵从事个体经营的，在 3 年内按每户每年8 000元为限额依次扣减其当年实际应缴纳的增值税、城市维护建设税、教育费附加、地方教育附加和个人所得税。限额标准最高可上浮 20%，各省、自治区、直辖市人民政府可根据本地区实际情况在此幅度内确定具体限额标准，并报财政部和税务总局备案。

纳税人年度应缴纳税款小于上述扣减限额的，以其实际缴纳的税款为限；大于上述扣减限额的，以上述扣减限额为限。纳税人的实际经营期不足一年的，应当以实际月份换算其减免税限额。

换算公式：

减免税限额＝年度减免税限额÷12×实际经营月数

纳税人在享受税收优惠政策的当月，持中国人民解放军义务兵退出现役证或中国人民解放军士官退出现役证以及税务机关要求的相关材料向主管税务机关备案。

自主就业退役士兵是指依照《退役士兵安置条例》（国务院、中央军委令第 608 号）的规定退出现役并按自主就业方式安置的退役士兵。

税收优惠政策在 2019 年 12 月 31 日未享受满 3 年的，可继续享受至 3 年期满为止。

2. 2019 年 1 月 1 日至 2021 年 12 月 31 日，自主就业退役士兵从事个体经营的，自办理个体工商户登记当月起，在 3 年（36 个月，下同）内按每户每年 12 000 元为限额依次扣减其当年实际应缴纳的增值税、城市维护建设税、教育费附加、地方教育附加和个人所得税。限额标准最高可上浮 20%，各省、自治区、直辖市人民政府可根据本地区实际情况在此幅度内确定具体限额标准。

纳税人年度应缴纳税款小于上述扣减限额的，减免税额以其实际缴纳的税款为限；大于上述扣减限额的，以上述扣减限额为限。纳税人的实际经营期不足 1 年的，

应当按月换算其减免税限额。

换算公式：

减免税限额＝年度减免税限额÷12×实际经营月数

城市维护建设税、教育费附加、地方教育附加的计税依据是享受本项税收优惠政策前的增值税应纳税额。

自主就业退役士兵是指依照《退役士兵安置条例》（国务院、中央军委令第608号）的规定退出现役并按自主就业方式安置的退役士兵。

自主就业退役士兵从事个体经营的，在享受税收优惠政策进行纳税申报时，注明其退役军人身份，并将中国人民解放军义务兵退出现役证、中国人民解放军士官退出现役证或中国人民武装警察部队义务兵退出现役证、中国人民武装警察部队士官退出现役证留存备查。

纳税人在2021年12月31日享受本通知规定税收优惠政策未满3年的，可继续享受至3年期满为止。

退役士兵以前年度已享受退役士兵创业就业税收优惠政策满3年的，不得再享受以上规定的税收优惠政策；以前年度享受退役士兵创业就业税收优惠政策未满3年且符合以上规定条件的，可按规定享受优惠至3年期满。

综上所述，自2019年1月1日起，自主就业退役士兵从事个体经营符合上述规定的，直接按上述第2点执行。

五十六、对建档立卡贫困人口、持就业创业证或就业失业登记证的人员从事个体经营的个人所得税优惠

1.《财政部　税务总局　人力资源社会保障部关于继续实施支持和促进重点群体创业就业有关税收政策的通知》（财税〔2017〕49号）规定：

“对持《就业创业证》（注明‘自主创业税收政策’或‘毕业年度内自主创业税收政策’）或《就业失业登记证》（注明‘自主创业税收政策’或附着《高校毕业生自主创业证》）的人员从事个体经营的，在3年内按每户每年8 000元为限额依次扣减其当年实际应缴纳的增值税、城市维护建设税、教育费附加、地方教育附加和个人所得税。限额标准最高可上浮20%，各省、自治区、直辖市人民政府可根据本地区实际情况在此幅度内确定具体限额标准，并报财政部和税务总局备案。

纳税人年度应缴纳税款小于上述扣减限额的，以其实际缴纳的税款为限；大于

上述扣减限额的，以上述扣减限额为限。

上述人员是指：1. 在人力资源社会保障部门公共就业服务机构登记失业半年以上的人员；2. 零就业家庭、享受城市居民最低生活保障家庭劳动年龄内的登记失业人员；3. 毕业年度内高校毕业生。高校毕业生是指实施高等学历教育的普通高等学校、成人高等学校应届毕业的学生；毕业年度是指毕业所在自然年，即 1 月 1 日至 12 月 31 日。”

注：从事个体经营是指从无到有建立起来的新办个体经营户。由个人独资企业、其他组织变更为个体经营户，不得享受上述优惠政策。

“享受上述优惠政策的人员按以下规定申领《就业创业证》：

（一）按照《就业服务与就业管理规定》（人力资源社会保障部令第 24 号）第六十三条的规定，在法定劳动年龄内，有劳动能力，有就业要求，处于无业状态的城镇常住人员，在公共就业服务机构进行失业登记，申领《就业创业证》。对其中的零就业家庭、城市低保家庭的登记失业人员，公共就业服务机构应在其《就业创业证》上予以注明。

（二）毕业年度内高校毕业生在校期间凭学生证向公共就业服务机构按规定申领《就业创业证》，或委托所在高校就业指导中心向公共就业服务机构按规定代为其申领《就业创业证》；毕业年度内高校毕业生离校后直接向公共就业服务机构按规定申领《就业创业证》。

（三）上述人员申领相关凭证后，由就业和创业地人力资源社会保障部门对人员范围、就业失业状态、已享受政策情况进行核实，在《就业创业证》上注明‘自主创业税收政策’、‘毕业年度内自主创业税收政策’或‘企业吸纳税收政策’字样，同时符合自主创业和企业吸纳税收政策条件的，可同时加注；主管税务机关在《就业创业证》上加盖戳记，注明减免税所属时间。

四、本通知的执行期限为 2017 年 1 月 1 日至 2019 年 12 月 31 日。本通知规定的税收优惠政策按照备案减免税管理，纳税人应向主管税务机关备案。税收优惠政策在 2019 年 12 月 31 日未享受满 3 年的，可继续享受至 3 年期满为止。”

“本通知所述人员不得重复享受税收优惠政策，以前年度已享受扶持就业的专项税收优惠政策的人员不得再享受本通知规定的税收优惠政策。”

2.《财政部　税务总局　人力资源社会保障部　国务院扶贫办关于进一步支持和促进重点群体创业就业有关税收政策的通知》（财税〔2019〕22 号）规定：

“建档立卡贫困人口、持《就业创业证》（注明‘自主创业税收政策’或‘毕业年度内自主创业税收政策’）或《就业失业登记证》（注明‘自主创业税收政策’）的人员，从事个体经营的，自办理个体工商户登记当月起，在3年（36个月，下同）内按每户每年12 000元为限额依次扣减其当年实际应缴纳的增值税、城市维护建设税、教育费附加、地方教育附加和个人所得税。限额标准最高可上浮20%，各省、自治区、直辖市人民政府可根据本地区实际情况在此幅度内确定具体限额标准。

纳税人年度应缴纳税款小于上述扣减限额的，减免税额以其实际缴纳的税款为限；大于上述扣减限额的，以上述扣减限额为限。

上述人员具体包括：1. 纳入全国扶贫开发信息系统的建档立卡贫困人口；2. 在人力资源社会保障部门公共就业服务机构登记失业半年以上的人员；3. 零就业家庭、享受城市居民最低生活保障家庭劳动年龄内的登记失业人员；4. 毕业年度内高校毕业生。高校毕业生是指实施高等学历教育的普通高等学校、成人高等学校应届毕业的学生；毕业年度是指毕业所在自然年，即1月1日至12月31日。”

“国务院扶贫办在每年1月15日前将建档立卡贫困人口名单及相关信息提供给人力资源社会保障部、税务总局，税务总局将相关信息转发给各省、自治区、直辖市税务部门。人力资源社会保障部门依托全国扶贫开发信息系统核实建档立卡贫困人口身份信息。”

“本通知规定的税收政策执行期限为2019年1月1日至2021年12月31日。纳税人在2021年12月31日享受本通知规定税收优惠政策未满3年的，可继续享受至3年期满为止。”

“本通知所述人员，以前年度已享受重点群体创业就业税收优惠政策满3年的，不得再享受本通知规定的税收优惠政策；以前年度享受重点群体创业就业税收优惠政策未满3年且符合本通知规定条件的，可按本通知规定享受优惠至3年期满。”

自2019年1月1日起，对建档立卡贫困人口、持就业创业证或就业失业登记证的人员从事个体经营的符合上述规定的，应按上述第2点执行。

3. 具体操作问题。

《国家税务总局　人力资源社会保障部　国务院扶贫办　教育部关于实施支持和促进重点群体创业就业有关税收政策具体操作问题的公告》（国家税务总局公告2019年第10号）规定：

“一、重点群体个体经营税收政策

（一）申请

1. 建档立卡贫困人口从事个体经营的，向主管税务机关申报纳税时享受优惠。

2. 登记失业半年以上的人员，零就业家庭、享受城市居民最低生活保障家庭劳动年龄的登记失业人员，以及毕业年度内高校毕业生，可持《就业创业证》（或《就业失业登记证》，下同）、个体工商户登记执照（未完成“两证整合”的还须持《税务登记证》）向创业地县以上（含县级，下同）人力资源社会保障部门提出申请。县以上人力资源社会保障部门应当按照财税〔2019〕22号文件的规定，核实其是否享受过重点群体创业就业税收优惠政策。对符合财税〔2019〕22号文件规定条件的人员在《就业创业证》上注明‘自主创业税收政策’或‘毕业年度内自主创业税收政策’。

（二）税款减免顺序及额度

重点群体从事个体经营的，按照财税〔2019〕22号文件第一条的规定，在年度减免税限额内，依次扣减增值税、城市维护建设税、教育费附加、地方教育附加和个人所得税。城市维护建设税、教育费附加、地方教育附加的计税依据是享受本项税收优惠政策前的增值税应纳税额。

纳税人的实际经营期不足1年的，应当以实际月数换算其减免税限额。换算公式为：减免税限额＝年度减免税限额÷12×实际经营月数。

纳税人实际应缴纳的增值税、城市维护建设税、教育费附加、地方教育附加和个人所得税小于减免税限额的，以实际应缴纳的增值税、城市维护建设税、教育费附加、地方教育附加和个人所得税税额为限；实际应缴纳的增值税、城市维护建设税、教育费附加、地方教育附加和个人所得税大于减免税限额的，以减免税限额为限。

（三）税收减免管理

登记失业半年以上的人员，零就业家庭、城市低保家庭的登记失业人员，以及毕业年度内高校毕业生享受本项税收优惠的，由其留存《就业创业证》（注明‘自主创业税收政策’或‘毕业年度内自主创业税收政策’）备查，建档立卡贫困人口无需留存资料备查。”

“三、凭《就业创业证》享受上述优惠政策的人员，按以下规定申领《就业创业证》

（一）失业人员在常住地公共就业服务机构进行失业登记，申领《就业创业证》。对其中的零就业家庭、城市低保家庭的登记失业人员，公共就业服务机构应在其《就业创业证》上予以注明。

（二）毕业年度内高校毕业生在校期间凭学生证向公共就业服务机构申领《就业创业证》，或委托所在高校就业指导中心向公共就业服务机构代为申领《就业创业证》；毕业年度内高校毕业生离校后可凭毕业证直接向公共就业服务机构按规定申领《就业创业证》。

四、税收优惠政策管理

（一）严格各项凭证的审核发放。任何单位或个人不得伪造、涂改、转让、出租相关凭证，违者将依法予以惩处；对出借、转让《就业创业证》的人员，主管人力资源社会保障部门要收回其《就业创业证》并记录在案；对采取上述手段已经获取减免税的企业和个人，主管税务机关要追缴其已减免的税款，并依法予以处理。

（二）《就业创业证》采用实名制，限持证者本人使用。创业人员从事个体经营的，《就业创业证》由本人保管；被用人单位招用的，享受税收优惠政策期间，证件由用人单位保管。《就业创业证》由人力资源社会保障部统一样式，各省、自治区、直辖市人力资源社会保障部门负责印制，作为审核劳动者就业失业状况和享受政策情况的有效凭证。

（三）《企业吸纳重点群体就业认定证明》由人力资源社会保障部统一样式，各省、自治区、直辖市人力资源社会保障部门统一印制，统一编号备案，相关信息由当地人力资源社会保障部门按需提供给税务部门。

（四）县以上人力资源社会保障、税务部门及扶贫办要建立劳动者就业信息交换和协查制度。人力资源社会保障部建立全国《就业创业证》查询系统（http://jyjc.mohrss.gov.cn），供各级人力资源社会保障、财政、税务部门查询《就业创业证》信息。国务院扶贫办建立全国统一的全国扶贫开发信息系统，供各级扶贫办、人力资源社会保障、财政、税务部门查询建档立卡贫困人口身份等相关信息。

（五）各级税务机关对《就业创业证》或建档立卡贫困人口身份有疑问的，可提请同级人力资源社会保障部门、扶贫办予以协查，同级人力资源社会保障部门、扶贫办应根据具体情况规定合理的工作时限，并在时限内将协查结果通报提请协查的税务机关。

五、本公告自 2019 年 1 月 1 日起施行。”

五十七、北京 2022 年冬奥会、冬残奥会、测试赛的个人所得税优惠

对受北京 2022 年冬奥会和冬残奥会组织委员会（以下简称北京冬奥组委）邀请的，在北京 2022 年冬奥会、冬残奥会、测试赛期间临时来华，从事奥运相关工作的外籍顾问以及裁判员等外籍技术官员取得的由北京冬奥组委、测试赛赛事组委会支付的劳务报酬免征增值税和个人所得税。

对于参赛运动员因北京 2022 年冬奥会、冬残奥会、测试赛比赛获得的奖金和其他奖赏收入，按现行税收法律法规的有关规定征免应交纳的个人所得税。

五十八、境外个人投资者投资中国境内原油期货取得的所得暂免征收个人所得税

自 2018 年 3 月 13 日起，自原油期货对外开放之日起，对境外个人投资者投资中国境内原油期货取得的所得，3 年内暂免征收个人所得税。

经国务院批准对外开放的其他货物期货品种，按照《财政部　税务总局　证监会关于支持原油等货物期货市场对外开放税收政策的通知》（财税〔2018〕21 号）规定的税收政策执行。

五十九、易地扶贫搬迁贫困人口按规定取得的补偿免征个人所得税

2018 年 1 月 1 日至 2020 年 12 月 31 日，对易地扶贫搬迁贫困人口按规定取得的住房建设补助资金、拆旧复垦奖励资金等与易地扶贫搬迁相关的货币化补偿和易地扶贫搬迁安置住房（以下简称安置住房），免征个人所得税。自 2018 年 1 月 1 日起的已征税款，依申请予以退税。

易地扶贫搬迁项目、项目实施主体、易地扶贫搬迁贫困人口、相关安置住房等信息由易地扶贫搬迁工作主管部门确定。县级易地扶贫搬迁工作主管部门应当将上述信息及时提供给同级税务部门。

六十、个人转让新三板挂牌公司非原始股取得的所得暂免征收个人所得税

自 2018 年 11 月 1 日起，对个人转让新三板挂牌公司非原始股取得的所得，暂免征收个人所得税。

非原始股是指个人在新三板挂牌公司挂牌后取得的股票，以及由上述股票孳生的送、转股。

2018 年 11 月 1 日之前，个人转让新三板挂牌公司非原始股，尚未进行税收处理的，可比照上述规定执行，已经进行相关税收处理的，不再进行税收调整。

六十一、中国科学院资深院士和中国工程院资深院士津贴免征个人所得税

经国务院批准，对中国科学院院士（以前称“中国科学院学部委员”）的院士津贴（以前称“学部委员津贴”），按每人每月 200 元发给，并免征个人所得税。

依据《国务院关于在中国科学院、中国工程院院士中实行资深院士制度的通知》（国发〔1998〕8 号）的规定，发给中国科学院资深院士和中国工程院资深院士每人每年 1 万元的资深院士津贴免予征收个人所得税。

六十二、职工从破产企业取得的一次性安置费收入免征个人所得税

自 2001 年 10 月 1 日起，企业依照国家有关法律规定宣告破产，企业职工从该破产企业取得的一次性安置费收入，免征个人所得税。

所有类型的企业（包括国有企业、民营企业等）依照国家有关法律规定宣告破产，破产企业的职工从该破产企业取得的一次性安置费收入，免征个人所得税。

六十三、非典型肺炎疫情发生期间个人取得的特殊临时性工作补助等所得免征个人所得税

2003 年 1 月 1 日起，凡承担非典型肺炎防治任务的传染病医院、综合医院和疾病预防控制中心、急救中心等单位中参加非典型肺炎防治工作的第一线医务和防疫工作者，按照地方政府规定的标准取得的非典型肺炎防治工作特殊临时性工作补助，免予征收个人所得税。

为防止非典型肺炎的扩散，对单位发给个人的用于预防非典型肺炎的药品、医疗用品和防护用品等实物（不包括现金），可不计入个人当月的工资、薪金收入，免予征收个人所得税。疫情解除后，以上规定停止执行。

六十四、个人由于禽类扑杀所取得的财政专项补助免征个人所得税

根据《国务院办公厅关于延长扶持家禽业发展政策实施期限的通知》（国办发明电〔2006〕26 号）精神，对企业或个人由于禽类扑杀所取得的财政专项补助，免征企业所得税或个人所得税；对上述企业由于禽类扑杀所造成的净损失，允许其在所

得税前全额列支。

六十五、第 16 届亚洲运动会等 3 项国际综合运动会的个人所得税优惠

经国务院批准，自 2008 年 1 月 1 日起，就 2010 年广州第 16 届亚洲运动会（以下简称亚运会）、2011 年深圳第 26 届世界大学生夏季运动会（以下简称大运会）和 2009 年哈尔滨第 24 届世界大学生冬季运动会（以下简称大冬会）的有关个人所得税政策如下：

1. 对参赛运动员因亚运会、大运会和大冬会比赛获得的奖金和其他奖赏收入，按现行税收法律法规的有关规定征免应交纳的个人所得税。

2. 对企事业单位、社会团体和其他组织以及个人通过公益性社会团体或者县级以上人民政府及其部门捐赠亚运会、大运会和大冬会的资金、物资支出，在计算企业和个人应纳税所得额时按现行税收法律法规的有关规定予以税前扣除。

六十六、玉树地震灾后恢复重建的个人所得税优惠

2010 年 4 月 14 日至 2012 年 12 月 31 日，对受灾地区个人接受捐赠的款项、取得的各级政府发放的救灾款项，以及参与抗震救灾一线人员，按照地方各级政府及其部门规定标准取得的与抗震救灾有关的补贴收入，免征个人所得税。

2010 年 4 月 14 日至 2012 年 12 月 31 日，对企业、个人通过公益性社会团体、县级以上人民政府及其部门向受灾地区的捐赠，允许在当年企业所得税前和当年个人所得税前全额扣除。

2010 年 4 月 14 日至 2012 年 12 月 31 日，受灾地区因地震灾害失去工作后从事个体经营（除建筑业、娱乐业以及销售不动产、转让土地使用权、广告业、房屋中介、桑拿、按摩、网吧、氧吧外）的人员，以及因地震灾害损失严重的个体工商户，按每户每年8 000元为限额依次扣减其当年实际应缴纳的增值税、营业税、城市维护建设税、教育费附加和个人所得税。

纳税人年度应缴纳税款小于上述扣减限额的，以其实际缴纳的税款为限；大于上述扣减限额的，应以上述扣减限额为限。

上述受灾地区是指青海省玉树藏族自治州玉树、称多、治多、杂多、囊谦、曲麻莱县和四川省甘孜藏族自治州石渠县等 7 个县的 27 个乡镇。

六十七、第三届亚洲沙滩运动会的个人所得税优惠

经国务院批准，2012 年海阳第三届亚洲沙滩运动会（以下简称亚沙会）的有关

个人所得税政策如下：

自2011年1月19日起，对参赛运动员参加亚沙会比赛获得的奖金和其他奖赏收入，按现行税收法律法规的有关规定征免应交纳的个人所得税。

自2011年1月19日起，对企事业单位、社会团体和其他组织以及个人通过公益性社会团体或者县级以上人民政府及其部门捐赠亚沙会的资金、物资支出，在计算企业和个人应纳税所得额时按现行税收法律法规的有关规定予以税前扣除。

六十八、第二届夏季青年奥林匹克运动会等3项国际综合运动会的个人所得税优惠

经国务院批准，2014年南京第二届夏季青年奥林匹克运动会（以下简称青奥会）、2013年南京第二届亚洲青年运动会（以下简称亚青会）和2013年天津第六届东亚运动会（以下简称东亚会）等3项国际综合运动会的有关个人所得税政策如下：

对参赛运动员因青奥会、亚青会和东亚会比赛获得的奖金和其他奖赏收入，按现行税收法律法规的有关规定征免应交纳的个人所得税。

对企事业单位、社会团体和其他组织以及个人通过公益性社会团体或者县级以上人民政府及其部门捐赠青奥会、亚青会和东亚会的资金、物资支出，在计算企业和个人应纳税所得额时按现行税收法律法规的有关规定予以税前扣除。

青奥会税收政策自2011年1月1日起执行，亚青会、东亚会税收政策自2012年1月1日起执行。

六十九、卫星发射成功奖免征个人所得税

1996年2月，香港亚洲卫星公司为奖励1995年11月28日成功发射亚洲卫星二号有功人员而向中国长城工业总公司等有关单位颁发的50万美元奖金，属于外国组织、国际组织颁布的科学技术方面的奖金。根据《中华人民共和国个人所得税法》的规定，获奖人员所获该项奖金可以免纳个人所得税。

七十、“97香港回归”中国书画作品大奖赛获奖作品的奖金免征个人所得税

为迎接“97香港回归”，推动中华民族文化的交流和艺术的繁荣，由文化部社会

文化司和港澳台司主办，中国社会经济文化交流协会协办，中国诗书画研究院、辽宁省铁岭市经济贸易委员会、沈阳盛发实业集团有限责任公司承办“中国书画作品大奖赛”活动。该大奖赛活动将从征集到的作品中评出金奖、银奖、铜奖以及优秀奖和老书画家成就奖，并向获奖作品的作者颁发一定数额的奖金。该项奖金属于国务院部委颁发的文化成果奖金。根据《中华人民共和国个人所得税法》的规定，获奖作品的作者所获的该项奖金免纳个人所得税。

七十一、孙平化日本学学术奖励基金获得者的奖金收入免征个人所得税

1. 1997 年 9 月，宋庆龄基金会专项设立了孙平化日本学学术奖励基金会，个人获得的第二届孙平化日本学学术奖励基金的奖金，属于国务院部委颁发的文化方面的奖金，根据《中华人民共和国个人所得税法》的规定，免予征收个人所得税。

2. 根据《中华人民共和国个人所得税法》的规定，个人获得的第三届孙平化日本学学术奖励基金的奖金，属于国务院部委颁发的文化方面的奖金，免予征收个人所得税。

七十二、宏观经济专项奖励基金颁发的奖金免征个人所得税

宏观经济专项奖励基金是为促进我国国民经济持续健康发展、加强和改进对我国宏观经济理论、政策及方法的研究而设立的，设“杰出贡献奖”和“优秀人才奖”两个奖项，“杰出贡献奖”奖励人数 3 人，每人 30 万元，“优秀人才奖”奖励人数 3 人，每人 10 万元，两个奖项均为终身只授予一次。依据《中华人民共和国个人所得税法》的规定，对个人获得的宏观经济专项奖励基金颁发的“杰出贡献奖”和“优秀人才奖”奖金，免予征收个人所得税。

七十三、“西部地区十四所重点建设高校重点课程教师岗位计划”任课教师奖金免征个人所得税

由香港李嘉诚基金会和教育部合作设立并组织实施“西部地区十四所重点建设高校重点课程教师岗位计划”，教育部将香港李嘉诚基金会赠款作为奖金，分 2002 年度和 2003 年度颁发给赴西部地区高校教学的任课教师，每人金额为 1.5 万～5 万元。根据《中华人民共和国个人所得税法》的规定，对 14 所支援高校派往西部地区高校教学的任课教师取得的上述奖金，免予征收个人所得税。

七十四、高等学校教学名师奖奖金免征个人所得税

1. 教育部设立的高等学校教学名师奖，每 3 年评选一次，每次评选、表彰 100 名优秀教师，奖金每人 2 万元。根据《中华人民共和国个人所得税法》的有关规定，对教育部组织评选颁发的第一届高等学校教学名师奖奖金免予征收个人所得税。

2. 第二届高等学校教学名师奖获奖人数为 100 人，每人奖金 2 万元。根据《中华人民共和国个人所得税法》的规定，对第二届高等学校教学名师奖奖金，免予征收个人所得税。

3. 按照《教育部关于加强本科教学工作提高教学质量的若干意见》和《教育部　财政部关于实施高等学校本科教学质量与教学改革工程的意见》（教高〔2007〕1 号）精神，第三届高等学校教学名师奖获奖人数为 100 人，每人奖金 2 万元。根据《中华人民共和国个人所得税法》的规定，对第三届高等学校教学名师奖奖金，免予征收个人所得税。

4. 按照《教育部　财政部关于实施高等学校本科教学质量与教学改革工程的意见》（教高〔2007〕1 号）精神，第四届高等学校教学名师奖获奖人数为 100 人，每人奖金 2 万元。根据《中华人民共和国个人所得税法》的规定，对第四届高等学校教学名师奖奖金，免予征收个人所得税。

七十五、全国职工技术创新成果获奖者奖金收入免征个人所得税

1. 2004 年，中华全国总工会与科学技术部、劳动和社会保障部在全国职工中开展评选优秀技术创新成果活动，共有 1 项成果获得一等奖，奖金 20 万元；5 项成果获得二等奖，每项奖金 10 万元；28 项成果获得三等奖，每项奖金 3 万元。根据《中华人民共和国个人所得税法》的规定，对全国职工技术创新成果获奖者所得奖金，免予征收个人所得税。

2. 2008 年，中华全国总工会与科学技术部、人力资源和社会保障部联合开展第二届全国职工技术创新成果评选活动，共评选出 33 项获奖成果，其中一等奖 2 项，各奖励 20 万元；二等奖 8 项，各奖励 10 万元；三等奖 23 项，各奖励 3 万元。根据《中华人民共和国个人所得税法》的规定，为鼓励全国广大职工积极参加群众性技术攻关、技术革新和发明创造等活动，推动科技进步，促进经济发展，对第二届全国职工技术创新成果获奖者所得奖金，免予征收个人所得税。

3. 2011 年，中华全国总工会、科学技术部、工业和信息化部、人力资源和社会

保障部联合开展第三届全国职工优秀技术创新成果评选表彰活动，共计 42 项科研成果获奖，其中一等奖 2 项，对项目完成人各奖励人民币 20 万元；二等奖 10 项，对项目完成人各奖励人民币 10 万元；三等奖 30 项，对项目完成人各奖励人民币 3 万元。上述获奖项目总计 230 万元的奖金由中华全国总工会支付。根据《中华人民共和国个人所得税法》的规定，对第三届全国职工优秀技术创新成果奖获奖项目完成人的奖金，免予征收个人所得税。

七十六、林业科技重奖和贡献奖获奖收入免征个人所得税

国家林业局（现国家林业和草原局）制定《林业科技重奖工作暂行办法》（以下简称《办法》），设立了林业科技重奖，由国家林业局组织评奖颁奖。该奖项每 3 年评选一次，重奖人数不超过 5 人，重奖金额 50 万元，其中 20 万元归个人，30 万元由受奖者作为科技工作经费或用于购置科研仪器。第一届重奖集体奖 1 名、个人奖 2 名。另外，国家林业局林业重奖评选委员会参照《办法》，评选出 22 名科技贡献奖，获奖人员主要为两院院士、资深专家，奖励金额为每人 10 万元，上述奖励资金来源于国家财政拨款。根据《中华人民共和国个人所得税法》的规定，对国家林业局颁发的林业科技重奖和贡献奖获奖者的获奖收入免征个人所得税。

七十七、香港柏宁顿（中国）教育基金会首届“孺子牛金球奖”获得者免征个人所得税

香港柏宁顿（中国）教育基金会“孺子牛金球奖”是为了奖励内地长期从事教育事业，为人师表，兢兢业业，在教书育人工作中取得突出成绩的教师。根据《中华人民共和国个人所得税法》的规定，对个人获得香港柏宁顿（中国）教育基金会首届“孺子牛金球奖”的奖金，可视为国务院部委颁发的教育方面的奖金，免予征收个人所得税。

七十八、铁路债券利息所得减征个人所得税

《财政部　税务总局关于铁路债券利息收入所得税政策的公告》（财政部　税务总局公告 2019 年第 57 号）规定：

“对个人投资者持有 2019—2023 年发行的铁路债券取得的利息收入，减按 50% 计入应纳税所得额计算征收个人所得税。税款由兑付机构在向个人投资者兑付利息

时代扣代缴。”

“铁路债券是指以中国铁路总公司为发行和偿还主体的债券，包括中国铁路建设债券、中期票据、短期融资券等债务融资工具。”

七十九、个人投资者从基金分配中获得的国债利息、储蓄存款利息以及买卖股票价差收入暂不征收个人所得税

对个人投资者从中国证监会新批准设立的封闭式证券投资基金分配中获得的国债利息、储蓄存款利息以及买卖股票价差收入，在国债利息收入、个人储蓄存款利息收入及个人买卖股票差价收入未恢复征收所得税以前，暂不征收个人所得税。

八十、个人转让自用达5年以上且是唯一的家庭生活用房取得的所得免征个人所得税

个人出售商业用房取得的所得，应按规定交纳个人所得税，不得享受自用5年以上的家庭唯一生活用房免税的政策。

“自用5年以上”，是指个人购房至转让房屋的时间达5年以上。

1. 个人购房日期的确定。个人按照国家房改政策购买的公有住房，以其购房合同的生效时间、房款收据开具日期或房屋产权证上注明的时间，依照孰先原则确定；个人购买的其他住房，以其房屋产权证注明日期或契税完税凭证注明日期，按照孰先原则确定。

2. 个人转让房屋的日期，以销售发票上注明的时间为准。

“家庭唯一生活用房”，是指在同一省、自治区、直辖市范围内纳税人（有配偶的为夫妻双方）仅拥有一套住房。

自2017年4月1日起，个人转让住房，因产权纠纷等原因未能及时取得房屋所有权证书（包括不动产权证书，下同），对于人民法院、仲裁委员会出具的法律文书确认个人购买住房的，法律文书的生效日期视同房屋所有权证书的注明时间，据以确定纳税人是否享受税收优惠政策。此前尚未进行税收处理的，按上述规定执行。

八十一、参赛运动员因武汉军运会比赛获得的奖金和其他奖赏收入按规定免征个人所得税

为支持举办 2019 年武汉第七届世界军人运动会（以下简称武汉军运会），自 2018 年 11 月 5 日起，对参赛运动员因武汉军运会比赛获得的奖金和其他奖赏收入，按现行税收法律法规的有关规定免征应交纳的个人所得税。

八十二、对个人投资者转让创新企业 CDR 取得的差价所得 3 年内暂免征收个人所得税

《财政部　税务总局　证监会关于创新企业境内发行存托凭证试点阶段有关税收政策的公告》（财政部　税务总局　证监会公告 2019 年第 52 号）规定：

“自试点开始之日起，对个人投资者转让创新企业 CDR 取得的差价所得，三年（36 个月，下同）内暂免征收个人所得税。”

“本公告所称创新企业 CDR，是指符合《国务院办公厅转发证监会关于开展创新企业境内发行股票或存托凭证试点若干意见的通知》（国办发〔2018〕21 号）规定的试点企业，以境外股票为基础证券，由存托人签发并在中国境内发行，代表境外基础证券权益的证券。

本公告所称试点开始之日，是指首只创新企业 CDR 取得国务院证券监督管理机构的发行批文之日。”

第四节　减免税管理

《国家税务总局关于个人所得税若干政策问题的批复》（国税函〔2002〕629 号）规定：

“在纳税人享受减免个人所得税优惠政策时，是否须经税务机关审核或批准，应按照以下原则执行：

（一）税收法律、行政法规、部门规章和规范性文件中未明确规定纳税人享受减免税必须经税务机关审批的，且纳税人取得的所得完全符合减免税条件的，无须经主管税务机关审批，纳税人可自行享受减免税。

（二）税收法律、行政法规、部门规章和规范性文件中明确规定纳税人享受减免税必须经税务机关审批的，或者纳税人无法准确判断其取得的所得是否应享受个人所得税减免的，必须经主管税务机关按照有关规定审核或批准后，方可减免个人所得税。

（三）纳税人有个人所得税法第五条规定情形之一的，必须经主管税务机关批准，方可减征个人所得税。”

纳税人、扣缴义务人纳税申报时存在减免个人所得税情形的，应填报个人所得税减免税事项报告表（见表 11－1）。

表 11－1　个人所得税减免税事项报告表

税款所属期：　年　月　日至　年　月　日　金额单位：人民币元（列至角分）

<table>
<tr><td colspan="3">扣缴义务人名称</td><td colspan="2"></td><td>扣缴义务人纳税识别号</td><td colspan="2"></td></tr>
<tr><td colspan="3">纳税人姓名</td><td colspan="2"></td><td>纳税人识别号</td><td colspan="2"></td></tr>
<tr><td rowspan="25">减免税情况</td><td>编号</td><td>勾选</td><td colspan="3">减免事项</td><td>减免人数</td><td>减免税额</td></tr>
<tr><td>1</td><td>□</td><td colspan="3">芦山地震受灾减免个人所得税</td><td></td><td></td></tr>
<tr><td>2</td><td>□</td><td colspan="3">鲁甸地震受灾减免个人所得税</td><td></td><td></td></tr>
<tr><td>3</td><td>□</td><td colspan="3">其他地区地震受灾减免个人所得税</td><td></td><td></td></tr>
<tr><td>4</td><td>□</td><td colspan="3">其他自然灾害受灾减免个人所得税</td><td></td><td></td></tr>
<tr><td>5</td><td>□</td><td colspan="3">个人转让 5 年以上唯一住房免征个人所得税</td><td></td><td></td></tr>
<tr><td>6</td><td>□</td><td colspan="3">随军家属从事个体经营免征个人所得税</td><td></td><td></td></tr>
<tr><td>7</td><td>□</td><td colspan="3">军转干部从事个体经营免征个人所得税</td><td></td><td></td></tr>
<tr><td>8</td><td>□</td><td colspan="3">退役士兵从事个体经营减免个人所得税</td><td></td><td></td></tr>
<tr><td>9</td><td>□</td><td colspan="3">残疾、孤老、烈属减征个人所得税</td><td></td><td></td></tr>
<tr><td>10</td><td>□</td><td colspan="3">失业人员从事个体经营减免个人所得税</td><td></td><td></td></tr>
<tr><td>11</td><td>□</td><td colspan="3">低保及零就业家庭从事个体经营减免个人所得税</td><td></td><td></td></tr>
<tr><td>12</td><td>□</td><td colspan="3">高校毕业生从事个体经营减免个人所得税</td><td></td><td></td></tr>
<tr><td>13</td><td>□</td><td colspan="3">取消农业税从事四业所得暂免征收个人所得税</td><td></td><td></td></tr>
<tr><td>14</td><td>□</td><td colspan="3">符合条件的房屋赠与免征个人所得税</td><td></td><td></td></tr>
<tr><td>15</td><td rowspan="6">□</td><td rowspan="6">税收协定</td><td>股息</td><td>税收协定名称及条款：</td><td></td><td></td></tr>
<tr><td>16</td><td>利息</td><td>税收协定名称及条款：</td><td></td><td></td></tr>
<tr><td>17</td><td>特许权使用费</td><td>税收协定名称及条款：</td><td></td><td></td></tr>
<tr><td>18</td><td>财产收益</td><td>税收协定名称及条款：</td><td></td><td></td></tr>
<tr><td>19</td><td>受雇所得</td><td>税收协定名称及条款：</td><td></td><td></td></tr>
<tr><td>20</td><td>其他</td><td>税收协定名称及条款：</td><td></td><td></td></tr>
<tr><td>21</td><td rowspan="3">□</td><td rowspan="3">其他</td><td colspan="2">减免事项名称及减免性质代码：</td><td></td><td></td></tr>
<tr><td>22</td><td colspan="2">减免事项名称及减免性质代码：</td><td></td><td></td></tr>
<tr><td>23</td><td colspan="2">减免事项名称及减免性质代码：</td><td></td><td></td></tr>
<tr><td colspan="5">合计</td><td></td><td></td></tr>
</table>

续表

减免税人员名单	序号	姓名	身份证件类型	身份证件号码	减免事项（编号或减免性质代码）	减免税额
减免税人员名单	序号	姓名	身份证件类型	身份证件号码	减免事项（编号或减免性质代码）	减免税额

谨声明：此表是根据《中华人民共和国个人所得税法》及有关法律法规规定填写的，是真实的、完整的、可靠的。 纳税人或扣缴单位负责人签字：　　年　月　日	
感谢您对税收工作的支持！	
代理申报机构（负责人）签章： 经办人： 经办人执业证件号码： 代理申报日期：　年　月　日	主管税务机关印章： 受理人： 受理日期：　年　月　日

国家税务总局监制

个人所得税减免税事项报告表填报说明

纳税人、扣缴义务人纳税申报时存在减免个人所得税情形的，应填报本表。

一、申报期限

本表随扣缴个人所得税报告表、特定行业个人所得税年度申报表、个人所得税自行纳税申报表（A表）、个人所得税纳税申报表（适用于年所得12万元以上的纳税人申报）、个人所得税生产经营所得纳税申报表（A表）、个人所得税生产经营所得纳税申报表（B表）、个人所得税生产经营所得纳税申报表（C表）等一并报送。

二、有关项目填报说明

（一）表头项目

税款所属期：填写纳税人取得所得并享受减免税优惠的所属期间，应填写具体的起止年月日。

（二）基本信息栏

1.“扣缴义务人名称”“扣缴义务人纳税识别号”：由扣缴义务人填写，纳税人自行纳税申报无需填写。

2.“纳税人姓名”“纳税人识别号”：由纳税人填写，扣缴义务人扣缴申报的无需填写。

（三）减免税情况栏

1.“减免事项”：纳税人、扣缴义务人根据减免税优惠的类型进行勾选。

享受税收协定待遇的，应在“税收协定”项目相关所得类型后的空格内填写具体税收协定名称及条款。其中，编号19“受雇所得”即税收协定规定的非独立个人劳务所得。

存在表中列示以外的减免情形的，应在编号21—23“其他”项目的空格内填写对应的减免事项名称及减免性质代码（按照国家税务总局制定下发的最新减免性质及分类表中的最细项减免性质代码填报）。

2.“减免人数”：扣缴义务人填写此栏，纳税人自行纳税申报无需填写。

3.“减免税额”：填写符合税法规定可以减免的税额。减免税额合计应与扣缴个人所得税报告表、特定行业个人所得税年度申报表、个人所得税自行纳税申报表（A表）、个人所得税纳税申报表（适用于年所得12万元以上的纳税人申报）、个人所得税生产经营所得纳税申报表（A表）、个人所得税生产经营所得纳税申报表（B表）或个人所得税生产经营所得纳税申报表（C表）等申报表“减免税额”栏的金额或金额合计相等。

（四）减免税人员名单

由扣缴义务人填写，纳税人自行纳税申报无需填写。

1.“姓名”“身份证件类型”“身份证件号码”“减免税额”：应与扣缴个人所得税报告表或特定行业个人所得税年度申报表相关信息一致。

2.“减免事项（编号或减免性质代码）”：填写“减免税情况栏”列示的减免事项对应的编号、减免性质代码及税务机关要求填报的其他信息。

第十二章　征收管理

第一节　纳税申报

一、纳税人办理纳税申报

纳税人有下列情形之一的，应当依法办理纳税申报：

(1) 取得综合所得需要办理汇算清缴；

(2) 取得应税所得没有扣缴义务人；

(3) 取得应税所得，扣缴义务人未扣缴税款；

(4) 取得境外所得；

(5) 因移居境外注销中国户籍；

(6) 非居民个人在中国境内从两处以上取得工资、薪金所得；

(7) 国务院规定的其他情形。

扣缴义务人应当按照国家规定办理全员全额扣缴申报，并向纳税人提供其个人所得和已扣缴税款等信息。

全员全额扣缴申报，是指扣缴义务人在代扣税款的次月 15 日内，向主管税务机关报送其支付所得的所有个人的有关信息、支付所得数额、扣除事项和数额、扣缴税款的具体数额和总额以及其他相关涉税信息资料。

取得综合所得需要办理汇算清缴，包括下列情形：

①从两处以上取得综合所得，且综合所得年收入额减除专项扣除的余额超过 6 万元；

②取得劳务报酬所得、稿酬所得、特许权使用费所得中一项或者多项所得，且综合所得年收入额减除专项扣除的余额超过 6 万元；

③纳税年度内预缴税额低于应纳税额；

④纳税人申请退税。

二、纳税人申请退税

纳税人申请退税，应当提供其在中国境内开设的银行账户，并在汇算清缴地就地办理税款退库。

第二节　预扣预缴、代扣代缴、自行申报及汇算清缴

一、居民个人取得综合所得

居民个人取得综合所得，按年计算个人所得税；有扣缴义务人的，由扣缴义务人按月或者按次预扣预缴税款；需要办理汇算清缴的，应当在取得所得的次年 3 月 1 日至 6 月 30 日内办理汇算清缴。

居民个人向扣缴义务人提供专项附加扣除信息的，扣缴义务人按月预扣预缴税款时应当按照规定予以扣除，不得拒绝。

居民个人取得工资、薪金所得时，可以向扣缴义务人提供专项附加扣除有关信息，由扣缴义务人扣缴税款时减除专项附加扣除。纳税人同时从两处以上取得工资、薪金所得，并由扣缴义务人减除专项附加扣除的，对同一专项附加扣除项目，在一个纳税年度内只能选择从一处取得的所得中减除。

居民个人取得劳务报酬所得、稿酬所得、特许权使用费所得，应当在汇算清缴时向税务机关提供有关信息，减除专项附加扣除。

二、非居民个人取得工资、薪金所得，劳务报酬所得，稿酬所得和特许权使用费所得

非居民个人取得工资、薪金所得，劳务报酬所得，稿酬所得和特许权使用费所得，有扣缴义务人的，由扣缴义务人按月或者按次代扣代缴税款，不办理汇算清缴。

三、纳税人取得经营所得

纳税人取得经营所得，按年计算个人所得税，由纳税人在月度或者季度终了后 15 日内向税务机关报送纳税申报表，并预缴税款；在取得所得的次年 3 月 31 日前办

理汇算清缴。

四、纳税人取得利息、股息、红利所得，财产租赁所得，财产转让所得和偶然所得

纳税人取得利息、股息、红利所得，财产租赁所得，财产转让所得和偶然所得，按月或者按次计算个人所得税，有扣缴义务人的，由扣缴义务人按月或者按次代扣代缴税款。

五、纳税人取得应税所得没有扣缴义务人等特殊情况

1. 纳税人取得应税所得没有扣缴义务人的，应当在取得所得的次月 15 日内向税务机关报送纳税申报表，并缴纳税款。

2. 纳税人取得应税所得，扣缴义务人未扣缴税款的，纳税人应当在取得所得的次年 6 月 30 日前，缴纳税款；税务机关通知限期缴纳的，纳税人应当按照期限缴纳税款。

3. 居民个人从中国境外取得所得的，应当在取得所得的次年 3 月 1 日至 6 月 30 日内申报纳税。

4. 非居民个人在中国境内从两处以上取得工资、薪金所得的，应当在取得所得的次月 15 日内申报纳税。

5. 纳税人因移居境外注销中国户籍的，应当在注销中国户籍前办理税款清算。

六、税款缴库

1. 扣缴义务人每月或者每次预扣、代扣的税款，应当在次月 15 日内缴入国库，并向税务机关报送扣缴个人所得税申报表。

2. 纳税人办理汇算清缴退税或者扣缴义务人为纳税人办理汇算清缴退税的，税务机关审核后，按照国库管理的有关规定办理退税。

3. 扣缴义务人向个人支付应税款项时，应当依照个人所得税法规定预扣或代扣税款，按时缴库，并专项记载备查。

上述所称“支付”，包括现金支付、汇拨支付、转账支付和以有价证券、实物以及其他形式的支付。

第三节　实名办税

一、个人应当凭纳税人识别号实名办税

个人首次取得应税所得或者首次办理纳税申报时，应当向扣缴义务人或者税务机关如实提供纳税人识别号及与纳税有关的信息。个人上述信息发生变化的，应当报告扣缴义务人或者税务机关。

国务院税务主管部门可以指定掌握所得信息并对所得取得过程有控制权的单位为扣缴义务人。

二、自然人纳税人识别号

2019 年 1 月 1 日起，《国家税务总局关于自然人纳税人识别号有关事项的公告》（国家税务总局公告 2018 年第 59 号）规定：

“自然人纳税人识别号，是自然人纳税人办理各类涉税事项的唯一代码标识。”

“有中国公民身份号码的，以其中国公民身份号码作为纳税人识别号；没有中国公民身份号码的，由税务机关赋予其纳税人识别号。”

“纳税人首次办理涉税事项时，应当向税务机关或者扣缴义务人出示有效身份证件，并报送相关基础信息。”

“税务机关应当在赋予自然人纳税人识别号后告知或者通过扣缴义务人告知纳税人其纳税人识别号，并为自然人纳税人查询本人纳税人识别号提供便利。”

“自然人纳税人办理纳税申报、税款缴纳、申请退税、开具完税凭证、纳税查询等涉税事项时应当向税务机关或扣缴义务人提供纳税人识别号。”

“本公告所称‘有效身份证件’，是指：

（一）纳税人为中国公民且持有有效《中华人民共和国居民身份证》（以下简称‘居民身份证’）的，为居民身份证。

（二）纳税人为华侨且没有居民身份证的，为有效的《中华人民共和国护照》和华侨身份证明。

（三）纳税人为港澳居民的，为有效的《港澳居民来往内地通行证》或《中华人民共和国港澳居民居住证》。

（四）纳税人为台湾居民的，为有效的《台湾居民来往大陆通行证》或《中华人

民共和国台湾居民居住证》。

（五）纳税人为持有有效《中华人民共和国外国人永久居留身份证》（以下简称永久居留证）的外籍个人的，为永久居留证和外国护照；未持有永久居留证但持有有效《中华人民共和国外国人工作许可证》（以下简称工作许可证）的，为工作许可证和外国护照；其他外籍个人，为有效的外国护照。”

第四节 个人所得税《纳税记录》的开具及相关事项

为配合个人所得税制度改革，进一步落实国务院减证便民要求，优化纳税服务，自2019年1月1日起，国家税务总局决定将个人所得税《税收完税证明》（文书式）调整为《纳税记录》。

1. 从2019年1月1日起，纳税人申请开具税款所属期为2019年1月1日（含2019年1月1日）以后的个人所得税缴税（退税）情况证明的，税务机关不再开具《税收完税证明》（文书式），调整为开具《纳税记录》；纳税人申请开具税款所属期为2018年12月31日（含2018年12月31日）以前个人所得税缴税（退税）情况证明的，税务机关继续开具《税收完税证明》（文书式）。

2. 2019年1月1日以后，纳税人取得应税所得并由扣缴义务人向税务机关办理了全员全额扣缴申报，或根据税法规定自行向税务机关办理纳税申报的，不论是否实际缴纳税款，均可以申请开具《纳税记录》。

3. 纳税人可以通过电子税务局、手机APP申请开具本人的个人所得税《纳税记录》，也可到办税服务厅申请开具。

4. 纳税人可以委托他人持委托人及受托人有效身份证件原件、委托人书面授权资料到办税服务厅代为开具个人所得税《纳税记录》。

5. 纳税人对个人所得税《纳税记录》存在异议的，可以向该项记录中列明的税务机关申请核实。

6. 税务机关提供个人所得税《纳税记录》的验证服务，支持通过电子税务局、手机APP等方式进行验证。具体验证方法参见个人所得税《纳税记录》中的相关说明。

第五节 建立个人所得税重点纳税人收入和纳税情况监控系统

《国家税务总局关于建立个人所得税重点纳税人收入和纳税情况监控系统的通

知》（国税发〔2002〕115号）规定：

“为贯彻落实国务院领导关于加强个人所得税征收管理，充分发挥个人所得税缓解社会收入分配不公作用的指示精神，巩固2001年整顿和规范个人所得税秩序取得的成果，进一步强化对高收入者个人所得税征收管理，稳步推进高收入个人自行申报纳税工作。总局决定，在全国范围内建立个人所得税重点纳税人收入和纳税情况监控系统，由各级主管税务机关在辖区内选择部分高收入个人作为重点纳税人，建立纳税档案，由纳税人定期向主管税务机关申报收入和纳税情况，实施跟踪监控、重点管理。”

“一、提高对建立高收入个人纳税档案工作重要性的认识，周密部署，认真实施。要把强化对高收入者个人所得税的征收管理，提高到实践江泽民总书记‘三个代表’重要思想的高度，进一步提高认识，充分发挥其组织收入和调节分配的双重功能。党中央、国务院领导一直高度重视个人所得税征管工作，曾多次指示和要求各级税务机关加强和改进个人所得税征收管理，加大对高收入个人的调节力度，缓解社会收入分配不公的矛盾。最近国务院领导同志又强调指出，要加快建立个人所得税重点纳税人的监控体系，依法加强对高收入者纳税情况的监控。并指出建立纳税档案是一个办法，要认真做好这一工作。各地要认真贯彻落实党中央、国务院领导的指示精神，在总结2001年加强对高收入者个人所得税征管工作经验的基础上，选择部分高收入个人作为重点纳税人，建立纳税档案，实行收入和纳税情况的自行申报，在全国范围内加快建立重点纳税人收入和纳税情况监控系统。

建立重点纳税人纳税档案，对其实施跟踪监控、重点管理，是加强对高收入者个人所得税征管的重大举措，各级地方税务局要积极取得地方党政领导的大力支持，与有关部门加强联系与协作，要争取建立纳税档案的重点纳税人的理解和配合，周密部署，认真实施，保证这项工作扎实、有效地开展。

二、各地应在2001年对高收入行业和个人进行摸底调查所掌握情况的基础上，从下列范围内选择部分重点纳税人，建立纳税档案：

（一）美国《福布斯》杂志发布的2001年度中国大陆百名富豪排行榜中的100人，全部作为重点监控对象，分别由其所在地区的地方税务局负责建立纳税档案；以后年度排行榜发生变化的，各地应根据变化的情况及时调整监控对象的名单；

（二）演艺界知名导演和演员，时装模特，足球教练员和运动员；

（三）规模较大的私营企业主、个人独资企业和合伙企业投资者，个体工商大户；

（四）企业承包、承租人员和供销人员；

（五）建筑工程承包人；

（六）企事业单位的管理人员、董事会和监事会成员；

（七）文艺、体育和经济活动的经纪人；

（八）独立或合伙执业的律师、会计师、审计师、税务师、评估师；

（九）大、中学和科研机构具有高级职称的教师和科研人员；

（十）医生、导游、美容美发师、厨师、股评人、乐手（师）、音响师、装饰装修设计师及其他具有专业特长的自由职业者；

（十一）外籍人员；

（十二）各地结合当地实际情况确定的应建立纳税档案的其他高收入个人。

三、各级地方税务局建立纳税档案、实施重点监控的重点纳税人的具体数额要求是：

（一）县（区）地方税务局要有一定数量的监控对象，地（市、州）地方税务机关至少 100 人、省地方税务局至少 200 人。

（二）总局在各省地方税务局监控的 200 人中选取1 000人（含《福布斯》杂志发布的中国大陆百名富豪排行榜中的 100 人）建立纳税档案。

（三）总局、省、市、县（区）局选取的建立纳税档案的重点纳税人可以交叉、重叠。

四、为了确保在年内建立起一整套全国监控体系，各级地方税务局应按照本《通知》的有关要求，在 9 月底前完成重点纳税人的建档工作，各省、自治区、直辖市和计划单列市地方税务局务必于 10 月底前将所确定的重点纳税人的基本情况填写《个人所得税重点纳税人基本情况汇总表》（见附件一）上报国家税务总局所得税管理司（同时附软盘），总局将从中选取 1 000 人建立纳税档案，责成各地接受纳税人日常申报，实施跟踪监控，重点管理。

五、主管税务机关应对建档监控的重点纳税人所须申报的内容和申报期限、申报方法提出具体要求。重点纳税人应按照主管税务机关的具体要求，按月或按季度向主管税务机关申报其取得收入和纳税的相关情况，至少应包括：每次取得收入的项目、地点、金额，扣缴义务人名称，完税情况，完税凭证的复印件等。

六、主管税务机关应按月或按季对监控对象申报的情况进行汇总、对比、分析。如发现零申报、异常申报或所申报收入与实际明显不符的，应要求纳税人对相关情况进行解释说明，并提供证明材料；发现纳税人应缴未缴税款或者少缴税款的，应按照税法的有关规定，向纳税人追缴税款、向扣缴义务人处以罚款；同时，要加大稽查力度，坚决打击重点纳税人的违法犯罪行为。

七、各省、自治区、直辖市和计划单列市地方税务局应在每年 7 月底以前和次年 1 月底前，分别将总局确定的 1 000 名重点监控对象的半年和全年的收入、纳税等情况采用 Excel 表格的形式填写《个人所得税重点纳税人收入和纳税情况汇总表》（见附件二）上报国家税务总局所得税管理司（同时附软盘）。

八、各级税务机关应为建档监控的重点纳税人保密，建档监控所获取的有关重点纳税人的所有信息只能用于税务管理，不得作其他用途和对外泄露。

九、对重点高收入者建立纳税档案、实施跟踪管理，是一项长期的工作。各级税务机关要随着形势的发展和高收入者的变化情况，及时调整建档监控对象名单，并且随着经验的积累和建档监控能力的提高，逐步扩大建档监控的高收入人数，使这项工作在调节高收入方面发挥出积极的作用。”

第六节　提高增值税起征点后的个人所得税征收管理

根据《中华人民共和国个人所得税法》及其实施条例的规定，纳税人取得的经营所得，均应依法交纳个人所得税。对未达到增值税起征点的纳税人，除税收政策规定的以外，一律不得免征个人所得税。

增值税起征点提高后，对采取核定征税办法的纳税人（包括按综合征收率或按应交纳流转税的一定比例附征个人所得税等方法的纳税人），可依据《中华人民共和国税收征收管理法》和《中华人民共和国个人所得税法》的有关规定，结合增值税起征点提高后纳税人所得相应增加的实际情况，重新核定纳税人的个人所得税定额。

对原按照应交纳流转税的一定比例附征个人所得税的纳税人，增值税起征点提高后不再交纳增值税，而仍须交纳个人所得税的，应改变原附征方法，重新确定与新情况相适应的个人所得税核定征收方法。

第七节　加强高收入者个人所得税征收管理

一、进一步加强高收入者个人所得税征收管理

《国家税务总局关于进一步加强高收入者个人所得税征收管理的通知》（国税发〔2010〕54 号）规定：

“近年来，随着我国经济的快速发展，城乡居民收入水平不断提高，个人收入差距扩大的矛盾也日益突出。为强化税收征管，充分发挥税收在收入分配中的调节作用，现就进一步加强高收入者个人所得税征收管理有关问题通知如下：

一、认真做好高收入者应税收入的管理和监控

各地税务机关要继续深入贯彻落实国家税务总局关于加强个人所得税管理的工作思路，夯实高收入者个人所得税征管基础。

（一）摸清本地区高收入者的税源分布状况

各地要认真开展个人所得税税源摸底工作，结合本地区经济总体水平、产业发展趋势和居民收入来源特点，重点监控高收入者相对集中的行业和高收入者相对集中的人群，摸清高收入行业的收入分配规律，掌握高收入人群的主要所得来源，建立高收入者所得来源信息库，完善税收征管机制，有针对性地加强个人所得税征收管理工作。

（二）全面推进全员全额扣缴明细申报管理

1. 要认真贯彻落实税务总局关于推进全员全额扣缴明细申报的部署和要求，并将全员全额扣缴明细申报管理纳入税务机关工作考核体系。税务总局将不定期进行抽查、考评和通报相关情况。

2. 要督促扣缴义务人按照《个人所得税法》第八条、《个人所得税法实施条例》第三十七条和《国家税务总局关于印发〈个人所得税全员全额扣缴申报管理暂行办法〉的通知》（国税发〔2005〕205 号）的规定，实行全员全额扣缴申报。”［注：《国家税务总局关于发布〈个人所得税扣缴申报管理办法（试行）〉的公告》（国家税务总局公告 2018 年第 61 号）自 2019 年 1 月 1 日起施行，《国家税务总局关于印发〈个人所得税全员全额扣缴申报管理暂行办法〉的通知》（国税发〔2005〕205 号）同时废止］

“扣缴义务人已经实行全员全额扣缴明细申报的，主管税务机关要促使其提高申报质量，特别是要求其如实申报支付工薪所得以外的其他所得（如劳务报酬所得等）、非本单位员工的支付信息和未达到费用扣除标准的支付信息。

扣缴义务人未依法实行全员全额扣缴明细申报的，主管税务机关应按照税收征管法有关规定对其进行处罚。”

“（四）积极推广应用个人所得税信息管理系统

没有推广应用个人所得税信息管理系统和推广面较小的地区，省级税务机关要加大工作力度，按照税务总局工作部署和要求，确保个人所得税管理系统推广到所

有实行明细申报的扣缴义务人。已经全面推广应用个人所得税信息管理系统的地区，要按照要求，尽快将个人所得税明细数据向税务总局集中。

二、切实加强高收入者主要所得项目的征收管理

（一）加强财产转让所得征收管理

1. 加强限售股转让所得征收管理。要加强与证券机构的联系，主动掌握本地区上市公司和即将上市公司的股东构成情况，做好限售股转让所得个人所得税征收工作。

2. 加强非上市公司股权转让所得征收管理。要继续加强与工商行政管理部门的合作，探索建立自然人股权变更登记的税收前置措施或以其他方式及时获取股权转让信息。对平价或低价转让的，要按照《国家税务总局关于加强股权转让所得个人所得税管理的通知》（国税函〔2009〕285号）的规定，依法核定计税依据。”［注：《国家税务总局关于发布〈股权转让所得个人所得税管理办法（试行）〉的公告》（国家税务总局公告2014年第67号）自2015年1月1日起施行，《国家税务总局关于加强股权转让所得个人所得税管理的通知》（国税函〔2009〕285号）同时废止］

“3. 加强房屋转让所得征收管理。要切实按照《国家税务总局关于个人住房转让所得征收个人所得税有关问题的通知》（国税发〔2006〕108号）、《国家税务总局关于个人转让房屋有关税收征管问题的通知》（国税发〔2007〕33号）等相关文件规定，继续做好房屋转让所得征收个人所得税管理工作。

4. 加强拍卖所得征收管理。主管税务机关应及时了解拍卖相关信息，严格执行《国家税务总局关于加强和规范个人取得拍卖收入征收个人所得税有关问题的通知》（国税发〔2007〕38号）的规定，督促拍卖单位依法扣缴个人所得税。

（二）加强利息、股息、红利所得征收管理

1. 加强股息、红利所得征收管理。重点加强股份有限公司分配股息、红利时的扣缴税款管理，对在境外上市公司分配股息红利，要严格执行现行有关征免个人所得税的规定。加强企业转增注册资本和股本管理，对以未分配利润、盈余公积和除股票溢价发行外的其他资本公积转增注册资本和股本的，要按照‘利息、股息、红利所得’项目，依据现行政策规定计征个人所得税。

2. 加强利息所得征收管理。要通过查阅财务报表相关科目、资产盘查等方式，调查自然人、企业及其他组织向自然人借款及支付利息情况，对其利息所得依法计征个人所得税。

3. 加强个人从法人企业列支消费性支出和从投资企业借款的管理。对投资者本

人、家庭成员及相关人员的相应所得，要根据《财政部　国家税务总局关于规范个人投资者个人所得税征收管理的通知》（财税〔2003〕158号）规定，依照‘利息、股息、红利所得’项目计征个人所得税。

（三）加强规模较大的个人独资企业、合伙企业和个体工商户的生产、经营所得征收管理

1. 加强建账管理。主管税务机关应督促纳税人依照法律、行政法规的规定设置账簿。对不能设置账簿的，应按照税收征管法及其实施细则和《财政部　国家税务总局关于印发〈关于个人独资企业和合伙企业投资者征收个人所得税的规定〉的通知》（财税〔2000〕91号）等有关规定，核定其应税所得率。税务师、会计师、律师、资产评估和房地产估价等鉴证类中介机构不得实行核定征收个人所得税。

2. 加强非法人企业注销登记管理。企业投资者在注销工商登记之前，应向主管税务机关结清有关税务事宜，未纳税所得应依法征收个人所得税。

3. 加强个人消费支出与非法人企业生产经营支出管理。对企业资金用于投资者本人、家庭成员及其相关人员消费性和财产性支出的部分，应按照《财政部　国家税务总局关于规范个人投资者个人所得税征收管理的通知》（财税〔2003〕158号）等有关规定，依照‘个体工商户的生产、经营所得’项目计征个人所得税。

（四）加强劳务报酬所得征收管理和工资、薪金所得比对管理

各地税务机关要与有关部门密切合作，及时获取相关劳务报酬支付信息，切实加强对各类劳务报酬，特别是一些报酬支付较高项目（如演艺、演讲、咨询、理财、专兼职培训等）的个人所得税管理，督促扣缴义务人依法履行扣缴义务。

对高收入行业的企业，要汇总全员全额明细申报数据中工资、薪金所得总额，与企业所得税申报表中工资费用支出总额比对，规范企业如实申报和扣缴个人所得税。

（五）加强外籍个人取得所得的征收管理

要积极与公安出入境管理部门协调配合，掌握外籍人员出入境时间及相关信息，为实施税收管理和离境清税等提供依据；积极与银行及外汇管理部门协调配合，加强对外支付税务证明管理，把住资金转移关口。各级国税局、地税局要密切配合，建立外籍个人管理档案，掌握不同国家外派人员的薪酬标准，重点加强来源于中国境内、由境外机构支付所得的管理。

三、扎实开展高收入者个人所得税纳税评估和专项检查

各地税务机关要将高收入者个人所得税纳税评估作为日常税收管理的重要内容，充分利用全员全额扣缴明细申报数据、自行纳税申报数据和从外部门获取的信息，

科学设定评估指标，创新评估方法，建立高收入者纳税评估体系。对纳税评估发现的疑点，要进行跟踪核实、约谈和调查，督促纳税人自行补正申报、补缴税款。发现纳税人有税收违法行为嫌疑的，要及时移交税务稽查部门立案检查。

稽查部门要将高收入者个人所得税检查列入税收专项检查范围，认真部署落实。在检查中，要特别关注高收入者的非劳动所得是否缴纳税款和符合条件的高收入者是否办理自行纳税申报。对逃避纳税、应申报未申报、申报不实等情形，要严格按照税收征管法相关规定进行处理。对典型案例，要通过媒体予以曝光。

四、不断改进纳税服务，引导高收入者依法诚信纳税

各地税务机关在加强高收入者个人所得税征收管理的同时，要切实做好纳税服务工作。要有针对性地对高收入者开展个人所得税法宣传和政策辅导，引导高收入者主动申报、依法纳税，形成诚信纳税的良好氛围；要推进‘网上税务局’建设，建立多元化的申报方式，为纳税人包括高收入者提供多渠道、便捷化的申报纳税服务；要积极了解纳税人的涉税诉求，拓展咨询渠道，提高咨询回复质量和效率；要做好为纳税人开具完税证明和纳税人的收入、纳税信息保密管理工作，切实维护纳税人合法权益。”

二、切实加强高收入者个人所得税征收管理

《国家税务总局关于切实加强高收入者个人所得税征管的通知》（国税发〔2011〕50号）规定：

“根据党的十七届五中全会通过的《中共中央关于制定国民经济和社会发展第十二个五年规划的建议》（以下简称《建议》）和十一届全国人大四次会议批准的《中华人民共和国国民经济和社会发展第十二个五年规划纲要》（以下简称《纲要》）对税收调节收入分配的有关要求，现就进一步做好高收入者个人所得税征管工作通知如下：

一、充分认识新形势下加强高收入者个人所得税征管的重要意义

党中央、国务院对收入分配问题高度重视，强调要合理调整收入分配关系。税收具有调节收入分配的重要功能，《建议》要求‘加强税收对收入分配的调节作用，有效调节过高收入’。《纲要》提出要‘完善个人所得税征管机制’，‘加大对高收入者的税收调节力度’。做好高收入者个人所得税征管工作，对于有效地发挥税收调节收入分配的职能作用，促进社会公平正义与和谐稳定，具有重要意义。各级税务机关要认真贯彻落实党中央、国务院的部署和要求，将加强高收入者个人所得税征管作为当前和今后一个时期的一项重点工作，进一步强化征管基础，完善征管手段，

创新管理和服务方式，为加快形成合理有序的收入分配格局做出积极努力。

二、不断完善高收入者主要所得项目的个人所得税征管

各级税务机关要继续贯彻落实国税发〔2010〕54号文件规定，以非劳动所得为重点，依法进一步加强高收入者主要所得项目征管。

（一）加强财产转让所得征管

1. 完善自然人股东股权（份）转让所得征管。

（1）积极与工商行政管理部门合作，加强对个人转让非上市公司股权所得征管。重点做好平价或低价转让股权的核定工作，建立电子台账，记录股权转让的交易价格和税费情况，强化财产原值管理。

（2）加强个人对外投资取得股权的税源管理，重点监管上市公司在上市前进行增资扩股、股权转让、引入战略投资者等行为的涉税事项，防止税款流失。

（3）与相关部门密切配合，积极做好个人转让上市公司限售股个人所得税征管工作。

2. 加强房屋转让所得和拍卖所得征管。

（1）搞好与相关部门的配合，加强房屋转让所得征管，符合查实征收条件的，坚持实行查实征收；确实不符合查实征收条件的，按照有关规定严格核定征收。

（2）加强与本地区拍卖单位的联系，掌握拍卖所得税源信息，督促拍卖单位依法代扣代缴个人所得税。

3. 抓好其他形式财产转让所得征管。重点是加强个人以评估增值的非货币性资产对外投资取得股权（份）的税源管理，完善征管链条。

（二）深化利息、股息、红利所得征管

1. 加强企业分配股息、红利的扣缴税款管理，重点关注以未分配利润、盈余公积和资产评估增值转增注册资本和股本的征管，堵塞征管漏洞。

2. 对投资者本人及其家庭成员从法人企业列支消费支出和借款的，应认真开展日常税源管理和检查，对其相关所得依法征税。涉及金额较大的，应核实其费用凭证的真实性、合法性。

3. 对连续盈利且不分配股息、红利或者核定征收企业所得税的企业，其个人投资者的股息、红利等所得，应实施重点跟踪管理，制定相关征管措施。同时，加强企业注销时个人投资者税收清算管理。

4. 对企业及其他组织向个人借款并支付利息的，应通过核查相关企业所得税前扣除凭证等方式，督导企业或有关组织依法扣缴个人所得税。

（三）完善生产经营所得征管

1. 重点加强规模较大的个人独资、合伙企业和个体工商户的生产经营所得的查账征收管理；难以实行查账征收的，依法严格实行核定征收。对律师事务所、会计师事务所、税务师事务所、资产评估和房地产估价等鉴证类中介机构，不得实行核定征收个人所得税。

2. 对个人独资企业和合伙企业从事股权（票）、期货、基金、债券、外汇、贵重金属、资源开采权及其他投资品交易取得的所得，应全部纳入生产经营所得，依法征收个人所得税。

3. 将个人独资企业、合伙企业和个体工商户的资金用于投资者本人、家庭成员及其相关人员消费性支出和财产性支出的，严格按照相关规定计征个人所得税。

4. 加强个人独资、合伙企业和个体工商户注销登记管理，在其注销登记前，主管税务机关应主动采取有效措施处理好有关税务事项。

三、继续加强高收入行业和人群的个人所得税征管

（一）加强以非劳动所得为主要收入来源人群的征管

密切关注持有公司大量股权、取得大额投资收益以及从事房地产、矿产资源投资、私募基金、信托投资等活动的高收入人群，实行重点税源管理。

（二）做好高收入行业工薪所得征管工作

1. 深化高收入行业工薪所得扣缴税款管理。重点关注高收入行业企业的中高层管理人员各项工资、薪金所得，尤其是各类奖金、补贴、股票期权和限制性股票等激励所得。

2. 加强高收入行业企业扣缴个人所得税的工资、薪金所得总额与企业所得税申报表中工资费用支出总额的比对，强化企业所得税和个人所得税的联动管理。

3. 对以各种发票冲抵个人收入，从而偷逃个人所得税的行为，严格按照税收征管法的规定予以处罚。

（三）对纳税人从两处或两处以上取得工资、薪金所得，应通过明细申报数据等信息汇总比对，加强纳税人自行申报纳税管理

（四）完善数额较大的劳务报酬所得征管

1. 督促扣缴义务人依法履行扣缴义务，与有关部门密切合作，及时获取相关劳务报酬支付信息，重点加强数额较大劳务报酬所得的征管。

2. 加强对个人从事影视表演、广告拍摄及形象代言等获取所得的源泉控管，重点做好相关人员通过设立艺人工作室、劳务公司及其他形式的企业或组织取得演出

收入的所得税征管工作。

（五）加强高收入外籍个人取得所得的征管

1. 进一步建立和充实外籍个人管理档案，掌握不同国家、不同行业、不同职位的薪酬标准，加强来源于中国境内、由境外机构支付所得的管理。充分利用税收情报交换和对外支付税务证明审核等信息，加强在中国境内无住所但居住超过 5 年的个人境外所得税收征管。

2. 加强外籍个人提供非独立劳务取得所得的征管，抓好对由常设机构或固定基地负担外籍个人报酬的监管，防范税收协定滥用。

四、建立健全高收入者应税收入监控体系

加强税务机关内部和外部涉税信息的获取与整合应用。通过各类涉税信息的分析、比对，掌握高收入者经济活动和税源分布特点、收入获取规律等情况，有针对性地加强高收入者个人所得税征管。

（一）强化税源管理基础

1. 按照税务总局的统一部署和要求，通过推广应用个人所得税管理信息系统等手段，加强扣缴义务人全员全额扣缴明细申报管理，建立健全个人纳税档案。

2. 推进年所得 12 万元以上纳税人自行纳税申报常态化管理，不断提高申报数据质量，加强申报补缴税款管理。

3. 逐步建立健全自行纳税申报和全员全额扣缴申报信息交叉稽核机制，完善高收入者税源管理措施。

4. 国税局和地税局密切配合，健全信息传递和反馈机制，形成征管工作合力。

（二）建立协税护税机制

1. 根据税收征管法的规定，加强税务机关与公安、工商、银行、证券、房管、外汇管理、人力资源和社会保障等相关部门与机构的协作，共享涉税信息，完善配套措施。

2. 积极争取地方政府的支持，建立健全政府牵头的涉税信息共享机制，明确相关部门协税护税的责任和义务。

五、深入开展纳税服务、纳税评估和专项检查

各级税务机关要通过改进纳税服务，深化纳税评估，加强专项检查，促进纳税人依法诚信纳税。

（一）不断优化纳税服务

积极为纳税人提供多渠道、便捷化的申报纳税服务。了解纳税人的涉税诉求，

提高咨询回复质量和效率。有针对性地对高收入者进行税法宣传和政策辅导，引导其主动申报、依法纳税。认真贯彻落实税务总局有关工作要求，继续做好为纳税人开具完税证明工作。严格执行为纳税人收入和纳税信息保密的有关规定，维护纳税人合法权益。

（二）切实加强日常税源管理和评估

坚持开展高收入者个人所得税日常税源管理，充分利用相关信息，科学设定评估指标，创新评估方法，积极开展纳税评估。对纳税评估发现的疑点，应进行跟踪核查、约谈；发现纳税人涉嫌税收违法行为的，应及时移交稽查部门立案检查。

（三）扎实做好个人所得税专项检查工作

按照税务总局的统一部署，认真开展个人所得税专项检查。同时，结合本地征管实际，选取部分高收入者比较集中的行业，切实搞好专项检查。加强税政、征管、稽查等部门的协调配合，及时提供违法线索，依法严厉查处。

各级税务机关要加强组织领导，认真做好高收入者个人所得税征管工作，并将其作为税收工作考核的重要内容。主动向地方政府汇报，加强与相关部门的沟通，争取各方面的支持和配合。根据本通知精神，结合实际制定具体实施方案。进一步研究强化基础工作、创新管理方式、完善征管手段、搞好税法宣传的有效措施，不断提高个人所得税征管水平。”

第八节　个人财产对外转移提交税收证明或者完税凭证的规定

为落实《个人财产对外转移售付汇管理暂行办法》（中国人民银行公告〔2004〕第 16 号，以下简称《办法》），便利申请人办理业务，防止国家税收流失，《国家税务总局　国家外汇管理局关于个人财产对外转移提交税收证明或者完税凭证有关问题的通知》（国税发〔2005〕13 号）对《办法》所涉及个人财产对外转移提交税收证明或完税凭证做出相关规定：

“一、税务机关对申请人缴纳税款情况进行证明。税务机关在为申请人开具税收证明时，应当按其收入或财产不同类别、来源，由收入来源地或者财产所在地国家税务局、地方税务局分别开具。

二、申请人拟转移的财产已取得完税凭证的，可直接向外汇管理部门提供完税凭证，不需向税务机关另外申请税收证明。

申请人拟转移的财产总价值在人民币 15 万元以下的，可不需向税务机关申请税收证明。

三、申请人申请领取税收证明的程序如下：

（一）申请人按照本通知第五条的规定提交相关资料，按财产类别和来源地，分别向国税局、地税局申请开具税收证明。

开具税收证明的税务机关为县级或者县级以上国家税务局、地方税务局。

（二）申请人资料齐全的，税务机关应当在 15 日内开具税收证明；申请人提供资料不全的，可要求其补正，待补正后开具。

（三）申请人有未完税事项的，允许补办申报纳税后开具税收证明。

（四）税务机关有根据认为申请人有偷税、骗税等情形，需要立案稽查的，在稽查结案并完税后可开具税收证明。

申请人与纳税人姓名、名称不一致的，税务机关只对纳税人出具证明，申请人应向外汇管理部门提供其与纳税人关系的证明。

四、税务机关开具税收证明的内部工作程序由省、自治区、直辖市和计划单列市国家税务局、地方税务局明确。

五、申请人向税务机关申请税收证明时，应当提交的资料分别为：代扣代缴单位报送的含有申请人明细资料的《扣缴个人所得税报告表》复印件，《个体工商户所得税年度申报表》、《个人承包承租经营所得税年度申报表》原件，有关合同、协议原件，取得有关所得的凭证，以及税务机关要求报送的其他有关资料。

申请人发生财产变现的，应当提供交易合同、发票等资料。

必要时税务机关应当对以上资料进行核实；对申请人没有缴税的应税行为，应当责成纳税人缴清税款并按照税收征管法的规定处理后开具税收证明。

六、税务机关必须按照申请人实际入库税额如实开具证明，并审查其有无欠税情况，严禁开具虚假证明。

申请人编造虚假的计税依据骗取税收证明的，伪造、变造、涂改税收证明的，按照税收征管法及其实施细则的规定处理。

七、税务机关应当与当地外汇管理部门加强沟通和协作，要建立定期协调机制，共同防范国家税收流失。税务机关应当将有税收违法行为且可能转移财产的纳税人情况向外汇管理部门通报，以防止申请人非法对外转移财产。外汇管理部门审核过程中，发现申请人有偷税嫌疑的，应当及时向相应税务机关通报。

有条件的地方，税务机关应当与外汇管理部门建立电子信息交换制度，建立税收证明的电子传递、比对、统计、分析评估制度。”

注：2019年1月1日起，由于新个人所得税法实施，上述扣缴个人所得税报告表、个体工商户所得税年度申报表、个人承包承租经营所得税年度申报表均有变化。

第九节　个人所得税管理办法

《国家税务总局关于印发〈个人所得税管理办法〉的通知》（国税发〔2005〕120号）对个人所得税管理做出如下规定。

第一章　总　则

第一条　为了进一步加强和规范税务机关对个人所得税的征收管理，促进个人所得税征管的科学化、精细化，不断提高征管效率和质量，根据《中华人民共和国个人所得税法》（以下简称税法）、《中华人民共和国税收征收管理法》（以下简称征管法）及有关税收法律法规规定，制定本办法。

第二条　加强和规范个人所得税征管，要着力健全管理制度，完善征管手段，突出管理重点。即要建立个人收入档案管理制度、代扣代缴明细账制度、纳税人与扣缴义务人向税务机关双向申报制度、与社会各部门配合的协税制度；尽快研发应用统一的个人所得税管理信息系统，充分利用信息技术手段加强个人所得税管理；切实加强高收入者的重点管理、税源的源泉管理、全员全额管理。

第二章　个人收入档案管理制度

第三条　个人收入档案管理制度是指，税务机关按照要求对每个纳税人的个人基本信息、收入和纳税信息以及相关信息建立档案，并对其实施动态管理的一项制度。

第四条　省以下（含省级）各级税务机关的管理部门应当按照规定逐步对每个纳税人建立收入和纳税档案，实施“一户式”的动态管理。

第五条　省以下（含省级）各级税务机关的管理部门应区别不同类型纳税人，并按以下内容建立相应的基础信息档案：

（一）雇员纳税人（不含股东、投资者、外籍人员）的档案内容包括：姓名、身份证照类型、身份证照号码、学历、职业、职务、电子邮箱地址、有效联系电话、有效通信地址、邮政编码、户籍所在地、扣缴义务人编码、是否重点纳税人。

（二）非雇员纳税人（不含股东、投资者）的档案内容包括：姓名、身份证照类型、身份证照号码、电子邮箱地址、有效联系电话、有效通信地址（工作单位或家庭地址)、邮政编码、工作单位名称、扣缴义务人编码、是否重点纳税人。

(三)股东、投资者(不含个人独资、合伙企业投资者)的档案内容包括:姓名、国籍、身份证照类型、身份证照号码、有效通讯地址、邮政编码、户籍所在地、有效联系电话、电子邮箱地址、公司股本(投资)总额、个人股本(投资)额、扣缴义务人编码、是否重点纳税人。

(四)个人独资、合伙企业投资者、个体工商户、对企事业单位的承包承租经营人的档案内容包括:姓名、身份证照类型、身份证照号码、个体工商户(或个人独资企业、合伙企业、承包承租企事业单位)名称,经济类型、行业、经营地址、邮政编码、有效联系电话、税务登记证号码、电子邮箱地址、所得税征收方式(核定、查账)、主管税务机关、是否重点纳税人。

(五)外籍人员(含雇员和非雇员)的档案内容包括:纳税人编码、姓名(中、英文)、性别、出生地(中、英文)、出生年月、境外地址(中、英文)、国籍或地区、身份证照类型、身份证照号码、居留许可号码(或台胞证号码、回乡证号码)、劳动就业证号码、职业、境内职务、境外职务、入境时间、任职期限、预计在华时间、预计离境时间、境内任职单位名称及税务登记证号码、境内任职单位地址、邮政编码、联系电话、其他任职单位(也应包括地址、电话、联系方式)名称及税务登记证号码、境内受聘或签约单位名称及税务登记证号码、地址、邮政编码、联系电话、境外派遣单位名称(中、英文)、境外派遣单位地址(中、英文)、支付地(包括境内支付还是境外支付)、是否重点纳税人。

第六条　纳税人档案的内容来源于:

(一)纳税人税务登记情况。

(二)《扣缴个人所得税报告表》和《支付个人收入明细表》。

(三)代扣代收税款凭证。

(四)个人所得税纳税申报表。

(五)社会公共部门提供的有关信息。

(六)税务机关的纳税检查情况和处罚记录。

(七)税务机关掌握的其他资料及纳税人提供的其他信息资料。

第七条　税务机关应对档案内容适时进行更新和调整;并根据本地信息化水平和征管能力提高的实际,以及个人收入的变化等情况,不断扩大档案管理的范围,直至实现全员全额管理。

第八条　税务机关应充分利用纳税人档案资料,加强个人所得税管理。定期对重点纳税人、重点行业和企业的个人档案资料进行比对分析和纳税评估，查找税源变动情况和原因，及时发现异常情况，采取措施堵塞征管漏洞。

第三章　代扣代缴明细账制度

第九条　代扣代缴明细账制度是指，税务机关依据个人所得税法和有关规定，要求扣缴义务人按规定报送其支付收入的个人所有的基本信息、支付个人收入和扣缴税款明细信息以及其他相关涉税信息，并对每个扣缴义务人建立档案，为后续实施动态管理打下基础的一项制度。

第十条　税务机关应按照税法及相关法律、法规的有关规定，督促扣缴义务人按规定设立代扣代缴税款账簿，正确反映个人所得税的扣缴情况。

第十一条　扣缴义务人申报的纳税资料，税务机关应严格审查核实。对《扣缴个人所得税报告表》和《支付个人收入明细表》没有按每一个人逐栏逐项填写的，或者填写内容不全的，主管税务机关应要求扣缴义务人重新填报。已实行信息化管理的，可以将《支付个人收入明细表》并入《扣缴个人所得税报告表》。

《扣缴个人所得税报告表》填写实际缴纳了个人所得税的纳税人的情况；《支付个人收入明细表》填写支付了应税收入，但未达到纳税标准的纳税人的情况。

第十二条　税务机关应将扣缴义务人报送的支付个人收入情况与其同期财务报表交叉比对，发现不符的，应要求其说明情况，并依法查实处理。

第十三条　税务机关应对每个扣缴义务人建立档案，其内容包括：扣缴义务人编码、扣缴义务人名称、税务（注册）登记证号码、电话号码、电子邮件地址、行业、经济类型、单位地址、邮政编码、法定代表人（单位负责人）和财务主管人员姓名及联系电话、税务登记机关、登记证照类型、发照日期、主管税务机关、应纳税所得额（按所得项目归类汇总）、免税收入、应纳税额（按所得项目归类汇总）、纳税人数、已纳税额、应补（退）税额、减免税额、滞纳金、罚款、完税凭证号等。

第十四条　扣缴义务人档案的内容来源于：

（一）扣缴义务人扣缴税款登记情况。

（二）《扣缴个人所得税报告表》和《支付个人收入明细表》。

（三）代扣代收税款凭证。

（四）社会公共部门提供的有关信息。

（五）税务机关的纳税检查情况和处罚记录。

（六）税务机关掌握的其他资料。

第四章 纳税人与扣缴义务人向税务机关双向申报制度

第十五条 纳税人与扣缴义务人向税务机关双向申报制度是指，纳税人与扣缴义务人按照法律、行政法规规定和税务机关依法律、行政法规所提出的要求，分别向主管税务机关办理纳税申报，税务机关对纳税人和扣缴义务人提供的收入、纳税信息进行交叉比对、核查的一项制度。

第十六条 对税法及其实施条例，以及相关法律、法规规定纳税人必须自行申报的，税务机关应要求其自行向主管税务机关进行纳税申报。

第十七条 税务机关接受纳税人、扣缴义务人的纳税申报时，应对申报的时限、应税项目、适用税率、税款计算及相关资料的完整性和准确性进行初步审核，发现有误的，应及时要求纳税人、扣缴义务人修正申报。

第十八条 税务机关应对双向申报的内容进行交叉比对和评估分析，从中发现问题并及时依法处理。

第五章 与社会各部门配合的协税制度

第十九条 与社会各部门配合的协税制度是指，税务机关应建立与个人收入和个人所得税征管有关的各部门的协调与配合的制度，及时掌握税源和与纳税有关的信息，共同制定和实施协税、护税措施，形成社会协税、护税网络。

第二十条 税务机关应重点加强与以下部门的协调配合：公安、检察、法院、工商、银行、文化体育、财政、劳动、房管、交通、审计、外汇管理等部门。

第二十一条 税务机关通过加强与有关部门的协调配合，着重掌握纳税人的相关收入信息。

（一）与公安部门联系，了解中国境内无住所个人出入境情况及在中国境内的居留暂住情况，实施阻止欠税人出境制度，掌握个人购车等情况。

（二）与工商部门联系，了解纳税人登记注册的变化情况和股份制企业股东及股本变化等情况。

（三）与文化体育部门联系，掌握各种演出、比赛获奖等信息，落实演出承办单位和体育单位的代扣代缴义务等情况。

（四）与房管部门联系，了解房屋买卖、出租等情况。

（五）与交通部门联系，了解出租车、货运车以及运营等情况。

（六）与劳动部门联系，了解中国境内无住所个人的劳动就业情况。

第二十二条 税务机关应积极创造条件，逐步实现与有关部门的相关信息共享或定期交换。

第二十三条 各级税务机关应当把大力宣传和普及个人所得税法知识、不断提高公民的依法纳税意识作为一项长期的基础性工作予以高度重视，列入重要议事日程，并结合征管工作的要求、社会关注的热点和本地征管的重点，加强与上述部门的密切配合。制定周密的宣传工作计划，充分利用各种宣传媒体和途径、采取灵活多样的方式进行个人所得税宣传。

第六章 加快信息化建设

第二十四条 各级税务机关应在金税工程三期的总体框架下，按照“一体化”要求和“统筹规划、统一标准，突出重点、分布实施，整合资源、讲究实效，加强管理、保证安全”的原则，进一步加快个人所得税征管信息化建设，以此提高个人所得税征管质量和效率。

第二十五条 按照一体化建设的要求，个人所得税与其他税种具有共性的部分，由核心业务系统统一开发软件，个人所得税个性的部分单独开发软件。根据个人所得税特点，总局先行开发个人所得税代扣代缴（扣缴义务人端）和基础信息管理（税务端）两个子系统。

第二十六条 代扣代缴（扣缴义务人端）系统的要求是：

（一）为扣缴义务人提供方便快捷的报税工具。

（二）可以从扣缴义务人现有的财务等软件中导入相关信息。

（三）自动计算税款，自动生成各种报表。

（四）支持多元化的申报方式。

（五）方便扣缴义务人统计、查询、打印。

（六）提供《代扣代收税款凭证》打印功能。

（七）便于税务机关接受扣缴义务人的明细扣缴申报，准确全面掌握有关基础数据资料。

第二十七条 基础信息管理系统（税务端）的要求是：

（一）建立个人收入纳税一户式档案，用于汇集扣缴义务人、纳税人的基础信息、收入及纳税信息资料。

（二）传递个人两处以上取得的收入及纳税信息给征管环节。

（三）从一户式档案中筛选高收入个人、高收入行业、重点纳税人、重点扣缴义务人，并实施重点管理。

（四）通过对纳税人收入、纳税相关信息进行汇总比对，判定纳税人申报情况的真实性。

（五）通过设定各类统计指标、口径和运用统计结果，为加强个人所得税管理和完善政策提供决策支持。

（六）建立与各部门的数据应用接口，为其他税费征收提供信息。

（七）按规定打印《中华人民共和国个人所得税完税证明》，为纳税人提供完税依据。

第二十八条　省级税务机关应做好现有个人所得税征管软件的整合工作。省级及以下各级税务机关原则上不应再自行开发个人所得税征管软件。

第七章　加强高收入者的重点管理

第二十九条　税务机关应将下列人员纳入重点纳税人范围：金融、保险、证券、电力、电信、石油、石化、烟草、民航、铁道、房地产、学校、医院、城市供水供气、出版社、公路管理、外商投资企业和外国企业、高新技术企业、中介机构、体育俱乐部等高收入行业人员；民营经济投资者、影视明星、歌星、体育明星、模特等高收入个人；临时来华演出人员。

第三十条　各级税务机关应从下列人员中，选择一定数量的个人作为重点纳税人，实施重点管理：

（一）收入较高者。

（二）知名度较高者。

（三）收入来源渠道较多者。

（四）收入项目较多者。

（五）无固定单位的自由职业者。

（六）对税收征管影响较大者。

第三十一条　各级税务机关对重点纳税人应实行滚动动态管理办法，每年都应根据本地实际情况，适时增补重点纳税人，不断扩大重点纳税人管理范围，直至实现全员全额管理。

第三十二条　税务机关应对重点纳税人按人建立专门档案，实行重点管理，随时跟踪其收入和纳税变化情况。

第三十三条　各级税务机关应充分利用建档管理掌握的重点纳税人信息，定期对重点纳税人的收入、纳税情况进行比对、评估分析，从中发现异常问题，及时采取措施堵塞管理漏洞。

第三十四条　省级（含计划单列市）税务机关应于每年7月底以前和次年1月底以前，分别将所确定的重点纳税人的半年和全年的基本情况及收入、纳税等情况，用Excel表格的形式填写《个人所得税重点纳税人收入和纳税情况汇总表》报送国家税务总局（所得税管理司）。

第三十五条　各级税务机关应强化对个体工商户、个人独资企业和合伙企业投资者以及独立从事劳务活动的个人的个人所得税征管。

（一）积极推行个体工商户、个人独资企业和合伙企业建账工作，规范财务管理，健全财务制度；有条件的地区应使用税控装置加强对纳税人的管理和监控。

（二）健全和完善核定征收工作，对账证不全、无法实行查账征收的纳税人，按规定实行核定征收，并根据纳税人经营情况及时进行定额调整。

（三）加强税务系统的协作配合，实现信息共享，建立健全个人所得税情报交流和异地协查制度，互通信息，解决同一个投资者在两处或两处以上投资和取得收入合并缴纳个人所得税的监控难题。

（四）加强个人投资者从其投资企业借款的管理，对期限超过一年又未用于企业生产经营的借款，严格按照有关规定征税。

（五）要严格对个人投资的企业和个体工商户税前扣除的管理，定期进行检查。对个人投资者以企业资金为本人、家庭成员及其相关人员支付的与生产经营无关的消费性、财产性支出，严格按照规定征税。

（六）加强对从事演出、广告、讲课、医疗等人员的劳务报酬所得的征收管理，全面推行预扣预缴办法，从源泉上加强征管。

第三十六条　税务机关要加强对重点纳税人、独立纳税人的专项检查，严厉打击涉税违法犯罪行为。各地每年应当通过有关媒体公开曝光2至3起个人所得税违法犯罪案件。

第三十七条　税务机关要重视和加强重点纳税人、独立纳税人的个人所得税日常检查，及时发现征管漏洞和薄弱环节，制定和完善征管制度、办法。日常检查由省级以下税务机关的征管和税政部门共同组织实施。

实施日常检查应当制定计划，并按规定程序进行，防止多次、重复检查，防止影响纳税人的生产经营。

第八章　加强税源的源泉管理

第三十八条　税务机关应严格税务登记管理制度，认真开展漏征漏管户的清理工作，摸清底数。

第三十九条　税务机关应按照有关要求建立和健全纳税人、扣缴义务人的档案，切实加强个人所得税税源管理。

第四十条　税务机关应继续做好代扣代缴工作，提高扣缴质量和水平：

（一）要继续贯彻落实已有的个人所得税代扣代缴工作制度和办法，并在实践中不断完善提高。

（二）要对本地区所有行政、企事业单位、社会团体等扣缴义务人进行清理和摸底，在此基础上按照纳税档案管理的指标建立扣缴义务人台账或基本账户，对其实行跟踪管理。

（三）配合全员全额管理，推行扣缴义务人支付个人收入明细申报制度。

（四）对下列行业应实行重点税源管理：金融、保险、证券、电力、电信、石油、石化、烟草、民航、铁道、房地产、学校、医院、城市供水供气、出版社、公路管理、外商投资企业、高新技术企业、中介机构、体育俱乐部等高收入行业；连续3年（含3年）为零申报的代扣代缴单位（以下简称长期零申报单位）。

（五）对重点税源管理的行业、单位和长期零申报单位，应将其列为每年开展专项检查的重点对象，或对其纳税申报材料进行重点审核。

第四十一条　各级税务机关应充分利用与各部门配合的协作制度，从公安、工商、银行、文化、体育、房管、劳动、外汇管理等社会公共部门获取税源信息。

第四十二条　各级税务机关应利用从有关部门获取的信息，加强税源管理、进行纳税评估。税务机关应定期分析税源变化情况，对变动较大等异常情况，应及时分析原因，采取相应管理措施。

第四十三条　各级税务机关在加强查账征收工作的基础上，对符合征管法第三十五条规定情形的，采取定期定额征收和核定应税所得率征收，以及其他合理的办法核定征收个人所得税。

对共管个体工商户的应纳税经营额由国家税务局负责核定。

第四十四条　主管税务机关在确定对纳税人的核定征收方式后，要选择有代表性的典型户进行调查，在此基础上确定应纳税额。典型调查面不得低于核定征收纳税人的3%。

第九章　加强全员全额管理

第四十五条　全员全额管理是指，凡取得应税收入的个人，无论收入额是否达到个人所得税的纳税标准，均应就其取得的全部收入，通过代扣代缴和个人申报，全部纳入税务机关管理。

第四十六条　各级税务机关应本着先扣缴义务人后纳税人，先重点行业、企业和纳税人后一般行业、企业和纳税人，先进“笼子”后规范的原则，积极稳妥地推进全员全额管理工作。

第四十七条　各级税务机关要按照规定和要求，尽快建立个人收入档案管理制度、代扣代缴明细账制度、纳税人与扣缴义务人向税务机关双向申报制度、与社会各部门配合的协税制度，为实施全员全额管理打下基础。

第四十八条　各级税务机关应积极创造条件，并根据金税工程三期的总体规划和有关要求，依托信息化手段，逐步实现全员全额申报管理，并在此基础上，为每个纳税人开具完税凭证（证明）。

第四十九条　税务机关应充分利用全员全额管理掌握的纳税人信息、扣缴义务人信息、税源监控信息、有关部门、媒体提供的信息、税收管理人员实地采集的信息等，依据国家有关法律和政策法规的规定，对自行申报纳税人纳税申报情况和扣缴义务人扣缴税情况的真实性、准确性进行分析、判断，开展个人所得税纳税评估，提高全员全额管理的质量。

第五十条　税务机关应加强个人独资和合伙企业投资者、个体工商户、独立劳务者等无扣缴义务人的独立纳税人的基础信息和税源管理工作。

第五十一条　个人所得税纳税评估应按“人机结合”的方式进行，其基本原理和流程是：根据当地居民收入水平及其变动、行业收入水平及其变动等影响个人所得税的相关因素，建立纳税评估分析系统；根据税收收入增减额、增减率或行业平均指标模型确定出纳税评估的重点对象；对纳税评估对象进行具体评估分析，查找锁定引起该扣缴义务人或者纳税人个人所得税变化的具体因素；据此与评估对象进行约谈，要求其说明情况并纠正错误，或者交由稽查部门实施稽查，并进行后续的重点管理。

第五十二条　税务机关应按以下范围和来源采集纳税评估的信息：

（一）信息采集的范围

1. 当地职工年平均工资、月均工资水平。

2. 当地分行业职工年平均工资、月均工资水平。

3. 当地分行业资金利润率。

4. 企业财务报表相关数据。

5. 股份制企业分配股息、红利情况。

6. 其他有关数据。

（二）信息采集的来源

1. 税务登记的有关信息。

2. 纳税申报的有关信息。

3. 会计报表有关信息。

4. 税控收款装置的有关信息。

5. 中介机构出具的审计报告、评估报告的信息。

6. 相关部门、媒体提供的信息。

7. 税收管理人员到纳税户了解采集的信息。

8. 其他途径采集的纳税人和扣缴义务人与个人所得税征管有关的信息。

第五十三条　税务机关应设置纳税评估分析指标、财务分析指标、业户不良记录评析指标，通过分析确定某一期间个人所得税的总体税源发生增减变化的主要行业、主要企业、主要群体，确定纳税评估重点对象。个人所得税纳税评估的程序、指标、方法等按照总局《纳税评估管理办法》（试行）及相关规定执行。

第五十四条　个人所得税纳税评估主要从以下项目进行：

（一）工资、薪金所得，应重点分析工资总额增减率与该项目税款增减率对比情况，人均工资增减率与人均该项目税款增减率对比情况，税款增减率与企业利润增减率对比分析，同行业、同职务人员的收入和纳税情况对比分析。

（二）利息、股息、红利所得，应重点分析当年该项目税款与上年同期对比情况，该项目税款增减率与企业利润增减率对比情况，企业转增个人股本情况，企业税后利润分配情况。

（三）个体工商户的生产、经营所得（含个人独资企业和合伙企业），应重点分析当年与上年该项目税款对比情况，该项目税款增减率与企业利润增减率对比情况；税前扣除项目是否符合现行政策规定；是否连续多个月零申报；同地区、同行业个体工商户生产、经营所得的税负对比情况。

（四）对企事业单位的承包经营、承租经营所得，应重点分析当年与上年该项目税款对比情况，该项目税款增减率与企业利润增减率对比情况，其行业利润率、上缴税款占利润总额的比重等情况；是否连续多个月零申报；同地区、同行业对企事业单位的承包经营、承租经营所得的税负对比情况。

（五）劳务报酬所得，应重点分析纳税人取得的所得与过去对比情况，支付劳务费的合同、协议、项目情况，单位白条列支劳务报酬情况。

（六）其他各项所得，应结合个人所得税征管实际，选择有针对性的评估指标进行评估分析。

第十章　附　则

第五十五条　储蓄存款利息所得的个人所得税管理办法，另行制定。

第五十六条　此前规定与本办法不一致的，按本办法执行。

第五十七条　本办法未尽事宜按照税收法律、法规以及相关规定办理。

第五十八条　本办法由国家税务总局负责解释，各省、自治区、直辖市和计划单列市税务局可根据本办法制定具体实施意见。

第五十九条　本办法自 2005 年 10 月 1 日起执行。

注：2019 年 1 月 1 日起，新个人所得税法将个体工商户的生产、经营所得（含个人独资企业和合伙企业）及企事业单位的承包经营承租经营所得合并，称为经营所得，上述报告表、明细表等均有变化。

第十节　扣缴申报管理

《国家税务总局关于发布〈个人所得税扣缴申报管理方法（试行）〉的公告》（国家税务总局公告 2018 年第 61 号）规定：

“第二条　扣缴义务人，是指向个人支付所得的单位或者个人。扣缴义务人应当依法办理全员全额扣缴申报。

全员全额扣缴申报，是指扣缴义务人应当在代扣税款的次月十五日内，向主管税务机关报送其支付所得的所有个人的有关信息、支付所得数额、扣除事项和数额、扣缴税款的具体数额和总额以及其他相关涉税信息资料。

第三条　扣缴义务人每月或者每次预扣、代扣的税款，应当在次月十五日内缴入国库，并向税务机关报送《个人所得税扣缴申报表》。

第四条　实行个人所得税全员全额扣缴申报的应税所得包括：

（一）工资、薪金所得；

（二）劳务报酬所得；

（三）稿酬所得；

（四）特许权使用费所得；

（五）利息、股息、红利所得；

（六）财产租赁所得；

（七）财产转让所得；

（八）偶然所得。

第五条　扣缴义务人首次向纳税人支付所得时，应当按照纳税人提供的纳税人识别号等基础信息，填写《个人所得税基础信息表（A表）》，并于次月扣缴申报时向税务机关报送。

扣缴义务人对纳税人向其报告的相关基础信息变化情况，应当于次月扣缴申报时向税务机关报送。

第六条　扣缴义务人向居民个人支付工资、薪金所得时，应当按照累计预扣法计算预扣税款，并按月办理扣缴申报。

累计预扣法，是指扣缴义务人在一个纳税年度内预扣预缴税款时，以纳税人在本单位截至当前月份工资、薪金所得累计收入减除累计免税收入、累计减除费用、累计专项扣除、累计专项附加扣除和累计依法确定的其他扣除后的余额为累计预扣预缴应纳税所得额，适用个人所得税预扣率表一（见附件），计算累计应预扣预缴税额，再减除累计减免税额和累计已预扣预缴税额，其余额为本期应预扣预缴税额。余额为负值时，暂不退税。纳税年度终了后余额仍为负值时，由纳税人通过办理综合所得年度汇算清缴，税款多退少补。

具体计算公式如下：

本期应预扣预缴税额＝（累计预扣预缴应纳税所得额×预扣率－速算扣除数）－累计减免税额－累计已预扣预缴税额

累计预扣预缴应纳税所得额＝累计收入－累计免税收入－累计减除费用－累计专项扣除－累计专项附加扣除－累计依法确定的其他扣除

其中：累计减除费用，按照5 000元/月乘以纳税人当年截至本月在本单位的任职受雇月份数计算。

第七条　居民个人向扣缴义务人提供有关信息并依法要求办理专项附加扣除的，扣缴义务人应当按照规定在工资、薪金所得按月预扣预缴税款时予以扣除，不得拒绝。

第八条　扣缴义务人向居民个人支付劳务报酬所得、稿酬所得、特许权使用费所得时，应当按照以下方法按次或者按月预扣预缴税款：

劳务报酬所得、稿酬所得、特许权使用费所得以收入减除费用后的余额为收入额；其中，稿酬所得的收入额减按百分之七十计算。

减除费用：预扣预缴税款时，劳务报酬所得、稿酬所得、特许权使用费所得每次收入不超过四千元的，减除费用按八百元计算；每次收入四千元以上的，减除费用按收入的百分之二十计算。

应纳税所得额：劳务报酬所得、稿酬所得、特许权使用费所得，以每次收入额为预扣预缴应纳税所得额，计算应预扣预缴税额。劳务报酬所得适用个人所得税预扣率表二（见附件），稿酬所得、特许权使用费所得适用百分之二十的比例预扣率。

居民个人办理年度综合所得汇算清缴时，应当依法计算劳务报酬所得、稿酬所得、特许权使用费所得的收入额，并入年度综合所得计算应纳税款，税款多退少补。

第九条　扣缴义务人向非居民个人支付工资、薪金所得，劳务报酬所得，稿酬所得和特许权使用费所得时，应当按照以下方法按月或者按次代扣代缴税款：

非居民个人的工资、薪金所得，以每月收入额减除费用五千元后的余额为应纳税所得额；劳务报酬所得、稿酬所得、特许权使用费所得，以每次收入额为应纳税所得额，适用个人所得税税率表三（见附件）计算应纳税额。劳务报酬所得、稿酬所得、特许权使用费所得以收入减除百分之二十的费用后的余额为收入额；其中，稿酬所得的收入额减按百分之七十计算。

非居民个人在一个纳税年度内税款扣缴方法保持不变，达到居民个人条件时，应当告知扣缴义务人基础信息变化情况，年度终了后按照居民个人有关规定办理汇算清缴。

第十条　扣缴义务人支付利息、股息、红利所得，财产租赁所得，财产转让所得或者偶然所得时，应当依法按次或者按月代扣代缴税款。

第十一条　劳务报酬所得、稿酬所得、特许权使用费所得，属于一次性收入的，以取得该项收入为一次；属于同一项目连续性收入的，以一个月内取得的收入为一次。

财产租赁所得，以一个月内取得的收入为一次。

利息、股息、红利所得，以支付利息、股息、红利时取得的收入为一次。

偶然所得，以每次取得该项收入为一次。

第十二条　纳税人需要享受税收协定待遇的，应当在取得应税所得时主动向扣缴义务人提出，并提交相关信息、资料，扣缴义务人代扣代缴税款时按照享受税收协定待遇有关办法办理。

第十三条　支付工资、薪金所得的扣缴义务人应当于年度终了后两个月内，向纳税人提供其个人所得和已扣缴税款等信息。纳税人年度中间需要提供上述信息的，扣缴义务人应当提供。

纳税人取得除工资、薪金所得以外的其他所得，扣缴义务人应当在扣缴税款后，及时向纳税人提供其个人所得和已扣缴税款等信息。

第十四条　扣缴义务人应当按照纳税人提供的信息计算税款、办理扣缴申报，不得擅自更改纳税人提供的信息。

扣缴义务人发现纳税人提供的信息与实际情况不符的，可以要求纳税人修改。纳税人拒绝修改的，扣缴义务人应当报告税务机关，税务机关应当及时处理。

纳税人发现扣缴义务人提供或者扣缴申报的个人信息、支付所得、扣缴税款等信息与实际情况不符的，有权要求扣缴义务人修改。扣缴义务人拒绝修改的，纳税人应当报告税务机关，税务机关应当及时处理。

第十五条　扣缴义务人对纳税人提供的《个人所得税专项附加扣除信息表》，应当按照规定妥善保存备查。

第十六条　扣缴义务人应当依法对纳税人报送的专项附加扣除等相关涉税信息和资料保密。

第十七条　对扣缴义务人按照规定扣缴的税款，按年付给百分之二的手续费。不包括税务机关、司法机关等查补或者责令补扣的税款。

扣缴义务人领取的扣缴手续费可用于提升办税能力、奖励办税人员。

第十八条　扣缴义务人依法履行代扣代缴义务，纳税人不得拒绝。纳税人拒绝的，扣缴义务人应当及时报告税务机关。

第十九条　扣缴义务人有未按照规定向税务机关报送资料和信息、未按照纳税人提供信息虚报虚扣专项附加扣除、应扣未扣税款、不缴或少缴已扣税款、借用或冒用他人身份等行为的，依照《中华人民共和国税收征收管理法》等相关法律、行政法规处理。

第二十条　本办法相关表证单书式样，由国家税务总局另行制定发布。

第二十一条　本办法自 2019 年 1 月 1 日起施行。”

附件

个人所得税预扣率表一

（居民个人工资、薪金所得预扣预缴适用）

级数	累计预扣预缴应纳税所得额	预扣率	速算扣除数
1	不超过36 000元	3%	0
2	超过36 000元至144 000元的部分	10%	2 520
3	超过144 000元至300 000元的部分	20%	16 920
4	超过300 000元至420 000元的部分	25%	31 920
5	超过420 000元至660 000元的部分	30%	52 920
6	超过660 000元至960 000元的部分	35%	85 920
7	超过960 000元的部分	45%	181 920

个人所得税预扣率表二

（居民个人劳务报酬所得预扣预缴适用）

级数	预扣预缴应纳税所得额	预扣率	速算扣除数
1	不超过20 000元	20%	0
2	超过20 000元至50 000元的部分	30%	2 000
3	超过50 000元的部分	40%	7 000

个人所得税税率表三

（非居民个人工资、薪金所得，劳务报酬所得，稿酬所得，特许权使用费所得适用）

级数	应纳税所得额	预扣率	速算扣除数
1	不超过3 000元	3%	0
2	超过3 000元至12 000元的部分	10%	210
3	超过12 000元至25 000元的部分	20%	1 410
4	超过25 000元至35 000元的部分	25%	2 660
5	超过35 000元至55 000元的部分	30%	4 410
6	超过55 000元至80 000元的部分	35%	7 160
7	超过80 000元的部分	45%	15 160

第十一节　自行纳税申报的相关要求

《国家税务总局关于个人所得税自行纳税申报有关问题的公告》（国家税务总局公告2018年第62号）规定：

“一、取得综合所得需要办理汇算清缴的纳税申报

取得综合所得且符合下列情形之一的纳税人，应当依法办理汇算清缴：

（一）从两处以上取得综合所得，且综合所得年收入额减除专项扣除后的余额超过 6 万元；

（二）取得劳务报酬所得、稿酬所得、特许权使用费所得中一项或者多项所得，且综合所得年收入额减除专项扣除的余额超过 6 万元；

（三）纳税年度内预缴税额低于应纳税额；

（四）纳税人申请退税。

需要办理汇算清缴的纳税人，应当在取得所得的次年 3 月 1 日至 6 月 30 日内，向任职、受雇单位所在地主管税务机关办理纳税申报，并报送《个人所得税年度自行纳税申报表》。纳税人有两处以上任职、受雇单位的，选择向其中一处任职、受雇单位所在地主管税务机关办理纳税申报；纳税人没有任职、受雇单位的，向户籍所在地或经常居住地主管税务机关办理纳税申报。

纳税人办理综合所得汇算清缴，应当准备与收入、专项扣除、专项附加扣除、依法确定的其他扣除、捐赠、享受税收优惠等相关的资料，并按规定留存备查或报送。”

“二、取得经营所得的纳税申报

个体工商户业主、个人独资企业投资者、合伙企业个人合伙人、承包承租经营者个人以及其他从事生产、经营活动的个人取得经营所得，包括以下情形：

（一）个体工商户从事生产、经营活动取得的所得，个人独资企业投资人、合伙企业的个人合伙人来源于境内注册的个人独资企业、合伙企业生产、经营的所得；

（二）个人依法从事办学、医疗、咨询以及其他有偿服务活动取得的所得；

（三）个人对企业、事业单位承包经营、承租经营以及转包、转租取得的所得；

（四）个人从事其他生产、经营活动取得的所得。

纳税人取得经营所得，按年计算个人所得税，由纳税人在月度或季度终了后 15 日内，向经营管理所在地主管税务机关办理预缴纳税申报，并报送《个人所得税经营所得纳税申报表（A 表）》。在取得所得的次年 3 月 31 日前，向经营管理所在地主管税务机关办理汇算清缴，并报送《个人所得税经营所得纳税申报表（B 表）》；从两处以上取得经营所得的，选择向其中一处经营管理所在地主管税务机关办理年度汇总申报，并报送《个人所得税经营所得纳税申报表（C 表）》。

三、取得应税所得，扣缴义务人未扣缴税款的纳税申报

纳税人取得应税所得，扣缴义务人未扣缴税款的，应当区别以下情形办理纳税申报：

（一）居民个人取得综合所得的，按照本公告第一条办理。

（二）非居民个人取得工资、薪金所得，劳务报酬所得，稿酬所得，特许权使用费所得的，应当在取得所得的次年 6 月 30 日前，向扣缴义务人所在地主管税务机关办理纳税申报，并报送《个人所得税自行纳税申报表（A 表）》。有两个以上扣缴义务人均未扣缴税款的，选择向其中一处扣缴义务人所在地主管税务机关办理纳税申报。

非居民个人在次年 6 月 30 日前离境（临时离境除外）的，应当在离境前办理纳税申报。

（三）纳税人取得利息、股息、红利所得，财产租赁所得，财产转让所得和偶然所得的，应当在取得所得的次年 6 月 30 日前，按相关规定向主管税务机关办理纳税申报，并报送《个人所得税自行纳税申报表（A 表）》。

税务机关通知限期缴纳的，纳税人应当按照期限缴纳税款。

四、取得境外所得的纳税申报

居民个人从中国境外取得所得的，应当在取得所得的次年 3 月 1 日至 6 月 30 日内，向中国境内任职、受雇单位所在地主管税务机关办理纳税申报；在中国境内没有任职、受雇单位的，向户籍所在地或中国境内经常居住地主管税务机关办理纳税申报；户籍所在地与中国境内经常居住地不一致的，选择其中一地主管税务机关办理纳税申报；在中国境内没有户籍的，向中国境内经常居住地主管税务机关办理纳税申报。”

“五、因移居境外注销中国户籍的纳税申报

纳税人因移居境外注销中国户籍的，应当在申请注销中国户籍前，向户籍所在地主管税务机关办理纳税申报，进行税款清算。

（一）纳税人在注销户籍年度取得综合所得的，应当在注销户籍前，办理当年综合所得的汇算清缴，并报送《个人所得税年度自行纳税申报表》。尚未办理上一年度综合所得汇算清缴的，应当在办理注销户籍纳税申报时一并办理。

（二）纳税人在注销户籍年度取得经营所得的，应当在注销户籍前，办理当年经营所得的汇算清缴，并报送《个人所得税经营所得纳税申报表（B 表）》。从两处以上取得经营所得的，还应当一并报送《个人所得税经营所得纳税申报表（C 表）》。尚未办理上一年度经营所得汇算清缴的，应当在办理注销户籍纳税申报时一并办理。

（三）纳税人在注销户籍当年取得利息、股息、红利所得，财产租赁所得，财产转让所得和偶然所得的，应当在注销户籍前，申报当年上述所得的完税情况，并报送《个人所得税自行纳税申报表（A 表）》。

（四）纳税人有未缴或者少缴税款的，应当在注销户籍前，结清欠缴或未缴的税款。纳税人存在分期缴税且未缴纳完毕的，应当在注销户籍前，结清尚未缴纳的税款。

（五）纳税人办理注销户籍纳税申报时，需要办理专项附加扣除、依法确定的其他扣除的，应当向税务机关报送《个人所得税专项附加扣除信息表》《商业健康保险税前扣除情况明细表》《个人税收递延型商业养老保险税前扣除情况明细表》等。

六、非居民个人在中国境内从两处以上取得工资、薪金所得的纳税申报

非居民个人在中国境内从两处以上取得工资、薪金所得的，应当在取得所得的次月 15 日内，向其中一处任职、受雇单位所在地主管税务机关办理纳税申报，并报送《个人所得税自行纳税申报表（A 表）》。

七、纳税申报方式

纳税人可以采用远程办税端、邮寄等方式申报，也可以直接到主管税务机关申报。

八、其他有关问题

（一）纳税人办理自行纳税申报时，应当一并报送税务机关要求报送的其他有关资料。首次申报或者个人基础信息发生变化的，还应报送《个人所得税基础信息表（B 表）》。”

“（二）纳税人在办理纳税申报时需要享受税收协定待遇的，按照享受税收协定待遇有关办法办理。

九、施行时间

本公告自 2019 年 1 月 1 日起施行。”

第十二节　中国税收居民身份证明

《国家税务总局关于开具〈中国税收居民身份证明〉有关事项的公告》（国家税务总局公告 2016 年第 40 号）规定：

“一、企业或者个人（以下统称申请人）为享受中国政府对外签署的税收协定（含与香港、澳门和台湾签署的税收安排或者协议）、航空协定税收条款、海运协定税收条款、汽车运输协定税收条款、互免国际运输收入税收协议或者换函（以下统称税收协定）待遇，可以向税务机关申请开具《税收居民证明》。”

“三、申请人可以就其构成中国税收居民的任一公历年度申请开具《税收居民证明》。”

“五、申请人提交资料齐全的，主管税务机关应当按规定当场受理；资料不齐全的，主管税务机关不予受理，并一次性告知申请人应补正内容。”

“十二、本公告自2016年10月1日起施行。”

《国家税务总局关于调整〈中国税收居民身份证明〉有关事项的公告》（国家税务总局公告2019年第17号）规定：

“一、申请人应向主管其所得税的县税务局（以下称主管税务机关）申请开具《税收居民证明》。中国居民企业的境内、境外分支机构应由其中国总机构向总机构主管税务机关申请。合伙企业应当以其中国居民合伙人作为申请人，向中国居民合伙人主管税务机关申请。

二、申请人申请开具《税收居民证明》应向主管税务机关提交以下资料：

（一）《中国税收居民身份证明》申请表（见附件2）；

（二）与拟享受税收协定待遇收入有关的合同、协议、董事会或者股东会决议、相关支付凭证等证明资料；

（三）申请人为个人且在中国境内有住所的，提供因户籍、家庭、经济利益关系而在中国境内习惯性居住的证明材料，包括申请人身份信息、住所情况说明等资料；

（四）申请人为个人且在中国境内无住所，而一个纳税年度内在中国境内居住累计满183天的，提供在中国境内实际居住时间的证明材料，包括出入境信息等资料；

（五）境内、境外分支机构通过其总机构提出申请时，还需提供总分机构的登记注册情况；

（六）合伙企业的中国居民合伙人作为申请人提出申请时，还需提供合伙企业登记注册情况。

上述填报或提供的资料应提交中文文本，相关资料原件为外文文本的，应当同时提供中文译本。申请人向主管税务机关提交上述资料的复印件时，应在复印件上加盖申请人印章或签字，主管税务机关核验原件后留存复印件。

三、本公告自2019年5月1日起施行。”

附件：1. 中国税收居民身份证明

　　　2.《中国税收居民身份证明》申请表

附件1

中国税收居民身份证明

（Certificate of Chinese Fiscal Resident）

日期（Date）：

编号（Catalogue Number）：

纳税人名称（Taxpayer's Name）：

纳税年度（Tax Year）：

缔约国（地区）Contracting state（jurisdiction）：

为享受税收协定待遇的目的，经中国税务主管当局国家税务总局授权，兹证明上述纳税人是中国税收居民。（For the purpose of enjoying Double Taxation Agreement benefits，and authorized by the State Taxation Administration（STA），the Competent Authority of the People's Republic of China，this is to certify that the above-named taxpayer is a Chinese fiscal resident.）

签字（signature）：

国家税务总局____________税务局

Director of __________，State Taxation Administration

附件 2

《中国税收居民身份证明》申请表

申请人信息：个人：□　企业：□　　　　对《税收居民证明》样式有特殊要求□

基本信息	申请人名称（姓名）： 纳税人识别号： 联系地址： 联系电话： 主管税务机关名称：	英文名称（姓名）：
申请开具《税收居民证明》有关信息	申请年度： 缔约对方国家（地区）： 对方纳税人名称： 对方纳税人识别号： 拟享受协定名称一： 拟享受协定收入金额一： 拟享受协定名称二： 拟享受协定收入金额二：	 英文： 中文： 拟享受协定条款一： 预计减免税金额一： 拟享受协定条款二： 预计减免税金额二：

续表

<table>
<tr><td>申请人为
个人时填报</td><td>国家（地区）：　　　　　　　　　　职业：
身份证件：　　　　　　　　　　　　证件号码：
在中国境内是否有住所：　　　　　　是：□　否：□
如无住所，申请年度在中国境内是否居住累计满 183 天：是：□　否：□
现居住住址：
在中国境内居住满 183 天的年度是否连续满 6 年（含 6 年）：是：□　否：□
合伙企业名称：　　　　　　　　　　合伙企业纳税人识别号：
合伙企业所在国家（地区）：　　　　合伙企业所在地：</td></tr>
<tr><td>申请人为
企业时填报</td><td>注册登记地：
依据实际管理机构认定的居民企业，认定文号：
　　　　　　　　　　　　　　　　　实际管理机构所在地：
境内分支机构名称：　　　　　　　　所在地：
境外分支机构名称：　　　　　　　　所在国家（地区）：
合伙企业名称：　　　　　　　　　　合伙企业纳税人识别号：
合伙企业所在国家（地区）：　　　　合伙企业所在地：</td></tr>
<tr><td colspan="2">声明：
此表是根据国家税收法律法规及相关规定填写，对填报内容（及附带资料）的真实性、可靠性、完整性负责。

申请人或者代理人（签名或者盖章）：________________
日期：____年____月____日</td></tr>
</table>

《中国税收居民身份证明》申请表填表说明

一、适用范围

申请人（企业或个人）为享受中国政府签署的税收协定，内地与香港、澳门签署的税收安排以及大陆与台湾签署的税收协议，航空协定税收条款，海运协定税收条款，汽车运输协定税收条款，互免国际运输收入税收协议或者换函的协定待遇，就其构成中国税收居民身份的任一公历年度向主管税务机关申请开具《中国税收居民身份证明》（以下简称《税收居民证明》）时填报。

二、本条表头项目

（一）申请人为个人的，根据《中华人民共和国个人所得税法》及其实施条例等有关规定，在中国境内有住所或者无住所而一个纳税年度内在中国境内居住累计满 183 天的个人。其中，在中国境内有住所的居民个人是指因户籍、家庭、经济利益关系而在中国境内习惯性居住的个人；在中国境内无住所居民个人是指一个纳税年度内在中国境内居住累计满 183 天的无住所个人。

（二）申请人为企业的，根据《中华人民共和国企业所得税法》及其实施条例等有关规定，依法在中国境内成立，或者依照外国（地区）法律成立但实际管理机构在中国境内的企业。

三、本表各栏填写

1. 申请人名称（姓名）：申请人为个人时，填写个人姓名；申请人为企业时，填写企业名称。

2. 纳税人识别号：申请人为个人的，如有中国公民身份号码的，填写中华人民共和国居民身份证上载明的“公民身份号码”，没有中国公民身份号码的，则填写税务机关赋予的纳税人识别号；申请人为企业的，填写企业的纳税人识别号或者统一社会信用代码。

3. 主管税务机关名称：申请人的主管税务机关名称。

4. 申请年度：申请人申请开具《税收居民证明》的任一公历年度。

5. 缔约对方国家（地区）：申请开具《税收居民证明》拟适用的对方国家（地区）。

6. 对方纳税人名称：与该《税收居民证明》有关且与申请人发生业务往来的缔约对方纳税人（企业或个人）名称。

7. 对方纳税人识别号：对方纳税人在缔约对方国家（地区）的纳税人（企业或个人）识别号。

8. 拟享受协定名称：申请人向缔约对方申请享受的中国政府签署的税收协定，内地与香港、澳门签署的税收安排以及大陆与台湾签署的税收协议，航空协定税收条款，海运协定税收条款，汽车运输协定税收条款，互免国际运输收入税收协议或者换函名称。

9. 拟享受协定条款：申请人向缔约对方申请享受协定的条款，包括：股息、利息、特许权使用费、常设机构和营业利润、财产收益、国际运输、独立个人劳务、非独立个人劳务（受雇所得）、演艺人员和运动员、退休金、政府服务、教师和研究人员、学生、其他所得等。每行填报一个条款，如涉及两个以上条款的，请另行附报说明。

10. 拟享受协定收入金额：填报与该《税收居民证明》有关、申请人取得的拟享受税收协定的收入金额。每行填报对应协定条款的拟享受税收协定的收入金额，合伙企业的合伙人填写按照合伙协议或分配协议计算的合伙人应取得的收入金额。收入金额为外币的应按照填报申请表当日汇率中间价换算为人民币金额。每行填报一个条款，如涉及两个以上条款的，请另行附报说明。

11. 预计减免税金额：填报与该《税收居民证明》有关、申请人拟享受税收协定待遇在缔约对方减免税收金额。即：按照缔约对方法律规定计算的应缴纳税款金额与按照税收协定计算的应缴纳税款金额之差。每行填报对应协定条款预计减免税金额。减免税金额为外币的应按照填报申请表当日汇率中间价换算为人民币金额。每行填报一个条款，如涉及两个以上条款的，请另行附报说明。

12. 身份证件、证件号码：填写申请人为个人时有效的身份证件类型及证件号码。

13. 在中国境内是否有住所：申请人根据《中华人民共和国个人所得税法》第一条第一款、《中华人民共和国个人所得税法实施条例》第二条等规定判定情况。选“是”时应附送相关资料。

14. 如无住所，申请年度在中国境内是否居住累计满 183 天：填报申请人根据《中华人民共和国个人所得税法》第一条第二款等规定判定情况。选“是”时应附送相关资料。

15. 在中国境内居住满 183 天的年度是否连续满 6 年（含 6 年）：申请人根据《中华人民共和国个人所得税法》第一条第一款、《中华人民共和国个人所得税法实施条例》第四条等规定判定是否连续满 6 年情况。

16. 现居住地址：申请人为个人时其本人在中国境内的习惯性住所或者无住所的现居住地址。

17. 境内分支机构名称、境外分支机构名称：中国居民企业的境内、境外分支机构通过其总机构向总机构主管税务机关提出申请时填报。

18. 合伙企业名称、合伙企业纳税人识别号、所在国家（地区）、所在地：中国境内注册的合伙企业以其中国居民合伙人作为申请人，向中国居民合伙人主管税务机关申请时填报。

19. 申请人或者代理人签名：由企业法定代表人或者其授权代表负责人、个人本人或者其授权人签名并/或者盖章，并填写声明日期。

四、其他事项说明

以纸质方式报送本表的，申请人提交的申请表原件和相关资料、《税收居民证明》复印件由主管税务机关保存备查。如缔约对方税务主管当局对《税收居民证明》样式有特殊要求的，申请人的书面说明及缔约对方《税收居民证明》样式由主管税务机关保存备查。

第十三节　征管事项的其他规定

1.《中华人民共和国个人所得税法实施条例》规定：

“第二十九条　纳税人可以委托扣缴义务人或者其他单位和个人办理汇算清缴。

第三十条　扣缴义务人应当按照纳税人提供的信息计算办理扣缴申报，不得擅自更改纳税人提供的信息。

纳税人发现扣缴义务人提供或者扣缴申报的个人信息、所得、扣缴税款等与实际情况不符的，有权要求扣缴义务人修改。扣缴义务人拒绝修改的，纳税人应当报告税务机关，税务机关应当及时处理。

纳税人、扣缴义务人应当按照规定保存与专项附加扣除相关的资料。税务机关可以对纳税人提供的专项附加扣除信息进行抽查，具体办法由国务院税务主管部门另行规定。税务机关发现纳税人提供虚假信息的，应当责令改正并通知扣缴义务人；情节严重的，有关部门应当依法予以处理，纳入信用信息系统并实施联合惩戒。

第三十一条　纳税人申请退税时提供的汇算清缴信息有错误的，税务机关应当告知其更正；纳税人更正的，税务机关应当及时办理退税。

扣缴义务人未将扣缴的税款解缴入库的，不影响纳税人按照规定申请退税，税务机关应当凭纳税人提供的有关资料办理退税。”

2.《中华人民共和国个人所得税法》规定：

“第十五条　公安、人民银行、金融监督管理等相关部门应当协助税务机关确认纳税人的身份、金融账户信息。教育、卫生、医疗保障、民政、人力资源社会保障、住房城乡建设、公安、人民银行、金融监督管理等相关部门应当向税务机关提供纳税人子女教育、继续教育、大病医疗、住房贷款利息、住房租金、赡养老人等专项附加扣除信息。

个人转让不动产的，税务机关应当根据不动产登记等相关信息核验应缴的个人所得税，登记机构办理转移登记时，应当查验与该不动产转让相关的个人所得税的完税凭证。个人转让股权办理变更登记的，市场主体登记机关应当查验与该股权交易相关的个人所得税的完税凭证。

有关部门依法将纳税人、扣缴义务人遵守本法的情况纳入信用信息系统，并实施联合激励或者惩戒。

第十六条　各项所得的计算，以人民币为单位。所得为人民币以外的货币的，按照人民币汇率中间价折合成人民币缴纳税款。”

“第十七条　对扣缴义务人按照所扣缴的税款，付给百分之二的手续费。”

注：上述所得为人民币以外货币的，按照办理纳税申报或者扣缴申报的上一月最后一日人民币汇率中间价，折合成人民币计算应纳税所得额。年度终了后办理汇算清缴的，对已经按月、按季或者按次预缴税款的人民币以外货币所得，不再重新折算；对应当补缴税款的所得部分，按照上一纳税年度最后一日人民币汇率中间价，折合成人民币计算应纳税所得额。

税务机关按照规定付给扣缴义务人的手续费，应当填开退还书；扣缴义务人凭退还书，按照国库管理有关规定办理退库手续。

3. 军队人员个人所得税征收事宜，应按照有关规定执行。

第十三章　纳税申报表相关表单

为贯彻落实新修改的《中华人民共和国个人所得税法》及其实施条例、《中华人民共和国税收征收管理法》及其实施细则、《国务院关于印发个人所得税专项附加扣除暂行办法的通知》(国发〔2018〕41号)、《国家税务总局关于自然人纳税人识别号有关事项的公告》(国家税务总局公告2018年第59号)、《国家税务总局关于发布〈个人所得税专项附加扣除操作办法(试行)〉的公告》(国家税务总局公告2018年第60号)、《国家税务总局关于发布〈个人所得税扣缴申报管理办法(试行)〉的公告》(国家税务总局公告2018年第61号)、《国家税务总局关于个人所得税自行纳税申报有关问题的公告》(国家税务总局公告2018年第62号)等法律法规及相关规定,自2019年1月1日起适用修订后的个人所得税纳税申报表等相关表单,主要包括个人所得税基础信息表(A表)及填表说明,个人所得税基础信息表(B表)及填表说明,个人所得税扣缴申报表及填表说明,个人所得税自行纳税申报表(A表)及填表说明,个人所得税年度自行纳税申报表及填表说明,个人所得税经营所得纳税申报表(A表)及填表说明,个人所得税经营所得纳税申报表(B表)及填表说明,个人所得税经营所得纳税申报表(C表)及填表说明,合伙制创业投资企业单一投资基金核算方式备案表及填表说明,单一投资基金核算的合伙制创业投资企业个人所得税扣缴申报表及填表说明。

第一节 个人所得税基础信息表（A表）及填表说明

个人所得税基础信息表（A表），见表13－1。

表13－1 个人所得税基础信息表（A表）

（适用于扣缴义务人填报）

扣缴义务人名称：

扣缴义务人纳税人识别号（统一社会信用代码）：□□□□□□□□□□□□□□□□□□

序号	纳税人基本信息（带*必填）						任职受雇从业信息					联系方式					银行账户		投资信息		其他信息		华侨、港澳台、外籍个人信息（带*必填）					备注
	纳税人识别号	*纳税人姓名	*身份证件类型	*身份证件号码	*出生日期	*国籍/地区	类型	职务	学历	任职受雇从业日期	离职日期	手机号码	户籍所在地	经常居住地	联系地址	电子邮箱	开户银行	银行账号	投资额（元）	投资比例	是否残疾/孤老/烈属	残疾/烈属证号	*出生地	*性别	*首次入境时间	*预计离境时间	*涉税事由	
1	2	3	4	5	6	7	8	9	10	11	12	13	14	15	16	17	18	19	20	21	22	23	24	25	26	27	28	29

谨声明：本表是根据国家税收法律法规及相关规定填报的，是真实的、可靠的、完整的。

扣缴义务人（签章）： 年 月 日

续表

经办人签字： 经办人身份证件号码： 代理机构签章： 代理机构统一社会信用代码：	受理人： 受理税务机关（章）： 受理日期：　年　月　日

国家税务总局监制

填表说明

一、适用范围

本表由扣缴义务人填报。适用于扣缴义务人办理全员全额扣缴申报时，填报其支付所得的纳税人的基础信息。

二、报送期限

扣缴义务人首次向纳税人支付所得，或者纳税人相关基础信息发生变化的，应当填写本表，并于次月扣缴申报时向税务机关报送。

三、本表各栏填写

本表带“*”项目分为必填和条件必填，其余项目为选填。

（一）表头项目

1. 扣缴义务人名称：填写扣缴义务人的法定名称全称。

2. 扣缴义务人纳税人识别号（统一社会信用代码）：填写扣缴义务人的纳税人识别号或者统一社会信用代码。

（二）表内各栏

1. 第2～7列“纳税人基本信息”：填写纳税人姓名、证件等基本信息。

（1）第2列“纳税人识别号”：有中国公民身份号码的，填写中华人民共和国居民身份证上载明的“公民身份号码”；没有中国公民身份号码的，填写税务机关赋予的纳税人识别号。

（2）第3列“纳税人姓名”：填写纳税人姓名。外籍个人英文姓名按照“先姓（surname）后名（given name）”的顺序填写，确实无法区分姓和名的，按照证件上的姓名顺序填写。

（3）第 4 列“身份证件类型”：根据纳税人实际情况填写。

①有中国公民身份号码的，应当填写中华人民共和国居民身份证（简称“居民身份证”）。

②华侨应当填写中华人民共和国护照（简称“中国护照”）。

③港澳居民可选择填写港澳居民来往内地通行证（简称“港澳居民通行证”）或者中华人民共和国港澳居民居住证（简称“港澳居民居住证”）；台湾居民可选择填写台湾居民来往大陆通行证（简称“台湾居民通行证”）或者中华人民共和国台湾居民居住证（简称“台湾居民居住证”）。

④外籍人员可选择填写中华人民共和国外国人永久居留身份证（简称“外国人永久居留证”）、中华人民共和国外国人工作许可证（简称“外国人工作许可证”）或者“外国护照”。

⑤其他符合规定的情形填写“其他证件”。

身份证件类型选择“港澳居民居住证”的，应当同时填写“港澳居民通行证”；身份证件类型选择“台湾居民居住证”的，应当同时填写“台湾居民通行证”；身份证件类型选择“外国人永久居留证”或者“外国人工作许可证”的，应当同时填写“外国护照”。

（4）第 5～6 列“身份证件号码”“出生日期”：根据纳税人身份证件上的信息填写。

（5）第 7 列“国籍/地区”：填写纳税人所属的国籍或者地区。

2. 第 8～12 列“任职受雇从业信息”：填写纳税人与扣缴义务人之间的任职受雇从业信息。

（1）第 8 列“类型”：根据实际情况填写“雇员”“保险营销员”“证券经纪人”或者“其他”。

（2）第 9～12 列“职务”“学历”“任职受雇从业日期”“离职日期”：其中，当第 9 列“类型”选择“雇员”“保险营销员”或者“证券经纪人”时，填写纳税人与扣缴义务人建立或者解除相应劳动或者劳务关系的日期。

3. 第 13～17 列“联系方式”：

（1）第 13 列“手机号码”：填写纳税人境内有效手机号码。

（2）第 14～16 列“户籍所在地”“经常居住地”“联系地址”：填写纳税人境内有效户籍所在地、经常居住地或者联系地址，按以下格式填写（具体到门牌号）：______省（区、市）______市______区（县）______街道（乡、镇）______。

（3）第 17 列“电子邮箱”：填写有效的电子邮箱。

4. 第 18～19 列“银行账户”：填写个人境内有效银行账户信息，开户银行填写到银行总行。

5. 第 20～21 列“投资信息”：纳税人为扣缴单位的股东、投资者的，填写本栏。

6. 第 22～23 列“其他信息”：如纳税人有“残疾、孤老、烈属”情况的，填写本栏。

7. 第 24～28 列“华侨、港澳台、外籍个人信息”：纳税人为华侨、港澳台居民、外籍个人的填写本栏。

（1）第 24 列“出生地”：填写华侨、港澳台居民、外籍个人的出生地，具体到国家或者地区。

（2）第 26～27 列“首次入境时间”“预计离境时间”：填写华侨、港澳台居民、外籍个人首次入境和预计离境的时间，具体到年月日。预计离境时间发生变化的，应及时进行变更。

（3）第 28 列“涉税事由”：填写华侨、港澳台居民、外籍个人在境内涉税的具体事由，包括“任职受雇”“提供临时劳务”“转让财产”“从事投资和经营活动”“其他”。如有多项事由的，应同时填写。

四、其他事项说明

以纸质方式报送本表的，应当一式两份，扣缴义务人、税务机关各留存一份。

第二节 个人所得税基础信息表（B表）及填表说明

个人所得税基础信息表（B表），见表13－2。

表13－2 个人所得税基础信息表（B表）

（适用于自然人填报）

纳税人识别号：□□□□□□□□□□□□□□□□□□

<table>
<tr><td colspan="8">基本信息（带＊必填）</td></tr>
<tr><td rowspan="4">基本信息</td><td>＊纳税人姓名</td><td>中文名</td><td></td><td>英文名</td><td colspan="3"></td></tr>
<tr><td rowspan="2">＊身份证件</td><td>证件类型一</td><td></td><td>证件号码</td><td colspan="3"></td></tr>
<tr><td>证件类型二</td><td></td><td>证件号码</td><td colspan="3"></td></tr>
<tr><td>＊国籍/地区</td><td colspan="2"></td><td>＊出生日期</td><td colspan="3">年 月 日</td></tr>
<tr><td rowspan="4">联系方式</td><td>户籍所在地</td><td colspan="6">省（区、市） 市 区（县） 街道（乡、镇）__________</td></tr>
<tr><td>经常居住地</td><td colspan="6">省（区、市） 市 区（县） 街道（乡、镇）__________</td></tr>
<tr><td>联系地址</td><td colspan="6">省（区、市） 市 区（县） 街道（乡、镇）__________</td></tr>
<tr><td>＊手机号码</td><td colspan="2"></td><td>电子邮箱</td><td colspan="3"></td></tr>
<tr><td rowspan="3">其他信息</td><td>开户银行</td><td colspan="2"></td><td>银行账号</td><td colspan="3"></td></tr>
<tr><td>学历</td><td colspan="6">□研究生 □大学本科 □大学本科以下</td></tr>
<tr><td>特殊情形</td><td colspan="6">□残疾 残疾证号__________ □烈属 烈属证号__________ □孤老</td></tr>
<tr><td colspan="8">任职、受雇、从业信息</td></tr>
<tr><td rowspan="3">任职受雇从业单位一</td><td>名称</td><td colspan="2"></td><td>国家/地区</td><td colspan="3"></td></tr>
<tr><td>纳税人识别号（统一社会信用代码）</td><td colspan="2"></td><td>任职受雇从业日期</td><td>年 月</td><td>离职日期</td><td>年 月</td></tr>
<tr><td>类型</td><td colspan="2">□雇员 □保险营销员
□证券经纪人 □其他</td><td>职务</td><td colspan="3">□高层 □其他</td></tr>
<tr><td rowspan="3">任职受雇从业单位二</td><td>名称</td><td colspan="2"></td><td>国家/地区</td><td colspan="3"></td></tr>
<tr><td>纳税人识别号（统一社会信用代码）</td><td colspan="2"></td><td>任职受雇从业日期</td><td>年 月</td><td>离职日期</td><td>年 月</td></tr>
<tr><td>类型</td><td colspan="2">□雇员 □保险营销员
□证券经纪人 □其他</td><td>职务</td><td colspan="3">□高层 □其他</td></tr>
<tr><td colspan="8">该栏仅由投资者纳税人填写</td></tr>
<tr><td rowspan="2">被投资单位一</td><td>名称</td><td colspan="2"></td><td>国家/地区</td><td colspan="3"></td></tr>
<tr><td>纳税人识别号（统一社会信用代码）</td><td colspan="2"></td><td>投资额（元）</td><td></td><td>投资比例</td><td></td></tr>
<tr><td rowspan="2">被投资单位二</td><td>名称</td><td colspan="2"></td><td>国家/地区</td><td colspan="3"></td></tr>
<tr><td>纳税人识别号（统一社会信用代码）</td><td colspan="2"></td><td>投资额（元）</td><td></td><td>投资比例</td><td></td></tr>
</table>

续表

<table>
<tr><td colspan="4">该栏仅由华侨、港澳台、外籍个人填写（带＊必填）</td></tr>
<tr><td>＊出生地</td><td></td><td>＊首次入境时间</td><td>年　月　日</td></tr>
<tr><td>＊性别</td><td></td><td>＊预计离境时间</td><td>年　月　日</td></tr>
<tr><td>＊涉税事由</td><td colspan="3">□任职受雇　□提供临时劳务　□转让财产　□从事投资和经营活动
□其他</td></tr>
<tr><td colspan="4">谨声明：本表是根据国家税收法律法规及相关规定填报的，是真实的、可靠的、完整的。
纳税人（签字）：　　　　年　月　日</td></tr>
<tr><td colspan="2">经办人签字：
经办人身份证件号码：
代理机构签章：
代理机构统一社会信用代码：</td><td colspan="2">受理人：

受理税务机关（章）：
受理日期：　年　月　日</td></tr>
</table>

国家税务总局监制

填表说明

一、适用范围

本表适用于自然人纳税人基础信息的填报。

二、报送期限

自然人纳税人初次向税务机关办理相关涉税事宜时填报本表；初次申报后，以后仅需在信息发生变化时填报。

三、本表各栏填写

本表带“＊”的项目为必填或者条件必填，其余项目为选填。

（一）表头项目

纳税人识别号：有中国公民身份号码的，填写中华人民共和国居民身份证上载明的“公民身份号码”；没有中国公民身份号码的，填写税务机关赋予的纳税人识别号。

（二）表内各栏

1. 基本信息：

（1）纳税人姓名：填写纳税人姓名。外籍个人英文姓名按照“先姓（surname）后名（given name）”的顺序填写，确实无法区分姓和名的，按照证件上的姓名顺序填写。

（2）身份证件：填写纳税人有效的身份证件类型及号码。

“证件类型一”按以下原则填写：

①有中国公民身份号码的，应当填写中华人民共和国居民身份证（简称“居民身份证”）。

②华侨应当填写中华人民共和国护照（简称“中国护照”）。

③港澳居民可选择填写港澳居民来往内地通行证（简称“港澳居民通行证”）或者中华人民共和国港澳居民居住证（简称“港澳居民居住证”）；台湾居民可选择填写台湾居民来往大陆通行证（简称“台湾居民通行证”）或者中华人民共和国台湾居民居住证（简称“台湾居民居住证”）。

④外籍个人可选择填写中华人民共和国外国人永久居留身份证（简称“外国人永久居留证”）、中华人民共和国外国人工作许可证（简称“外国人工作许可证”）或者“外国护照”。

⑤其他符合规定的情形填写“其他证件”。

“证件类型二”按以下原则填写：证件类型一选择“港澳居民居住证”的，证件类型二应当填写“港澳居民通行证”；证件类型一选择“台湾居民居住证”的，证件类型二应当填写“台湾居民通行证”；证件类型一选择“外国人永久居留证”或者“外国人工作许可证”的，证件类型二应当填写“外国护照”。证件类型一已选择“居民身份证”“中国护照”“港澳居民通行证”“台湾居民通行证”或“外国护照”，证件类型二可不填。

（3）国籍/地区：填写纳税人所属的国籍或地区。

（4）出生日期：根据纳税人身份证件上的信息填写。

（5）户籍所在地、经常居住地、联系地址：填写境内地址信息，至少填写一项。有居民身份证的，“户籍所在地”“经常居住地”必须填写其中之一。

（6）手机号码、电子邮箱：填写境内有效手机号码，港澳台、外籍个人可以选择境内有效手机号码或电子邮箱中的一项填写。

（7）开户银行、银行账号：填写有效的个人银行账户信息，开户银行填写到银行总行。

（8）特殊情形：纳税人为残疾、烈属、孤老的，填写本栏。残疾、烈属人员还需填写残疾/烈属证件号码。

2. 任职、受雇、从业信息：填写纳税人任职受雇从业的有关信息。其中，中国境内无住所个人有境外派遣单位的，应在本栏除填写境内任职受雇从业单位、境内受聘签约单位情况外，还应一并填写境外派遣单位相关信息。填写境外派遣单位时，其纳税人识别号（社会统一信用代码）可不填。

3. 投资者纳税人填写栏：由自然人股东、投资者填写。没有，则不填。

（1）名称：填写被投资单位名称全称。

（2）纳税人识别号（统一社会信用代码）：填写被投资单位纳税人识别号或者统一社会信用代码。

（3）投资额：填写自然人股东、投资者在被投资单位投资的投资额（股本）。

（4）投资比例：填写自然人股东、投资者的投资额占被投资单位投资（股本）的比例。

4. 华侨、港澳台、外籍个人信息：华侨、港澳台居民、外籍个人填写本栏。

（1）出生地：填写华侨、港澳台居民、外籍个人的出生地，具体到国家或者地区。

（2）首次入境时间、预计离境时间：填写华侨、港澳台居民、外籍个人首次入境和预计离境的时间，具体到年月日。预计离境时间发生变化的，应及时进行变更。

（3）涉税事由：填写华侨、港澳台居民、外籍个人在境内涉税的具体事由，在相应事由处划“√”。如有多项事由的，同时勾选。

四、其他事项说明

以纸质方式报送本表的，应当一式两份，纳税人、税务机关各留存一份。

第三节　个人所得税扣缴申报表及填表说明

个人所得税扣缴申报表，见表 13－3。

表 13－3　个人所得税扣缴申报表

税款所属期：　年　月　日至　年　月　日

扣缴义务人名称：

扣缴义务人纳税人识别号（统一社会信用代码）：□□□□□□□□□□□□□□□□□□□□□□□　　　金额单位：人民币元（列至角分）

							本月（次）情况														累计情况											税款计算							
							收入额计算				专项扣除				其他扣除									累计专项附加扣除															
序号	姓名	身份证件类型	身份证件号码	纳税人识别号	是否为非居民个人	所得项目	收入	费用	免税收入	减除费用	基本养老保险费	基本医疗保险费	失业保险费	住房公积金	年金	商业健康保险	税延养老保险	财产原值	允许扣除的税费	其他	累计收入额	累计减除费用	累计专项扣除	子女教育	赡养老人	住房贷款利息	住房租金	继续教育	累计其他扣除	减按计税比例	准予扣除的捐赠额	应纳税所得额	税率/预扣率	速算扣除数	应纳税额	减免税额	已缴税额	应补/退税额	备注
1	2	3	4	5	6	7	8	9	10	11	12	13	14	15	16	17	18	19	20	21	22	23	24	25	26	27	28	29	30	31	32	33	34	35	36	37	38	39	40
合计																																							

续表

谨声明：本表是根据国家税收法律法规及相关规定填报的，是真实的、可靠的、完整的。 扣缴义务人（签章）：　　年　月　日	
经办人签字： 经办人身份证件号码： 代理机构签章： 代理机构统一社会信用代码：	受理人： 受理税务机关（章）： 受理日期：　年　月　日

国家税务总局监制

填表说明

一、适用范围

本表适用于扣缴义务人向居民个人支付工资、薪金所得，劳务报酬所得，稿酬所得和特许权使用费所得的个人所得税全员全额预扣预缴申报；向非居民个人支付工资、薪金所得，劳务报酬所得，稿酬所得和特许权使用费所得的个人所得税全员全额扣缴申报；以及向纳税人（居民个人和非居民个人）支付利息、股息、红利所得，财产租赁所得，财产转让所得和偶然所得的个人所得税全员全额扣缴申报。

二、报送期限

扣缴义务人应当在每月或者每次预扣、代扣税款的次月15日内，将已扣税款缴入国库，并向税务机关报送本表。

三、本表各栏填写

（一）表头项目

1. 税款所属期：填写扣缴义务人预扣、代扣税款当月的第1日至最后1日。如：2019年3月20日发放工资时代扣的税款，税款所属期填写“2019年3月1日至2019年3月31日”。

2. 扣缴义务人名称：填写扣缴义务人的法定名称全称。

3. 扣缴义务人纳税人识别号（统一社会信用代码）：填写扣缴义务人的纳税人识别号或者统一社会信用代码。

（二）表内各栏

1. 第 2 列“姓名”：填写纳税人姓名。

2. 第 3 列“身份证件类型”：填写纳税人有效的身份证件名称。中国公民有中华人民共和国居民身份证的，填写居民身份证；没有居民身份证的，填写中华人民共和国护照、港澳居民来往内地通行证或者港澳居民居住证、台湾居民通行证或者台湾居民居住证、外国人永久居留身份证、外国人工作许可证或者护照等。

3. 第 4 列“身份证件号码”：填写纳税人有效身份证件上载明的证件号码。

4. 第 5 列“纳税人识别号”：有中国公民身份号码的，填写中华人民共和国居民身份证上载明的“公民身份号码”；没有中国公民身份号码的，填写税务机关赋予的纳税人识别号。

5. 第 6 列“是否为非居民个人”：纳税人为居民个人的填“否”。为非居民个人的，根据合同、任职期限、预期工作时间等不同情况，填写“是，且不超过 90 天”或者“是，且超过 90 天不超过 183 天”。不填默认为“否”。

其中，纳税人为非居民个人的，填写“是，且不超过 90 天”的，当年在境内实际居住超过 90 天的次月 15 日内，填写“是，且超过 90 天不超过 183 天”。

6. 第 7 列“所得项目”：填写纳税人取得的个人所得税法第二条规定的应税所得项目名称。同一纳税人取得多项或者多次所得的，应分行填写。

7. 第 8～21 列“本月（次）情况”：填写扣缴义务人当月（次）支付给纳税人的所得，以及按规定各所得项目当月（次）可扣除的减除费用、专项扣除、其他扣除等。其中，工资、薪金所得预扣预缴个人所得税时扣除的专项附加扣除，按照纳税年度内纳税人在该任职受雇单位截至当月可享受的各专项附加扣除项目的扣除总额，填写至“累计情况”中第 25～29 列相应栏，本月情况中则无须填写。

（1）“收入额计算”：包含“收入”“费用”“免税收入”。收入额＝第 8 列－第 9 列－第 10 列。

①第 8 列“收入”：填写当月（次）扣缴义务人支付给纳税人所得的总额。

②第 9 列“费用”：取得劳务报酬所得、稿酬所得、特许权使用费所得时填写，取得其他各项所得时无须填写本列。居民个人取得上述所得，每次收入不超过 4 000 元的，费用填写“800”元；每次收入 4 000 元以上的，费用按收入的 20%

填写。非居民个人取得劳务报酬所得、稿酬所得、特许权使用费所得，费用按收入的20%填写。

③第10列“免税收入”：填写纳税人各所得项目收入总额中，包含的税法规定的免税收入金额。其中，税法规定“稿酬所得的收入额减按70%计算”，对稿酬所得的收入额减计的30%部分，填入本列。

（2）第11列“减除费用”：按税法规定的减除费用标准填写。如，2019年纳税人取得工资、薪金所得按月申报时，填写5 000元。纳税人取得财产租赁所得，每次收入不超过4 000元的，填写800元；每次收入4 000元以上的，按收入的20%填写。

（3）第12～15列“专项扣除”：分别填写按规定允许扣除的基本养老保险费、基本医疗保险费、失业保险费、住房公积金（以下简称“三险一金”）的金额。

（4）第16～21列“其他扣除”：分别填写按规定允许扣除的项目金额。

8. 第22～30列“累计情况”：本栏适用于居民个人取得工资、薪金所得，保险营销员、证券经纪人取得佣金收入等按规定采取累计预扣法预扣预缴税款时填报。

（1）第22列“累计收入额”：填写本纳税年度截至当前月份，扣缴义务人支付给纳税人的工资、薪金所得，或者支付给保险营销员、证券经纪人的劳务报酬所得的累计收入额。

（2）第23列“累计减除费用”：按照5 000元/月乘以纳税人当年在本单位的任职受雇或者从业的月份数计算。

（3）第24列“累计专项扣除”：填写本年度截至当前月份，按规定允许扣除的“三险一金”的累计金额。

（4）第25～29列“累计专项附加扣除”：分别填写截至当前月份，纳税人按规定可享受的子女教育、赡养老人、住房贷款利息或者住房租金、继续教育扣除的累计金额。大病医疗扣除由纳税人在年度汇算清缴时办理，此处无须填报。

（5）第30列“累计其他扣除”：填写本年度截至当前月份，按规定允许扣除的年金（包括企业年金、职业年金）、商业健康保险、税延养老保险及其他扣除项目的累计金额。

9. 第31列“减按计税比例”：填写按规定实行应纳税所得额减计税收优惠的减计比例。无减计规定的，可不填，系统默认为100%。如，某项税收政策实行减按60%计入应纳税所得额，则本列填60%。

10. 第32列“准予扣除的捐赠额”：是指按照税法及相关法规、政策规定，可以在税前扣除的捐赠额。

11. 第 33～39 列“税款计算”：填写扣缴义务人当月扣缴个人所得税款的计算情况。

（1）第 33 列“应纳税所得额”：根据相关列次计算填报。

①居民个人取得工资、薪金所得，填写累计收入额减除累计减除费用、累计专项扣除、累计专项附加扣除、累计其他扣除后的余额。

②非居民个人取得工资、薪金所得，填写收入额减去减除费用后的余额。

③居民个人或者非居民个人取得劳务报酬所得、稿酬所得、特许权使用费所得，填写本月（次）收入额减除其他扣除后的余额。

保险营销员、证券经纪人取得的佣金收入，填写累计收入额减除累计减除费用、累计其他扣除后的余额。

④居民个人或者非居民个人取得利息、股息、红利所得和偶然所得，填写本月（次）收入额。

⑤居民个人或者非居民个人取得财产租赁所得，填写本月（次）收入额减去减除费用、其他扣除后的余额。

⑥居民个人或者非居民个人取得财产转让所得，填写本月（次）收入额减除财产原值、允许扣除的税费后的余额。

其中，适用“减按计税比例”的所得项目，其应纳税所得额按上述方法计算后乘以减按计税比例的金额填报。

按照税法及相关法规、政策规定，可以在税前扣除的捐赠额，可以按上述方法计算后从应纳税所得额中扣除。

（2）第 34～35 列“税率/预扣率”“速算扣除数”：填写各所得项目按规定适用的税率（或预扣率）和速算扣除数。没有速算扣除数的，则不填。

（3）第 36 列“应纳税额”：根据相关列次计算填报。第 36 列＝第 33 列×第 34 列－第 35 列。

（4）第 37 列“减免税额”：填写符合税法规定可减免的税额，并附报个人所得税减免税事项报告表。居民个人工资、薪金所得，以及保险营销员、证券经纪人取得佣金收入，填写本年度累计减免税额；居民个人取得工资、薪金以外的所得或非居民个人取得各项所得，填写本月（次）减免税额。

（5）第 38 列“已缴税额”：填写本年或本月（次）纳税人同一所得项目，已由扣缴义务人实际扣缴的税款金额。

（6）第 39 列“应补/退税额”：根据相关列次计算填报。第 39 列＝第 36 列－第 37 列－第 38 列。

四、其他事项说明

以纸质方式报送本表的，应当一式两份，扣缴义务人、税务机关各留存一份。

第四节 个人所得税自行纳税申报表（A表）及填表说明

个人所得税自行纳税申报表（A表），见表13－4。

表13－4 个人所得税自行纳税申报表（A表）

税款所属期： 年 月 日至 年 月 日

纳税人姓名：

纳税人识别号：□□□□□□□□□□□□□□□□□□

金额单位：人民币元（列至角分）

自行申报情形	□居民个人取得应税所得，扣缴义务人未扣缴税款 □非居民个人取得应税所得，扣缴义务人未扣缴税款 □非居民个人在中国境内从两处以上取得工资、薪金所得 □其他______														是否为非居民个人		□是 □否		非居民个人本年度境内居住天数		□不超过90天 □超过90天不超过183天	
序号	所得项目	收入额计算			减除费用	专项扣除				其他扣除			减按计税比例	准予扣除的捐赠额	税款计算							备注
		收入	费用	免税收入		基本养老保险费	基本医疗保险费	失业保险费	住房公积金	财产原值	允许扣除的税费	其他			应纳税所得额	税率	速算扣除数	应纳税额	减免税额	已缴税额	应补/退税额	
1	2	3	4	5	6	7	8	9	10	11	12	13	14	15	16	17	18	19	20	21	22	23
谨声明：本表是根据国家税收法律法规及相关规定填报的，是真实的、可靠的、完整的。 纳税人签字： 年 月 日																						

续表

经办人签字： 经办人身份证件号码： 代理机构签章： 代理机构统一社会信用代码：	受理人： 受理税务机关（章）： 受理日期：　年　月　日

国家税务总局监制

填表说明

一、适用范围

本表适用于居民个人取得应税所得，扣缴义务人未扣缴税款，非居民个人取得应税所得扣缴义务人未扣缴税款，非居民个人在中国境内从两处以上取得工资、薪金所得等情形在办理自行纳税申报时，向税务机关报送。

二、报送期限

（一）居民个人取得应税所得扣缴义务人未扣缴税款，应当在取得所得的次年 6 月 30 日前办理纳税申报。税务机关通知限期缴纳的，纳税人应当按照期限缴纳税款。

（二）非居民个人取得应税所得，扣缴义务人未扣缴税款的，应当在取得所得的次年 6 月 30 日前办理纳税申报。非居民个人在次年 6 月 30 日前离境（临时离境除外）的，应当在离境前办理纳税申报。

（三）非居民个人在中国境内从两处以上取得工资、薪金所得的，应当在取得所得的次月 15 日内办理纳税申报。

（四）其他需要纳税人办理自行申报的情形，按规定的申报期限办理。

三、本表各栏填写

（一）表头项目

1. 税款所属期：填写纳税人取得所得应纳个人所得税款的所属期间，填写具体的起止年月日。

2. 纳税人姓名：填写自然人纳税人姓名。

3. 纳税人识别号：有中国公民身份号码的，填写中华人民共和国居民身份证上载明的“公民身份号码”；没有中国公民身份号码的，填写税务机关赋予的纳税人识别号。

（二）表内各栏

1. “自行申报情形”：纳税人根据自身情况在对应框内打“√”。选择“其他”的，应当填写具体自行申报情形。

2. “是否为非居民个人”：非居民个人选“是”，居民个人选“否”。不填默认为“否”。

3. “非居民个人本年度境内居住天数”：非居民个人根据合同、任职期限、预期工作时间等不同情况，填写“不超过90天”或者“超过90天不超过183天”。

4. 第2列“所得项目”：按照个人所得税法第二条规定的项目填写。纳税人取得多项所得或者多次取得所得的，分行填写。

5. 第3～5列“收入额计算”：包含“收入”“费用”“免税收入”。收入额＝第3列－第4列－第5列。

（1）第3列“收入”：填写纳税人实际取得所得的收入总额。

（2）第4列“费用”：取得劳务报酬所得、稿酬所得、特许权使用费所得时填写，取得其他各项所得时无须填写本列。非居民个人取得劳务报酬所得、稿酬所得、特许权使用费所得，费用按收入的20%填写。

（3）第5列“免税收入”：填写符合税法规定的免税收入金额。其中，税法规定“稿酬所得的收入额减按70%计算”，对减计的30%部分，填入本列。

6. 第6列“减除费用”：按税法规定的减除费用标准填写。

7. 第7～10列“专项扣除”：分别填写按规定允许扣除的基本养老保险费、基本医疗保险费、失业保险费、住房公积金的金额。

8. 第11～13列“其他扣除”：包含“财产原值”“允许扣除的税费”“其他”，分别填写按照税法规定当月（次）允许扣除的金额。

（1）第11列“财产原值”：纳税人取得财产转让所得时填写本栏。

（2）第12列“允许扣除的税费”：填写按规定可以在税前扣除的税费。

①纳税人取得劳务报酬所得时，填写劳务发生过程中实际缴纳的可依法扣除的税费。

②纳税人取得特许权使用费所得时，填写提供特许权过程中发生的中介费和实际缴纳的可依法扣除的税费。

③纳税人取得财产租赁所得时，填写修缮费和出租财产过程中实际缴纳的可依法扣除的税费。

④纳税人取得财产转让所得时，填写转让财产过程中实际缴纳的可依法扣除的税费。

（3）第13列“其他”：填写按规定其他可以在税前扣除的项目。

9. 第14列“减按计税比例”：填写按规定实行应纳税所得额减计税收优惠的减计比例。无减计规定的，则不填，系统默认为100％。如，某项税收政策实行减按60％计入应纳税所得额，则本列填60％。

10. 第15列“准予扣除的捐赠额”：是指按照税法及相关法规、政策规定，可以在税前扣除的捐赠额。

11. 第16列“应纳税所得额”：根据相关列次计算填报。

12. 第17～18列“税率”“速算扣除数”：填写所得项目按规定适用的税率和速算扣除数。所得项目没有速算扣除数的，则不填。

13. 第19列“应纳税额”：根据相关列次计算填报。第19列＝第16列×第17列－第18列。

14. 第20列“减免税额”：填写符合税法规定的可以减免的税额，并附报个人所得税减免税事项报告表。

15. 第21列“已缴税额”：填写纳税人当期已实际缴纳或者被扣缴的个人所得税税款。

16. 第22列“应补/退税额”：根据相关列次计算填报。第22列＝第19列－第20列－第21列。

四、其他事项说明

以纸质方式报送本表的，应当一式两份，纳税人、税务机关各留存一份。

第五节　个人所得税年度自行纳税申报表及填表说明

个人所得税年度自行纳税申报表，见表 13－5。

表 13－5　个人所得税年度自行纳税申报表

税款所属期：　年　月　日至　年　月　日

纳税人姓名：

纳税人识别号：□□□□□□□□□□□□□□□□□□□□□　　金额单位：人民币元（列至角分）

项目	行次	金额
一、收入合计（1=2+3+4+5）	1	
（一）工资、薪金所得	2	
（二）劳务报酬所得	3	
（三）稿酬所得	4	
（四）特许权使用费所得	5	
二、费用合计	6	
三、免税收入合计	7	
四、减除费用	8	
五、专项扣除合计（9=10+11+12+13）	9	
（一）基本养老保险费	10	
（二）基本医疗保险费	11	
（三）失业保险费	12	
（四）住房公积金	13	
六、专项附加扣除合计（14=15+16+17+18+19+20）	14	
（一）子女教育	15	
（二）继续教育	16	
（三）大病医疗	17	
（四）住房贷款利息	18	
（五）住房租金	19	
（六）赡养老人	20	
七、其他扣除合计（21=22+23+24+25+26）	21	
（一）年金	22	
（二）商业健康保险	23	
（三）税延养老保险	24	
（四）允许扣除的税费	25	
（五）其他	26	
八、准予扣除的捐赠额	27	
九、应纳税所得额（28=1－6－7－8－9－14－21－27）	28	
十、税率（%）	29	
十一、速算扣除数	30	
十二、应纳税额（31=28×29－30）	31	
十三、减免税额	32	
十四、已缴税额	33	

续表

<table>
<tr><td colspan="4">项目</td><td>行次</td><td>金额</td></tr>
<tr><td colspan="4">十五、应补/退税额（34＝31－32－33）</td><td>34</td><td></td></tr>
<tr><td colspan="6">无住所个人附报信息</td></tr>
<tr><td>在华停留天数</td><td></td><td>已在华停留年数</td><td colspan="3"></td></tr>
<tr><td colspan="6">谨声明：本表是根据国家税收法律法规及相关规定填报的，是真实的、可靠的、完整的。
纳税人签字：　　　　　　年　月　日</td></tr>
<tr><td colspan="2">经办人签字：
经办人身份证件号码：
代理机构签章：
代理机构统一社会信用代码：</td><td colspan="4">受理人：

受理税务机关（章）：
受理日期：　年　月　日</td></tr>
</table>

国家税务总局监制

填表说明

一、适用范围

本表适用于居民个人取得境内综合所得，按税法规定进行个人所得税汇算清缴。纳税人取得境外所得的，不适用本表。

二、报送期限

居民个人取得综合所得需要办理汇算清缴的，应当在取得所得的次年 3 月 1 日至 6 月 30 日内，向主管税务机关办理汇算清缴，并报送本表。

三、本表各栏填写

（一）表头项目

1. 税款所属期：填写纳税人取得所得应纳个人所得税款的所属期间。如 2019 年 1 月 1 日至 2019 年 12 月 31 日。

2. 纳税人姓名：填写自然人纳税人姓名。

3. 纳税人识别号：有中国公民身份号码的，填写中华人民共和国居民身份证上载明的“公民身份号码”；没有中国公民身份号码的，填写税务机关赋予的纳税人识别号。

（二）表内各行

1. 第 1 行“收入合计”：填写纳税人本年度取得综合所得的收入合计金额。第 1 行＝第 2 行＋第 3 行＋第 4 行＋第 5 行。

2. 第 2 行“工资、薪金所得”：填写本年度应当并入综合所得计税的工资、薪金收入总额。

3. 第6行"费用合计"：纳税人取得劳务报酬所得、稿酬所得、特许权使用费所得时，填写减除20%费用的合计金额。

4. 第7行"免税收入合计"：填写本年度符合税法规定的免税收入合计金额。其中，税法规定"稿酬所得的收入额减按70%计算"，对减计的30%部分，填入本行。

5. 第8行"减除费用"：按税法规定的减除费用标准填写。

6. 第9行"专项扣除合计"：填写按规定本年度可在税前扣除的基本养老保险费、基本医疗保险费、失业保险费、住房公积金的合计金额。

第9行＝第10行＋第11行＋第12行＋第13行。

7. 第14行"专项附加扣除合计"：填写按规定本年度可在税前扣除的子女教育、继续教育、大病医疗、住房贷款利息或住房租金、赡养老人等专项附加扣除费用的合计金额。

第14行＝第15行＋第16行＋第17行＋第18行＋第19行＋第20行。

8. 第21行"其他扣除合计"：填写按规定本年度可在税前扣除的年金、商业健康保险、税延养老保险、允许扣除的税费等其他扣除项目的合计金额。

第21行＝第22行＋第23行＋第24行＋第25行＋第26行。

9. 第27行"准予扣除的捐赠额"：填写按规定本年度准予在税前扣除的捐赠额的合计金额。

10. 第28行"应纳税所得额"：根据相应行次计算填报。

第28行＝第1行－第6行－第7行－第8行－第9行－第14行－第21行－第27行。

11. 第29～30行"税率""速算扣除数"：填写按规定适用的税率和速算扣除数。

12. 第31行"应纳税额"：按照相关行次计算填报。

第31行＝第28行×第29行－第30行。

13. 第32行"减免税额"：填写符合税法规定的可以减免的税额，并附报个人所得税减免税事项报告表。

14. 第33行"已缴税额"：填写本年度内纳税人在中国境内已经缴纳或者被扣缴税款的合计金额。

15. 第34行"应补/退税额"：根据相关行次计算填报。

第34行＝第31行－第32行－第33行。

（三）无住所个人附报信息：本栏由无住所个人填写。不是，则不填。

1. 在华停留天数：填写一个纳税年度内，无住所居民个人在中国境内停留的天数。

2. 已在华停留年数：填写无住所个人已在华连续停留的年份数。

四、其他事项说明

以纸质方式报送本表的，应当一式两份，纳税人、税务机关各留存一份。

第六节　个人所得税经营所得纳税申报表（A表）及填表说明

个人所得税经营所得纳税申报表（A表），见表13-6。

表13-6　个人所得税经营所得纳税申报表（A表）

税款所属期：　年　月　日至　年　月　日

纳税人姓名：

纳税人识别号：□□□□□□□□□□□□□□□□□□□□　　金额单位：人民币元（列至角分）

被投资单位信息	名称		纳税人识别号（统一社会信用代码）	
征收方式	□查账征收（据实预缴）　□查账征收（按上年应纳税所得额预缴） □核定应税所得率征收　□核定应纳税所得额征收 □税务机关认可的其他方式＿＿＿＿			

项目	行次	金额/比例
一、收入总额	1	
二、成本费用	2	
三、利润总额（3=1-2）	3	
四、弥补以前年度亏损	4	
五、应税所得率（%）	5	
六、合伙企业个人合伙人分配比例（%）	6	
七、允许扣除的个人费用及其他扣除（7=8+9+14）	7	
（一）投资者减除费用	8	
（二）专项扣除（9=10+11+12+13）	9	
1. 基本养老保险费	10	
2. 基本医疗保险费	11	
3. 失业保险费	12	
4. 住房公积金	13	
（三）依法确定的其他扣除（14=15+16+17）	14	
1.	15	
2.	16	
3.	17	
八、应纳税所得额	18	
九、税率（%）	19	
十、速算扣除数	20	

续表

<table>
<tr><th colspan="2">项目</th><th>行次</th><th>金额/比例</th></tr>
<tr><td colspan="2">十一、应纳税额（21＝18×19－20）</td><td>21</td><td></td></tr>
<tr><td colspan="2">十二、减免税额（附报个人所得税减免税事项报告表）</td><td>22</td><td></td></tr>
<tr><td colspan="2">十三、已缴税额</td><td>23</td><td></td></tr>
<tr><td colspan="2">十四、应补/退税额（24＝21－22－23）</td><td>24</td><td></td></tr>
<tr><td colspan="4">谨声明：本表是根据国家税收法律法规及相关规定填报的，是真实的、可靠的、完整的。
纳税人签字：　　　　　　　年　月　日</td></tr>
<tr><td>经办人：
经办人身份证件号码：
代理机构签章：
代理机构统一社会信用代码：</td><td colspan="3">受理人：

受理税务机关（章）：
受理日期：　年　月　日</td></tr>
</table>

国家税务总局监制

填表说明

一、适用范围

本表适用于查账征收和核定征收的个体工商户业主、个人独资企业投资人、合伙企业个人合伙人、承包承租经营者个人以及其他从事生产、经营活动的个人在中国境内取得经营所得，办理个人所得税预缴纳税申报时，向税务机关报送。

合伙企业有两个或者两个以上个人合伙人的，应分别填报本表。

二、报送期限

纳税人取得经营所得，应当在月度或者季度终了后15日内，向税务机关办理预缴纳税申报。

三、本表各栏填写

（一）表头项目

1. 税款所属期：填写纳税人取得经营所得应纳个人所得税款的所属期间，应填写具体的起止年月日。

2. 纳税人姓名：填写自然人纳税人姓名。

3. 纳税人识别号：有中国公民身份号码的，填写中华人民共和国居民身份证上载明的“公民身份号码”；没有中国公民身份号码的，填写税务机关赋予的纳税人识别号。

（二）被投资单位信息

1. 名称：填写被投资单位法定名称的全称。

2. 纳税人识别号（统一社会信用代码）：填写被投资单位的纳税人识别号或者统一社会信用代码。

3. 征收方式：根据税务机关核定的征收方式，在对应框内打“√”。采用税务机关认可的其他方式的，应在下划线填写具体征收方式。

（三）表内各行填写

1. 第 1 行“收入总额”：填写本年度开始经营月份起截至本期从事经营以及与经营有关的活动取得的货币形式和非货币形式的各项收入总金额。包括：销售货物收入、提供劳务收入、转让财产收入、利息收入、租金收入、接受捐赠收入、其他收入。

2. 第 2 行“成本费用”：填写本年度开始经营月份起截至本期实际发生的成本、费用、税金、损失及其他支出的总额。

3. 第 3 行“利润总额”：填写本年度开始经营月份起截至本期的利润总额。

4. 第 4 行“弥补以前年度亏损”：填写可在税前弥补的以前年度尚未弥补的亏损额。

5. 第 5 行“应税所得率”：按核定应税所得率方式纳税的纳税人，填写税务机关确定的核定征收应税所得率。按其他方式纳税的纳税人不填本行。

6. 第 6 行“合伙企业个人合伙人分配比例”：纳税人为合伙企业个人合伙人的，填写本行；其他则不填。分配比例按照合伙协议约定的比例填写；合伙协议未约定或不明确的，按合伙人协商决定的比例填写；协商不成的，按合伙人实缴出资比例填写；无法确定出资比例的，按合伙人平均分配。

7. 第 7～17 行“允许扣除的个人费用及其他扣除”：

（1）第 8 行“投资者减除费用”：填写根据本年实际经营月份数计算的可在税前扣除的投资者本人每月 5 000 元减除费用的合计金额。

（2）第 9～13 行“专项扣除”：填写按规定允许扣除的基本养老保险费、基本医疗保险费、失业保险费、住房公积金的金额。

（3）第 14～17 行“依法确定的其他扣除”：填写商业健康保险、税延养老保险以及其他按规定允许扣除项目的金额。其中，税延养老保险可在申报四季度或 12 月份税款时填报扣除。

8. 第 18 行“应纳税所得额”：根据相关行次计算填报。

（1）查账征收（据实预缴）：第 18 行＝（第 3 行－第 4 行）×第 6 行－第 7 行。

（2）查账征收（按上年应纳税所得额预缴）：第 18 行＝上年度的应纳税所得额÷12×月份数。

（3）核定应税所得率征收（能准确核算收入总额的）：第 18 行＝第 1 行×第 5 行×第 6 行。

（4）核定应税所得率征收（能准确核算成本费用的）：第 18 行＝第 2 行÷（1－

第 5 行）×第 5 行×第 6 行。

（5）核定应纳税所得额征收：直接填写应纳税所得额。

（6）税务机关认可的其他方式：直接填写应纳税所得额。

9. 第 19～20 行“税率”和“速算扣除数”：填写按规定适用的税率和速算扣除数。

10. 第 21 行“应纳税额”：根据相关行次计算填报。第 21 行＝第 18 行×第 19 行－第 20 行。

11. 第 22 行“减免税额”：填写符合税法规定可以减免的税额，并附报个人所得税减免税事项报告表。

12. 第 23 行“已缴税额”：填写本年度在月（季）度申报中累计已预缴的经营所得个人所得税的金额。

13. 第 24 行“应补/退税额”：根据相关行次计算填报。第 24 行＝第 21 行－第 22 行－第 23 行。

四、其他事项说明

以纸质方式报送本表的，应当一式两份，纳税人、税务机关各留存一份。

第七节　个人所得税经营所得纳税申报表（B 表）及填表说明

个人所得税经营所得纳税申报表（B 表），见表 13－7。

表 13－7　个人所得税经营所得纳税申报表（B 表）

税款所属期：　年　月　日至　年　月　日

纳税人姓名：

纳税人识别号：□□□□□□□□□□□□□□□□□□□□□□□□□　　金额单位：人民币元（列至角分）

被投资单位信息	名称		纳税人识别号（统一社会信用代码）			
项目					行次	金额/比例
一、收入总额					1	
其中：国债利息收入					2	
二、成本费用（3=4+5+6+7+8+9+10）					3	
（一）营业成本					4	
（二）营业费用					5	
（三）管理费用					6	

续表

项目	行次	金额/比例
（四）财务费用	7	
（五）税金	8	
（六）损失	9	
（七）其他支出	10	
三、利润总额（11=1−2−3）	11	
四、纳税调整增加额（12=13+27）	12	
（一）超过规定标准的扣除项目金额（13=14+15+16+17+18+19+20+21+22+23+24+25+26）	13	
1. 职工福利费	14	
2. 职工教育经费	15	
3. 工会经费	16	
4. 利息支出	17	
5. 业务招待费	18	
6. 广告费和业务宣传费	19	
7. 教育和公益事业捐赠	20	
8. 住房公积金	21	
9. 社会保险费	22	
10. 折旧费用	23	
11. 无形资产摊销	24	
12. 资产损失	25	
13. 其他	26	
（二）不允许扣除的项目金额（27=28+29+30+31+32+33+34+35+36）	27	
1. 个人所得税税款	28	
2. 税收滞纳金	29	
3. 罚金、罚款和被没收财物的损失	30	
4. 不符合扣除规定的捐赠支出	31	
5. 赞助支出	32	
6. 用于个人和家庭的支出	33	
7. 与取得生产经营收入无关的其他支出	34	
8. 投资者工资薪金支出	35	
9. 其他不允许扣除的支出	36	
五、纳税调整减少额	37	

续表

项目	行次	金额/比例
六、纳税调整后所得（38＝11＋12－37）	38	
七、弥补以前年度亏损	39	
八、合伙企业个人合伙人分配比例（%）	40	
九、允许扣除的个人费用及其他扣除（41＝42＋43＋48＋55）	41	
（一）投资者减除费用	42	
（二）专项扣除（43＝44＋45＋46＋47）	43	
1. 基本养老保险费	44	
2. 基本医疗保险费	45	
3. 失业保险费	46	
4. 住房公积金	47	
（三）专项附加扣除（48＝49＋50＋51＋52＋53＋54）	48	
1. 子女教育	49	
2. 继续教育	50	
3. 大病医疗	51	
4. 住房贷款利息	52	
5. 住房租金	53	
6. 赡养老人	54	
（四）依法确定的其他扣除（55＝56＋57＋58＋59）	55	
1. 商业健康保险	56	
2. 税延养老保险	57	
3.	58	
4.	59	
十、投资抵扣	60	
十一、准予扣除的个人捐赠支出	61	
十二、应纳税所得额（62＝38－39－41－60－61）或［62＝（38－39）×40－41－60－61］	62	
十三、税率（%）	63	
十四、速算扣除数	64	
十五、应纳税额（65＝62×63－64）	65	
十六、减免税额（附报个人所得税减免税事项报告表）	66	
十七、已缴税额	67	
十八、应补/退税额（68＝65－66－67）	68	

续表

<table>
<tr><td colspan="2">谨声明：本表是根据国家税收法律法规及相关规定填报的，是真实的、可靠的、完整的。
纳税人签字：　　　　年　月　日</td></tr>
<tr><td>经办人：
经办人身份证件号码：
代理机构签章：
代理机构统一社会信用代码：</td><td>受理人：

受理税务机关（章）：
受理日期：　年　月　日</td></tr>
</table>

国家税务总局监制

填表说明

一、适用范围

本表适用于个体工商户业主、个人独资企业投资人、合伙企业个人合伙人、承包承租经营者个人以及其他从事生产、经营活动的个人在中国境内取得经营所得，且实行查账征收的，在办理个人所得税汇算清缴纳税申报时，向税务机关报送。

合伙企业有两个或者两个以上个人合伙人的，应分别填报本表。

二、报送期限

纳税人在取得经营所得的次年3月31日前，向税务机关办理汇算清缴。

三、本表各栏填写

（一）表头项目

1. 税款所属期：填写纳税人取得经营所得应纳个人所得税款的所属期间，应填写具体的起止年月日。

2. 纳税人姓名：填写自然人纳税人姓名。

3. 纳税人识别号：有中国公民身份号码的，填写中华人民共和国居民身份证上载明的“公民身份号码”；没有中国公民身份号码的，填写税务机关赋予的纳税人识别号。

（二）被投资单位信息

1. 名称：填写被投资单位法定名称的全称。

2. 纳税人识别号（统一社会信用代码）：填写被投资单位的纳税人识别号或统一社会信用代码。

（三）表内各行填写

1. 第1行“收入总额”：填写本年度从事生产经营以及与生产经营有关的活动取得的货币形式和非货币形式的各项收入总金额。包括销售货物收入、提供劳务收入、转让财产收入、利息收入、租金收入、接受捐赠收入、其他收入。

2. 第2行“国债利息收入”：填写本年度已计入收入的因购买国债而取得的应予免税的利息金额。

3. 第3～10行“成本费用”：填写本年度实际发生的成本、费用、税金、损失及其他支出的总额。

(1) 第4行“营业成本”：填写在生产经营活动中发生的销售成本、销货成本、业务支出以及其他耗费的金额。

(2) 第5行“营业费用”：填写在销售商品和材料、提供劳务的过程中发生的各种费用。

(3) 第6行“管理费用”：填写为组织和管理企业生产经营发生的管理费用。

(4) 第7行“财务费用”：填写为筹集生产经营所需资金等发生的筹资费用。

(5) 第8行“税金”：填写在生产经营活动中发生的除个人所得税和允许抵扣的增值税以外的各项税金及其附加。

(6) 第9行“损失”：填写生产经营活动中发生的固定资产和存货的盘亏、毁损、报废损失，转让财产损失，坏账损失，自然灾害等不可抗力因素造成的损失以及其他损失。

(7) 第10行“其他支出”：填写除成本、费用、税金、损失外，生产经营活动中发生的与之有关的、合理的支出。

4. 第11行“利润总额”：根据相关行次计算填报。第11行＝第1行－第2行－第3行。

5. 第12行“纳税调整增加额”：根据相关行次计算填报。第12行＝第13行＋第27行。

6. 第13行“超过规定标准的扣除项目金额”：填写扣除的成本、费用和损失中，超过税法规定的扣除标准应予调增的应纳税所得额。

7. 第27行“不允许扣除的项目金额”：填写按规定不允许扣除但被投资单位已将其扣除的各项成本、费用和损失，应予调增应纳税所得额的部分。

8. 第37行“纳税调整减少额”：填写在计算利润总额时已计入收入或未列入成本费用，但在计算应纳税所得额时应予扣除的项目金额。

9. 第38行“纳税调整后所得”：根据相关行次计算填报。第38行＝第11行＋第12行－第37行。

10. 第39行“弥补以前年度亏损”：填写本年度可在税前弥补的以前年度亏

损额。

11. 第40行“合伙企业个人合伙人分配比例”：纳税人为合伙企业个人合伙人的，填写本栏；其他则不填。分配比例按照合伙协议约定的比例填写；合伙协议未约定或不明确的，按合伙人协商决定的比例填写；协商不成的，按合伙人实缴出资比例填写；无法确定出资比例的，按合伙人平均分配。

12. 第41行“允许扣除的个人费用及其他扣除”：填写按税法规定可以税前扣除的各项费用、支出，包括：

（1）第42行“投资者减除费用”：填写按税法规定的减除费用金额。

（2）第43～47行“专项扣除”：分别填写本年度按规定允许扣除的基本养老保险费、基本医疗保险费、失业保险费、住房公积金的合计金额。

（3）第48～54行“专项附加扣除”：分别填写本年度纳税人按规定可享受的子女教育、继续教育、大病医疗、住房贷款利息、住房租金、赡养老人等专项附加扣除的合计金额。

（4）第55～59行“依法确定的其他扣除”：分别填写按规定允许扣除的商业健康保险、税延养老保险，以及国务院规定其他可以扣除项目的合计金额。

13. 第60行“投资抵扣”：填写按照税法规定可以税前抵扣的投资金额。

14. 第61行“准予扣除的个人捐赠支出”：填写本年度按照税法及相关法规、政策规定，可以在税前扣除的个人捐赠合计额。

15. 第62行“应纳税所得额”：根据相关行次计算填报。

（1）纳税人为非合伙企业个人合伙人的：第62行＝第38行－第39行－第41行－第60行－第61行。

（2）纳税人为合伙企业个人合伙人的：第62行＝（第38行－第39行）×第40行－第41行－第60行－第61行。

16. 第63～64行“税率”“速算扣除数”：填写按规定适用的税率和速算扣除数。

17. 第65行“应纳税额”：根据相关行次计算填报。第65行＝第62行×第63行－第64行。

18. 第66行“减免税额”：填写符合税法规定可以减免的税额，并附报个人所得税减免税事项报告表。

19. 第67行“已缴税额”：填写本年度累计已预缴的经营所得个人所得税金额。

20. 第68行“应补/退税额”：根据相关行次计算填报。第68行＝第65行－第66行－第67行。

四、其他事项说明

以纸质方式报送本表的，应当一式两份，纳税人、税务机关各留存一份。

第八节　个人所得税经营所得纳税申报表（C表）及填表说明

个人所得税经营所得纳税申报表（C表），见表13-8。

表13-8　个人所得税经营所得纳税申报表（C表）

税款所属期：　年　月　日至　年　月　日

纳税人姓名：

纳税人识别号：□□□□□□□□□□□□□□□□□□□□□□□□　　金额单位：人民币元（列至角分）

被投资单位信息		单位名称	纳税人识别号（统一社会信用代码）	投资者应纳税所得额
	汇总地			
	非汇总地 1			
	非汇总地 2			
	非汇总地 3			
	非汇总地 4			
	非汇总地 5			

项目	行次	金额/比例
一、投资者应纳税所得额合计	1	
二、应调整的个人费用及其他扣除（2=3+4+5+6）	2	
（一）投资者减除费用	3	
（二）专项扣除	4	
（三）专项附加扣除	5	
（四）依法确定的其他扣除	6	
三、应调整的其他项目	7	
四、调整后应纳税所得额（8=1+2+7）	8	
五、税率（%）	9	
六、速算扣除数	10	
七、应纳税额（11=8×9−10）	11	
八、减免税额（附报个人所得税减免税事项报告表）	12	
九、已缴税额	13	
十、应补/退税额（14=11−12−13）	14	

续表

<table>
<tr><td colspan="2">谨声明：本表是根据国家税收法律法规及相关规定填报的，是真实的、可靠的、完整的。
纳税人签字：　　　　年　月　日</td></tr>
<tr><td>经办人：
经办人身份证件号码：
代理机构签章：
代理机构统一社会信用代码：</td><td>受理人：

受理税务机关（章）：
受理日期：　年　月　日</td></tr>
</table>

国家税务总局监制

填表说明

一、适用范围

本表适用于个体工商户业主、个人独资企业投资人、合伙企业个人合伙人、承包承租经营者个人以及其他从事生产、经营活动的个人在中国境内两处以上取得经营所得，办理合并计算个人所得税的年度汇总纳税申报时，向税务机关报送。

二、报送期限

纳税人从两处以上取得经营所得，应当于取得所得的次年 3 月 31 日前办理年度汇总纳税申报。

三、本表各栏填写

（一）表头项目

1. 税款所属期：填写纳税人取得经营所得应纳个人所得税款的所属期间，应填写具体的起止年月日。

2. 纳税人姓名：填写自然人纳税人姓名。

3. 纳税人识别号：有中国公民身份号码的，填写中华人民共和国居民身份证上载明的“公民身份号码”；没有中国公民身份号码的，填写税务机关赋予的纳税人识别号。

（二）被投资单位信息

1. 名称：填写被投资单位法定名称的全称。

2. 纳税人识别号（统一社会信用代码）：填写被投资单位的纳税人识别号或者统一社会信用代码。

3. 投资者应纳税所得额：填写投资者从其各投资单位取得的年度应纳税所得额。

（三）表内各行填写

1. 第 1 行“投资者应纳税所得额合计”：填写投资者从其各投资单位取得的年度

应纳税所得额的合计金额。

2. 第 2～6 行“应调整的个人费用及其他扣除”：填写按规定需调整增加或者减少应纳税所得额的项目金额。调整减少应纳税所得额的，用负数表示。

(1) 第 3 行“投资者减除费用”：填写需调整增加或者减少应纳税所得额的投资者减除费用的金额。

(2) 第 4 行“专项扣除”：填写需调整增加或者减少应纳税所得额的“三险一金”(基本养老保险费、基本医疗保险费、失业保险费、住房公积金）的合计金额。

(3) 第 5 行“专项附加扣除”：填写需调整增加或者减少应纳税所得额的专项附加扣除（子女教育、继续教育、大病医疗、住房贷款利息、住房租金、赡养老人）的合计金额。

(4) 第 6 行“依法确定的其他扣除”：填写需调整增加或者减少应纳税所得额的商业健康保险、税延养老保险以及国务院规定其他可以扣除项目的合计金额。

3. 第 7 行“应调整的其他项目”：填写按规定应予调整的其他项目的合计金额。调整减少应纳税所得额的，用负数表示。

4. 第 8 行“调整后应纳税所得额”：根据相关行次计算填报。第 8 行＝第 1 行＋第 2 行＋第 7 行。

5. 第 9～10 行“税率”“速算扣除数”：填写按规定适用的税率和速算扣除数。

6. 第 11 行“应纳税额”：根据相关行次计算填报。第 11 行＝第 8 行×第 9 行－第 10 行。

7. 第 12 行“减免税额”：填写符合税法规定可以减免的税额，并附报个人所得税减免税事项报告表。

8. 第 13 行“已缴税额”：填写纳税人本年度累计已缴纳的经营所得个人所得税的金额。

9. 第 14 行“应补/退税额”：按相关行次计算填报。第 14 行＝第 11 行－第 12 行－第 13 行。

四、其他事项说明

以纸质方式报送本表的，应当一式两份，纳税人、税务机关各留存一份。

第九节　合伙制创业投资企业单一投资基金核算方式备案表及填表说明

合伙制创业投资企业单一投资基金核算方式备案表，见表 13-9。

表 13－9　合伙制创业投资企业单一投资基金核算方式备案表

（＿＿＿＿＿至＿＿＿＿＿年度）

备案编号（主管税务机关填写）：

<table>
<tr><td>创投企业（基金）名称</td><td></td></tr>
<tr><td>纳税人识别号（统一社会信用代码）</td><td></td></tr>
<tr><td>创投企业（基金）备案管理机构</td><td>□发展改革部门　□证券监管部门</td></tr>
<tr><td>管理机构备案编号</td><td></td></tr>
<tr><td>管理机构备案时间</td><td></td></tr>
<tr><td colspan="2">谨声明：本表是根据国家税收法律法规及相关规定填报的，是真实的、可靠的、完整的。

创投企业（基金）印章：　　　　　　　　年　月　日</td></tr>
<tr><td>经办人签字：
经办人身份证件号码：
代理机构签章：
代理机构统一社会信用代码：</td><td>受理人：
受理税务机关（章）：
受理日期：　年　月　日</td></tr>
</table>

国家税务总局监制

填表说明

一、适用范围

本表适用于合伙制创业投资企业（含创投基金，以下统称创投企业）选择按单一投资基金核算，按规定向主管税务机关进行核算类型备案。

二、报送期限

选择按单一投资基金核算的创投企业，应当在管理机构完成备案的 30 日内，向主管税务机关进行核算方式备案，报送本表。

创投企业选择一种核算方式满 3 年需要调整的，应当在满 3 年的次年 1 月 31 日前，重新向主管税务机关备案，报送本表。

三、本表各栏填写

1. 创投企业（基金）名称：填写创投企业的法定名称全称。

2. 纳税人识别号（统一社会信用代码）：填写创投企业的纳税人识别号或统一社会信用代码。

3. 创投企业（基金）备案管理机构：选择创投企业备案的机构名称，在“发展改革部门”或“证券监管部门”备案的，分别在对应框中打“√”。

4. 管理机构备案编号：填写创投企业在国家发展和改革委员会或中国证券投资

基金业协会备案的编号。

5. 管理机构备案时间：填写创投企业在国家发展和改革委员会或中国证券投资基金业协会备案的时间。

四、其他事项说明

以纸质方式报送本表的，应当一式两份，扣缴义务人、税务机关各留存一份。

第十节　单一投资基金核算的合伙制创业投资企业个人所得税扣缴申报表及填表说明

单一投资基金核算的合伙制创业投资企业个人所得税扣缴申报表，见表13－10。

表13－10　单一投资基金核算的合伙制创业投资企业个人所得税扣缴申报表

税款所属期：　　年　　月　　日至　　年　　月　　日

扣缴义务人名称：

扣缴义务人纳税人识别号（统一社会信用代码）：□□□□□□□□□□□□□□□□□□□□

金额单位：人民币元（列至角分）

税务机关备案编号										
创投企业投资项目所得情况										
序号	被投资企业名称	被投资企业纳税人识别号（统一社会信用代码）	投资股权份数	转让股权份数	转让后股权份数	股权转让时间	股权转让收入	股权原值	合理费用	股权转让所得额
1	2	3	4	5	6	7	8	9	10	11
纳税年度内股权转让所得额合计										

创投企业个人合伙人所得分配情况																
序号	个人合伙人姓名	身份证件类型	身份证件号码	个人合伙人纳税人识别号	分配比例（%）	创投企业股权转让所得额	分配所得额	其中：投资初创科技型企业情况			应纳税所得额	税率	应纳税额	减免税额	已缴税额	应补/退税额
								创投企业符合条件的投资额	个人出资比例	当年按个人投资额70%计算的实际抵扣额						
12	13	14	15	16	17	18	19	20	21	22	23	24	25	26	27	28

续表

合计		—				
谨声明：本表是根据国家税收法律法规及相关规定填报的，是真实的、可靠的、完整的。 创投企业（基金）印章：　　年　月　日						
经办人签字： 经办人身份证件号码： 代理机构签章： 代理机构统一社会信用代码：	受理人： 受理税务机关（章）： 受理日期：　年　月　日					

国家税务总局监制

填表说明

一、适用范围

本表适用于选择按单一投资基金核算的合伙制创业投资企业（含创投基金，以下统称创投企业）按规定办理年度股权转让所得扣缴申报时，向主管税务机关报送。

二、申报期限

创投企业取得所得的次年 3 月 31 日前报送。

三、本表各栏填写

（一）表头项目

1. 税款所属期：填写创投企业申报股权转让所得的所属期间，应填写具体的起止年月日。

2. 扣缴义务人名称：填写扣缴义务人（即创投企业）的法定名称全称。

3. 扣缴义务人纳税人识别号（统一社会信用代码）：填写扣缴义务人（即创投企业）的纳税人识别号或者统一社会信用代码。

4. 税务机关备案编号：填写创投企业在主管税务机关进行核算方式备案的编号。

（二）表内各栏

1. 创投企业投资项目所得情况

（1）第 2 列“被投资企业名称”：填写被投资企业的法定名称。

（2）第 3 列“被投资企业纳税人识别号（统一社会信用代码）”：填写被投资企业的纳税人识别号或者统一社会信用代码。

（3）第 4 列“投资股权份数”：填写创投企业在发生股权转让前持有被投资企业的股权份数。

（4）第 5 列“转让股权份数”：填写创投企业纳税年度内转让被投资企业股权的份数，一年内发生多次转让的，应分行填写。

（5）第 6 列“转让后股权份数”：填写创投企业发生股权转让后持有被投资企业的股权份数。

（6）第 7 列“股权转让时间”：填写创投企业转让被投资企业股权的具体时间，一年内发生多次转让的，应分行填写。

（7）第 8 列“股权转让收入”：填写创投企业发生股权转让收入额，一年内发生多次转让的，应分行填写。

（8）第 9 列“股权原值”：填写创投企业转让股权的原值，一年内发生多次转让的，应分行填写。

（9）第 10 列“合理费用”：填写转让股权过程中发生的按规定可以扣除的合理税费。

（10）第 11 列“股权转让所得额”：按相关列次计算填报。第 11 列＝第 8 列－第 9 列－第 10 列。

（11）“纳税年度内股权转让所得额合计”：填写纳税年度内股权转让所得的合计金额，即所得与损失相互抵减后的余额。如余额为负数的，填写 0。

2. 创投企业个人合伙人所得分配情况

（1）第 13 列“个人合伙人姓名”：填写个人合伙人姓名。

（2）第 14 列“身份证件类型”：填写纳税人有效的身份证件名称。中国公民有中华人民共和国居民身份证的，填写居民身份证；没有居民身份证的，填写中华人民共和国护照、港澳居民来往内地通行证或港澳居民居住证、台湾居民通行证或台湾居民居住证、外国人永久居留身份证、外国人工作许可证或护照等。

（3）第 15 列“身份证件号码”：填写纳税人有效身份证件上载明的证件号码。

(4) 第16列“个人合伙人纳税人识别号”：有中国公民身份号码的，填写中华人民共和国居民身份证上载明的“公民身份号码”；没有中国公民身份号码的，填写税务机关赋予的纳税人识别号。

(5) 第17列“分配比例（%）”：分配比例按照合伙协议约定的比例填写；合伙协议未约定或不明确的，按合伙人协商决定的比例填写；协商不成的，按合伙人实缴出资比例填写；无法确定出资比例的，按合伙人平均分配。

(6) 第18列“创投企业股权转让所得额”：填写创投企业纳税年度内取得的股权转让所得总额，即本表“创投企业投资项目所得情况”中“纳税年度内股权转让所得额合计”的金额。

(7) 第19列“分配所得额”：填写个人合伙人按比例分得的股权转让所得额。第19列＝第18列×第17列。

(8) 第20列“创投企业符合条件的投资额”：填写合伙创投企业对种子期、初创期科技型企业符合投资抵扣条件的投资额。

(9) 第21列“个人出资比例”：填写个人合伙人对创投企业的出资比例。

(10) 第22列“当年按个人投资额70%计算的实际抵扣额”：根据相关列次计算填报。第22列＝第20列×第21列×70%。

(11) 第23列“应纳税所得额”：填写个人合伙人纳税年度内取得股权转让所得的应纳税所得额。第23列＝第19列－第22列。

(12) 第24列“税率”：填写所得项目按规定适用的税率。

(13) 第25列“应纳税额”：根据相关列次计算填报。第25列＝第23列×第24列。

(14) 第26列“减免税额”：填写符合税法规定的可以减免的税额，并附报个人所得税减免税事项报告表。

(15) 第27列“已缴税额”：填写纳税人当期已实际缴纳或者被扣缴的个人所得税税款。

(16) 第28列“应补/退税额”：根据相关列次计算填报。第28列＝第25列－第26列－第27列。

四、其他事项说明

以纸质方式报送本表的，应当一式两份，扣缴义务人、税务机关各留存一份。

附录

序号	文件名称	文件号
1	《中华人民共和国个人所得税法》	中华人民共和国主席令第九号
2	《中华人民共和国个人所得税法实施条例》	中华人民共和国国务院令第707号
3	《国务院关于印发个人所得税专项附加扣除暂行办法的通知》	国发〔2018〕41号
4	《财政部　国家税务总局关于外国来华工作人员缴纳个人所得税问题的通知》	财税〔1980〕189号
5	《财政部　国家税务总局关于误餐补助范围确定问题的通知》	财税〔1995〕82号
6	《财政部　国家税务总局关于体育彩票发行收入税收问题的通知》	财税〔1996〕77号
7	《财政部　国家税务总局关于对青少年活动场所电子游戏厅有关所得税和营业税政策问题的通知》	财税〔2000〕21号
8	《财政部　国家税务总局关于企业等社会力量向红十字事业捐赠有关所得税政策问题的通知》	财税〔2000〕30号
9	《财政部　国家税务总局关于随军家属就业有关税收政策的通知》	财税〔2000〕84号
10	《财政部　国家税务总局关于印发〈关于个人独资企业和合伙企业投资者征收个人所得税的规定〉的通知》	财税〔2000〕91号
11	《财政部　国家税务总局关于对老年服务机构有关税收政策问题的通知》	财税〔2000〕97号
12	《财政部　国家税务总局关于调整住房租赁市场税收政策的通知》	财税〔2000〕125号
13	《财政部　国家税务总局关于纳税人向农村义务教育捐赠有关所得税政策的通知》	财税〔2001〕103号
14	《财政部　国家税务总局关于个人与用人单位解除劳动关系取得的一次性补偿收入征免个人所得税问题的通知》	财税〔2001〕157号
15	《财政部　国家税务总局关于开放式证券投资基金有关税收问题的通知》	财税〔2002〕128号
16	《财政部　国家税务总局关于非典型肺炎疫情发生期间个人取得的特殊临时性工作补助等所得免征个人所得税问题的通知》	财税〔2003〕101号

续表

序号	文件名称	文件号
17	《财政部　国家税务总局关于医疗机构有关个人所得税政策问题的通知》	财税〔2003〕109号
18	《财政部　国家税务总局关于规范个人投资者个人所得税征收管理的通知》	财税〔2003〕158号
19	《财政部　国家税务总局关于企业以免费旅游方式提供对营销人员个人奖励有关个人所得税政策的通知》	财税〔2004〕11号
20	《财政部　国家税务总局关于外籍个人取得港澳地区住房等补贴征免个人所得税的通知》	财税〔2004〕29号
21	《财政部　国家税务总局关于教育税收政策的通知》	财税〔2004〕39号
22	《财政部　国家税务总局关于个人股票期权所得征收个人所得税问题的通知》	财税〔2005〕35号
23	《财政部　国家税务总局关于城镇房屋拆迁有关税收政策的通知》	财税〔2005〕45号
24	《财政部　国家税务总局关于个人所得税有关问题的批复》	财税〔2005〕94号
25	《财政部　国家税务总局关于股权分置试点改革有关税收政策问题的通知》	财税〔2005〕103号
26	《财政部　国家税务总局关于基本养老保险费、基本医疗保险费、失业保险费、住房公积金有关个人所得税政策的通知》	财税〔2006〕10号
27	《财政部　国家税务总局关于中国老龄事业发展基金会等8家单位捐赠所得税政策问题的通知》	财税〔2006〕66号
28	《财政部　国家税务总局关于中国医药卫生事业发展基金会捐赠所得税政策问题的通知》	财税〔2006〕67号
29	《财政部　国家税务总局关于中国教育发展基金会捐赠所得税政策问题的通知》	财税〔2006〕68号
30	《财政部　国家税务总局关于中国金融教育发展基金会等10家单位公益救济性捐赠所得税税前扣除问题的通知》	财税〔2006〕73号
31	《财政部　国家税务总局关于延长家禽行业有关税收优惠政策的通知》	财税〔2006〕113号
32	《财政部　国家税务总局关于纳税人向科技型中小企业技术创新基金捐赠有关所得税政策问题的通知》	财税〔2006〕171号
33	《财政部　国家税务总局关于单位低价向职工售房有关个人所得税问题的通知》	财税〔2007〕13号

续表

序号	文件名称	文件号
34	《财政部　国家税务总局关于个人取得有奖发票奖金征免个人所得税问题的通知》	财税〔2007〕34号
35	《财政部　国家税务总局关于〈建立亚洲开发银行协定〉有关个人所得税问题的补充通知》	财税〔2007〕93号
36	《财政部　国家税务总局关于企业向个人支付不竞争款项征收个人所得税问题的批复》	财税〔2007〕102号
37	《财政部　国家税务总局关于中国青少年社会教育基金会等16家单位公益救济性捐赠所得税税前扣除问题的通知》	财税〔2007〕112号
38	《财政部　国家税务总局关于高级专家延长离休退休期间取得工资薪金所得有关个人所得税问题的通知》	财税〔2008〕7号
39	《财政部　国家税务总局关于生育津贴和生育医疗费有关个人所得税政策的通知》	财税〔2008〕8号
40	《财政部　国家税务总局关于廉租住房　经济适用住房和住房租赁有关税收政策的通知》	财税〔2008〕24号
41	《财政部　国家税务总局关于认真落实抗震救灾及灾后重建税收政策问题的通知》	财税〔2008〕62号
42	《财政部　国家税务总局关于调整个体工商户个人独资企业和合伙企业个人所得税税前扣除标准有关问题的通知》	财税〔2008〕65号
43	《财政部　国家税务总局关于企业为个人购买房屋或其他财产征收个人所得税问题的批复》	财税〔2008〕83号
44	《财政部　海关总署　国家税务总局关于支持汶川地震灾后恢复重建有关税收政策问题的通知》	财税〔2008〕104号
45	《财政部　国家税务总局关于储蓄存款利息所得有关个人所得税政策的通知》	财税〔2008〕132号
46	《财政部　国家税务总局关于证券市场个人投资者证券交易结算资金利息所得有关个人所得税政策的通知》	财税〔2008〕140号
47	《财政部　国家税务总局关于合伙企业合伙人所得税问题的通知》	财税〔2008〕159号
48	《财政部　国家税务总局　民政部关于公益性捐赠税前扣除有关问题的通知》	财税〔2008〕160号
49	《财政部　国家税务总局关于股票增值权所得和限制性股票所得征收个人所得税有关问题的通知》	财税〔2009〕5号

续表

序号	文件名称	文件号
50	《财政部　国家税务总局关于个人无偿受赠房屋有关个人所得税问题的通知》	财税〔2009〕78号
51	《财政部　海关总署　国家税务总局关于第16届亚洲运动会等三项国际综合运动会税收政策的通知》	财税〔2009〕94号
52	《财政部　国家税务总局　证监会关于个人转让上市公司限售股所得征收个人所得税有关问题的通知》	财税〔2009〕167号
53	《财政部　国家税务总局　民政部关于公益性捐赠税前扣除有关问题的补充通知》	财税〔2010〕45号
54	《财政部　海关总署　国家税务总局关于支持玉树地震灾后恢复重建有关税收政策问题的通知》	财税〔2010〕59号
55	《财政部　国家税务总局　证监会关于个人转让上市公司限售股所得征收个人所得税有关问题的补充通知》	财税〔2010〕70号
56	《财政部　国家税务总局关于个人独资企业和合伙企业投资者取得种植业　养殖业饲养业　捕捞业所得有关个人所得税问题的批复》	财税〔2010〕96号
57	《财政部　海关总署　国家税务总局关于第三届亚洲沙滩运动会税收政策的通知》	财税〔2011〕11号
58	《财政部　国家税务总局关于企业促销展业赠送礼品有关个人所得税问题的通知》	财税〔2011〕50号
59	《财政部　国家税务总局关于证券机构技术和制度准备完成后个人转让上市公司限售股有关个人所得税问题的通知》	财税〔2011〕108号
60	《财政部　国家税务总局关于退役士兵退役金和经济补助免征个人所得税问题的通知》	财税〔2011〕109号
61	《财政部　国家税务总局关于工伤职工取得的工伤保险待遇有关个人所得税政策的通知》	财税〔2012〕40号
62	《财政部　国家税务总局　证监会关于实施上市公司股息红利差别化个人所得税政策有关问题的通知》	财税〔2012〕85号
63	《财政部　国家税务总局关于地方政府债券利息免征所得税问题的通知》	财税〔2013〕5号
64	《财政部　海关总署　国家税务总局关于第二届夏季青年奥林匹克运动会等三项国际综合运动会税收政策的通知》	财税〔2013〕11号
65	《财政部　国家税务总局关于棚户区改造有关税收政策的通知》	财税〔2013〕101号

续表

序号	文件名称	文件号
66	《财政部　人力资源社会保障部　国家税务总局关于企业年金　职业年金个人所得税有关问题的通知》	财税〔2013〕103号
67	《财政部　国家税务总局关于福建平潭综合实验区个人所得税优惠政策的通知》	财税〔2014〕24号
68	《财政部　国家税务总局　证监会关于沪港股票市场交易互联互通机制试点有关税收政策的通知》	财税〔2014〕81号
69	《财政部　海关总署　国家税务总局关于支持鲁甸地震灾后恢复重建有关税收政策问题的通知》	财税〔2015〕27号
70	《财政部　国家税务总局关于个人非货币性资产投资有关个人所得税政策的通知》	财税〔2015〕41号
71	《财政部　国家税务总局关于推广中关村国家自主创新示范区税收试点政策有关问题的通知》	财税〔2015〕62号
72	《财政部　国家税务总局　证监会关于上市公司股息红利差别化个人所得税政策有关问题的通知》	财税〔2015〕101号
73	《财政部　国家税务总局关于将国家自主创新示范区有关税收试点政策推广到全国范围实施的通知》	财税〔2015〕116号
74	《财政部　国家税务总局　证监会关于内地与香港基金互认有关税收政策的通知》	财税〔2015〕125号
75	《财政部　国家税务总局　民政部关于公益性捐赠税前扣除资格确认审批有关调整事项的通知》	财税〔2015〕141号
76	《财政部　国家税务总局关于铁路债券利息收入所得税政策问题的通知》	财税〔2016〕30号
77	《财政部　国家税务总局关于营改增后契税　房产税　土地增值税　个人所得税计税依据问题的通知》	财税〔2016〕43号
78	《财政部　国家税务总局关于行政和解金有关税收政策问题的通知》	财税〔2016〕100号
79	《财政部　国家税务总局关于完善股权激励和技术入股有关所得税政策的通知》	财税〔2016〕101号
80	《财政部　国家税务总局　证监会关于深港股票市场交易互联互通机制试点有关税收政策的通知》	财税〔2016〕127号
81	《财政部　税务总局　保监会关于将商业健康保险个人所得税试点政策推广到全国范围实施的通知》	财税〔2017〕39号
82	《财政部　税务总局　海关总署关于北京2022年冬奥会和冬残奥会税收政策的通知》	财税〔2017〕60号

续表

序号	文件名称	文件号
83	《财政部　税务总局　证监会关于继续执行沪港股票市场交易互联互通机制有关个人所得税政策的通知》	财税〔2017〕78号
84	《财政部　税务总局　证监会关于支持原油等货物期货市场对外开放税收政策的通知》	财税〔2018〕21号
85	《财政部　税务总局　人力资源社会保障部　中国银行保险监督管理委员会　证监会关于开展个人税收递延型商业养老保险试点的通知》	财税〔2018〕22号
86	《财政部　税务总局关于创业投资企业和天使投资个人有关税收政策的通知》	财税〔2018〕55号
87	《财政部　税务总局　科技部关于科技人员取得职务科技成果转化现金奖励有关个人所得税政策的通知》	财税〔2018〕58号
88	《财政部　国家税务总局关于2018年第四季度个人所得税减除费用和税率适用问题的通知》	财税〔2018〕98号
89	《财政部　税务总局　民政部关于公益性捐赠税前扣除资格有关问题的补充通知》	财税〔2018〕110号
90	《财政部　税务总局　海关总署关于第七届世界军人运动会税收政策的通知》	财税〔2018〕119号
91	《财政部　国家税务总局关于易地扶贫搬迁税收优惠政策的通知》	财税〔2018〕135号
92	《财政部　税务总局　证监会关于个人转让全国中小企业股份转让系统挂牌公司股票有关个人所得税政策的通知》	财税〔2018〕137号
93	《财政部　税务总局　证监会关于继续执行内地与香港基金互认有关个人所得税政策的通知》	财税〔2018〕154号
94	《财政部　税务总局关于个人所得税法修改后有关优惠政策衔接问题的通知》	财税〔2018〕164号
95	《财政部　税务总局　发展改革委　证监会关于创业投资企业个人合伙人所得税政策问题的通知》	财税〔2019〕8号
96	《财政部　税务总局关于实施小微企业普惠性税收减免政策的通知》	财税〔2019〕13号
97	《财政部　税务总局　退役军人部关于进一步扶持自主就业退役士兵创业就业有关税收政策的通知》	财税〔2019〕21号
98	《财政部　税务总局　人力资源社会保障部　国务院扶贫办关于进一步支持和促进重点群体创业就业有关税收政策的通知》	财税〔2019〕22号

续表

序号	文件名称	文件号
99	《财政部　税务总局关于粤港澳大湾区个人所得税优惠政策的通知》	财税〔2019〕31号
100	《财政部　国家税务总局关于个人所得税若干政策问题的通知》	财税字〔1994〕20号
101	《财政部　国家税务总局关于西藏自治区贯彻施行〈中华人民共和国个人所得税法〉有关问题的批复》	财税字〔1994〕21号
102	《财政部　国家税务总局关于发给见义勇为者的奖金免征个人所得税问题的通知》	财税字〔1995〕25号
103	《财政部　国家税务总局关于军队干部工资薪金收入征收个人所得税的通知》	财税字〔1996〕14号
104	《财政部　国家税务总局关于西藏特殊津贴免征个人所得税的批复》	财税字〔1996〕91号
105	《财政部　国家税务总局关于国际青少年消除贫困奖免征个人所得税的通知》	财税字〔1997〕51号
106	《财政部　国家税务总局关于住房公积金、医疗保险金、养老保险金征收个人所得税问题的通知》	财税字〔1997〕144号
107	《财政部　国家税务总局关于个人取得体育彩票中奖所得征免个人所得税问题的通知》	财税字〔1998〕12号
108	《财政部　国家税务总局关于证券投资基金税收问题的通知》	财税字〔1998〕55号
109	《财政部　国家税务总局关于对中国科学院中国工程院资深院士津贴免征个人所得税的通知》	财税字〔1998〕118号
110	《财政部　国家税务总局关于促进科技成果转化有关税收政策的通知》	财税字〔1999〕45号
111	《财政部　国家税务总局关于住房公积金　医疗保险金　基本养老保险金　失业保险基金个人账户存款利息所得免征个人所得税的通知》	财税字〔1999〕267号
112	《财政部　国家税务总局关于贯彻落实〈中共中央国务院关于加强技术创新、发展高科技、实现产业化的决定〉有关税收问题的通知》	财税字〔1999〕273号
113	《财政部　国家税务总局　建设部关于个人出售住房所得征收个人所得税有关问题的通知》	财税字〔1999〕278号
114	《财政部　税务总局关于在中国境内无住所的个人居住时间判定标准的公告》	财政部　税务总局公告2019年第34号

续表

序号	文件名称	文件号
115	《财政部　税务总局关于非居民个人和无住所居民个人有关所得税政策的公告》	财政部　税务总局公告 2019 年第 35 号
116	《财政部　税务总局关于铁路债券利息收入所得税政策的公告》	财政部　税务总局公告 2019 年第 57 号
117	《财政部　国家税务总局关于公共租赁住房税收优惠政策的公告》	财政部　税务总局公告 2019 年第 61 号
118	《财政部　税务总局关于个人取得有关收入适用个人所得税应税所得项目的公告》	财政部　税务总局公告 2019 年第 74 号
119	《财政部　税务总局　证监会关于创新企业境内发行存托凭证试点阶段有关税收政策的公告》	财政部　税务总局　证监会公告 2019 年第 52 号
120	《国家税务总局关于个人提前退休取得补贴收入个人所得税问题的公告》	国家税务总局公告 2011 年第 6 号
121	《国家税务总局关于个人所得税有关问题的公告》	国家税务总局公告 2011 年第 27 号
122	《国家税务总局关于企业转让上市公司限售股有关所得税问题的公告》	国家税务总局公告 2011 年第 39 号
123	《国家税务总局关于个人终止投资经营收回款项征收个人所得税问题的公告》	国家税务总局公告 2011 年第 41 号
124	《国家税务总局关于 2011 年度李四光地质科学奖奖金免征个人所得税的公告》	国家税务总局公告 2011 年第 68 号
125	《国家税务总局关于第五届黄汲清青年地质科学技术奖奖金免征个人所得税问题的公告》	国家税务总局公告 2012 年第 4 号
126	《国家税务总局关于明天小小科学家奖金免征个人所得税问题的公告》	国家税务总局公告 2012 年第 28 号
127	《国家税务总局关于律师事务所从业人员有关个人所得税问题的公告》	国家税务总局公告 2012 年第 53 号
128	《国家税务总局关于个人投资者收购企业股权后将原盈余积累转增股本个人所得税问题的公告》	国家税务总局公告 2013 年第 23 号
129	《国家税务总局关于个体工商户、个人独资企业和合伙企业个人所得税问题的公告》	国家税务总局公告 2014 年第 25 号
130	《国家税务总局关于发布〈股权转让所得个人所得税管理办法（试行）〉的公告》	国家税务总局公告 2014 年第 67 号
131	《国家税务总局关于个人非货币性资产投资有关个人所得税征管问题的公告》	国家税务总局公告 2015 年第 20 号

续表

序号	文件名称	文件号
132	《国家税务总局关于发布生产经营所得及减免税事项有关个人所得税申报表的公告》	国家税务总局公告 2015 年第 28 号
133	《国家税务总局关于建筑安装业跨省异地工程作业人员个人所得税征收管理问题的公告》	国家税务总局公告 2015 年第 52 号
134	《国家税务总局关于进一步简化和规范个人无偿赠与或受赠不动产免征营业税、个人所得税所需证明资料的公告》	国家税务总局公告 2015 年第 75 号
135	《国家税务总局关于股权奖励和转增股本个人所得税征管问题的公告》	国家税务总局公告 2015 年第 80 号
136	《国家税务总局关于 3 项个人所得税事项取消审批实施后续管理的公告》	国家税务总局公告 2016 年第 5 号
137	《国家税务总局关于开具〈中国税收居民身份证明〉有关事项的公告》	国家税务总局公告 2016 年第 40 号
138	《国家税务总局关于个人保险代理人税收征管有关问题的公告》	国家税务总局公告 2016 年第 45 号
139	《国家税务总局关于修订个体工商户税收定期定额征收管理文书的公告》	国家税务总局公告 2016 年第 56 号
140	《国家税务总局关于股权激励和技术入股所得税征管问题的公告》	国家税务总局公告 2016 年第 62 号
141	《国家税务总局关于个人转让住房享受税收优惠政策判定购房时间问题的公告》	国家税务总局公告 2017 年第 8 号
142	《国家税务总局　财政部　中国人民银行　中国银行业监督管理委员会　中国证券监督管理委员会　中国保险监督管理委员会关于发布〈非居民金融账户涉税信息尽职调查管理办法〉的公告》	国家税务总局公告 2017 年第 14 号
143	《国家税务总局关于推广实施商业健康保险个人所得税政策有关征管问题的公告》	国家税务总局公告 2017 年第 17 号
144	《国家税务总局关于开展个人税收递延型商业养老保险试点有关征管问题的公告》	国家税务总局公告 2018 年第 21 号
145	《国家税务总局关于科技人员取得职务科技成果转化现金奖励有关个人所得税征管问题的公告》	国家税务总局公告 2018 年第 30 号
146	《国家税务总局关于修订个体工商户定额信息采集相关文书的公告》	国家税务总局公告 2018 年第 36 号
147	《国家税务总局关于创业投资企业和天使投资个人税收政策有关问题的公告》	国家税务总局公告 2018 年第 43 号

续表

序号	文件名称	文件号
148	《国家税务总局关于严格按照5000元费用减除标准执行税收政策的公告》	国家税务总局公告2018年第51号
149	《国家税务总局关于将个人所得税〈税收完税证明〉（文书式）调整为〈纳税记录〉有关事项的公告》	国家税务总局公告2018年第55号
150	《国家税务总局关于全面实施新个人所得税法若干征管衔接问题的公告》	国家税务总局公告2018年第56号
151	《国家税务总局关于自然人纳税人识别号有关事项的公告》	国家税务总局公告2018年第59号
152	《国家税务总局关于发布〈个人所得税专项附加扣除操作办法（试行）〉的公告》	国家税务总局公告2018年第60号
153	《国家税务总局关于发布〈个人所得税扣缴申报管理办法（试行）〉的公告》	国家税务总局公告2018年第61号
154	《国家税务总局关于个人所得税自行纳税申报有关问题的公告》	国家税务总局公告2018年第62号
155	《国家税务总局关于修订个人所得税申报表的公告》	国家税务总局公告2019年第7号
156	《国家税务总局　人力资源社会保障部　国务院扶贫办　教育部关于实施支持和促进重点群体创业就业有关税收政策具体操作问题的公告》	国家税务总局公告2019年第10号
157	《国家税务总局关于调整〈中国税收居民身份证明〉有关事项的公告》	国家税务总局公告2019年第17号
158	《个体工商户税收定期定额征收管理办法》	国家税务总局令第16号（国家税务总局令第44号修正）
159	《个体工商户建账管理暂行办法》	国家税务总局令第17号（国家税务总局令第44号修正）
160	《个体工商户个人所得税计税办法》	国家税务总局令第35号（国家税务总局令第44号修正）
161	《国家税务总局关于印发〈征收个人所得税若干问题的规定〉的通知》	国税发〔1994〕89号
162	《国家税务总局关于印发〈国家税务总局关于认真执行个人所得税法的通告〉的通知》	国税发〔1994〕112号
163	《国家税务总局关于中国科学院院士津贴免征个人所得税的通知》	国税发〔1994〕118号
164	《国家税务总局关于社会福利有奖募捐发行收入税收问题的通知》	国税发〔1994〕127号

续表

序号	文件名称	文件号
165	《国家税务总局关于个人对企事业单位实行承包经营、承租经营取得所得征税问题的通知》	国税发〔1994〕179号
166	《国家税务总局关于印发〈机动出租车驾驶员个人所得税征收管理暂行办法〉的通知》	国税发〔1995〕50号（国家税务总局令第44号修正）
167	《国家税务总局　文化部关于印发〈演出市场个人所得税征收管理暂行办法〉的通知》	国税发〔1995〕171号（国家税务总局令第44号修正）
168	《国家税务总局关于印发〈建筑安装业个人所得税征收管理暂行办法〉的通知》	国税发〔1996〕127号（国家税务总局令第44号修正）
169	《国家税务总局关于印发〈广告市场个人所得税征收管理暂行办法〉的通知》	国税发〔1996〕148号（国家税务总局令第44号修正）
170	《国家税务总局关于个人从投资基金管理公司取得的派息分红所得征收个人所得税问题的通知》	国税发〔1996〕221号
171	《国家税务总局关于外籍个人取得有关补贴征免个人所得税执行问题的通知》	国税发〔1997〕54号
172	《国家税务总局关于个人从事医疗服务活动征收个人所得税问题的通知》	国税发〔1997〕178号
173	《国家税务总局关于股份制企业转增股本和派发红股征免个人所得税的通知》	国税发〔1997〕198号
174	《国家税务总局关于印发〈境外所得个人所得税征收管理暂行办法〉的通知》	国税发〔1998〕126号（国家税务总局令第44号修正）
175	《国家税务总局关于生活补助费范围确定问题的通知》	国税发〔1998〕155号
176	《国家税务总局关于个人所得税有关政策问题的通知》	国税发〔1999〕58号
177	《国家税务总局关于促进科技成果转化有关个人所得税问题的通知》	国税发〔1999〕125号
178	《国家税务总局关于贯彻落实〈中共中央国务院关于加强技术创新，发展高科技，实现产业化的决定〉有关所得税问题的通知》	国税发〔2000〕24号
179	《国家税务总局关于企业改组改制过程中个人取得的量化资产征收个人所得税问题的通知》	国税发〔2000〕60号
180	《国家税务总局关于律师事务所从业人员取得收入征收个人所得税有关业务问题的通知》	国税发〔2000〕149号
181	《国家税务总局关于行政机关、事业单位工资发放方式改革后扣缴个人所得税问题的通知》	国税发〔2001〕19号

续表

序号	文件名称	文件号
182	《国家税务总局关于剧本使用费征收个人所得税问题的通知》	国税发〔2002〕52号
183	《国家税务总局关于建立个人所得税重点纳税人收入和纳税情况监控系统的通知》	国税发〔2002〕115号
184	《国家税务总局关于强化律师事务所等中介机构投资者个人所得税查账征收的通知》	国税发〔2002〕123号
185	《国家税务总局关于提高增值税和营业税起征点后加强个人所得税征收管理工作的通知》	国税发〔2003〕80号
186	《国家税务总局关于取消合伙企业投资者变更个人所得税汇算清缴地点审批后加强后续管理问题的通知》	国税发〔2004〕81号
187	《国家税务总局关于调整个人取得全年一次性奖金等计算征收个人所得税方法问题的通知》	国税发〔2005〕9号
188	《国家税务总局　国家外汇管理局关于个人财产对外转移提交税收证明或者完税凭证有关问题的通知》	国税发〔2005〕13号
189	《国家税务总局关于进一步加强房地产税收管理的通知》	国税发〔2005〕82号
190	《国家税务总局关于印发〈个人所得税管理办法〉的通知》	国税发〔2005〕120号
191	《国家税务总局　中国人民银行　教育部关于印发〈教育储蓄存款利息所得免征个人所得税实施办法〉的通知》	国税发〔2005〕148号
192	《国家税务总局关于实施房地产税收一体化管理若干具体问题的通知》	国税发〔2005〕156号
193	《国家税务总局关于加强出租房屋税收征管的通知》	国税发〔2005〕159号
194	《国家税务总局关于个人住房转让所得征收个人所得税有关问题的通知》	国税发〔2006〕108号
195	《国家税务总局关于加强房地产交易个人无偿赠与不动产税收管理有关问题通知》	国税发〔2006〕144号
196	《国家税务总局关于个人转让房屋有关税收征管问题的通知》	国税发〔2007〕33号
197	《国家税务总局关于加强和规范个人取得拍卖收入征收个人所得税有关问题的通知》	国税发〔2007〕38号
198	《国家税务总局关于个人向地震灾区捐赠有关个人所得税征管问题的通知》	国税发〔2008〕55号

续表

序号	文件名称	文件号
199	《国家税务总局关于中国共产党党员交纳抗震救灾“特殊党费”在个人所得税前扣除问题的通知》	国税发〔2008〕60号
200	《国家税务总局关于资产评估增值计征个人所得税问题的通知》	国税发〔2008〕115号
201	《国家税务总局关于明确个人所得税若干政策执行问题的通知》	国税发〔2009〕121号
202	《国家税务总局关于做好限售股转让所得个人所得税征收管理工作的通知》	国税发〔2010〕8号
203	《国家税务总局关于进一步加强高收入者个人所得税征收管理的通知》	国税发〔2010〕54号
204	《国家税务总局关于进一步做好个人所得税完税凭证开具工作的通知》	国税发〔2010〕63号
205	《国家税务总局关于切实加强高收入者个人所得税征管的通知》	国税发〔2011〕50号
206	《国家税务总局关于卫星发射成功奖免纳个人所得税的函》	国税函〔1996〕82号
207	《国家税务总局关于“97香港回归”中国书画作品大奖赛获奖作品的奖金免纳个人所得税的函》	国税函〔1996〕466号
208	《国家税务总局关于乡村医生征收个人所得税问题的批复》	国税函〔1996〕577号
209	《国家税务总局关于影视演职人员个人所得税问题的批复》	国税函〔1997〕385号
210	《国家税务总局关于利息、股息、红利所得征税问题的通知》	国税函〔1997〕656号
211	《国家税务总局关于个人取得被征用房屋补偿费收入免征个人所得税的批复》	国税函〔1998〕428号
212	《国家税务总局关于明确残疾人所得征免个人所得税范围的批复》	国税函〔1999〕329号
213	《国家税务总局关于“特聘教授奖金”免征个人所得税的通知》	国税函〔1999〕525号
214	《国家税务总局关于用使用权作奖项征收个人所得税问题的批复》	国税函〔1999〕549号
215	《国家税务总局关于个人取得专利赔偿所得征收个人所得税问题的批复》	国税函〔2000〕257号

续表

序号	文件名称	文件号
216	《国家税务总局关于个人承包承租经营所得征收个人所得税问题的批复》	国税函〔2000〕395 号
217	《国家税务总局关于个人或合伙吸储放贷取得的收入征收个人所得税问题的批复》	国税函〔2000〕516 号
218	《国家税务总局关于“长江小小科学家”奖金免征个人所得税的通知》	国税函〔2000〕688 号
219	《国家税务总局关于第二届〈孙平化日本学学术奖励基金〉获得者的奖金收入免征个人所得税的通知》	国税函〔2000〕851 号
220	《国家税务总局关于〈关于个人独资企业和合伙企业投资者征收个人所得税的规定〉执行口径的通知》	国税函〔2001〕84 号
221	《国家税务总局关于纳税人通过光华科技基金会的公益救济性捐赠税前扣除问题的通知》	国税函〔2001〕164 号
222	《国家税务总局关于纳税人向中国人口福利基金会捐赠税前扣除问题的通知》	国税函〔2001〕214 号
223	《国家税务总局关于外籍个人取得的探亲费免征个人所得税有关执行标准问题的通知》	国税函〔2001〕336 号
224	《国家税务总局关于个人解除劳动合同取得经济补偿金征收个人所得税扣除基本养老等保险基金问题的批复》	国税函〔2001〕665 号
225	《国家税务总局关于“明天小小科学家”奖金免征所得税的通知》	国税函〔2001〕692 号
226	《国家税务总局关于宏观经济专项奖励基金颁发的奖金免征个人所得税的通知》	国税函〔2001〕759 号
227	《国家税务总局关于个人所得税若干业务问题的批复》	国税函〔2002〕146 号
228	《国家税务总局关于个人所得税若干政策问题的批复》	国税函〔2002〕629 号
229	《国家税务总局关于“西部地区十四所重点建设高校重点课程教师岗位计划”任课教师奖金免征个人所得税的通知》	国税函〔2002〕737 号
230	《国家税务总局关于第三届〈孙平化日本学学术奖励基金〉获得者的奖金免征个人所得税的通知》	国税函〔2002〕769 号
231	《国家税务总局关于转租浅海滩涂使用权收入征收个人所得税问题的批复》	国税函〔2002〕1158 号
232	《国家税务总局关于加强企业债券利息个人所得税代扣代缴工作的通知》	国税函〔2003〕612 号
233	《国家税务总局关于纳税人向中国法律援助基金会捐赠税前扣除问题的通知》	国税函〔2003〕722 号

续表

序号	文件名称	文件号
234	《国家税务总局关于纳税人向中华环境保护基金会的捐赠税前扣除问题的通知》	国税函〔2003〕762号
235	《国家税务总局关于纳税人通过中国初级卫生保健基金会的公益救济性捐赠税前扣除问题的通知》	国税函〔2003〕763号
236	《国家税务总局关于个人取得“母亲河（波司登）奖”奖金所得免征个人所得税问题的批复》	国税函〔2003〕961号
237	《国家税务总局关于第一届高等学校教学名师奖奖金免征个人所得税问题的通知》	国税函〔2003〕1294号
238	《国家税务总局关于第二届“中华环境奖”获奖者的奖金收入免征个人所得税的通知》	国税函〔2004〕145号
239	《国家税务总局关于纳税人通过阎宝航教育基金会的公益救济性捐赠税前扣除问题的通知》	国税函〔2004〕341号
240	《国家税务总局关于国际组织驻华机构、外国政府驻华使领馆和驻华新闻机构雇员个人所得税征收方式的通知》	国税函〔2004〕808号
241	《国家税务总局关于全国职工技术创新成果获奖者奖金收入免征个人所得税的通知》	国税函〔2004〕1204号
242	《国家税务总局关于林业科技重奖和贡献奖获奖收入免征个人所得税的通知》	国税函〔2004〕1389号
243	《国家税务总局关于纳税人收回转让的股权征收个人所得税问题的批复》	国税函〔2005〕130号
244	《国家税务总局关于单位为员工支付有关保险缴纳个人所得税问题的批复》	国税函〔2005〕318号
245	《国家税务总局关于企业为股东个人购买汽车征收个人所得税的批复》	国税函〔2005〕364号
246	《国家税务总局关于个人兼职和退休人员再任职取得收入如何计算征收个人所得税问题的批复》	国税函〔2005〕382号
247	《国家税务总局关于企业高级管理人员行使股票认购权取得所得征收个人所得税问题的批复》	国税函〔2005〕482号
248	《国家税务总局关于个人因购买和处置债权取得所得征收个人所得税问题的批复》	国税函〔2005〕655号
249	《国家税务总局关于纳税人向民政部紧急救援促进中心的捐赠所得税前扣除问题的通知》	国税函〔2005〕953号
250	《国家税务总局关于个人因公务用车制度改革取得补贴收入征收个人所得税问题的通知》	国税函〔2006〕245号

续表

序号	文件名称	文件号
251	《国家税务总局关于第三届“中华环境奖”和“中华环境奖——绿色东方奖”获奖者奖金收入免征个人所得税的通知》	国税函〔2006〕323号
252	《国家税务总局关于纳税人通过香江社会救助基金会捐赠所得税前扣除问题的通知》	国税函〔2006〕324号
253	《国家税务总局关于纳税人通过中国经济改革研究基金会捐赠所得税前扣除问题的通知》	国税函〔2006〕326号
254	《国家税务总局关于2005年度“明天小小科学家”奖金免征所得税问题的通知》	国税函〔2006〕459号
255	《国家税务总局关于酒店产权式经营业主税收问题的批复》	国税函〔2006〕478号
256	《国家税务总局关于离退休人员再任职界定问题的批复》	国税函〔2006〕526号
257	《国家税务总局关于陈嘉庚科学奖获奖个人取得的奖金收入免征个人所得税的通知》	国税函〔2006〕561号
258	《国家税务总局关于个人股权转让过程中取得违约金收入征收个人所得税问题的批复》	国税函〔2006〕866号
259	《国家税务总局关于个人股票期权所得缴纳个人所得税有关问题的补充通知》	国税函〔2006〕902号
260	《国家税务总局关于印发个体工商户税收定期定额征收管理文书的通知》	国税函〔2006〕1199号
261	《国家税务总局关于第二届高等学校教学名师奖奖金免征个人所得税的通知》	国税函〔2007〕118号
262	《国家税务总局关于2006年度“明天小小科学家”奖金免征个人所得税问题的通知》	国税函〔2007〕375号
263	《国家税务总局关于个人销售拆迁补偿住房征收营业税问题的批复》	国税函〔2007〕768号
264	《国家税务总局关于个人取得房屋拍卖收入征收个人所得税问题的批复》	国税函〔2007〕1145号
265	《国家税务总局关于2007年度李四光地质科学奖奖金免征个人所得税问题的通知》	国税函〔2007〕1306号
266	《国家税务总局关于个人股东取得公司债权债务形式的股份分红计征个人所得税问题的批复》	国税函〔2008〕267号
267	《国家税务总局关于第三届高等学校教学名师奖奖金免征个人所得税问题的通知》	国税函〔2008〕293号

续表

序号	文件名称	文件号
268	《国家税务总局关于2007年度明天小小科学家奖金免征个人所得税问题的通知》	国税函〔2008〕389号
269	《国家税务总局关于第二届全国职工技术创新成果获奖者奖金免征个人所得税的通知》	国税函〔2008〕536号
270	《国家税务总局关于个人与房地产开发企业签订有条件优惠价格协议购买商店征收个人所得税问题的批复》	国税函〔2008〕576号
271	《国家税务总局关于离退休人员取得单位发放离退休工资以外奖金补贴征收个人所得税的批复》	国税函〔2008〕723号
272	《国家税务总局关于个人通过网络买卖虚拟货币取得收入征收个人所得税问题的批复》	国税函〔2008〕818号
273	《国家税务总局关于做好对储蓄存款利息所得暂免征收个人所得税工作的通知》	国税函〔2008〕826号
274	《国家税务总局关于做好证券市场个人投资者证券交易结算资金利息所得免征个人所得税工作的通知》	国税函〔2008〕870号
275	《国家税务总局关于第四届高等学校教学名师奖奖金免征个人所得税问题的通知》	国税函〔2009〕39号
276	《国家税务总局关于第五届中华宝钢环境奖和中华宝钢环境优秀奖奖金免征个人所得税问题的通知》	国税函〔2009〕169号
277	《国家税务总局关于2008年度"明天小小科学家"奖金免征个人所得税问题的通知》	国税函〔2009〕243号
278	《国家税务总局关于股权激励有关个人所得税问题的通知》	国税函〔2009〕461号
279	《国家税务总局关于个人转租房屋取得收入征收个人所得税问题的通知》	国税函〔2009〕639号
280	《国家税务总局关于限售股转让所得个人所得税征缴有关问题的通知》	国税函〔2010〕23号
281	《国家税务总局关于刘东生青年科学家奖和刘东生地球科学奖学金获奖者奖金免征个人所得税的通知》	国税函〔2010〕74号
282	《国家税务总局关于全国职工职业技能大赛奖金免征个人所得税的通知》	国税函〔2010〕78号
283	《国家税务总局关于中华宝钢环境优秀奖奖金免征个人所得税问题的通知》	国税函〔2010〕130号
284	《国家税务总局关于明天小小科学家奖金免征个人所得税问题的通知》	国税函〔2010〕538号

续表

序号	文件名称	文件号
285	《国家税务总局关于全国职工优秀技术创新成果奖奖金免征个人所得税的通知》	国税函〔2011〕10 号
286	《国家税务总局关于明天小小科学家奖金免征个人所得税问题的通知》	国税函〔2011〕337 号
287	《国家税务总局关于国税发〔1993〕045 号文件废止后有关个人所得税征管问题的通知》	国税函〔2011〕348 号
288	《国家税务总局关于国税发〔1993〕045 号文件废止后有关个人所得税征管问题的补充通知》	国税函〔2011〕363 号
289	《国家税务总局关于曾宪梓教育基金会教师奖免征个人所得税的函》	国税函发〔1994〕376 号
290	《国家税务总局关于个人取得青苗补偿费收入征免个人所得税的批复》	国税函发〔1995〕79 号
291	《国家税务总局关于有奖储蓄中奖收入征收个人所得税问题的批复》	国税函发〔1995〕98 号
292	《国家税务总局关于香港柏宁顿（中国）教育基金会首届“孺子牛金球奖”获得者免征个人所得税的函》	国税函发〔1995〕501 号
293	《国家税务总局关于新疆航空公司空勤人员飞行小时费和伙食费收入征收个人所得税的批复》	国税函发〔1995〕554 号
294	《国家税务总局关于个人在境外取得博彩所得征收个人所得税问题的批复》	国税函发〔1995〕663 号
295	《国家税务总局关于高寒边境地区津贴征收个人所得税问题的批复》	国税函发〔1996〕399 号
296	《国家税务总局关于世界银行、联合国直接派遣来华工作的专家享受免征个人所得税有关问题的通知》	国税函发〔1996〕417 号
297	《国家税务总局关于个人举办各类学习班取得的收入征收个人所得税问题的批复》	国税函发〔1996〕658 号
298	《国家税务总局关于征用土地过程中征地单位支付给土地承包人员的补偿费如何征税问题的批复》	国税函发〔1997〕87 号
299	《国家税务总局关于原城市信用社在转制为城市合作银行过程中个人股增值所得应纳个人所得税的批复》	国税函发〔1998〕289 号
300	《国家税务总局关于盈余公积金转增注册资本征收个人所得税问题的批复》	国税函发〔1998〕333 号
301	《国家税务总局关于“长江学者奖励计划”有关个人收入免征个人所得税的通知》	国税函发〔1998〕632 号

续表

序号	文件名称	文件号
302	《国家税务总局关于社会力量办学征收个人所得税问题的批复》	国税函发〔1998〕738号
303	《国家税务总局 广西壮族自治区税务局关于明确个人所得税若干问题的公告》	国家税务总局 广西壮族自治区税务局公告2018年第9号
304	《国家税务总局 广西壮族自治区税务局关于公务交通补贴个人所得税有关问题的公告》	国家税务总局 广西壮族自治区税务局公告2018年第12号
305	《国家税务总局 广西壮族自治区税务局关于公务通讯补贴个人所得税有关问题的公告》	国家税务总局 广西壮族自治区税务局公告2018年第13号
306	《广西壮族自治区人民政府关于减征个人所得税有关问题的通知》	桂政发〔2019〕21号